中国农民负担史

第五卷

中国全面改革开放和建设社会主义市场
经济体制时期的农民负担
（1985 年—2006 年）

中华人民共和国财政部
《中国农民负担史》编辑委员会 编著

中国财经出版传媒集团
中国财政经济出版社

图书在版编目（CIP）数据

中国农民负担史. 第五卷，中国全面改革开放和建设社会主义市场经济体制时期的农民负担：1985 年—2006 年 / 中华人民共和国财政部《中国农民负担史》编辑委员会编著. --北京：中国财政经济出版社，2020. 12

国家出版基金资助项目 “十三五”国家重点出版物出版规划项目

ISBN 978-7-5223-0162-4

Ⅰ. ①中… Ⅱ. ①中… Ⅲ. ①农民负担-历史-研究-中国-1985-2006 Ⅳ. ①F323. 8

中国版本图书馆 CIP 数据核字（2020）第 224621 号

责任编辑：张晓彪　　责任校对：徐艳丽
封面设计：陈宇琰　　责任印制：刘春年

中国农民负担史　第五卷
ZHONGGUO NONGMIN FUDAN SHI　DI WU JUAN

中国财政经济出版社 出版

URL：http：//www. cfeph. cn
E-mail：cfeph@ cfeph. cn

社址：北京市海淀区阜成路甲 28 号　邮政编码：100142
营销中心电话：010-88191522
天猫网店：中国财政经济出版社旗舰店
网址：https：//zgczjjcbs. tmall. com
北京时捷印刷有限公司印刷　各地新华书店经销
成品尺寸：170mm×240mm　16 开　27. 5 印张　390 000 字
2020 年 12 月第 1 版　2020 年 12 月北京第 1 次印刷
定价：96. 00 元
ISBN 978-7-5223-0162-4
（图书出现印装问题，本社负责调换，电话：010-88190548）
本社质量投诉电话：010-88190744
打击盗版举报热线：010-88191661　QQ：2242791300

《中国农民负担史》第五卷
编辑委员会

总　　序

《中国农民负担史》是一套专史。它着重从国家与农民的关系上，总结处理负担问题的历史经验教训，阐述中国社会各个历史阶段的农民负担演变过程及其发展变化的规律。

农民负担，诸如捐税、贡赋、摊派、劳役、地租、高利债息、工农产品交换不等价等，都是一定历史条件下一定分配关系的产物。农民，作为社会成员，作为社会的生产者或经营者，要完全摆脱这些负担，是不可能的，也是不符合历史唯物主义观点的。但是，国家对这些负担的处理必须适当，政策要公道，制度要得法，负担要适度；否则，不论在任何社会制度下，都会影响农业生产力的发展，甚至成为爆发社会、政治危机的导火线。

我国是个历史悠久的农业大国，从古至今，处理农民负担问题的正反两方面的经验是比较丰富的。在漫长的旧中国，各种形式的农民负担都是地主、官僚、军阀、资本所有者直接或间接地吮吸农民血汗的罪证，其剥削性是无疑义的。但是，从社会理财的观点考虑，从改革的角度观察，从赋役制度本身看，有许多东西却给后人留下了一份可供借鉴的历史资料。在新中国，从新民主主义革命到社会主义初级阶段，在处理农民负担的问题上，积累的正面经验是主导的。人民政府不仅发动群众，有步骤地消灭了剥削制度，废除了旧社会的苛捐杂税和劳役制度，而且根据中国共产党在各个历史时期提出的总方针、总任务和农村经济发展情况，制定了与之相适应的经济政策和负担政策，建立了一套新型的农村税收制度，当然，在某些问题上也有失误。所有这些经验，不论是古代的、近代的或现代的，也不论是正面的或反面的，都是我国宝贵的文化遗产和社会精神财富。古语说："殷鉴不远，在夏后之世"；"前车覆，后车戒"；"前事不忘，后事之师"。我们在实际工作中，必须高度重视历史经验的研究。

马克思在《〈政治经济学批判〉导言》中指出政治经济学的研究方法有两条道路："在第一条道路上，完整的表象蒸发为抽象的规定；在第二条道路上，抽象的规定在思维行程中导致具体的再现。"① 我们认为，这同样是历史学研究方法的两条道路。我国历史学者在第一条道路上已经走出很远，他们按照原始社会、奴隶社会、封建社会、半殖民地半封建社会、新民主主义社会和社会主义社会的历史发展阶段写成了好几部古代史、近代史和现代史；尽管在历史分期方面依然"聚讼纷纭"，就是在许多重大历史事件方面也是"莫衷一是"，但他们的成就是无可怀疑的。相形之下，专史的研究还是一个比较薄弱的环节。但是，我们相信，有相当多的同志正在冲上第二条道路，在不久的将来，一定会取得丰硕的成就。就我们而言，编纂《中国农民负担史》这套专史是一项开拓性的工作，困难是不少的。但是，我们觉得财政部编纂这套专史是义不容辞、责无旁贷的。

编写这套专史，必须坚持历史唯物主义的观点，坚持实事求是的态度。同时，必须对农民怀有深厚的阶级感情，也就是心目中要有农民。在旧中国，各种负担的实质是剥削。我们写旧中国的农民负担，要批判地叙述，反映农民的悲惨处境；但也不能一概否定，对历史上带有民主性、进步性、改革性的东西，像轻徭薄赋、抑制豪强、休养生息、改革赋役制度等有利于发展经济的政策措施也要加以肯

① 《马克思恩格斯选集》第二卷，第103页。

定。正如毛泽东讲的，中国现时的新政治新经济是从古代的旧政治旧经济发展而来的。因此，我们必须尊重自己的历史，决不能割断历史，要给历史以一定的科学地位。但是，绝不能无批判地兼收并蓄，要把古代统治阶级的一切腐朽的东西和多少带有民主性、进步性的东西区别开来。对于今天有益的东西，要有批判地继承，做到古为今用。写新中国的农民负担则有所不同。新中国各种负担的实质是农民对中国革命、对“四化”建设的伟大贡献，我们应当热情歌颂，大书特书农民对国家对社会的贡献。同时，对于处理农民负担问题出现的缺点和错误，也必须实事求是揭露，不避讳，不掩过。总之，要用可靠的史料，据实直言，为世人为后代留下一套科学的信史。

“中国一切政党的政策及其实践在中国人民中所表现的作用的好坏、大小，归根到底，看它对于中国人民的生产力的发展是否有帮助及其帮助之大小，看它是束缚生产力的，还是解放生产力的。”[①] 因此，本书围绕农民负担这一主题，对农业生产发展状况及当时影响、制约农业生产力的主要因素，包括政治、军事、土地制度等方面的因素，也择要作了一些分析。这不是多余的笔墨。因为孤立地去分析农民负担问题，政策的社会效应就反映不出来，总结经验教训的目的也难以达到。

本书共分四卷编写：第一卷写中国封建社会的赋役制度与农民负担；第二卷写中国半殖民地半封建社会的赋役制度与农民负担；第三卷写中国新民主主义革命时期革命根据地的农民负担；第四卷写过渡时期和社会主义初级阶段的农村经济与农民负担。（本书最初编写了四卷，2006 年又增编了第五卷，写中国全面改革开放和建设社会主义市场经济体制时期的农民负担。本次五卷内容一并出版。编者注）

---

① 毛泽东：《论联合政府》（1945 年 4 月 24 日），载《毛泽东选集》第三卷，人民出版社 1966 年版，第 1028 页。

社会主义中国的历史还在发展。我们总结的历史经验教训，只能当作往前行进的跳板，不是一成不变的。我们不要重复过去的错误，也不能为成功的经验所束缚。我们期望更多的实际工作者和专家学者，都来关心农民负担问题，把中国农民负担史的研究，推向新的境界。

这套专史是中华人民共和国财政部组织编写的。谨以此书献给中国八亿勤劳勇敢的农民，献给从事财政税收和农村工作的实际工作者、教学工作者、理论工作者，献给国内外关心或对中国农民负担问题感兴趣的朋友们。

《中国农民负担史》编辑委员会

1987年12月

序

中国是农业大国，农民问题是关系到中国特色社会主义事业发展全局的根本性问题。农业基础稳固、农村和谐稳定、农民安居乐业，整个大局就有保障，各项工作都会比较主动。我们党历来高度重视农民问题，一直把依靠农民、为亿万农民谋幸福作为重要使命。新民主主义革命时期，我们党领导农民“打土豪、分田地”，带领亿万农民求解放，为革命胜利提供了重要力量。[①] 新中国成立后，党中央、国务院实施了一系列强农惠农富农政策，有效推动了农业发展、促进了农村建设、减轻了农民负担，为巩固国家政权、恢复和发展国民经济发挥了十分重要的作用。

改革开放以来，我们党始终坚持解放思想、实事求是，不断深化改革扩大开放。始终坚持以经济建设为中心，不断解放和发展社会生产力。坚持和完善中国特色社会主义制度，不断完善社会主义市场经济体制。始终坚持以人民为中心，不断让改革开放成果惠及人民。随着改革开放不断深入，我国综合国力不断增强、经济实力显著进步。从 1978 年到 2005 年，我国国内生产总值从 3679 亿元增长到 18.73 万亿元，增长约 51 倍；财政收入从 1132 亿元增长到 3.16 万亿元，增长约 27 倍，为从根本上解决农民负担问题提供了坚实的物质基础和财力

① 中共中央党史和文献研究院编：《习近平关于“三农”工作论述摘编》，中央文献出版社 2019 年版。

保障。自2006年1月1日起，我国废除了农业税，终结了这一中国历史上存续两千多年的古老税种。这个历史性的决定是消除城乡二元结构的重要举措，具有划时代意义，标志着现代中国从由农业支持工业、农村支援城市进入了工业反哺农业、城市支持农村的城乡经济社会一体化发展阶段。

为总结处理中国农民负担问题的历史经验教训，财政部在1980—1994年，先后组织编写并出版了《中国农民负担史》一至四卷，着重从国家与农民的关系上，阐述了中国封建社会（公元前221年—公元1840年）、半殖民地半封建社会（1840年—1949年）、新民主主义革命时期革命根据地（1927年—1949年）、过渡时期和社会主义初级阶段（1949年—1985年）的农民负担演变过程及其发展变化规律。本次组织编写的《中国农民负担史》第五卷，主要记录了1985年到2006年期间我国解决农民负担问题工作历程，总结了这一时期我国解决农民负担问题的经验和启示。

2006年以来，党中央、国务院顺应时代要求，遵循发展规律，与时俱进地推进“三农”理论创新和制度创新，坚持统筹城乡发展，不断加大工业反哺农业、城市支持农村的力度；坚持“多予少取放活”，不断完善农业支持保护体系；坚持市场取向改革，不断解放和发展农村生产力，开创了“三农”工作新局面。党的十八大以来，以习近平同志为核心的党中央加强和改善党对“三农”工作的领导，提出并贯彻新发展理念，实施乡村振兴战略，坚持农业农村优先发展，大力推动精准脱贫，全面深化农村改革，加快推进农业现代化，加快建设美丽宜居乡村，深入推进城乡发展一体化，农业农村发展取得了举世瞩目的成就，亿万农民得到了实实在在的实惠。

习近平总书记指出：“农业农村农民问题是关系国计民生的根本性问题，必须始终把解决好‘三农’问题作为全党工作重中之重。”“说一千、道一万，增加农民收入是关键。要加快构建促进农民持续较快增收的长效政策机制，让广大农民都尽快富裕起来。”[①] 站在新的历史起点上，我们要清醒地认识到，同快速推进的工业化、城镇化相比，我国农业农村发展步伐还跟不上，农业基础还比较薄弱，制约“三农”的体制机制障碍依然存在。我们必须以史为鉴，坚持以习近平新时代中国特色社会主义思想为指导，在统筹推进“五位一体”总体布局、协调推进“四个全面”战略布局中，抓住主要矛盾和薄弱环节，坚持农业农村优先发展，加快夯实农业基础、补齐“三农”短板，书写好新时代“三农”工作新篇章，让亿万农民在共同富裕的道路上赶上来，为实现“两个一百年”奋斗目标、实现中华民族伟大复兴的中国梦作出贡献。

① 中共中央党史和文献研究院编：《习近平关于“三农”工作论述摘编》，中央文献出版社 2019 年版。

目　录

导言

《中国农民负担史》第五卷经过十多年的努力终于定稿了。本卷范围从1985年至2006年共22年，尽管在整个农民负担的历史长河中是非常短暂的，但意义重大。为了便于读者了解本书主要内容和重点，以及农民负担所涉及的一些问题，特作导言说明之。

一、撰写《中国农民负担史》第五卷的缘由

2006年，我国正式废除了农业税。对于中国的数亿农民来说，这是永远难忘的一年。从此，长期以来农民承担的农业税、牧业税、农业特产税、屠宰税及各种收费负担都没有了。

自春秋晚期的“初税亩”开始，农业税已有2600年的历史。农业税历来被称为“皇粮国税”，种田纳税似乎成为中国农民天经地义的事。历史上纵然有不少的开明皇帝在一定时期内减免或停征了农业税，但只有在今天，全面、彻底废除农业税才变成了现实。2004年3月5日，在第十届全国人民代表大会第二次会议的《政府工作报告》中第一次提出，要在五年之内全面废除农业税，全场顿时掌声雷动，经久不息。更令人振奋的是，这个目标不到两年就实现了。2005年12月29日，第十届全国人民代表大会常务委员会第十九次会议决定废除《中华人民共和国农业税条例》。同日，中华人民共和国第46号主席令公布：农业税条例自2006年1月1日起废止。从此，农业税制彻底退出了历史舞台。这是具有划时代意义的重大变革，史无前例的壮举，

永垂不朽的里程碑，是中国历史上值得浓墨重彩书写的一笔。

财政部非常重视农民负担问题，为了客观、真实地反映农民负担发展变化情况，从 1991 年到 1994 年陆续出版了《中国农民负担史》一至四卷，记录了自春秋晚期至 1985 年的情况。在此基础上，为了继续对 1985 年至 2006 年农民负担问题进行全面、深入、细致的研究，分析农民负担发展变化的原因，总结这一时期减轻农民负担的经验，财政部又组织开展了《中国农民负担史》第五卷的撰写工作。

1985 年至 2006 年，是中国社会经济发展发生重大变革的历史时期。总结这一时期的农民负担发展变化情况具有深远的历史意义和现实意义。

首先，有利于客观地反映党和国家对农民负担问题的关心和重视。农民是我国社会成员的主体，党和国家历来关心农民疾苦。从 1982 年开始，党中央连续发布文件，一次又一次要求减轻农民负担。特别是党的十六大以来，党中央心系农民，更加注重为农民办实事，把农民的利益放在首位。2006 年彻底废除农业税，充分体现了党中央和国务院对广大农民的深厚感情。党的十八大提出了加大统筹城乡发展力度，促进城乡共同繁荣，让广大农民平等参与现代化进程，共同分享现代化成果，将给广大农民带来更大的福祉，使我党始终代表最广大人民利益的精神发扬光大，传承千秋。

其次，有利于全面反映这一时期解决农民负担问题的历史轨迹，为“三农”问题的解决提供经验和教训。“三农”问题是“全党工作的重中之重”，“经济工作的重中之重”。党和国家将减轻农民负担作为这一时期解决“三农”问题的重要内容，既取得了成绩和经验，又有挫折和教训。对减轻农民负担的历程进行梳理和研究，可以为今后解决“三农”问题提供借鉴。

最后，有利于防止农民负担反弹，促进全面小康社会的建设。党的十八大提出，到 2020 年全面建成小康社会，实现国内生产总值和城乡居民人均收入比 2010 年翻一番。小康社会是我国经济、政治、文化、社会、生态文明全面发展的目标，是实现社会主义现代化宏伟目标和中华民族伟大复兴的坚实基础。要全面建成小康社会，就要解决好“三农”问题，更要避免农民不合理负担的出现。虽然取消了农业税，废除了农业税制，但减轻农民负担的任务并没有结束。负担反弹的可能性仍然存在，需要密切关注，一刻都不能松懈。因此，对 1985 年以来的农民负担变化情况及相关机制进行分析研究是非常必要的。

二、农民负担的概念、表现形式与衡量标准

《中国农民负担史》第五卷覆盖的时间虽然短，但包括的内容却很复杂。这一时期，我国改革开放不断深入，社会主义市场经济体制确立并逐渐完善，城市和农村发生了巨大变化，政策和制度不断创新，农民负担的内涵与表现形式等也发生了很大变化，我们首先有必要对这一时期的农民负担相关概念加以界定和说明。

（一）农民负担的概念和内涵

农民，是指从事农业生产劳动的农村居民。

农民负担，是指政府的分配行为给农民带来的负担，内涵包括税、费、工、价四个方面。“税”主要是农业税、牧业税和农业特产税，统称为农业税收；还有涉农税收，如屠宰税、集市交易税、牲畜交易税、产品税的农林牧水部分、耕地占用税的农民建房部分等；其他税如营业税、增值税、所得税等，虽然也在农村征收，但缴纳主体不是农民，并且国家对农业和农民都给予了减免税政策，农民承受的相关负担微乎其微，本书不作为重点。“费”主要包括政府部门征收的行政事业性收费和经营性收费，以及不合理的收费、摊派、集资、罚款等。“工”是指对农民摊派的劳务，即义务工和积累工，部分“两工”可“以资代劳”。“价”主要是指工农业产品价格的“剪刀差”，此外还包括政府通过农产品收购价格与市场价格的价差得到的收入。

在农民负担中，税、费、工是农民所承担的直接的、主要的负担，价是间接的、次要的负担，税、费、工是本书研究重点。计划经济时期，国家通过农业的积累发展工业，以农村保障城市，工农业产品价格的“剪刀差”非常大，对农民负担影响较大。改革开放后，随着我国社会主义市场经济体制的逐步完善，农产品价格的改革和放开，市场配置资源的作用越来越大，通过“剪刀差”参与农民劳动成果的分

配比例越来越小，在农民负担中已经不占主要地位了。

（二）农民负担的表现形态

农民负担的表现形态，分为显性负担和隐性负担，合理负担与不合理负担。显性负担是指农民直接支付形成的负担，如税、费、工等；隐性负担是指通过价格向农民转移的各种负担，如农产品收购价与市场价的价差、工农业产品价格剪刀差、农业生产资料提价等。合理负担是指国家规定的税费，如农业税收、行政事业性收费等；不合理负担是指国家规定的税费之外的收费、摊派、集资和罚款等。

（三）农民负担的衡量指标

农民负担主要有以下几种衡量指标：一是全国农民负担的税费总额的变化；二是农民人均税费负担的变化；三是农民税费负担占当年农民收入的比重；四是农民承担的提留统筹费占上年农民人均纯收入的比重；五是农民人均税费负担占农民人均收入的比重。

三、1985 年至 2006 年农民负担发展变化态势

1985 年至 2006 年二十余年中，总的来看，我国农民负担变化呈现先升后降的趋势。1985 年至 1993 年，农民负担不断上升，负担重问题凸显，并不断上升；1994 年至 1999 年，农民负担急剧加重，是 1985 年以来的高峰期；2000 年至 2006 年，农民负担迅速下降。

（一）1985 年至 1993 年，农民负担不断上升

从农民承担的税费总额来看，1985 年税费总额为 340. 4 亿元，1986 年为 363. 8 亿元，1987 年为 417. 1 亿元，1988 年为 498. 3 亿元，1989 年为 553. 2 亿元，1990 年为 472 亿元，1991 年为 644. 9 元，1992 年为 664. 4 亿元，1993 年为 628. 9 亿元。1993 年税费总额比 1985 年增加 288. 5 亿元，年均增长 7. 98%。上述数据不包括无法统计的各种“三乱”收费和“两工”用工量。从农民人均税费负担来看，1985 年农民人均承担税费额为 40. 82 元，1986 年为 42. 97 元，1987 年为 48. 76 元，1988 年为 57. 74 元，1989 年为 63. 45 元，1990 年为 52. 89 元，1991 年为 71. 67 元，1992 年为 73. 69 元，1993 年为 69. 73 元。1993 年农民人均税费负担比 1985 年年均增长 6. 92%。农民人均税费

负担占农民人均纯收入的比重大约在 7.57% 至 10.30% 之间。农民负担的构成：一是农业税。农业税虽然长期保持增产不增税的原则，但折征代金以后，受到农产品市场价格的影响，农业税的税款总额不断增加，1993 年农民人均农业税金额比 1985 年增长了 61.34%。二是农业特产税。为了防止果园、鱼塘等挤占农田，农业特产税税率在这一时期大为提高，1993 年农民人均农业特产税比 1986 年增长了 7.48 倍。三是提留统筹费。1993 年农村人均提留统筹费比 1985 年增长了 44.16%。四是社会负担。1991 年农民人均承担的社会负担为 11.37 元，1992 年为 8.86 元，1993 年为 5.22 元。五是农民承担的劳务。1990 年每个农村劳动力平均承担“两工”17.2 个，1991 年为 20.8 个，1992 年增加到 20.2 个，1993 年为 18.5 个。1991 年“两工”以资代劳部分人均为 4.16 元，1992 年为 5.21 元，1993 年为 4.09 元。六是乱集资、乱摊派及乱罚款。这一部分负担很难统计。据农业部 1992 年不完全统计，农民合同外负担高达 120 亿元，人均 13.8 元。1993 年国家明令取消和停止执行的集资、基金收费项目就有 37 项，各种升级达标项目达 43 项，共涉及农民负担 100 多亿元，人均 10 余元。

在这种负担构成下，农民负担呈现以下明显的特点：一是非税负担重于税收负担，是农民的主要负担。农业税收负担总额也大大低于各种收费。以 1991 年为例，全国农民承担的税收负担（包括农业税、牧业税、农林特产税、屠宰税、牲畜交易税、集市交易税、产品税农林牧水部分、耕地占用税农民建房部分）141.2 亿元，非税负担则达到 503.7 亿元（其中三提五统 363.8 亿元，“两工”以资代劳 37.5 亿元，其他收费 102.4 亿元）。就农业税而言，虽然也会对农民负担造成影响，但其实际负担率是逐年降低的，1985 年为 2.61%，1993 年仅为 2.43%。二是农牧业税征收金额增幅较大。农牧业税 1993 年比 1985 年增长了 123%，年均增长 10.53%，远远超出税费负担总额的增长。三是农民负担水平不均衡。从地区差异来看，老粮食产区农民负担较重，新粮食产区较轻；从集体经济组织之间来看，集体经济发展较好的地区农民负担轻，集体经济不发达的地区农民负担较重；从农户之间来看，从事种植业的农民负担较重，从事非种植业的农民负担较轻。

（二）1994年至1999年，农民负担呈现急剧增长的态势

从农民承担的税费负担总额来看，1994年税费总额为800.6亿元，1995年为1007.1亿元，1996年为1281.0亿元，1997年为1429.7亿元，1998年为1479.8亿元，1999年为1368.7亿元。1999年税费总额比1994年增加568.1亿元，年均增长13.84%，比上一时期增加了5.86个百分点。从人均负担来看，1994年农民人均承担税费额为88.91元，1995年为111.42元，1996年为141.81元，1997年为158.10元，1998年为162.33元，1999年为149.78元。这一时期农民人均负担年均增长13.59%，比上一时期增长了6.67个百分点。农民税费负担占农民人均纯收入的比重在6.78%和7.56%之间，比上一时期的7.57%至10.30%有所减少，这主要是因为农民人均纯收入增幅较大，并不能说明农民负担减轻了。农民人均税费负担绝对额上了一个新的台阶，从两位数上升到三位数，已经达到历史最高点。

农民负担的构成：一是农民承担的税收负担。这一时期，农民承担的税收总额有所增加。1994年涉农税收收入为221.3亿元，占税费总额的27.64%；1995年为277.8亿元，占税费总额的27.58%；1996年为383.0亿元，占税费总额的29.90%；1997年为405.3亿元，占税费总额的28.35%；1998年为375亿元，占税费总额的25.34%；1999年为360.1亿元，占税费总额的26.31%。1999年比1994年增加138.8亿元，增长了62.72%。这一时期农民承担税收增加的主要原因是由于农业税计税价格不断提高，各地清理计税土地和尾欠农业税，并严格控制减免；牧业税征收标准不断提高；农业特产税、屠宰税征收力度加强，个别地区出现不合理摊派税款现象。

二是三提五统和其他收费等。这一时期非税征收主体、征收项目、依据和标准较为混乱，三提五统和其他收费等迅速增加。1994年三提五统和其他收费等为579.3亿元，占税费总额的72.36%，比涉农税收多358亿元，相当于涉农税收的261.77%；1995年为729.3亿元，占税费总额的72.42%，比涉农税收多451.5亿元，相当于涉农税收的262.53%；1996年为898亿元，占税费总额的70.10%，比涉农税收多515.01亿元，相当于涉农税收的234.46%；1997年为1024.4亿元，

占税费总额的71.65%，比涉农税收多619.1亿元，相当于涉农税收的252.75%；1998年为1104.8亿元，占税费总额的74.66%，比涉农税收多729.8亿元，相当于涉农税收的294.61%；1999年为1008.6亿元，占税费总额的73.69%，比涉农税收多648.5亿元，相当于涉农税收的280.09%。1999年比1994年村级提留增长35.19%，乡级统筹增长62%，其他收费增长1.87倍。

此外，农民在承担税收和各种收费的同时，还要承受“三乱”及各种名目的社会负担。一些地方向农民集资、摊派、罚款，项目少则几十个，多则百余项。例如，有的地方强迫农民集资，向农民转嫁集体债务；有的地方向农民摊派所得税、乡镇企业管理费、超生子女费等等。

这一时期农民负担的特点：一是农民负担增速明显加快，特别是1994年至1996年连续保持了三年高速增长，分别比上年上涨27.3%、25.8%、27.2%，至1998年总体负担达到峰值1479.8亿元。二是税收负担和非税负担均快速增长。农业税实物负担基本保持平稳，但由于农产品价格上涨，农业税货币收入也随之增加；同时，牧业税、农业特产税、屠宰税收入也有大幅增加，1999年分别比1994年增长130.1%，96.57%，282.19%。三提五统和其他收费从1994年的579.3亿元增长到1999年的1008.6亿元，增长了74.1%，劳务也不断增长。三是不合理收费泛滥成灾。1997年，全国清理出涉及农民负担的项目累计达17389个，其中县乡两级清理的项目占总数的80%。四是贫困地区和低收入农户的税费负担占收入的比重远远超过全国平均水平。如20世纪90年代初山西、甘肃、河南、安徽农户总负担占家庭纯收入的15%至20%。1999年人均收入最低农户的各种税费占家庭纯收入的比重为25.5%，是当年平均数6.79%的3.76倍。

（三）2000年至2006年，农民负担迅速下降

这一时期农民负担各项重要指标均呈下降趋势。一是全国农民负担总额下降。2005年税费总额为206.26亿元，比2000年的1355.12亿元减少了1148.86亿元，下降了84.78%。二是农民人均税费负担下降。2005年农民人均税费为32.32元，比2000年的147.97减少了

115.65 元，降低了 78.16%。三是税费负担占当年农民人均纯收入的比重大幅下降。2005 年税费负担占当年农民人均纯收入的比重为 0.99%，比 2000 年的 6.57% 减少了 5.58 个百分点。四是人均“两工”及“一事一议筹劳”下降。2005 年人均“两工”及“一事一议筹劳”用工量为 1.3 个，比 2000 年少 15 个，下降了 92.03%。这一时期，清理和废除了乱收费，陆续取消了农业特产税、牧业税和屠宰税，2006 年全面取消农业税，全国农民每年减轻税费负担约 1250 亿元，人均减负约 140 元。

这一时期我国农民负担大幅度下降的主要原因：首先，党和国家下大决心减轻农民负担，进行了全面彻底的农村税费改革。其次，农业税、牧业税、农业特产税、屠宰税负担逐渐减轻直至取消。税费改革不仅清除了费，而且全面取消了农业税，从根本上减轻了农民负担，具有深远的意义。最后，国家增加了农村税费改革专项转移支付，为减轻农民负担提供了保障。2000 年至 2006 年，中央财政共安排农村税费改革转移支付 2643 亿元。国家财政的投入不仅保障了农村税费改革成功，为农民减轻负担创造了条件，而且促进了农业发展，增加了农民收入，使农民真正实现了减负增收。

四、党和政府减轻农民负担的政策措施

1985 年以后，农民负担持续攀升，党和政府高度关注，出台了一系列的重大政策措施。

第一，发布了一系列减轻农民负担的文件。从 1982 年开始，中央一号文件都将减轻农民负担作为重要内容，同时，党中央和国务院还发布了一系列关于减轻农民负担的通知。1985 年，中共中央、国务院发布了《关于制止向农民乱派款、乱收费的通知》。1990 年，国务院发布了《关于切实减轻农民负担的通知》。1995 年 12 月，国务院又下发了《关于严禁在农副产品收购中代扣代缴各种款项向农民乱摊派的通知》，强调“坚持户交户结，不准代扣代缴各种款项和向农民乱摊派”。1996 年 3 月，中共中央办公厅、国务院办公厅转发了农业部、监察部、财政部、国家计委、国务院法制局《关于当前减轻农民负担

的情况和今后工作的意见》，要求各地建立减轻农民负担工作行政主要领导负责制，确保本地区提留统筹费不超过上年农民人均纯收入的5%，不得擅自出台任何加重农民负担的项目。同年12月，中共中央、国务院作出了《关于切实做好减轻农民负担工作的决定》，明确了减轻农民负担工作的指导思想、主要任务和政策措施，并作出13项具体规定。1998年7月，中共中央办公厅、国务院办公厅《关于切实做好当前减轻农民负担工作的通知》，明确提出要实行农村"三乱"专项治理部门责任制。1999年7月，国务院办公厅转发了农业部等部门《关于做好当前减轻农民负担工作意见》，对项目清理、教育集资、电网改造提出明确要求。

第二，出台了减轻农民负担的法律法规。1991年12月7日，国务院发布了《农民承担费用和劳务管理条例》，第一次用行政法规的形式界定农民负担的村提留、乡统筹费、劳务的标准和使用范围。1993年7月，《中华人民共和国农业法》经第八届全国人大常委会通过并施行，第一次以法律的形式规范了农民负担。农业法规定：各级人民政府及其有关部门应当采取措施增加农民收入，切实减轻农民负担；任何机关或者单位不得以任何方式向农民或者农业生产经营组织进行摊派；各级人民政府及其有关部门和所属单位不得以任何方式向农民或者农业生产经营组织集资；农村义务教育除按国务院规定收取的费用外不得向农民和学生收取其他费用，禁止任何机关或者单位通过农村中小学校向农民收费。

第三，对农民负担进行清理检查。1990年11月，国家成立治理"三乱"领导小组，全面负责减轻农民负担工作，并组织农民负担的全国性执法检查。1993年，中共中央办公厅和国务院办公厅发布了《关于涉及农民负担项目审核处理意见的通知》，要求坚持不懈地做好农民负担检查监督工作，对那些阳奉阴违、顶着不办的单位和个人要坚决查办、从严处理，问题严重的要公开曝光。取消涉及农民负担的收费、集资、基金项目和达标升级活动，并要求各地纠正错误的收费办法。1994年6月，中共中央办公厅和国务院办公厅转发了农业部、监察部、财政部、国家计委、国务院法制局《关于1993年农民负担检查情况的报告》的通知，明确要求全国认真对照检查，切实查处农民负担恶性案件，对群众反映强烈的重点部门和问题进行专项治理。

在党和政府的高度重视下，通过整顿治理，减轻农民负担工作取得了一定成效。一是抑制了农民负担急速增长的态势，在一定程度上缓解了农民负担。二是农民负担出现了短期平稳。每出台一项减轻农民负担的重大政策，农民负担就可以稳定几年。三是清理废止了一些不合理的收费项目。1993 年，国家明令取消了中央和国家机关 37 项涉及农民负担的收费、集资和基金项目以及 43 项达标升级活动，并要求各地纠正 10 种错误的收费方法。1997 年，全国共清理涉及农民负担的项目累计 17839 个，其中县乡两级清理出的项目占清理总数的 80%，涉及金额达 148 亿元。1999 年通过检查清理，各地取消不合理收费项目 7831 个，减轻农民负担 37.7 亿元。

这些措施的重点是清理和规范农村税费，尽管取得了一定成效，但总的来看，农民负担攀升的态势依然没有得到彻底遏制。农民负担工作抓得紧了，负担就下去了，不久又反弹了；法定负担减下去了，“三乱”又抬头了，问题没有根本解决。主要原因有以下方面：

一是人民公社制度废除，集体负担分摊到农民个人，农民负担迅速增加。我国农村原来实行人民公社制，人民公社的性质是政社合一，公社和大队是农村收入分配的主体，农业税收和三提五统等费用由集体缴纳，负担不直接落到每个农民身上。人民公社消失后，农民除了负担着国家税收和乡村三提五统等费用外，还承担着基层政府部分运行费用。

二是地方政府发展经济的意愿强烈。改革开放后，党的中心工作转移到了经济建设上，打破了高度集中的计划经济体制。中央下放一部分权力给地方，地方政府的管理职能不断扩大，调动了地方发展经济的积极性和主动性。同时计划经济时期统收统支的财政体制转变为 20 世纪 80 年代各种类型的“分灶吃饭”和“大包干”体制。为了最大限度地筹集资金，在增加预算内财力的同时，地方政府尽力扩大预算外收入，乱收费现象借机滋生，农民负担不断加重。

三是财权和事权划分不明确。1994 年实施的“分税制”财政体制改革，提高了财政收入占国民生产总值的比重和中央财政收入占全国财政收入的比重，规范了中央财政与地方财政的分配关系，成效明显。但同时还有许多不完善的地方，特别是事权划分不清，地方政府事权与财力不匹配。部分地方政府和部门为了缓解财政压力，违规摊派税款，收取不合理费用。

四是减负措施没有抓住解决农民负担问题的根本。减负的主要途径是规范税费和“费改税”，即取缔不合理集资、摊派、收费；严格管理合理的行政事业性收费；改革部分收费项目，如乡统筹费、村提留款、以资代劳资金等，统一改为征税。尽管规范税费和“费改税”暂时取消了部分收费项目，有利于减轻农民负担，但总体来看，减负作用并不明显。部分地方和部门为增加收入，在取消部分收费项目的同时另行设立新的收费项目；还有部分地方把部分不合理的收费改为税收附加进行征收。同时，部分地方还将各项收费与农业税捆在一起下达任务，使收费征缴刚性化。

总之，1985 年至 1999 年农民负担加重的原因是多方面的，除了转轨时期体制的不完善这个客观因素以外，还有一些地方政府和部门重视不够、政策执行中的偏差等问题。

五、农民负担的划时代变化

为了彻底解决农民负担问题，党和政府从 2000 年起逐步展开了农村税费改革，一方面清理和废除面向农民的收费，一方面减轻直至取消农牧业税、农业特产税、屠宰税等涉农税收，彻底解决了数亿农民的税费负担问题。这是具有划时代意义的重大改革。

2000 年，农村税费改革试点在安徽拉开序幕，试点地区发生了三个转变：一是农民负担由过重到较轻、解决措施由治标到治本的转变；二是农村公共产品由农民负担向公共财政保障的转变；三是基层政府由管理型政府到服务型政府的转变，为全国推进改革积累了经验。2001 年江苏成为第二个改革试点地区，使改革有了更多的经验与参照。到 2002 年，20 个省宣布开展试点，其他省继续在部分县（市）试点。国务院要求在中央财政转移支付和地方财力允许的情况下，达到“三个确保”，即确保农民负担得到明显减轻、不反弹，确保乡镇机构和村级组织正常运转，确保农村义务教育经费的正常需要。党的十六大以后，农村税费改革翻开了新的一页。2003 年 3 月 27 日，国务院发布了《关于全面推进农村税费改革试点工作的意见》，标志着农村税费改革在全国范围内全面推开。

农村税费改革第一步是正税清费，取消各种不合法、不合理收费，规范农业税。取消乡统筹费、农村教育集资等专门面向农民征收的行政事业性收费和政府性基金、集资；取消屠宰税；取消统一规定的劳动积累工和义务工。同时，规范农业税政策，改革村提留征收办法。2003 年全国农村税费改革试点全面铺开后，共取消涉及农民社会负担的行政事业性收费 3153 项，降低标准 1113 项。并且对各级各部门利用权力发行报刊进行清理，纳入治理的党政部门报刊达 1452 种，其中停办的有 677 种，划转的有 302 种，实行官办分离的有 310 种，改为免费赠阅的有 94 种。同时还清理了其他各种名目繁多的基金、集资、摊派等项目。到 2006 年为止，长期延续下来的农民负担不合理的收费基本清除。第二步是减免农业各税。2004 年，全国免征农业特产税，同时在吉林、黑龙江两省进行免征农业税改革试点，其他省份进行降低农业税税率试点。其中 13 个省份农业税税率降低 3 个百分点，其余省份降低 1 个百分点，8 个省份自主决定免征农业税。2005 年免征农业税的省份达到 28 个，河北、山东、云南 3 个省也有 210 个县（市）免征农业税。从 2002 年至 2004 年，宁夏、内蒙古、陕西、甘肃、四川等地相继免征牧业税。2005 年，青海、新疆也免征牧业税。7 月 11 日，国务院发布《关于 2005 年深化农村税费改革试点工作的通知》，要求全面取消牧业税。第三步是彻底废除农业税。2005 年 12 月 29 日，全国人大常务委员会正式废除《中华人民共和国农业税条例》，2006 年全国范围内全部实现了免征农业税，农村税费改革取得了重大的、关键性进展。

农村税费改革具有重大意义：一是大幅度减轻了农民负担，农民得到了极大实惠，农民税费负担不仅是新中国成立以来最轻的，也是中国历史上负担最轻的。二是拉开了新时期农村改革的序幕。全面取消农业税后，农村税费改革转入农村综合改革和社会主义新农村建设，农民与政府在利益分配关系上发生了根本性变化，党和政府的“三农”工作重点由单纯地减轻农民负担转向增加农民收入、提升农村公共服务水平、建立和完善农民社会保障制度。三是建立了农民减负增收的长效机制。通过配套推进乡镇机构改革，县乡财政管理体制改革等，加强村级组织运转经费保障能力，消除农民负担反弹的隐患，成功走出所谓“黄宗羲定律”的陷阱。四是开启了城乡统筹发展的新篇章。农村税费改革为打破“城乡二元结构”，缩小城乡差距，统筹城乡发展提供了契机，为构建社会主义和谐社会奠定了基础。总之，农村税费改革从源头治理了农民负担，在中国农民负担史上具有里程碑的意义。

六、第五卷的范围与结构

（一）时间范围

《中国农民负担史》第一至四卷涵盖了自秦统一时期至 1984 年共 2200 多年的时间，第五卷涵盖了自 1985 年至 2006 年共 22 年的时间。

（二）本书结构

本书依据我国经济体制改革阶段和农民负担的发展变化情况分为四章，每章的重点各不相同。

第一章阐述有计划商品经济时期的农民负担，主要考察了 1985 年至 1993 年农民负担不断上升期的情况。从 1985 年开始，我国经济体制进入了有计划商品经济时期，农业税费情况与计划经济时代相比发生了很大变化，农民负担由相对稳定期转入了不断上升期。

这一章首先考察了与农民负担相关的经济体制改革、国民经济发展、支持农业的方针政策、农业生产与农民收入、国家减轻农民负担的政策取向等宏观形势，以便在当时的经济背景下对农民负担进行研究。然后，依次分析了农民负担与农业各税及其他税收的关系、与各种收费的关系、与农产品流通体制改革的关系。鉴于这一时期农民负担主要来自于各种收费，本章的重点是对包括三提五统、社会负担（行政性收费、集资、罚款）、劳务等各种收费的研究和分析。

第二章阐述社会主义市场经济初期的农民负担，主要介绍了1994年至1999年农民负担急剧上升期的情况。这一时期，我国的经济体制改革明确提出构建社会主义市场经济体制的目标，农民负担和所处的经济环境都发生了变化，农民负担从上升期继续攀升，进入急剧增长期。

这一章分别分析了农业税制、工商税制改革、价格体制改革与农民负担的关系。这一阶段，农业特产税和屠宰税税负达到历史最高水平；同时，乱收费、乱摊派、乱集资等各种收费使农民负担迅速膨胀，成为农民负担增长主要原因。因此，本章的重点是对农业特产税和社会负担的分析研究。

第三章阐述统筹城乡发展背景下的农民负担，主要介绍了2000年到2006年我国农民负担下降期的情况。这一时期，国家在完善社会主义市场经济体制的同时，提出了统筹城乡发展、建立社会主义新农村的目标和方针，对减轻农民负担产生了积极作用。农民负担进入大幅下降期。

这一章的重点是农村税费改革。农村税费改革清除了各种不合理的收费，取消了农业特产税、牧业税、屠宰税等农业各税，是我国农民负担下降的根本原因。2006年全面取消农业税，在中国历史上彻底废除了农业税制，农民的各项税费负担基本上没有了。这也是本书的研究重点。

第四章是对中国农民负担的总结与分析，主要是对中国历史上农民负担的总体回顾。2006年废除农业税以后，农民的负担基本画上了句号。为了借鉴减轻农民负担的经验和教训，防止农民负担反弹，有必要从宏观角度对中国历史上农民负担进行全面回顾与分析。这既是对中国农民负担问题的总结，也是对今后解决“三农”问题的启示。

本章重点是对中国封建社会、近代和当代农民负担发展态势、特点、影响因素进行研究、分析和总结。

我国经济发展战略正在经历伟大转折，城乡统筹发展的时代到来了，“工业反哺农业、城市反哺农村”的时代到来了，全面迈进小康社会的时代到来了。党和国家越来越关注“三农”问题，财政政策越来越体现对“三农”的支持，农业会更加发展，农村会更加繁荣，农民会更加富裕。这是国家的发展目标，也是农民的企盼，更是我们的心愿。

第一章

有计划商品经济时期的农民负担

从1984年开始，我国已经由计划经济时期进入有计划的商品经济时期。随着农村家庭联产承包制的推行，农村形势发生了巨大变化。农民负担情况也发生了变化，负担主体由原来的集体变为农户，负担主要形式由原来的集体支出变为农民直接提供资金和劳务。农民负担的内容主要包括国家税收、村提留和乡统筹费，农村义务工和劳动积累工，其他收费、集资、摊派等社会负担。党中央、国务院始终高度重视减轻农民负担工作，采取了一系列政策措施，取得了一定成效。但是，农民负担较重问题没有根本解决。

第一节　1985年至1993年国民经济发展形势

从1984年10月党的十二届三中全会开始，改革开放步伐进一步加快，范围不断扩大，为农村的进一步发展带来了新的机遇，也使农民负担逐渐显性化。

一、经济体制改革与国民经济的发展

1984 年 10 月 20 日，中国共产党十二届三中全会通过了《中共中央关于经济体制改革的决定》。《决定》在总结历史经验及改革开放的实践经验和理论成果的基础上，解决了社会主义实践中一系列重大的理论和实践问题，规划了经济体制全面改革的蓝图。第一，明确指出了社会主义经济是公有制基础上有计划的商品经济，商品经济的充分发展是社会主义经济发展不可逾越的阶段，是实现我国经济现代化的必要条件。这一论断为我国经济体制全面改革奠定了科学的理论基础。第二，规定了改革的方向、任务及各项方针政策。《决定》指出社会主义的根本任务是发展社会生产力，检验一切改革得失成败的主要标准是是否有利于发展社会生产力。改革的具体任务是解决好国家和企业、企业和职工关系，增强企业活力；建立自觉运用价值规律的计划体制，发展社会主义商品经济；建立合理的价格体系，充分重视经济杠杆的作用；实行政企职责分开，正确发挥政府机构管理经济的职能；建立多种形式的经济责任制，认真贯彻按劳分配原则；积极发展多种经济形式，进一步扩大对外和对内的经济技术交流。这是我国改革开放以来，经济体制方面具有划时代意义的重大突破，为改革描绘了一幅清晰的蓝图。《决定》标志着以建设社会主义商品经济为目标的全面改革的开始，改革重心由农村转向城市。国有大中型工业企业实行了承包制，小型企业实行了租赁制，乡镇企业迅速崛起，个体和私营企业以及“三资”企业迅猛发展。

从 20 世纪 80 年代中期开始，我国经济迅速发展，对外开放进一步扩大，国家财力不断增强，人民生活得到改善。到 1993 年，主要经济指标大幅增长。国内生产总值达 35334 亿元，比 1985 年的 9016 亿元增长近 3 倍（参见图 1－1）。国民总收入达 35260 亿元，比 1985 年的 9041 亿元增长 2.9 倍。农业总产值达 6964 亿元，比 1985 年的 2564 增长 1.7 倍。工业总产值达 14188 亿元，比 1985 年的 3449 亿元增长 3.1 倍。对外贸易进出口总额达 1957 亿美元，比 1985 年的 696 亿美元增长 1.8 倍，其中出口总额达 917.4 亿美元，比 1985 年的 273.5 亿美元增长2倍多，进口总额达1039.6亿美元，比1985年的422.5亿美元增长1.5倍。国家财政收入达4349亿元，比1985年的2005亿元增长1.2倍。全国职工平均工资3371元，比1985年的1148元增长近2倍。城乡居民储蓄存款余额15204亿元，比1985年的1623亿元增长8.4倍。

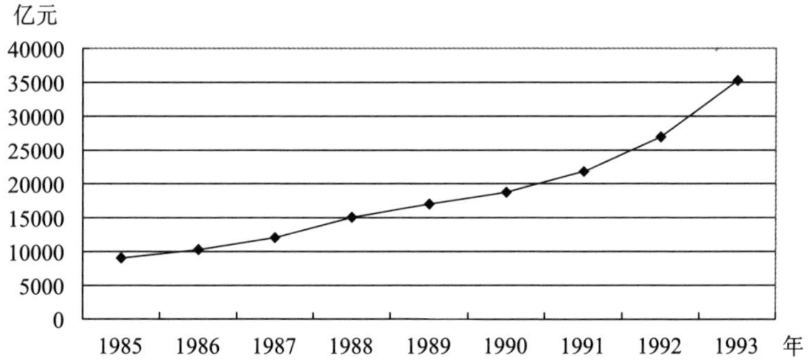

图1－1　1985—1993年GDP增长趋势

资料来源：《中国统计年鉴（2007）》。

在工农业经济全面发展的同时，工农业发展水平差距逐渐拉大，农村各项事业建设相对落后，农民生活质量相对较差。

二、国家支持农业和农村发展的方针政策

（一）稳定和完善家庭联产承包责任制

为了增强农民对家庭联产承包责任制的信心，进一步明确发包方和承包方的权利、义务，使承包户能够用好有限土地，不断提高土地生产率，党中央将家庭联产承包责任制作为农村基本政策长期稳定下来，两次提出延长土地承包期限。1984年，党中央提出土地承包期15年不变；1993年，党中央又提出承包期限再延长30年，并提倡“增人不增地，减人不减地”。承包期的延长，保障了经营承包者的经营自主权和合法权益，增强了农民承包耕地的稳定感，巩固了家庭联产承包责任制，从而激发农民生产的积极性和主动性，鼓励农民以主人翁的姿态去进行生产经营，改善生产条件，运用科学技术，搞好核算，增加投入，提高效益，保证农作物的稳定增产和农民收入的提高。

（二）进一步改革农产品流通体制

这一时期农产品流通体制改革的基本方向是，完善国家对大宗产品的合同订购制度，对国家合同订购以外和放开搞活的农产品，积极组织多层次、多渠道、少环节的流通，重点扶持农民组织起来参与流通。完善农产品经营放管结合的政策。对关系国计民生的粮食，在保证完成国家定购任务的前提下，放开经营；对烟草、蚕茧及少量特种中药材，继续由国家指定部门统一经营；对食油、食糖、绵羊毛、黄红麻等实行指导性计划，建立和完善购销合同制，引导生产和流通；对其他农产品，充分发挥市场调节作用，放开价格，同时加强宏观指导和管理。逐步理顺农产品价格，废除统购统销制度，提高收购价格，有计划地解决粮食收购价格偏低和购销价格倒挂问题，进一步调动农民种粮的积极性。1985 年至 1993 年，我国粮食收购价格水平上升了 85%。调整产业结构，提高农产品质量，增强市场竞争力。以市场为导向，引导农民生产适销对路的产品，克服生产上的盲目性。建立可调控的农产品市场体系，解决农产品买难卖难的问题，避免生产大起大落。发展横向联合，发展农工商、产供销一体化经营。

（三）加大对农业的投入

国家财政不断增大支农力度。改革开放前，财政用于农业的资金只有“支持农业支出”一个预算科目，到 20 世纪 90 年代，仅国家财政预算内直接用于农业的资金种类就有 11 项。此外，国家相继建立农业发展基金等专项支农基金，逐步形成从预算内外广泛筹集资金，多渠道、多层次增加支农资金投入的格局。1986 年设立粮食专项资金，到 1993 年，中央财政安排资金 32 亿元，地方财政配套投入 48 亿元，引导农民投入 20 多亿元，投劳 20 亿个工日。1988 年设立农业综合开发资金，到 1993 年，中央财政安排资金 82 亿元，推动地方配套 67 亿元，引导银行投入 47 亿元，农民投入 61 亿元。1985 年至 1993 年，国家财政农业支出从 153.62 亿元增加到 440.45 亿元，增长 1.9 倍，累计支出 2484.49 亿元（参见表 1－1）。

表1－1　　1985—1993年国家财政农业支出情况　　单位：亿元

年份	国家财政农业支出					国家财政农业支出占总支出的比重（%）
	合计	支援农村生产和农业事业费	基本建设支出	科技三项费用	其　他	
1985	153.62	101.04	37.73	1.95	12.90	7.66
1986	184.20	124.30	43.87	2.70	13.33	8.35
1987	195.72	134.16	46.81	2.28	12.47	8.65
1988	214.07	158.74	39.67	2.39	13.27	8.59
1989	265.94	197.12	50.64	2.48	15.70	9.42
1990	307.84	221.76	66.71	3.11	16.26	9.98
1991	347.57	243.55	75.49	2.93	25.60	10.26
1992	376.02	269.04	85.00	3.00	18.98	10.05
1993	440.45	323.42	95.00	3.00	19.03	9.49

资料来源：《中国农村统计年鉴（1994）》《中国统计年鉴（1994）》。

在加大投入的基础上，不断优化财政资金投入结构，突出支农重点。一是支持农业基础设施建设和生态环境保护。1986年至1993年，共投入936亿元，占同期国家直接农业支出的35.6%。二是重点支持粮棉油等大宗农作物生产。1986年至1993年，共投入80亿元，在1037个县开展商品粮基地建设，约累计增加200亿公斤粮食生产能力。农业综合开发资金也主要用于粮棉油生产，到1993年，中央立项的农业综合开发项目新增了约210亿公斤粮食生产能力。① 三是促进农业科技进步。1986年至1993年财政支农支出用于农业科技推广的资金约183亿元，占财政支农资金的比重由1985年的6%上升到1993年的10%。四是积极支持乡镇企业发展。1986年至1993年，用于乡镇企业发展的资金累计240亿元。对乡镇企业初期起步、农产品加工、技术改造、出口创汇等都给予了积极支持。五是帮助农民抗灾救灾，恢复生产。1986年至1993年，累计安排和增加特大防汛抗旱资金、特大疫病防治经费、特大抗灾保畜资金共91亿元。

① 国务院发展研究中心、中共中央政策研究室农业投入总课题组：《关于支持与保护农业的研究》，《经济研究参考》1997年第63期。

（四）发展壮大集体经济

国家采取了统一经营层次，加强承包管理，发展社会化服务等一系列政策措施发展壮大集体经济。具体包括：一是建立健全承包管理制度。通过完善合同进一步明确发包方与承包方的责任、权利、义务，逐步实现有偿承包、有偿转让、有偿投入，提高农民管好用好承包土地的积极性。二是建立健全劳动积累制度。按照“量力而行，合理负担，取之有度，用之得当”的原则，规定每个劳动力每年应提供积累工和义务工的数量，切实加强劳动用工管理，以调动农民从事集体劳动的积极性。三是建立健全财务管理制度。认真清理整顿财务混乱现象，建立相应的制度，防止贪污、挪用和挥霍浪费。四是统一规划农田基本建设，加强机械、水利、仓储设施等物资技术装备的使用和管理。五是发展社会化服务体系。建立以国家经济技术部门的服务为依托，以其他社会服务力量为补充的社会化服务网络，帮助和引导承包家庭搞好经营。六是发展乡镇企业。1985 年至 1993 年，乡镇企业迅猛发展，1993 年全国乡镇企业总数达 2452 万个，比 1985 年的 1222 万个增长了 1 倍；总产值达 31540 亿元，比 1985 年的 2729 亿元增长了 10 倍多；就业人数达 12345 万人，比 1985 年的 6979 万人增长了 77%。1993 年全国农民人均纯收入 921.6 元，比 1985 年增加 524 元，其中一半以上来自乡镇企业。

（五）加强扶贫开发工作

自 20 世纪 80 年代中期起，党和政府在全国范围开展了大规模扶贫工作，大幅度增加扶贫资金投入。1986 年国务院专门成立了贫困地区经济开发领导小组，把每年投入扶贫的资金增至 40 亿元左右。中央财政还建立了“三西”农业建设专项扶持基金，用于宁夏西海固、甘肃定西和河西走廊三个最贫困地区的建设开发。1986 年至 1993 年，“三西”农业建设专项资金、支援不发达地区发展资金用于农业部分和以工代赈资金累计 147 亿元。1990 年 2 月，国务院批转了国务院贫困地区经济开发领导小组《关于九十年代进一步加强扶贫开发工作的请示》，明确指出：“扶持贫困地区人民脱穷致富，是党在农村的一项长期的经济和政治任务。从 1991 年起，全国贫困地区要在解决绝大多数群众温饱的基础上，转入以脱贫致富为主要目标的经济开发新阶段。争取到本世纪末稳定地解决温饱问题，多数农户过上比较宽裕的生活。”扶贫开发工作的目标和任务：一是加强基本农田建设，提高粮食产量，稳定地解决温饱问题；二是发展多种经营，进行资源综合开发，建设区域支柱产业，使贫困户有稳定的收入来源。

这些政策措施对于农业和农村经济的快速发展、农民收入的提高发挥了重要的作用。

三、农业生产和农民收入状况

农业生产迅速发展。1993 年，农林牧渔总产值达 10996 亿元，比 1985 年的 3620 亿元增长 2 倍；粮食、油料产量都创历史最好记录，分别达到 45649 万吨和 1804 万吨，比 1985 年的 37911 万吨和 1578 万吨，分别增加 7738 万吨和 226 万吨；蔬菜、水果生产再获丰收，林、牧、渔业持续发展。

农业经济结构改善。长期以来，我国农业经济结构比较单一，基本以种植业为主。1985 年以后，随着城市改革的全面展开，有计划的商品经济体制的建立和价格改革，农业经济体制改革进一步推进，农业经济结构调整有了新的进展。1993 年，在农林牧渔总产值中，农业所占比重为 60%，比 1985 年下降了 9 个百分点；牧业、渔业分别占 27.4%、8.0%，比 1985 年分别提高了 5 个和 4.5 个百分点；林业略有下降。同时，种植业结构不断优化，经济效益较高的蔬菜、瓜类和水果等优质高效农作物种植面积大幅增加；高产优质的粮食作物品种种植面积也明显增加，1993 年，全国优质稻种植面积达 1 亿多亩，占水稻种植面积的 30% 以上。优质小麦种植达 1600 万亩，占小麦种植面积的 5.28%。

农民收入增加。据对全国农民家庭收支抽样调查，农民人均年纯收入，1985 年是 398 元，到 1993 年达到 922 元，比 1985 年增长了 1.3 倍，年均增长率为 11.08%，但扣除物价上涨因素，年均增长率仅为 1.96%（参见图 1－2）。期间，农民收入增长速度出现了波动，扣除物价上涨因素，1985 年至 1988 年农民人均纯收入增长率下降到 4.9%，

1989 年至 1992 年为 3%，1993 年回升到 3.2%。从纯收入结构来看，1993 年，来自农、林、牧、渔业的收入占 59%，比 1985 年下降了 3 个百分点，来自工业、建筑业、商业等的收入比例有所提高。

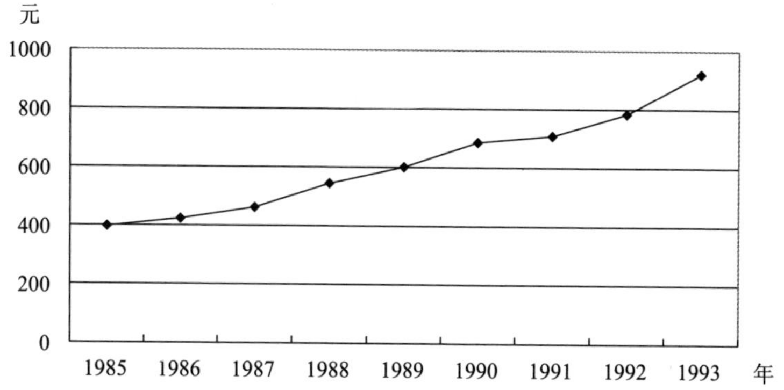

图 1－2　1985—1993 年农村人均纯收入增长趋势

资料来源：《中国统计年鉴（1994）》。

四、乡镇财政体制改革与农民负担的显性化

中华人民共和国成立以后，我国的农村基层组织经历了从乡政府到人民公社，再到乡政府的演变过程。1949 年至 1952 年，共建立了 275269 个乡人民政府。1956 年，广大农村地区通过社会主义改造，普遍建立起了以生产资料集体所有、集中劳动、统一分配为特征的高级农业生产合作社。1958 年，通过人民公社化运动，全国共办起了 23630 个人民公社，农村基层组织基本实现了公社化。1975 年的《中华人民共和国宪法》确定："农村人民公社是政社合一的组织。"直到 1983 年，我国农村生产、生活都是在人民公社体制下进行的。农村人民公社既是一个基层政权组织，又是一个集体经济组织。1983 年国家开始实行政社分开，在全国范围内建立乡镇政府，到 1985 年，共成立 104900 个乡镇政府。

相应地，农村基层财政也经历了从乡财政到公社财政，再到乡财政的发展过程。财政体制和农民负担体制也在不断演变，大体经历了三个阶段。

中华人民共和国成立初期，为了繁荣乡镇经济，支援国家建设，

合理理财，在乡镇一级政府设置专职财粮助理员，并曾经试图建立乡镇一级财政。但在新中国成立后到人民公社前的乡财政并不完备，基本上没有什么机动财力，可以说并不是一级完备的财政。国家对乡村财政开支，确定了“包”“禁”“筹”的三字方针。把乡村干部的津贴、乡村政府的办公费以及乡村小学教员的薪资和乡村小学的办公费由国家财政包下来；禁止任何形式的摊派，对于乡村举办某些社会公益事业，基于群众的自愿，有条件地允许自筹经费，但乡镇的自筹经费不得超过农业税正税的7%。在农业税征收上，把稳定负担作为一项基本的制度确定下来，除上述自筹经费外，取消一切附加税。

1958年后，在人民公社体制下，实行财政包干，统一核算，差额上缴，人民公社拥有粮食、财政、商业、银行的自主管理权，公社财政体制初步形成。1962年，国家实行“统收统支”的财政体制。作为农村集体的公社虽然掌握了乡村社会最主要的政治和经济资源，但公社财政收入全部上交县财政，政务支出均由县财政审核拨付。同年9月，中共中央通过了《农村人民公社工作条例修正草案》，进一步确定了“三级所有、队为基础”的体制，生产队为基本核算单位，生产资料和产品分别属于公社、生产大队和生产队三级所有。公社内部分配实行工分制，扣除各种费用之后的剩余部分以工分为权数分配给成员。公社的分配秩序是：第一是扣除当年生产费用；第二是完成国家税收和粮食定购任务；第三是公积金和公益金集体提留；第四是管理费；第五是社员分配。农民的劳动成果归集体占有，拥有的只是“扣除后”的部分。这样，财务关系主体由原来的农民与国家之间的直接关系，变成了公社与国家之间的直接关系。在这种集体收益分配方式下，农民负担表现出间接性特征，农民不能直接感受到负担。

1983年，随着乡镇政府和村民委员会的成立，乡镇财政也逐步建立起来了。但由于当时国家财政为支持改革开放，实行了“放权让利”的政策，国家财力非常困难，所以在人民公社体制解体后，中央延续了农村公共产品供给基本由农村自身承担的制度。同年，《中共中央、国务院关于实行政社分开建立乡政府的通知》明确规定：“村民委员会要积极办理本村的公共事务和公益事业，协助乡人民政府搞好本村的行政工作和生产建设工作。”1985 年，财政部制定了《乡（镇）财政管理试行办法》，明确了乡镇财政的职责和收支范围。乡镇财政收入由国家预算内资金、预算外资金和自筹资金组成。国家预算部分包括上级政府划归乡镇财政的乡镇企业所得税、屠宰税、城市维护建设税、集市交易税、牲畜交易税、车船使用牌照税、契税和其他收入；预算外资金包括上级政府划归的农业税附加、农村教育经费附加、行政事业单位管理的预算外收入，以及一些按照国家规定征收的公用事业附加；自筹部分包括乡镇政府按照国家政策规定征收的自筹收入。乡镇财政支出范围为：国家预算内支出包括上级政府划归乡镇财政管理的行政管理费、文教科学卫生事业费、农林水气事业费和其他支出；预算外支出包括上述各项附加收入和行政事业单位预算外收入安排的各项支出；自筹资金安排的各项支出选用哪种管理形式，由各地根据具体情况确定。1986 年，《中共中央关于 1986 年农村工作的部署》要求：“村建设资金，除国家增加农业投资外，主要靠农村自身的积累。提倡各地合作经济组织从当年收入中适当提取公共积累，建立固定资产折旧制度。鼓励群众投资兴建各种生产设施。”在基层政权组织由公社变为乡镇，财政体制由公社财政变为乡镇财政的情况下，原来由公社承担的各种负担改由农民自身负担。在“交够国家的、留足集体的，剩下全是自己的”新的分配关系下，农民既负担了国家税收，又负担了基层政权的筹集资金、“两工”以及各种行政事业性收费、集资、罚款、摊派等。乡镇范围内的办学、计划生育、优抚、民兵训练和交通，所需费用在全乡镇“统筹”。此外，村级组织可以收取村提留，包括公积金、公益金和管理费。

总的来看，虽然 1985 年以后的农村税费延续了人民公社时期的基本内容，但是这一时期在“分灶吃饭”的财政包干体制下，原来由农村社队承担的负担逐项分解到农民个人头上，国家和农村集体都直接向农民征收税费，使农民负担显性化。

1985 年至 1993 年是国民经济体制改革的过渡期，农村经济体制改革增强了农村经济的活力，农民收入显著提高，但是有些部门和地方政府过高估计了农业经济发展的程度和农民收入的水平，强调农民应该承担更多义务；另一方面，在家庭联产承包责任制下农民负担也逐步由集体缴纳分解到农民个人，隐性负担逐步显性化。这些因素都影响了这一时期的农民负担。

第二节　农牧业税的调整与农民负担

农民的农业税收负担主要是农业税、牧业税、农林特产税。1958年，《中华人民共和国农业税条例》颁布后，国家一直实行“稳定负担，增产不增税”的政策，改革开放以来，农业产量迅速增长，但农民的实际负担率却一路下降。农民的农牧业税负担呈现出“逐步规范，稳中有降”的特点。

一、农业税的调整

改革开放以后，我国农业取得了前所未有的巨大进步，农村经济形势发生了很大变化，但是由于农业长期以来相对落后，底子薄，抗风险能力低，新旧体制转换过程中也出现了一些新的问题。为了稳定和减轻农民税收负担，更好地发挥税收的调节和杠杆作用，促进农村经济的全面发展，农业税政策进行了必要的调整和改进。

（一）农业税减免制度的规范化

1. 加大农业税社会减免和灾情减免力度

由于长期以来农业相对落后，农民普遍穷困，加上20世纪70年代末期广大农村地区自然灾害频繁，长期低温，南涝北旱以及冰雹、冻害和病虫害等给农业生产和农民生活带来了严重困难。为了减轻农民负担，支持农业生产发展，财政部向国务院报送了《关于减轻农村税收负担问题的报告》，提出了农业税实行起征点的办法。经国务院批准，自1979年开始，农业税实行了起征点以下免税的政策，即在低产缺粮地区，口粮标准以生产队为单位，水稻地区每人每年400斤，杂粮地区300斤以下的免征农业税。同时，为了使减免更符合各地实际情况，允许各地在中央统一政策的原则下，因地制宜地核定农业税起征点。凡符合起征点以下免税条件的，从 1980 年开始，实行一定三年的免税办法。1979 年至 1982 年，全国减免农业税（包括正税和附加）926 万吨，折金 29.26 亿元，极大减轻了农民负担。由于农村经济体制改革和各种生产责任制的贯彻，农村面貌发生了显著变化，粮、棉、油等全面增产，农民收入有了很大提高。1983 年，农业税起征点办法停止执行。

但是，农村经济还存在发展不平衡的状况，还有几千万人口仍未摆脱贫困，群众的温饱问题尚未完全解决。1984 年 9 月 30 日，中共中央、国务院发布了《关于帮助贫困地区尽快改变面貌的通知》。为了认真贯彻《通知》中关于帮助贫困地区摆脱贫困，发展生产的若干政策措施，做好对贫困地区减免农业税的工作，1985 年 2 月 28 日，财政部发布了《关于对贫困地区减免农业税问题的意见》。主要内容如下：

一是农业税的减免，要按照党中央、国务院《通知》中确定的贫困乡范围，在经过充分调查核实的基础上，分别情况，该免税的免税，该减税的减税，重点照顾那些最困难的农户。

二是鉴于农村已普遍实行家庭联产承包责任制，在一乡范围内农户之间的收入水平有相当的差别，在农业税实行由户负责交纳之后，农业税的减免也应当分别情况，核定到户。对于少数因自然和经营条件很差，解决温饱问题又需要一定时间的最困难农户，可以从 1985 年起给予免征农业税三到五年的照顾。对于生产和生活水平暂时下降困难较轻的农户，可根据当年实际情况给予适当减征或免征农业税的照顾。对于有负担能力的，仍应照章征税。

三是贫困地区的农业税减免办法，由省、自治区根据本地区的实际情况和财力予以规定。农业税减免要真正落实到困难户，防止上减下不减。任何单位和个人不得从中截留挪作他用。哪些农户享受免税减税照顾，应由村进行民主评议，经乡审核，报县人民政府批准。对贫困地区减免农业税，要首先用各级掌握的减免机动数解决，减免机动数包干到地县的，应采取措施，适当集中，在地区之间调剂使用。农业税减免机动数不足以解决的，由地方财政统筹安排解决。少数地方财政确有困难的，由省、自治区人民政府专案报告国务院，根据当年预算执行情况，由中央财政酌予补贴。1985 年，全国减免农业税 12.17 亿元，比 1984 年增长了 1.2 倍。1986 年至 1993 年，全国共减免农业税 98 亿元，占依率计征总额 544 亿元的 18%（参见表 1－2）。

表 1－2　　1985—1993 年农业税减免情况　　单位：万元

年份	依率应征税额		免征税额		免征税额占应征税额比重%
	细粮万公斤	金额	细粮万公斤	金额	
1985	1241054	528689	285727	121720	23.02
1986	1250224	533992	274865	117505	22.01
1987	1251124	571660	256085	117415	20.54
1988	1244862	583214	244523	115293	19.77
1989	1240047	691776	232329	128548	18.58
1990	1239492	692506	186289	101975	14.73
1991	1238916	691729	240997	134838	19.49
1992	1239128	820909	194803	129135	15.73
1993	1237151	853807	195561	135426	15.86

资料来源：财政部数据。

2. 统一农业税减免政策

为了正确贯彻执行农业税收政策，保持国家税收政策的统一，确保国家财政收入，1986 年 6 月 30 日，财政部发布了《关于农业税征收减免若干问题的通知》，规定：

第一，中央分配的农业税征收任务，在正常年景下必须保证完成。中共中央 1961 年决定大幅度调减农业税征收任务后，20 多年特别是党的十一届三中全会以来，农业生产有了很大发展，而农业税负担一直稳定在原来的水平上，应当说，农业税征收任务是轻的。农业税征收要正确兼顾国家和农民的利益，有利于贯彻合理负担的政策，保证国家必不可少的财政收入。中央分配各省、自治区、直辖市的农业税征收任务，在正常年景下必须保证完成，年景好时应当超额完成。

第二，农业税的征收和减免，必须严格按照审批程序办事。应按农业税条例和国务院规定的农业税征收范围（包括对农林特产收入征收农业税）切实组织征收，任何单位和个人无权自行决定免税。省、自治区、直辖市对于应当征税而不征税的，应报告国务院申述情由。根据农业税条例规定，省、自治区、直辖市人民政府可以决定，对确实贫困的革命老根据地、少数民族地区和贫瘠山区，给予适当减征农业税的照顾；县、市人民政府可以批准，对在乡的烈士家属、革命残废军人以及因缺乏劳动力或者其他原因而纳税确有困难的纳税人，给予减征或免征农业税的照顾。但是，减免的税额，应当控制在各自掌握的机动数以内。凡未经批准，自行减税免税，而减少中央或上级分配征收任务的，应当查明情况，分清责任，按规定补缴农业税。

第三，农作物遭受自然灾害，依歉收程度，按照“轻灾少减，重灾多减，特重全免”的原则，减免农业税。灾歉减免应重点照顾灾后实际产量低于计税常年产量的地区和纳税人。对于实际产量达到或超过计税常年产量，缴纳农业税没有困难或缴税困难不大，农业税可减可不减的，应当从严掌握，不减或少减。具体减免办法，由省、自治区、直辖市结合当地实际情况和掌握机动数的多少加以规定。

第四，对贫困地区和一般地区的社会减免，要正确掌握政策界限。从实际情况出发，考虑到需要和国家财力的可能，对贫困地区农业税减免和一般地区社会减免，主要是照顾温饱问题没有解决的那部分人。减税免税的标准不宜太高，除对少数自然条件和经营条件很差，解决温饱问题需要较长时间的最困难户，已经宣布给予免税三至五年的特殊照顾外，一般不要搞一定免税几年。农村（包括贫困地区）真正未解决温饱问题的农户是极少数，对若干乡甚至若干县不加区别统统免税的做法，是不适当的。根据现实情况和历史经验，减税免税的面过大，政策效果并不好。依法履行缴纳农业税义务的，应当占农户的多数。

农业税的灾歉减免以及对贫困地区和一般地区的社会减免，可以统筹安排。经批准减征免征的税额，应尽量在征收入库前核定到应享受减免的纳税人，避免缴税后再退库。经批准退库的减免税款，必须退还给应享受减免的纳税人，任何单位和个人不得以任何理由截留挪用。按照政策落实减免后，减免指标如有结余，应如数缴入国库。

第五，贯彻落实税收政策，严肃执行财经纪律。农业税及其附加的征免减退是国家税收政策的有机组成部分，应严肃认真地贯彻执行。农业税的地方附加，要按照规定的比例，随同正税进行征收，国家正税减免后，不准再征收地方附加。任何单位和个人不准以农业税名义征收其他税费，摊派负担。对农业税征收工作要认真进行检查，违反国家税收政策和财经纪律的错误做法，应切实加以纠正，并对有关人员进行批评教育，严重的要给予必要的行政处分，触犯刑律的要依法查处。

根据上述规定，各地方都结合自身具体情况做了调整和完善。1986 年 10 月 10 日，内蒙古自治区人民政府下发《关于农业税征收、减免问题的通知》，规定 200 个贫困乡按照计征任务减免农业税的 70% 。要求对农业税减免指标不要平均分配，可以乡为单位，在规定减免的 70% 总额内，分别情况把减免任务核定到户。对那些因自然和经营条件很差，解决温饱问题尚需一定时间的最困难户，从 1985 年起可给予三年免税照顾。农业税的灾情减免、贫困减免和社会减免，应统筹安排，不得重复减免。经批准减免的税额，应在征收入库前核定到应享受减免的纳税单位和纳税户，任何单位和个人不得截留挪用，更不准发生上减下不减等违反政策的现象。1989 年 2 月，宁夏回族自治区人民政府下发了《自治区人民政府关于征收新开垦土地农业税的决定》《自治区人民政府关于恢复征收山区农业税的决定》等文件，规定农业税减免分别按照灾歉减免和社会减免办理。减免数额在本县农业税附加内解决的，由县政府审批；减免数额超过本县农业税附加时，申报自治区财政厅审批。如有必要，可由财政厅申报自治区人民政府审批。基于农业生产的发展，自治区人民政府决定要求凡是新开垦土地种植农作物在 5 年以上的农户，均应缴纳农业税，以耕地面积和农业产量为计征依据，每亩征收小麦 10 公斤至 12.5 公斤，以中等小麦计价，用小麦抵缴入库；农业税任务下达后，由财政部门负责征收，暂不以自治区农业税正税收入对待，列为县（市）农业税附加收入，主要用于农业投入。

这些措施统一了农业税政策，既保证了农业税征收任务的完成，又对贫困农户和受灾地区给予了减免税照顾。

3. 对贫困地区、国营华侨农场、劳改劳教单位减免农业税从1985年开始，根据党中央、国务院相关精神，对贫困地区、国营华侨农场、劳改劳教单位实行了减免农业税的政策。这一政策的实行，对帮助贫困地区、国营华侨农场改变落后面貌，发展经济起到了积极作用，产生了良好的政治影响。经过五年的发展，贫困地区经济有了较快发展，多数贫困地区人民温饱问题已基本解决，有的已经脱贫致富。国营华侨农场经济状况也明显改善，大多数农场经营由亏转盈，职工人均收入有较大增长。到1990年，党中央和国务院规定的免税期限也已到期，为了维护国家税收政策的统一，同时也考虑到这些地方的实际发展变化情况，财政部于1990年5月18日发出《关于对贫困地区、国营华侨农场、劳改劳教单位征收农业税问题的通知》，要求对贫困地区和国营华侨农场原则上应恢复征税。但是对贫困地区温饱问题尚未解决，纳税确有困难的农户，按农业税社会减免办法继续予以照顾。这些农户数量可能不多，但困难比较大，该照顾的一定要照顾，以体现国家的政策。国营华侨农场恢复征税后少数因遭受自然灾害或其他原因纳税确有困难的，可由纳税人申请，按规定审核批准后，可予以减征或免征农业税的照顾。《通知》还要求对劳改劳教单位照章征收农业税，因遭受自然灾害，收入减少较多，纳税确有困难的，可按规定申请减免。上述农业税减免指标，由地方掌握的减免机动数解决，中央不再为此核减农业税征收任务。

（二）农业税实行折征代金

家庭联产承包责任制，空前调动了农民生产的积极性，农业生产率成倍增长，农村经济发展的主要矛盾已经从生产领域转到流通领域。中国农民能不能更早更快地富裕起来，很大程度上取决于宏观体制能否适应这一新的形势。农民的人力、物力，农村的资金和各种资源，能不能有效地转化成社会财富，取决于流通是否畅达，取决于宏观政策是否适当。为正确引导农村改革的深入，财政政策作为宏观经济政策重要手段的作用被突显出来，农业税货币化改革开始试点，并在全国推广。但是这一过程并不平坦，它和粮食安全、农民负担直接相关。

1. 农业税“折征代金”改革

1985年1月1日，中共中央、国务院发布《关于进一步活跃农村经济的十项政策》，决定取消农产品统购派购任务，对粮、棉、油等关系国计民生的大宗农产品实行合同定购和自由购销的“双轨制”，其他大部分农产品则放开价格，由市场调节。这十项政策的实施加快了农业和农村经济的市场化进程，被视为农村经济体制的第二步改革。

这个文件第一项政策就是改革农产品统派购制度。从 1985 年起，除个别品种外，国家不再向农民下达农产品统购派购任务，按照不同情况，分别实行合同定购和市场收购。粮食、棉花取消统购，改为合同定购。由商业部门在播种季节前与农民协商，签订定购合同。定购的粮食，国家确定按“倒三七”比例计价。定购以外的粮食可以自由上市。如果市场粮价低于原统购价，国家仍按原统购价敞开收购，保护农民的利益。定购的棉花，北方按“倒三七”，南方按“正四六”比例计价。定购以外的棉花也允许农民上市自销。所谓“倒三七”，即三成按原统购价，七成按原超购价。“正四六”，即四成按原超购价，六成按原统购价。同时，其他统购派购农产品，也分品种、分地区逐步放开。并按照国家和市场的需要，来调整农、林、牧、副、渔各业生产，使农村产业结构趋于合理。

1985 年 3 月 13 日国务院发布《关于下达调整生猪和农村粮油价格方案的通知》。主要内容有：从 1985 年粮食年度起，取消粮食统购，国家对小麦、稻谷、玉米和主产区的大豆实行合同定购，确定 1985 年粮食合同定购计划为 790 亿公斤贸易粮（包括农业税）；调整农村粮油购销价格，改变购销价格倒挂的不合理状况。合同定购内的三大品种，按“倒三七”比例价收购。辽宁、吉林、黑龙江、内蒙古、安徽、河南六个主产区合同定购内的大豆，按现行收购价收购。国家供应农村缺粮人口的口粮、食油，各种补助粮、种籽粮、饲料粮、救灾粮以及农村的其他用粮，销售价格都调整到比例收购价，实行购销同价。六个大豆主产区供应农村的基地用粮，销售价格都调整到比例收购价，实行购销同价。六个大豆主产区供应农村的大豆，也实行购销同价；将酒精、溶剂、制药、浆纱、味精、淀粉和其他工业产品用粮，改为议价供应。

为了适应农产品收购制度的改革，根据国务院发布的调整生猪和农村粮油价格方案的通知规定，财政部与商业部、农牧渔业部进行研究，并征求了部分地区的意见，提出对农业税进行折征代金的改革。国务院1985年5月17日批转财政部《关于农业税改为按粮食“倒三七”比例价折征代金问题的请示》，主要内容如下：

一是将现行农业税以征收粮食为主改为折征代金。国家确定的粮食合同定购数量中，已包括农业税的粮食数量。从1985年起，农业税一般不再征收粮食，改为折征代金。如少数地区农业税仍需征收粮食，经省、自治区、直辖市人民政府决定，可暂不实行折征代金的办法。

二是折征代金统一按粮食“倒三七”比例收购价（30%按原统购价，70%按原超购价）计算。对继续征收粮食的，粮食部门也按“倒三七”比例价与财政部门结算、划转税款。经济作物区也应同粮产区一样，改按“倒三七”比例价折征农业税。至于少数地区农民按“倒三七”比例价缴税确有困难的，可由省、自治区、直辖市人民政府作出规定，酌情给予减免。

三是农业税改为折征代金后，由乡政府组织征收。财政部门有力量的，可直接组织征收，或继续与粮食部门协作，派人驻粮库（站）收税。在财政部门力量不足的地方，可暂时委托粮库（站）代征，付给劳务费。具体标准，由省、自治区、直辖市粮食、财政部门协商，报人民政府确定。对其他农产品的农业税征收工作，可比照上述办法办理。农业税折征代金，应在农作物收获季节组织进行。

四是要建立健全征收管理制度，保证税款及时足额地解缴入库。

五是农业税按粮食“倒三七”比例价折征代金后，对各地1985年预算指标暂不调整，年终进行结算。增加收入部分，按中央、地方对半分成。

实行折征代金是适应农村经济发展的一项积极措施，是我国农业税征收史上的一项重要改革。其意义主要有三点：一是适应了农产品收购制度的改革，支持农村商品经济的发展，促进农业内部结构的调整。二是可以暂不改变农业税计算征收的基础，也不需要为此修改税法，可以适当解决实物税的矛盾，以利于适应改革农产品统派购制度的要求，使各地区简便易行。三是可以对农产品价格进行调整，实行放开政策，各种产品一般都与粮食保持相当的比例关系。农业税保留以主粮为计算单位，统一按主粮价格折征代金，不同地区不同作物之间，负担比较合理。

为了贯彻关于农业税折征代金的通知，各地根据自身情况相应做了布置。江苏省规定："为了照顾原有负担基础和不改变计征方法，现按粮食比例价比原统购价上升百分之三十五的比例，调整农业税征收价格，相应调整折征代金任务。这样做，既保证了省下达调整任务，又简化了计算方法，便于落实。各郊区、县要将调整后征收价格和折征代金任务，按上述比例落实到纳税单位和承包户，不得任意增减。"

安徽省规定："折征代金的计价标准为：淮河以南水稻产区，每百斤折征代金十五元三角至十五元七角；淮河以南小麦产量占年度粮食总产量百分之十五以上的丘陵地区，每百斤折征代金十六元五角至十七元三角；沿淮淮北杂粮产区，每百斤折征代金十八元三角至十九元六角。各县（市）可根据上述标准提出定价方案，报行署、市人民政府核定后执行。少数缺粮区按上述标准交税确有困难的，由市、县人民政府确定，酌情减征百分之十到百分之二十。"

宁夏回族自治区政府规定，将农业税（小麦）改按粮食"倒三七"比例价计征，即以50公斤为基数，三成按原统购价，七成按原超购价，三七成合计为一个价计征。1986年至1987年每公斤为0.4429元。1988年，自治区财政厅又根据自治区政府《关于放开粮食收购及其价格的通知》和自治区粮食局、物价局粮食收购价的具体规定，确定了"公粮"计征价以中等小麦计价。但由于区域性缺粮等种种原因，农业税折征代金并没有在自治区完全推开，仍然征收粮食实物，并包含在"合同粮"内。

我国农业税长期实行实物征收形式，是和农村经济发展水平特别是主要农产品长期供不应求的严峻现实相适应的。随着改革开放和农村市场经济的发展，1985年国家把农业税收征收形式从实物改为折征代金。由于物价波动和通货膨胀，计税价格不够灵活，都直接影响了农民负担。1992年，国家进一步完善了农业税的征收结算办法。1993年，财政部在调查研究的基础上，提出了对农业税征收粮食实物的具体方案，并发往各地征求意见。之后，经请示国务院同意，财政部下发了《关于做好1993年农业税征收粮食实物工作的通知》，要求农业税征收继续执行“先征后购”“先税后贷”的原则，保证税款及时足额入库；农业税征收粮食实物（公粮）的，可实行“实物征收，货币结算”的办法，即按规定品种中等质量的公粮数量和计税价格折算为农业税金额；农民以粮缴税，按质论价，以完成金额任务为准，鼓励农民生产和缴纳优质粮；公粮结算价格，凡有合同定购价的，按合同定购价结算，没有合同定购价的，按当地中等粮价结算；经济作物、林牧渔业产区农业税折征代金价格，按不低于公粮价格和保持经济作物区与粮食作物区税负平衡的原则核定；农业税的征收结算价格的具体核定办法，由省、自治区、直辖市财政部门规定，报经同级人民政府批准后执行。

经过几次改革，农业税的征收结算办法基本上还是沿用“实物征收，货币核算”的办法，采取“户缴户结”或“户缴村结”的结算方式。粮食价格放开后，有些地区的农业税改为以征收粮食为主，委托粮食收购部门接收粮食，财政部门与粮食部门结算农业税款。为了通过征收掌握粮食实物，有的地区规定，除了经济作物区、林牧渔业集中产区、其他缺粮地区以及没有粮食合同定购任务或粮食定购任务小于公粮征收任务等缴纳公粮有困难的地区继续实行折征代金的办法外，其余均以粮食实物缴纳农业税。为了保证完成农业税征收任务，有的地区对基层财政部门实行金额任务和征粮任务双项考核的办法。

2. 农业税计税价格调整

农业税计税价格是根据国家收购粮食的价格确定的，确定的基本原则是略高于国家定购价，低于国家收购粮食的价格。在1985年粮食价格逐步放开后，国家定购价调整的频率和幅度都在加大，农业税计税价格也进行了相应调整（参见表1－3）。1985年至1993年，国家每年都调整小麦、粳稻、籼稻、玉米等六种粮食的定购价格，六种粮食平均定购价由每公斤0.3666元提高到0.7036元，增长了近1倍，农业税的平均计税价格也由0.2130元提高到0.6925元，增长了2.25倍。尽管农业税的平均计税价的增幅高于国家粮食定购价，但是农业税的平均计税价基本低于同年的国家定购价格。由于农业税计税价格不断调整，虽然农业税实物征收任务没有调整，但是农业税征收金额会相应增加。其中1992年农业税计税价格由于调整幅度较大，每公斤小麦提高0.12元，粳稻提高0.1元，籼稻提高0.05元，玉米提高0.06元，由于农业税计税价格作了相应调整，因而增加农业税收入任务11.19亿元。

表1-3　全国农业税平均计税价格变化　单位：元/公斤

年度	国家定购价（六种粮食平均）	农业税平均计税价格
1985	0.3666	0.2130
1986	0.3890	0.4275
1987	0.4516	0.4585
1988	0.4766	0.4715
1989	0.4746	0.5533
1990	0.4423	0.5474
1991	0.5328	0.5595
1992	0.6168	0.6629
1993	0.7036	0.6925

资料来源：《中国农村统计年鉴》。

各省、自治区、直辖市农业税平均计税价格如表1-4所示。

表1-4　分地区农业税平均计税价格　单位：元/公斤

地区	1985年	1986年	1987年	1988年	1989年	1990年	1991年	1992年	1993年
北京	0.2241	0.4482	0.4420	0.4482	0.5316	0.5398	0.5316	0.6469	0.6599
天津	0.2241	0.4484	0.4752	0.4890	0.5544	0.5512	0.5531	0.6639	0.6642
河北	0.2170	0.4338	0.4599	0.4646	0.4967	0.4967	0.4967	0.6028	0.6028
山西	0.2151	0.4302	0.4569	0.4583	0.4916	0.4909	0.4909	0.6591	0.7440
内蒙古	0.2090	0.4186	0.4468	0.4650	0.5020	0.4972	0.4662	0.5853	0.5738
辽宁	0.1790	0.3580	0.4372	0.4526	0.4972	0.4974	0.4978	0.5904	0.5889
吉林	0.1786	0.3572	0.4000	0.4080	0.4490	0.4074	0.4571	0.5429	0.5429
黑龙江	0.1886	0.3772	0.4336	0.4357	0.4813	0.4776	0.4889	0.5628	0.5630

续表

地区	1985 年	1986 年	1987 年	1988 年	1989 年	1990 年	1991 年	1992 年	1993 年
上海	0. 2165	0. 4330	0. 4816	0. 4819	0. 6113	0. 6115	0. 6113	0. 7739	0. 7739
江苏	0. 2108	0. 4213	0. 4538	0. 4629	0. 5596	0. 5601	0. 5582	0. 6787	0. 6779
浙江	0. 2160	0. 4367	0. 4959	0. 4788	0. 6199	0. 6199	0. 6196	0. 6857	0. 6977
安徽	0. 2197	0. 4131	0. 4486	0. 4555	0. 5448	0. 5444	0. 5428	0. 6421	0. 6414
福建	0. 2161	0. 4322	0. 4879	0. 4886	0. 6275	0. 6269	0. 6275	0. 7079	0. 7186
江西	0. 2143	0. 4454	0. 4832	0. 4883	0. 6314	0. 6314	0. 6314	0. 7171	0. 7171
山东	0. 2000	0. 4000	0. 4132	0. 4356	0. 4526	0. 4525	0. 4526	0. 5709	0. 6888
河南	0. 2048	0. 4144	0. 4143	0. 4430	0. 4721	0. 4723	0. 4723	0. 5727	0. 5760
湖北	0. 2049	0. 4454	0. 4375	0. 4715	0. 5927	0. 5927	0. 5927	0. 7015	0. 7016
湖南	0. 2227	0. 4454	0. 4883	0. 4883	0. 6314	0. 6314	0. 6314	0. 7179	0. 7306
广东	0. 2304	0. 4609	0. 4676	0. 4689	0. 5288	0. 5292	0. 6368	0. 8181	0. 9086
广西	0. 2223	0. 4454	0. 4691	0. 5026	0. 6481	0. 5473	0. 6417	0. 7222	0. 9616
海南				0. 5197	0. 6683	0. 6684	1. 0000	0. 9884	1. 0086
四川	0. 2330	0. 4668	0. 5060	0. 5060	0. 6112	0. 6093	0. 6107	0. 7095	0. 7124
贵州	0. 2300	0. 4600	0. 5172	0. 5170	0. 6600	0. 6600	0. 6600	0. 7456	0. 9592
云南	0. 2052	0. 4104	0. 5022	0. 5470	0. 6457	0. 6847	0. 6896	0. 7793	0. 8819
陕西	0. 2249	0. 4499	0. 4500	0. 4899	0. 5397	0. 5377	0. 5390	0. 6497	0. 6677
甘肃	0. 2132	0. 4281	0. 4301	0. 4700	0. 5015	0. 5021	0. 5020	0. 6220	0. 6221
青海	0. 2229	0. 4511	0. 4396	0. 4723	0. 5148	0. 5094	0. 5124	0. 6263	0. 6514
宁夏	0. 2214	0. 4429	0. 4429	0. 4720	0. 5094	0. 5021	0. 5021	0. 6220	0. 6500
新疆	0. 2329	0. 4658	0. 4658	0. 4696	0. 5180	0. 5180	0. 5180	0. 6320	0. 6320

资料来源：《农业税收统计资料》。

上述计税价格是根据农业税实际征收正税金额和征收细粮的比例倒算出来的。各地根据每年政府确定的农业税执行计税价格分派农业税任务。因此，这两个计税价格是有差异的。各地确定的本地区农业税计税价格也根据不同类型有所差异。安徽确定的本地区执行计税价格如表 1－5 所示。

表 1－5　　安徽省农业税计税价格变化　　单位：元/50 公斤

年度	征收均价	农业税计税价格调整情况
1985	16.64	折征代金标准：淮河以南稻产区征 15.3—15.7 元，丘陵麦产区征 16.5—17.3 元，沿淮淮北杂粮产区征 18.3—19.6 元
1986	16.74	
1987	18.15	在 1985 年各类地区计税标准的基础上，对其中稻谷和杂粮每公斤征收价格增加 0.3 元，小麦征收价不变
1988	15.46	
1989	22.02	稻产区每 50 公斤提价平均不超过 5.3 元，杂粮产区提价平均不超过 1 元，稻麦兼收产区参照上述标准确定
1990	22.01	
1991	21.92	
1992	26.00	在 1991 年基础上，淮南淮北 5 个地市实行“两征两结算”的 50 公斤，夏征提价 6 元，秋征提价 3 元；实行一次结算的 50 公斤，提价 4.5 元
1993	25.94	

资料来源：安徽省财政厅提供。

3. 统购改税等试点

1984 年，河北宁晋县和藁城县开展了统购改税的试点工作，把农产品低价统购派购改为征收货币税。统购改税的基本内容有两点：一是把对农民的指令性的农产品派购任务改革为指导性的收购计划，全面开放农产品市场；国家以预购合同和市场采购相结合的方式，用议价向农民收购计划所需的农产品。二是征收差价税。取消统购和派购之后，为了收购同样数量的农产品，国家多支出了一笔钱，这是由议价和统购牌价之差造成的。为了保证国家不多支出，向农民征收一笔差价税作为补偿。差价税的总额不超过原征购任务与市场差价形成的总差额。农业税和差价税合并，合称综合农业税，统一下达和征收。实行统购改税以后，生产资料的分配形式也要做相应改革，改革的内容主要是取消农业生产资料单项分配和单项挂钩奖售的办法，发行统一的农业生产资料供应券。供应券的分配与差价税和棉花等实物税交售量挂钩，农民凭券按牌价选购紧缺的农业生产资料，同时扩大农业生产资料的议价经营。

从统购改税的原则来看，并没有增加农民负担，仅是变实物负担为货币负担，有利于刺激和促进商品生产的发展。据对河北省宁晋县的调查，全年预算差价总额 202 万元，由于市价下跌，实际数额还会小些。202 万元差价额相当于 1983 年农业总产值的 0.78%，农业净产值的 1.2%，农产品销售收入的 2.5%，与全县农业税 275 万元合并后，占全年农业纯收入的 1.3%。人均负担约 8 元，亩均负担不到 4 元。从农民之间的相对负担以及夏征农业税、秋征农业税的比例来看还是存在一些问题。少数收入低的农户，商品率低，现金收入少，缴税困难。夏征农业税比例较高，占到全年税额的 70%。而夏季正是资金比较紧张的时候，特别是小麦低产区，卖不出去多少小麦，现金收入有限，用现金完税难度很大。有的农户只能出售一二百斤小麦，几乎要用全部的夏季货币收入来完税，其他的生产、生活开支紧张，负担较大。

除了统购改税试点，在 20 世纪 80 年代，还结合粮食购销体制改革进行了几次小规模的试点，都是希望重新调整国家、消费者、农民三方的利益分配，以解决粮食购销制度上价格扭曲和农民长期独家负担粮食生产成本上涨的局面，逐步实现国家、消费者、农民三方之间在粮食购销上的等价交换，减轻农民负担。但是在具体改革思路上还存在一些分歧。有两种思路：一种是主张政府采取农业税折实办法，并用化肥换购办法保证粮食收购，既可保证对物价总水平不产生直接影响，又可在一定程度上避免通货膨胀给农民造成的损失；另一种思路认为，只有通过提高收购价，进而调整城乡利益分配，才能缓解和消除粮食供求上的矛盾。从 1988 年开始，在河南新乡市、广西玉林市和贵州湄潭县展开了改革实验。河南新乡市是将粮食和油料定购价提高到与市场价相当的水平，改“暗税”为明税，走价税分离的道路，将原来粮食平议差价的一部分与农业税合并，变为国家正式税收。农业税实际负担率由原来的 1.78% 提高到 3.36%，税额由原来每亩 6.3 公斤，提高到每亩 11.75 公斤，增长 86.5%。广西玉林试验区是大幅提高粮食收购价和销售价，收购方面，籼稻从每百公斤 35.18 元提高到44元，杂优稻从每百公斤38元提高到48元，其他粮食品种比照调整；销售方面，每百公斤贸易粮由27.80元提高到80元。同时，对消费者实行价格补贴，建立起生产者、消费者和国家共同承担粮食供求波动和价格上涨的市场风险的关系。贵州湄潭县实验区在农民负担的农业税稳定不变的情况下，将1987年国家向农民定购的粮食任务减半征收，通过“减购压销”，让消费者和粮食生产者共同分担粮食价格上涨的费用支出后果。

（三）征管工作规范化、法制化建设

尽管农业税征收额不大，但它涉及几亿农民的利益，征管过程中，头绪繁多，工作量巨大，每个环节都直接影响到农民负担。为了兼顾国家、集体和农民的利益，稳定和减轻农民负担，农业税收征管工作一直在进行专业化、规范化、法制化的探索和完善。

在相应的农业税征管法规还没有出台前，为了更好地规范农业税征收管理工作，各地财政部门先后制定了地方农业税征收管理的法规。1991年9月11日，河北省人民政府令65号发布《河北省农业四税征收管理暂行规定》，从征收管理、纳税申报、税款征收、税款减免、纳税检查、票证管理和违章处理几个方面做了详细的规定，把农业税征收纳入法制化管理的轨道。《暂行规定》要求加强农业税计税土地面积、常年产量、税率、依率计征税额，以及纳税单位或个人等基础数据和情况的管理。县级征收机关应掌握乡、村的基础数据和情况；乡级征收机关应掌握纳税单位和个人的基础数据。各级征收机关应建立基础数据、情况档案，做到数字增减有依据，情况变动有手续，准确无差错。规定新垦荒山、荒坡、荒地、滩涂水面，自有农业或农林特产收入之年起，应及时向当地征收机关申报农业税或农林特产税免税事宜。征收机关审核后上报县人民政府确定免税期限。免税期满后，三十日内向征收机关办理纳税申报。农业税征收可驻粮站征收、到村和到户征收或委托有关部门代征。

1992年9月4日，第七届全国人民代表大会常务委员会第二十七次会议通过《中华人民共和国税收征收管理法》，使中国税收的征收走上了法制化管理的道路。对于加强税收征管，规范税收征收和缴纳行为，保障国家税收收入，保护纳税人的合法权益，促进经济和社会发展，进一步推进依法治税，具有十分重要的意义。《中华人民共和国税收征收管理法》中明确规定不得摊派税收，农业税应纳税额必须按照法律、行政法规的规定核定。税务人员违反法律、行政法规的规定，故意高估或者低估农业税计税产量，致使多征或少征税款，侵犯农民合法权益或者损害国家利益，构成犯罪的，依法追究刑事责任；尚不构成犯罪的，依法给予行政处分。这项规定实际上把农业税收的征收管理纳入了征管法的调整范围之中，但考虑到农业税收的特殊性，征管法又规定，“耕地占用税、契税、农业税、牧业税征收管理的具体办法，由国务院另行制定”。征管法既将农业税收的征收管理纳入调整范围，要遵从征管法的有关原则和精神，又规定农业税收的征收管理具体办法由国务院另行制定，原则性与灵活性相结合，实事求是地处理问题。

此外，为了规范农业税征收经费的提取和使用，1992 年 11 月 10 日，财政部印发《农业税收征收经费管理规定》，加强了对农业税征收经费的管理，建立健全核算制度，严肃财经纪律，保证农业税收工作的顺利进行和稳定农民负担。《农业税收征收经费管理规定》规定征收经费的来源包括各级预算安排及按规定从农业各税中提取的征收经费。征收经费使用范围限定在：业务费、宣传费、购置费、着装费、按规定支出的征收人员的劳保用品、福利费和补贴、助征人员工资及奖金、支付代征单位的劳务费、直接用于征管业务工作的其他有关支出。

（四）农业税税负变化情况

农业税负担，总体来说稳中有降。《农业税条例》颁布后，国家一直实行“稳定负担、增产不增税”的政策。从 1985 年起，虽然粮食产量已经上了几个大“台阶”，但实征农业税负担始终保持稳定，基本维持在 1961 年的 111 亿公斤细粮的水平[①]。农业税实际负担率

① “一五”时期，全国农业税征收任务大体稳定在 1952 年的征收水平上，年平均征收 169 亿公斤细粮。1958—1960 年多征了一点，年平均征收 178 亿公斤细粮。1961 年由于发生严重的经济困难，国家将农业税任务减至 111 亿公斤细粮，此后一直未变。

（农业税实征正附税合计占农业实际产量的比例）呈下降趋势，1985年为2.61%，1993年为2.43%。

农业税负担除正税负担外，还有农业税附加负担。《农业税条例》规定各省、自治区、直辖市为了办理地方性公益事业的需要，经本级人民代表大会通过，可以随同农业税征收地方附加，地方附加一般不得超过纳税人应纳农业税税额的15%；在种植经济作物、园艺作物比较集中而获利又超过种植粮食作物较多的地区，地方附加的比例可以高于15%，但不得超过30%。除了北京、山西少数省份将附加规定为20%外，大部分维持在15%，广东、黑龙江等省只有10%。1985年至1993年全国农业税附加占农业税正税比例平均只有13.61%。

这一时期总体来说，农业税负担基本保持稳定，但个别年份略有起伏，地区之间也不平衡（参见表1－6）。一是1985年农业税征收总量较低。农业税征收细粮为111.3亿公斤，这主要是因为这一年农业税减免额较多。1985年共减免细粮285727万公斤，占应征农业税的23%。二是1985年比1984年农业税征收金额有较大幅度的提高，由39.3亿元增加到47.4亿元，人均农业税负担金额也由4.7元提高到5.69元，这主要是粮食购销体制改革，粮食收购价大幅提高引起农业税计税价格上涨所至。三是1988年农业税征收总量较高，达到了127.53亿公斤。这主要是一些地方擅自调高农业税征收任务所致，但很快得到了纠正。四是老粮食主产区负担水平偏重，新粮食主产区和西北边疆地区较轻。

二、牧业税的调整

牧业税是在内蒙古、四川、西藏、陕西、甘肃、青海、宁夏、新疆8个省（自治区）牧业区、半牧业区，对从事畜牧业生产，有牧业收入的单位和个人征收的一种税。1985年以后，随着畜牧业的发展，20世纪50年代各牧区省份发布的牧业税办法已经不能适应新形势的需要。为了发挥牧业税调节作用，促进牧区经济发展，牧业税政策也进行了必要的调整。

表 1-6　　1985—1993 年全国农业税征收情况

年份	农业实产量	实征收农业税		实征收农业税金额		人均农业税负担		农业税占实产量比重	
		合计	其中：正税	合计	其中：正税	实征	金额	合计	其中：正税
	（细粮亿公斤）			（亿元）		（细粮公斤）	（元）	（%）	
1985	4260.7	111.3	98.0	47.4	41.8	13.36	5.69	2.61	2.30
1986	4131.0	118.0	103.9	50.4	44.4	14.11	6.03	2.86	2.52
1987	4274.0	122.5	107.7	56.1	49.4	14.48	6.64	2.87	2.52
1988	4179.4	127.5	112.4	60.1	53.0	14.95	7.05	3.05	2.69
1989	4236.0	116.1	102.2	64.3	56.5	13.43	7.44	2.74	2.41
1990	4675.8	122.5	107.8	67.1	59.0	13.86	7.59	2.62	2.30
1991	4721.2	114.0	100.2	63.7	56.1	12.81	7.16	2.42	2.12
1992	4751.5	119.5	105.1	79.2	69.7	13.37	8.86	2.52	2.21
1993	4910.6	119.4	105.0	82.6	72.7	13.28	9.18	2.43	2.14

资料来源：1985—1993 年财政部农业税决算。

（一）牧区经济改革

20 世纪 80 年代初，牧区改革陆续起步，家庭联产承包责任制逐渐推开。同农区土地一样，草场作为基本生产资料划片承包给牧民，牲畜私有私养。甘肃省从 1982 年开始推行“包产到户，保本分成，定额提留”的责任制形式，1983 年改为“保本经营，增值归己”，1984 年起实行了“分畜到户，私有私养，长期不变”和草场陆续划片承包到户的办法。内蒙古自治区 1983 年开始逐步在全区推广“牲畜作价承包到户”责任制，到 1985 年已普遍推行“牲畜作价归户，草场划片承包”的“草畜双承包”责任制。新疆维吾尔自治区 1983 年在少数地方实行了“铁畜制”，即“成畜保本，仔畜分成或现金提留”的办法。到 1984 年全区试点推行“牲畜作价，承包到户”的责任制。青海省 1984 年底，有 68% 的原生产队实行了“牲畜作价归户”，少数贫困地区实行了“无偿分畜到户”。总的来看，牧区生产关系的变革，大体分为两个阶段，从 1981 年到 1983 年，是由不联产到联产，由联产到组到联产到户，由集体统一经营牲畜变为家庭经营为主的阶段；第二阶段，从1984年初开始，由单一解决牲畜所有权的变更到“草畜双承包”。牧区虽然推行家庭联产承包制较晚，但到1985年，基本都突破了“三级所有，队为基础”的旧模式。

牧区家庭承包责任制的推行，极大地解放了生产力，使牧区社会经济面貌发生了较大变化，并带动了畜产品市场和牧区要素市场的改革和发展，畜产品统购制度也逐步开始改革。1985年，中共中央、国务院颁布《关于进一步活跃农村经济的十项政策》，决定取消农畜产品统购派购制度。根据“建立高效、畅通、可调控的商品流通体系”的要求，牧区积极改革活畜和畜产品购销政策，提高畜产品收购价格，促进了畜牧业的商品生产，增加了畜产品供给，进一步繁荣了市场。畜产品价格经过几次调整，特别是羊毛价格的调整，极大增加了牧民的收入，对畜牧业的发展起了很大作用。各地结合本地实际，先后制定了搞活畜产品流通的具体措施。例如，内蒙古1985年颁布了《关于加速发展畜牧业若干问题的决定》，提出“生产是基础，流通是前提，使农牧民尽快富裕起来是目的”，“从牧区的实际出发，扎扎实实地抓住商品生产这条主线，把整个牧区工作带动起来，因势利导，搞好牧区的商品生产。重视畜牧业内部结构的调整，提高基础母畜的比重，以提高畜牧业扩大再生产的能力，向多繁殖、高效益的方向发展。积极发展牧区的多种交易形式、多种流通渠道、多种成分的商业流通网络。强化市场在牧区经济中的调节作用”。1985年1月底，新疆维吾尔自治区党委召开农村工作会议，根据中央的政策精神，提出自治区农村工作的重点是调整农业结构，改革统购派购制度，发展商品生产。并结合本地实际，制定了搞活农畜产品流通的具体措施，实行合同定购和市场采购制度，扩大市场调节范围。1985年2月初，青海省委和省政府召开全省农牧区工作会议，认真贯彻中共中央精神，提出一系列放宽农牧区政策，搞活农牧区经济，改革经营方式的决策，引导牧区改革不断深入发展。普遍进行了农副产品统派购销制度改革，将价值规律和市场机制引入广大牧区。

1987年6月，国务院在北京召开全国牧区工作会议，对深化牧区改革作出重大决定。1987 年 8 月 13 日，国务院批转了《全国牧区工作会议纪要》，高度肯定了牧区改革的成果，明确了畜产品流通体制改革的方向。《纪要》提出，要支持牧户在自愿的基础上发展放牧、销售等互助形式或实现牧工商联营；支持发展饲养种公畜、改良畜和运输、购销、牧草经营等专业户；疏通流通渠道，逐步完善购销体制，建立市场经济；提倡工牧直交、工贸直交、工牧联营、牧工商联营，逐步建立多层次、多形式、多渠道、少环节的流通体制。

1985 年至 1993 年，牧区经济快速增长，发展规模超过历史上任何一个时期。牧区各项指标都上了一个新的台阶，特别是羊毛产量迅速增长。主要畜产品产量的增长，也带动了相关加工业的发展。牧区经济发展的同时，牧民收入也得到了较快提高。1993 年，内蒙古自治区牧民人均收入达到 1164 元，比 1985 年增加了 314 元，比同期全国农民人均收入还高 243 元，其中 40% 来自养殖业（参见表 1－7）。

表 1－7　1985—1993 年中国主要牧区畜牧业经济发展状况

地区	牧业总产值（亿元）		大牲畜年末数（万头）		猪牛羊肉产量（万吨）		奶类产量（万吨）		羊毛产量（万吨）	
	1985 年	1993 年	1985 年	1993 年	1985 年	1993 年	1985 年	1993 年	1985 年	1993 年
内蒙古	21.4	67.75	736.6	685.8	34.9	66.0	25.9	44.9	5.1	5.8
新疆	10.82	45.18	517.6	563.8	17.3	34.1	19.7	40.9	4.1	5.3
宁夏	2.29	7.50	73.3	76	3.3	7.3	1.3	7.1	0.3	0.3
陕西	13.13	54.34	255.6	310.9	29.3	60.9	14.6	27.4	0.3	0.5
甘肃	10.30	36.13	507.9	596.4	24.4	49.1	4.4	9.9	1.1	1.7
青海	5.01	14.98	589.4	575.1	11.0	15.7	15.9	19.6	1.5	1.8
四川	80.04	310.21	986.8	1110.3	283.9	465.9	22.3	28.9	0.2	0.3
西藏	4.91	12.43	539.4	618.1	7.1	9.7	10.3	18.6	0.9	0.9
合计	147.9	548.52	4206.6	4536.4	411.2	708.7	114.4	197.3	13.5	16.6

资料来源：《中国农村统计年鉴》。

（二）牧业税改革和调整

自 1980 年开始，为减轻牧民负担，牧区省份实行牧业税免征政策。1985 年前后，随着牧区经济的恢复和发展，除西藏地区继续免征外，内蒙古、四川、陕西、甘肃、宁夏、青海、新疆陆续恢复征收牧业税。新疆 1986 年至 1987 年再次免征牧业税，到 1988 年起恢复征收。甘肃、陕西 1987 年一度免征，1988 年恢复征收。宁夏 1985 年至 1988 年停征牧业税，1989 年恢复征收。各地在恢复征收的同时，也先后对牧业税制度进行了调整。

1. 重新制定征收办法

宁夏 1984 年发布了《宁夏回族自治区牧业税征收办法》。新疆维吾尔自治区 1985 年、1988 年两次发布了《新疆维吾尔自治区牧业税暂行办法》，1990 年在原暂行办法基础上进行了修订，制定了《新疆维吾尔自治区牧业税征收办法》。内蒙古自治区 1989 年颁布《内蒙古自治区牧业税征收办法》。甘肃 1990 年发布了《甘肃省牧业税征收暂行办法》。

2. 确定纳税人为农牧户

在牧区普遍实行家庭联产承包责任制后，原来牧业税缴纳结算办法由队交队结改为户交户结。在 1985 年前制定的牧业税征管办法将纳税人规定为："从事牧业生产的人民公社生产队或生产大队；实行牧业大包干联产承包责任制的组、户等"，有的还规定"人民公社的基本核算单位"。在 1985 年后各牧区新修订的牧业税征管办法将纳税人明确为"实行生产责任制的农牧户"等。

3. 提高税率

各地根据牧区经济的发展变化，对牧业税税率进行了改革和调整，不再执行累进税率，逐步推行了比例税率和定额税率，并适当提高了税率。

由于各牧区自然、地理条件不同，经济发展水平不平衡，各地制定的牧业税税率也有很大区别。有的全省实行统一税率，如甘肃省规定，全省一律按 3% 比例税率计征；宁夏规定，以成年的羊只数计算，每只绵羊征税 0.4 元，每只山羊征税 0.2 元。有的实行地区差别固定税额。如内蒙古自治区规定，各盟市的定额税率，根据各地牲畜发展和牧业经济水平及历史负担情况，分别确定。各旗县的定额税率，由盟市根据自治区规定的各盟平均定额税率，结合其所辖地区不同的经济情况和过去负担情况，分别加以规定。大畜：呼盟每头征税 1.8 元，哲盟每头征税 1.5 元。小畜绵羊：呼盟每只征税 0.3 元，哲盟每只征税 0.25 元。新疆则是两者结合。按牧业总收入计征的，全疆统一实行 2.8% 的比例税率，对种畜场实行 2% 的比例税率。对按牲畜头数定额征收的，按牲畜种类分别规定。大畜：北疆每头征税 1.1 元，南疆每头征税 1 元。小畜细毛羊、阿勒泰羊：北疆每只征税 0.48 元，南疆每只征税 0.45 元。1990 年 3 月 31 日发布实施的《新疆维吾尔自治区牧业税征收办法》作了修订，规定统一按每头牲畜的定额税率征收。

随着牧区经济的发展，牧民收入的不断增长，各牧区按照平衡农、牧业税负担的原则，多次提高牧业税税率。内蒙古自治区比照农业税按粮食“倒三七”比例价增收 35% 的比例，对牧业税税率进行调整。按照这个比例以 1984 年计税牲畜测算，全区应征牧业税 870 万元，比前三年稳定的计征税额 640 万元，增收 230 万元，计征税额占牧业收入的 2.46%，没有超出中央应控制在 3% 以内的规定。但考虑到 1985 年冬天刚遭受了雪灾的情况，暂缓一年执行。新疆维吾尔自治区 1988 年调整后的税率比 1985 年提高了近一倍。

1991 年开始，由于牧业生产发展很快，畜产品市场放开，价格上升，畜牧业产值增长较大，牧民的收入也大大增加，内蒙古、新疆、青海、甘肃、宁夏、陕西、四川 7 省区再次对牧业税征收标准进行了调整。如内蒙古自治区对大牲畜征收税额由平均每头 1.65 元调整为马、牛 5 元，骆驼 2 元；山羊由每头 0.15 元调整为 1.50 元，绵羊由 0.27 元调整为 1 元。新疆牛、马、骆驼等大畜从每头最高 1.1 元提高到最高 2 元，山羊从每只最高 0.16 元提到最高 0.5 元，奶牛提高到 10 元至 20 元。

4. 征收货币

1985 年以前牧业税的征收，多数地区征收实物，有的征活畜，有的征羊毛或酥油，只有少数地区征收货币。对应征牧业税的各种牲畜，征收机关需作出形貌、年龄、折算标准等相应规定。如内蒙古对应税牲畜统折绵羊计算，马 1 匹折绵羊 10 只至 15 只。这些都给牧业税征收带来很多困难。1985 年以后，随着牧区商品经济的发展，多数地区逐步将实物税改为货币税，在畜牧产品出售季节一次征收。青海省这一时期牧业税还采取以实物为主的征收方式。

5. 加大减免力度

为了落实党的民族政策，促进牧区牧业生产的发展，照顾贫困落后牧区牧民的生活，各牧区都进一步加大了灾情减免和社会减免等力度。

在灾情减免方面，内蒙古自治区规定，当年6月末因灾死亡牲畜占总头数5%至10%的，减征税额40%；10%至20%的，减征税额70%；20%以上的，免征牧业税。完全免税的标准由过去死亡牲畜50%以上，改为20%以上。甘肃省规定死亡牲畜41%以上的，免征牧业税，后改为死亡25%以上就全免。新疆也将原来全免的标准从35%调整到25%。在灾情减免中，为了符合实际受灾情况，各地区基本采取按照大畜（牛、马、驼）和绵羊、山羊分别计算受灾成数进行减免的办法，加大了减免力度。

在社会减免方面，内蒙古、甘肃、新疆等均规定对贫困牧业户或烈士家属、残疾军人、残疾人、五保户，经县级政府批准，可酌情减免牧业税。内蒙古自治区根据各地牧业生产和受灾情况，将全区社会减免总体比例控制在应征税额的3%以内；各盟市的比例是：呼、兴、锡盟2%，哲、昭、乌盟3%，伊、巴、阿盟5%，各地在此比例内，进行减免。

此外，对牧民自留畜、良种公畜、配种站的种畜和科研单位的试验用畜，以及苗圃、林场、育草场、防疫站、气象站等事业单位为事业服务的役畜等，免征牧业税。

6. 完善征管制度

各牧区不断完善牧业税征管制度，使其逐步规范化、制度化。鉴于牧业生产的地区差异很大，各牧区因地制宜，在制定具体征管办法时赋予地方适当权限。如新疆在登记牲畜日期、开征日期、税率向下浮动等问题上，自治区都不作统一规定，把决定权放给县、市人民政府，使执行办法更符合当地实际情况。

有些地方也有相应规章制度出台。如内蒙古自治区伊克昭盟的

《伊克昭盟农村牧区税收征收管理办法》，明确了征纳双方和协税护税组织的权利与义务、税收征管运行程序、减免税管理、违章处理、组织领导等内容，要求农村牧区税收征收管理要以“文明、法治、公平、效率”的新时期治税思想为指引，本着因地制宜，注重实效，科学规范，便于操作，有利于降低税收成本，促进生产的原则，逐步建立符合农村牧区税收特点的地方税收征收管理体系。

对于新增加的牧业税收入，各地基本都贯彻“以牧养牧”的原则，主要用于草场建设和种草补贴，如内蒙古1989—1991年用于草场建设共计0.98亿元，占同期牧业税收入的85%，占同期草场建设资金总额的1/3，对促进牧业生产发展起了积极作用。

（三）牧业税税负变化情况

国家对牧区采取轻税政策。牧区大部分处在边疆，牧民基本上是少数民族。牧业税负担既是一个财政经济问题，又是一个民族问题。党和政府对牧区制定了特殊的负担政策。一是为了让牧民休养生息，采取了牧业区税收轻于农业区的轻税政策，牧业税税率一般控制在畜牧业总收入的3%以内。二是多数省、自治区只对牧区、半农半牧区征收牧业税，对农区或城镇居民饲养少量牲畜不征收牧业税。也有的地区对农牧业兼营单位或半农半牧区，只按主业征税：以农业生产为主的，只征农业税，不征牧业税；以牧业生产为主，征收牧业税，不征农业税，习惯上称之为“征一不征二”。三是在执行轻税政策的同时，多个省份在一定时期内大范围减免牧业税。新疆维吾尔自治区政府1986年2月15日发布《关于1986年农村工作要点》，提出为了进一步放宽牧区政策，减轻牧民负担，加速自治区畜牧业生产的发展，提高广大牧民的生活水平，自1986年起连续两年免征牧业税。甘肃省和陕西省在1987年免征牧业税。宁夏直到1989年才恢复征收牧业税，即使恢复后，还对牛、马、骆驼、仔羊免征牧业税。四川省虽没有免征，但一直采取牧业税减半征收的政策，全省牧业税平均定额仅为每只羊2分钱。西藏自治区一直免征牧业税（参见表1－8）。

表 1－8　　1985—1993 年全国牧业税征收情况　　单位：万元

年份	全国	内蒙古	新疆	宁夏	青海	甘肃	陕西	四川
1985	1707.2	556.1	340.7	0.8	480.9	102.1	183.4	42.4
1986	1129.0	510.0	0	0	433.0	104.0	10.4	72.0
1987	1168.0	586.0	0	0	516.0	0	0	66.0
1988	2110.0	610.0	637.0	0	666.0	119.0	18.0	60.0
1989	4335.0	2000.0	830.0	255.0	980.0	187.0	18.0	65.0
1990	8127.0	5097.0	1311.0	238.0	1142.0	328.0	33.0	68.0
1991	8514.0	4685.0	1415.0	220.0	1196.0	499.0	33.0	71.0
1992	8243.0	4371.0	1463.0	198.0	1215.0	504.0	31.0	69.0
1993	8216.0	4331.0	1377.0	164.0	1249.0	606.0	46.0	56.0

资料来源：各省牧业税决算数。

1985 年至 1993 年，全国牧业税收入总体来看大幅增加，从 1707.2 万元增加到 8216.0 万元，增长了 3.81 倍，年均增长 21.7%；人均牧业税负担也有所增长，内蒙古人均牧业税负担从 2.96 元增加到 22.94 元，在牧民人均收入中所占的比重从 0.46% 增长到 1.97%，新疆人均牧业税负担从 6.01 元增长到 22.25 元，在农牧民人均收入中所占比重从 1.52% 增长到 2.86%。分阶段来看，这一时期全国牧业税收入变化经历三个阶段：1985 年至 1987 年基本稳定，保持在 1300 万元左右；1988 年至 1990 年增幅较大，随着牧业税税率的调整，两年连续翻番；1991 年至 1993 年基本平稳，保持在 8200 万元左右。分地区来看，各牧区牧业税收入增减有较大差异。内蒙古、甘肃增速较快，四川基本保持稳定，陕西则大幅下降。牧业税负担变化虽然呈现大幅增长，但主要原因是牧区从停征牧业税逐渐恢复到征收牧业税，基期数据较小。由于同期牧民收入也在不断增加，牧业税实际负担率控制在 3% 的范围内，体现了国家的牧业税轻税政策（参见表 1－9）。

三、农林特产税的开征

农林特产农业税简称农林特产税，是农业税的组成部分。1983 年国务院发布了《关于对农林特产收入征收农业税的若干规定》，决定把园艺作物的收入、其他经济作物的收入和经国务院规定或者批准征

表1－9　1985—1993年内蒙古和新疆牧业税人均负担和牧民人均收入情况

单位：元

年份	内蒙古			新疆		
	牧民人均纯收入	牧业税人均负担	牧业税人均负担占牧民人均收入比重（%）	农牧民人均纯收入	牧业税人均负担	牧业税人均负担占农牧民人均收入比重（%）
1985	649.4	2.96	0.46	394.30	6.01	1.52
1986	649.1	2.72	0.42	419.88	—	—
1987	662.5	3.12	0.47	452.72	—	—
1988	850.2	3.24	0.38	496.49	11.25	2.27
1989	1038	10.56	1.02	545.61	14.72	2.70
1990	905.7	26.90	2.97	683.47	23.36	3.42
1991	868.1	24.72	2.85	703.17	23.73	3.37
1992	1022.3	23.13	2.26	740.44	24.48	3.31
1993	1164.1	22.94	1.97	777.62	22.25	2.86

资料来源：牧业税数据来自各省决算数，牧民人均纯收入来自《新疆统计年鉴》《内蒙古统计年鉴》，牧民人数分别来自《内蒙古统计年鉴》的牧区乡村人口数和《新疆统计年鉴》的牧业人口数。

收农业税的其他收入等作为农林特产品收入，按照实际收入分品目核定税率，单独征收农业税。

（一）全国逐步开征农林特产税

《国务院关于对农林特产收入征收农业税的若干规定》明确了农林特产税征税范围和征收办法，确立了农林特产税的基本原则和税制框架。一是确立了对农业特产收入单独征收农林特产税的原则。二是确定农林特产税征税范围，包括：（1）园艺收入，包括水果、茶、桑、花卉、苗木、药材等产品收入；（2）林木收入，包括竹、木、天然橡胶、柞树坡（养柞蚕）、木本油料、生漆及其他林产品收入；（3）水产收入，包括水生植物、淡水养殖、滩涂养殖产品收入；（4）省、自治区、直辖市人民政府认为应当征收农业税的其他农林特产收入。三是规定对农林特产品按照产品收入征收农林特产税。四是规定对不同农林特产品收入分别核定税率，由省、自治区、直辖市人民政府在

5%至10%的限幅内按照不同农林特产品获利情况，在不低于粮田实际负担水平的原则下具体确定。对少数获利大的产品，税率可适当提高，但最高不得超过15%。五是要求各省、自治区、直辖市人民政府制定征收农林特产税的具体办法，组织实施。

各省区市、计划单列市根据国务院的规定陆续颁布了实施办法，开征农林特产税。1984年，黑龙江省、江西省、河南省、贵州省、陕西省、天津市等地开征农林特产税。1985年北京市、辽宁省、吉林省、湖南省、广东省、广西壮族自治区等地开征农林特产税。1986年，山西省、内蒙古自治区、山东省、湖北省、云南省等地开征农林特产税。1987年，河北省、江苏省、青岛市、四川省、重庆市、宁夏回族自治区等地开征农林特产税。1988年大连市、浙江省、新疆维吾尔自治区等地开征农林特产税。

综合各地的征收办法如下：

1. 征税的范围及税率

各地列举征税的品类有三十个，并分别规定了税率。

（1）水果。二十三省、市、区列举征税。税率分别为5%（晋、内蒙古、吉、黑、赣、闽、鄂、川、黔、滇）；5%—6%（陕）；5%—10%（桂）；6%（冀、苏、浙、宁）；6%—7%（辽）；7%（京、津、豫、粤）；8%（湘）；新疆每亩加征10—16元。

（2）干果。十省、市列举征税。税率分别为5%（鄂、黔）；6%（苏、鲁、湘、豫、陕）；7%（京、津、晋）。

（3）茶。十四省、区列举征税。税率分别为4%（闽）；5%（苏、赣、桂、川）；6%（皖、豫、湘、粤、滇、陕）；6%—10%（浙）；7%（鄂、黔）。

（4）茶用花卉。四省列举征税。税率分别为5%（黔）；6%（湘）；7.5%（苏）；8%（浙）。

（5）桑。九省、市、区列举征税。税率分别为5%（赣、湘、桂、云、陕）；6%（鲁）；7%（京、鄂、黔）。

（6）花卉。二十省、市、区列举征税。税率分别为3%（闽）；5%（冀、晋、赣、川、滇、宁）；6%（皖、鲁）；6%—8%（湘）；

7%（京、鄂、粤、陕）；8%（津、苏、浙、豫）；9%（黔）；10%（辽）。

（7）苗木。十九省、市、区列举征税。税率分别为：5%（津、晋、内蒙古、吉、黑、赣、湘、粤、桂、川、滇、宁）；6%（鲁）；7%（京、黔、陕）；8%（苏、浙）；10%（辽）。

（8）药材。二十一省、市、区列举征税。税率分别为：5%（晋、内蒙古、辽、吉、黑、浙、赣、粤、川、滇、陕）；6%（鲁）；6%—15%（皖）；7%（京、鄂、黔、宁）；8%（豫、湘、桂）；新疆每亩加征16元。

（9）人参。三省列举征税。税率分别为：7%（黔）；10%（辽）；12%（吉）。

（10）鹿茸。吉林、内蒙古列举征税，税率分别为5%、6%。

（11）“三七”。云南单独列举征税，税率为15%。

（12）田七。广西单独列举征税，税率为10%。

（13）原木。十七省、市、区列举征税。税率分别为：2%（浙）；5%（京、苏、赣、鲁、豫、鄂、湘、粤、桂、川、陕）；6%（内蒙古）；7%（辽、皖、黔）；12%（闽）。

（14）竹。十四省、区列举征税。税率分别为：3%（浙）；5%（苏、赣、豫、鄂、湘、粤、桂、川）；6%（内蒙古、陕）；7%（皖、黔）；8%（闽）。

（15）天然橡胶。四省、区列举征税。税率分别为：3%（闽、桂）；5%（滇）；6%（粤）。

（16）柞树坡。五省、区列举征税。税率分别为：5%（辽、鲁、陕）；6%（内蒙古）；7%（黔）。

（17）木本油料（包括油茶、油桐、乌桕）。十三省、市、区列举征税。税率分别为：1%（浙）；5%（京、赣、鄂、粤、桂、川、黔）；5%—6%（湘）；6%（内蒙古、皖、陕）；7%（豫）。

（18）松脂。三省、区列举征税。税率为5%（湘、粤、桂）。

（19）生漆。六省列举征税。税率分别为：5%（粤、川、陕）；6%（湘）；7%（鄂、黔）。

（20）棕片。四省列举征税。税率分别为：5%（川、湘）；6%（陕）；2%（黔）。

（21）木耳。十省、区列举征税。税率分别为：5%（内蒙古、吉、黑、湘、川）；6%（陕）；7%（辽、豫、鄂）；9%（黔）。

（22）竹笋。六省、区列举征税。税率分别为：5%（闽、豫、湘、桂、川）；7%（黔）。

（23）香菇。四省列举征税。税率分别为：5%（闽、湘）；7%（鄂）；9%（黔）。

（24）花椒。六省、市列举征税。税率分别为：5%（京、晋、鲁、川、滇）；6%（陕）。

（25）黄花。湖北、河南两省列举征税，税率为7%。

（26）其他林产品。八省、市、区列举征税。税率分别为：5%（京、内蒙古、闽、赣、鲁）；6%（皖）；7%（辽、黔）。

（27）水生植物。五省、市列举征税。税率分别为：5%（苏、鲁、粤）；6%（京）；7%（津）。

（28）芦苇。十省、市列举征税。税率分别为：5%（冀、晋、辽、吉、鲁、鄂）；6%（陕）；7%（津）；8%（湘）；9%（黑）。

（29）淡水养殖。十五省、市、区列举征税。税率分别为：3%（桂）；5%（冀、晋、浙、赣、鲁、川、陕）；5%—8%（津）；6%（京、苏、鄂、湘）；7%（内蒙古、粤）。

（30）滩涂养殖。九省、市、区列举征税。税率分别为：3%（桂、闽）；4%（浙）；5%（津、冀、鲁、粤）；6%（苏）；10%（辽）。

另外，湖北、广西对苎麻开征农林特产税，税率分别为5%和8%。浙江、广西、新疆对西瓜征收农林特产税，广西税率为8%，浙江、新疆分别在原征农业税的基础上，每亩加征15—20元和10元。

2. 地方附加

为了办理地方性公益事业的需要，许多地区在农林特产税正税的基础上，征收了一定比例的地方附加。附加比例分别为10%（京、赣、粤、新）；12%（晋、桂）；13%（陕）；14%（湘）；15%（辽、鲁、皖、闽、贵、滇、青岛）。其他各省均参照农业税的附加比例征收。

3. 产品收入计算

国务院规定农林特产税按产品收入计算征收。各地对产品收入计算方法主要有两种：第一，按产品实际销售收入计征。北京、天津、山西、辽宁、吉林、安徽、福建、广西、贵州、陕西等省、市、区规定，对茶、花卉、苗木、竹木、部分特产品、中药材等产品，以及主要由商业供销部门收购的产品按实际销售收入计征。第二，核定产品收入计算征收。各地核定产品收入，一般按照评定产量和当地中等收购单价或市场中等价格计算。评定产量的办法，天津、辽宁、河北、山西、江苏、江西、山东、湖北、广东、陕西根据前几年平均产量，参考其他因素评定；内蒙古、浙江、福建、河南、湖南、云南根据当年产量评定；广西根据承包产量或估产评定。农林特产品多渠道流通后，为控制税源，实行核定产品收入计征办法的地区和产品越来越多。此外，少数省、区对蚕茧、毛茶、竹木，以及以农林特产产品为原料的加工品，按销售收入打一定折扣计算征收。

4. 征收方法

为适应各种农林特产品生产销售的不同特点，各地主要采取以下几种征收方法：一是实行源头控制，由纳税人申报，财政部门或委托乡政府驻产地组织征收。二是对出售给国营、集体供销部门的产品由收购单位代扣税款。三是在有关部门配合协助下，由财政部门派员驻市场、产品集散地或交通关卡征收。四是对产品收入有账目记载的纳税单位查账征收。

5. 收入分成和使用管理

农林特产税在确保完成中央核定的农业税前提下，收入全部留给地方。为调动基层征收积极性，加强征收管理工作，发展农林特产，培养税源，各省、市、区都规定了农林特产税收入分成办法，将收入主要留给基层。天津、黑龙江、江苏、湖北规定，农林特产税全部留给县、乡；河北、浙江、江西、内蒙古规定，农林特产税新增收入全部留给县、乡；山西规定，农林特产税收入按现行体制分配；其他省、市、区也规定留给县、乡一定比例的农林特产税收入。留给基层的收入，天津、河北、内蒙古、辽宁、浙江、福建、江西、山东、湖北、广东、广西、云南、陕西等省、市、区规定，主要用于扶持农业生产，建立“农林特产发展基金”或“扶持多种经营基金”，有偿周转使用。辽宁、浙江、山东、湖北等省制定了基金使用管理的具体办法。一些省、市、区还规定从农林特产税收入中提取少部分作为征收经费。

6. 优待与减免

各地对农林特产税给予优待与减免的规定主要有以下项目：

（1）对某些处于发展初期，零星分散，恢复较慢的农林特产收入，经县政府批准，给予减免照顾（北京、吉林、江苏、江西、山东、河南、宁夏）。

（2）农林特产因遭受严重自然灾害纳税确有困难的，经批准，给予减免照顾（山东、湖北、四川）。

（3）对新垦殖和新垦复的农林特产作物，从受益之年起，给予一定时期的减免照顾（河北、山西、山东、湖南、广西、贵州）。

（4）广东对滩涂养殖者开发初期，产量不高，收入不多的缓征。天津对新开辟的水库养殖、滩涂养殖，经批准，免征二年。北京对苗木、淡水养殖收入暂缓征税。

（5）国有林的林木收入免征（内蒙古、辽宁、福建）。

（6）科研单位和院校属于试验研究性质的农林特产品收入免征（北京、河北、山西、内蒙古、辽宁、福建、山东、河南、湖北、四川、云南、陕西）。

（7）内蒙古对中小学勤工俭学取得的农林特产收入免征。

（8）自产自用的农林特产品免征（吉林、福建、山东、湖北、四川、贵州）。

（9）宅旁隙地农林特产收入免征（天津、河北、山西、河北、江西、山东、河南、陕西）。

（10）河南对野生农林特产品免征。

（11）城市园林部门的苗木，花卉收入免征（辽宁、山东）。

（12）陕西对经乡人民政府核定，为绿化荒山、荒坡自育自栽的农林特产免征。

（13）对列入贫困地区免征农业税的乡和水库移民，给予一定时期的免征照顾（山东、湖北、广东）。

另外，四川省规定了起征点，起征点为计税收入200元。

这一阶段，各地制定的农林特产税征收办法比较原则，征收工作具有一定的探索试验性质，中央也未给各地下达农林特产税征收任务。从实际征收情况看，各地逐步建立了一套有效的征管制度，税收收入逐年增长，在征收工作开展较好的地区初步发挥了农林特产税的调节作用。

与其他税种相比较，农林特产税还具有自身的一些特点：一是政策性强。一方面，国家利用农林特产税对农业生产结构进行调控，根据农村产业政策目标和农业生产发展状况，在略高于农业税负担的前提下，确定农林特产税的调节范围、调节方向和调节力度，并在执行中根据情况变化适时做出必要的调整。另一方面，农林特产税的征收涉及广大农民群众，必须充分照顾到农民群众的实际负担能力，保持社会稳定。二是实行“统一税政，合理分权”的原则。即在贯彻中央统一规定的前提下，赋予省级人民政府以较大的征收管理权限，各省、自治区、直辖市人民政府可以根据中央统一规定，制定本地区农林特产税实施办法。三是计税依据具有特殊性。农林特产税按照产品实际收入计算征收，大部分产品按核定收入征收，不管应税农林特产品是否销售出去，都应该按照征收机关核定的产品收入计算征收农林特产税。

（二）农林特产税的全面征收

农林特产税的开征对平衡农村各种作物的税收负担，促进农业生产的全面发展，发挥了积极作用。但是，随着农村经济体制和农产品市场改革的深化，农村经济快速发展，受比较利益驱动，农林特产生产持续增长，农林特产税的调节作用越来越小。

由于从事农林特产的收益较高，发展势头很猛。以水果和水产养殖为例，同1983年比较，1989年全国水果种植面积由3022万亩增至8058万亩，增长1.67倍；水果产量由949万吨增至1832万吨，增长近 1 倍；水产养殖面积由 4904 万亩增至 6353 万亩，增长 29.5%；水产品产量由 546 万吨增至 1152 万吨，增长 1.1 倍。农林特产生产的发展，对于调整农业生产结构，合理开发利用资源，具有积极作用。但是，农林特产品价格基本放开，粮食生产比较利益下降。例如，1983 年到 1989 年，粮食与苹果、柑橘、茶叶、桑蚕茧的比价分别由 1∶1.06、1∶1.37、1∶8.52 和 1∶8.74 变为 1∶1.83、1∶1.61、1∶8.63 和 1∶12.85。每亩粮食与部分农林特产品的比较效益下降，每亩小麦加玉米与苹果的减税纯收益之比由 1986 年的 1∶6.35 下降到 1989 年的 1∶7.06。受比价和利益变化的影响，农民种粮的积极性下降，种植结构发生明显变化。同时，农林特产的生产挤占了相当部分的粮田。据统计，全国粮食作物种植面积 1983 年为 17.10 亿亩，1989 年减至 16.83 亿亩，减少了约 2704 万亩。六年间，农业产值占农林牧渔总产值的比重下降了 12.6 个百分点，全国粮食作物播种面积减少了 2700 多万亩，产量在 7500 亿斤到 8100 亿斤波动。我国粮食生产一度徘徊不前。

粮食问题是事关国民经济全局的重大问题，由于人口增长和人民生活水平的提高，我国粮食需求呈现出持续增长的趋势，粮食供给在一个相当长的时期将比较紧张。因此，提高粮食生产的比较利益，保证必需的种植面积和产量的持续增长，是农业结构调整中必须解决的问题。为解决种粮收益较低的问题，国家适当提高粮食收购价格是必要的。但是，提高粮价的幅度，受国家财政和社会承受能力的制约。况且，在粮食市场价格实行“双轨制”，农林特产品价格基本放开的情况下，粮价提高以后，过一段时间，就会出现新的比价复归。因此，单靠提高粮价是不够的，还必须采取其他措施。全面征收农林特产税，就是对从事农林特产者和从事种粮者的收入通过税收进行调节，以缓解两者收益悬殊的矛盾，调节农业生产结构，保持粮食生产稳定增长，使农业生产适应国家和市场的需求。

1983 年，开征农林特产税虽然对平衡农业各产业的负担，促进粮食生产发挥了积极作用，但在执行过程中也存在一些问题。主要是征收工作开展不平衡，地区之间对同种产品有的征税，有的不征税，税率也高低悬殊；征税范围偏小，不少地方对大宗农业特产品都没有列举征税；计税收入和应税农业特产品收入税率核定普遍偏低。

在总结前几年农林特产税征收经验的基础上，1989 年 3 月 13 日，国务院发布了《关于进一步做好农林特产农业税征收工作的通知》。国务院要求全国各地全面征收农林特产税，并对农林特产税征收办法作了若干重要改进，主要内容是以下几方面：（1）要求各级人民政府加强宣传，把全面征收这项税收作为合理调整农业生产结构，进一步理顺农业内部收入分配关系的重要措施，抓紧抓好。（2）扩大征税范围。增列果用瓜和海水养殖收入为农林特产税应税产品收入。（3）改进计税办法。要求各地严格核定计税产品的实际收入，过去计税收入核定偏低的要根据实际收入重新核定。（4）对海淡水养殖、水果、果用瓜、原木等四类大宗农业特产品收入实行全国统一税率。海淡水养殖产品税率为 10%，其中水珍品收入为 15%；水果税率为 10%，其中柑橘、香蕉、荔枝、苹果为 15%；原木税率为 8%（森工企业暂缓征收）；果用瓜税率为 10%。其他应税产品税率不得低于 5%，由各地自定。对少数获利大或者挤占粮田的农业特产品税率可适当提高，但最高不得超过 30%。（5）经省、自治区、直辖市人民政府决定，还可以随同农林特产税征收不超过纳税人应纳税额 10% 的地方附加。（6）单独下达农林特产税征收任务，列入地方预算。（7）规定农林特产税征收管理按照《中华人民共和国税收征收管理暂行条例》执行。国务院通知所作的这些规定要求，对统一思想认识，改变税负不合理的状况，真正发挥农林特产税调节和理顺农业内部收入分配关系的作用，调动地方征收积极性，加强农林特产税征收管理产生了重要作用和影响。

1989 年 3 月 31 日，财政部下发了《关于农林特产税若干具体问题的通知》。（1）对水果、水产品、果用瓜、原木四类产品收入，均按国务院通知规定的全国统一税率执行。各地现行税率高于全国统一税率的，可以继续执行。对其他产品收入，现行税率不低于 5% 的，可以继续执行；低于 5% 的，应即改过来。（2）水珍品暂确定为下列产品：珠蚌、珍珠、海参、鲍鱼。（3）为保证农林特产税征收管理工作的需要，按农林特产税实征税额提取 5% 的征收经费，由征收机构掌握，与农业税、耕地占用税征收经费统筹安排使用。有的省原定高于5%的，可以继续执行。开支范围按有关规定执行。（4）为扶持生产培养税源，各地可按照1987年全国农财会议的精神，从农林特产税收入中提取少量资金，由负责征收农林特产税的单位掌握，用以发展农林特产生产。

根据国务院及财政部的要求，1989年除西藏自治区外，各省、自治区、直辖市都开展了全面征收农林特产税的工作。农林特产税征收管理工作逐步走上正轨，农林特产税政策作用得到了较好发挥。各地对农林特产税工作都相当重视，加强领导，充实征管力量，积极组织征收，全国农林特产税收入每年都有较大幅度增长。农林特产与粮食等基本农产品税负不平衡的状况有了改变，农林特产与粮食作物比较利益悬殊，农林特产生产争夺粮田的矛盾得到缓解。同时，全面征收农林特产税也增加了农业投入，促进了农业综合开发；增加了地方财政收入，对缓解地方财政困难起到一定的作用。

为了适应农村社会主义市场经济发展的需要，促进高产优质高效农业的全面协调发展，解决农林特产税执行中名义税率高、实际税负低的问题，1993年2月20日，国务院发布了《关于调整农林特产税税率的通知》，适当降低农林特产税税率，使名义税率与实际税负趋于一致，以利于加强征收管理，更好地发挥农林特产税税收调节作用。海淡水养殖产品税率由10%降为8%，其中水珍品由15%降为8%；水果税率仍维持10%，其中柑橘、香蕉、荔枝、苹果由15%降到12%；果用瓜税率由10%降为8%；原木税率由8%降为7%（国有森工企业仍暂缓征收）。其他应税产品税率不得低于5%，仍由各地自定，最高税率由30%降为20%。

总之，这一阶段农林特产税的政策调整，主要是全面调节农林特产品收入，统一全国农林特产税征收办法，并针对农村经济发展的需要适当降低税负。

（三）农林特产税税负变化情况

农林特产税在负担政策上与农业税有很大不同。农林特产税设计的初衷就是要利用税收调节农林特产生产和粮食生产之间的收益，其税率略高于粮食生产，平均税率在5%以上，以鼓励种粮农民的积极性，促进农业生产协调发展。在负担原则上，农林特产税实行收入多的多负担，收入少的少负担，与农业税实行增产不增税有很大区别。农林特产税于1989年全面征收后，税收收入逐年增加。由1983年的1.06亿元增加到1989年的13亿元，1991年达到18.04亿元，1993年增加到22.18亿元（参见表1－10）。1993年比1983年增长了20倍。

表1－10　　1988—1993年农林特产税分品种收入情况　　单位：万元

品种		1988年	1989年	1990年	1991年	1992年	1993年
全国合计		64726	130050	156642	180416	206319	221844
水产	合　计	5018	17103	21003	23809	29856	29768
	海水养殖	2223	5144	7569	9446	9519	6634
	淡水养殖	2795	11959	13434	14363	20337	23134
水　果		14711	41991	53621	64090	70872	74611
果用瓜		899	6250	7662	8452	9711	11329
木　材		17646	26797	30788	33105	36405	44878
茶　叶		7244	8125	7750	8501	8933	8943
桑柞蚕茧		159	2357	3115	3702	4710	5716
毛　竹		1103	1932	2502	3085	3565	3778
药　材		5207	3851	4220	4658	5221	4606
天然橡胶		3787	5389	7720	9743	10803	10533
林产品		4450	5634	7552	9321	12021	12810
其　他		4502	10621	10709	11950	14222	14872

资料来源：财政部农林特产税决算。

这一时期的农林特产税税负呈现以下几个特点：一是农林特产税的实际负担率逐年上升，接近农业税实际负担率。据测算，农林特产税实际负担率1983年为0.9%，1988年为1.06%，1989年为2.03%，1990年为2.04%，1991年为2.24%。1991年农业税的实际负担率为2.1%。二是品种负担差别较大。水果、木材、水产品征收额较大，分别占到农林特产税收入的33.6%、20.2%和13.4%（1993年）。从负担结构上看，水果、木材、天然橡胶等负担较高，海淡水养殖水产品、毛竹负担较低。实际负担率苹果为 2.37%，香蕉为 1.25%，柑橘为 2.31%，荔枝为 4.14%，淡水养殖为 1.38%，海水养殖仅为 0.79%（1991 年）。三是地区差异较大。广东、广西、江苏、山东、福建等省负担较大，西北、东北等地区负担较小。以 1993 年为例，仅福建一省的农林特产税收入就已经是西北 5 个省区之和的 1.7 倍。

这一时期，农林特产税的征收贯彻了国家的产业政策，发挥了促进农业经济全面协调发展，理顺农业收入分配关系的作用，特别是对保证粮食生产稳定增长的大局具有十分重要的意义。1989 年全面征收农林特产税以来，农林特产比粮食作物税收负担偏低的差距逐渐缩小，税收负担悬殊的矛盾有所缓解，粮食作物播种面积减少的局面得到了初步调控，粮食播种面积基本稳定下来，全国的粮食产量稳定在 8800 亿斤至 8900 亿斤。但是，农林特产税同时也大幅增加了农民负担。特别是部分地区为了增加财政收入，不管农林特产有无和多少，都按亩、按人头摊派农林特产税，形成了不合理负担。而且，由于农林特产品类繁多，各有特性，各地的生产收获销售情况复杂，加之农民根据农作物特性和市场情况经常变化种植品类，给征管工作带来了困难。个别地区征管方式粗暴，一定程度上激化了地方政府和农民的矛盾。

四、农牧业税的变化对农民负担的影响

农业税、牧业税、农林特产税三税，是农民承担的主要税收负担。1985 年至 1993 年间农业三税收入规模大幅上升，但是同期农民纯收入也快速增长，农民的相对负担基本保持平稳，并且还略有下降。1985 年至 1993 年三税收入从 47.39 亿元增长到 105.59 亿元，年均增长率为 10.53%；人均三税负担从 5.71 元增长到 11.73 元，年均增长 9.42%；同期农民人均纯收入从 397.6 元增长到 921.62 元，年均增长率 11.08%，略高于三税收入和人均三税负担增速。农民人均三税负担占人均纯收入的比重从 1.44% 下降到 1.27%。

与 1978 年至 1984 年期间三税收入及负担情况相比，这一时期三税收入规模、农民人均三税负担均大幅增加，两者的年增长率远远高于 1978 年至 1984 年间的 2.43% 至 2.06%；但农民人均三税负担占农

民人均纯收入的比重与1984年的1.38%相比基本持平，几个年度还略低，因此，农民的三税负担并未加重。

这个时期，农牧业税负担呈现两个特点：

（1）地区之间负担不平衡。老粮食主产区农业税税负偏重，新粮食主产区税负偏轻。老粮食主产区主要集中在江苏、湖北、湖南、广东、四川，5个主产区实征税占了1/3以上，其农业税负担占农业总产值的比例也高于全国平均水平，其中，四川、湖北、湖南的负担率分别达到了1.12%、0.89%、0.87%，高于全国平均数0.75%；人均负担农业税分别达到了10.59元、10.58元、9.44元，高于全国平均数9.18元。特别是一些老粮食产区负担税率为5%—6%，一些新发展起来的产粮区负担率不到1%。部分地区还存在“有粮无地”“有税无地”，税负畸重畸轻的情况。牧区省份主要负担牧业税，内蒙古、青海的牧业税占了全国的68.7%。农林特产税地区之间也不平衡，东部沿海地区税收收入较高，1990年福建征收农林特产税20837万元，山东征收11337万元；中部和西部征收额较小，河南征收5005万元，湖北征收7134万元，湖南征收8860万元，甘肃征收894万元，陕西征收4082万元。

（2）不同农业产品的税负也不平衡。总体上来讲，每亩粮食的税负轻于经济作物负担，经济作物负担轻于农林特产品负担。从每亩税负看，1993年，六种粮食包括玉米、高粱、小麦、稻谷、谷子、大豆的平均负担为5.32元，三种油料包括花生、油菜籽、芝麻为5.39元，棉花为9.83元，柑橘为70.77元，苹果为95.49元。从每亩税负增幅上看，农林特产品的增幅高于经济作物，经济作物高于粮食。1993年比1985年苹果的每亩税收负担增长4倍多，柑橘增长2倍，三种油料增长1倍，棉花增长86%，六种粮食增长80%。据测算，全国农林特产税的实际负担率1988年为1.06%，1989年为2.03%，1990年为2.20%，1991年为2.24%，尚低于同期农业税负担率，但是比1983年0.6%的负担率，已有大幅提升，而且大部分农林特产品的亩均税负已经远高于粮食（参见表1－11、表1－12、表1－13）。农民人均农林特产税税负年均增长率为35.5%，也大大高于农民人均农业税税负6.5%的年均增长率。

表1－11　　1985—1993年农民负担农业三税情况　单位：亿元，元/人，%

年份	农业三税	农民人均纯收入	人均农业三税负担	人均农业三税收负担占纯收入比重
1985	47.39	397.60	5.71	1.44
1986	53.03	423.76	6.33	1.49
1987	60.12	462.55	7.10	1.54
1988	66.78	544.94	7.82	1.44
1989	77.73	601.51	8.98	1.49
1990	83.55	686.31	9.43	1.37
1991	82.63	708.55	9.25	1.31
1992	100.64	783.99	11.24	1.43
1993	105.59	921.62	11.73	1.27

资料来源：财政部农业税收决算。

表1－12　　1985—1993年农民人均负担农业三税情况　单位：元，%

年份	农业税		牧业税		农林特产税	
	人均	占农民人均纯收入比重	人均	占农民人均纯收入比重	人均	占农民人均纯收入比重
1985	5.69	1.43	0.02	0.005	0.00	0.00
1986	6.03	1.42	0.01	0.002	0.29	0.07
1987	6.64	1.44	0.01	0.002	0.45	0.10
1988	7.05	1.29	0.02	0.004	0.75	0.14
1989	7.44	1.24	0.05	0.008	1.49	0.25
1990	7.59	1.11	0.09	0.013	1.75	0.25
1991	7.16	1.01	0.09	0.013	2.00	0.28
1992	8.86	1.13	0.09	0.011	2.29	0.29
1993	9.18	1.00	0.09	0.010	2.46	0.27

资料来源：财政部农业税收决算。

表 1－13　　主要农产品每亩税负及减税纯收益情况　　单位：元/亩

品种	每亩负担税金			每亩减税纯收益		
	1985 年	1988 年	1993 年	1985 年	1988 年	1993 年
六种粮食平均	2.96	3.65	5.32	38.03	56.19	72.28
三种油料平均	2.71	3.52	5.39	49.24	66.60	98.98
棉花	5.30	6.53	9.83	81.19	103.55	159.38
烤烟	—	4.60	5.93	116.02	261.91	95.88
熟红麻	4.73	5.62	7.44	97.26	143.50	126.79
苎麻	—	6.58	5.17	—	86.76	165.76
甘蔗	—	8.67	13.68	—	381.50	351.63
甜菜	—	3.83	5.00	44.85	105.41	109.71
蚕桑茧	4.11	7.85	20.28	68.49	596.35	342.27
红毛茶	6.81	20.49	41.62	64.83	137.20	85.74
苹果	18.54	27.37	95.49	622.42	1214.99	817.98
柑橘	24.01	30.68	70.77	1126.36	1025.59	881.41

资料来源：《中国农村统计年鉴》。

第三节　其他税收与农民负担

涉及农民的税收除了农业税、牧业税、农林特产税外，还有耕地占用税、契税、产品税、牲畜交易税、屠宰税以及其他一些工商税收。大部分工商税对农民给予了相应减免税优惠。

一、耕地占用税和契税对农民负担的影响

（一）耕地占用税与农民负担

为了限制非农业建设占用耕地，鼓励在不影响水土保持，不破坏生态平衡的前提下，尽可能利用非农用土地，有效保护宝贵的农用土地资源，特别是保护耕地，1987 年 4 月 1 日，国务院颁布了《中华人民共和国耕地占用税暂行条例》，决定开征耕地占用税。开征耕地占

用税的作用有两个方面：一方面，我国人多地少，耕地资源严重不足，而城乡非农业建设乱占滥用耕地问题普遍存在，有的地方相当严重，征收耕地占用税有利于加强土地管理，保护耕地。另一方面，国家通过征收耕地占用税，筹措农业开发资金，用来开发荒地、滩涂，改造整治中低产田，改善农田灌溉，提高耕地质量，作为耕地占用的补偿措施，为农业生产稳定发展创造条件。

耕地占用税的纳税人为在我国境内占用耕地建房或从事其他非农业建设的单位和个人。耕地占用税的征收范围包括用于建房或从事其他非农业建设征（占）用的国家和集体所有的耕地（占用前三年内曾用于种植农作物的土地，亦视为耕地）。具体列入耕地占用税征税范围的耕地有：（1）种植粮食作物、经济作物的土地。（2）菜地。用于种植各类蔬菜的土地。（3）园地。包括苗圃、花圃、茶园、果园、桑园和其他种植经济林木的土地。（4）鱼塘。另外，对于其他农用土地，例如用已开发从事种植、养殖的滩涂、草场、水面和林地等从事非农业建设，是否征收，由省、自治区、直辖市本着有利于保护农用土地资源和保护生态平衡的原则，结合具体情况加以确定。

耕地占用税以纳税人实际占用耕地面积为计税依据，按照规定税率一次性由财政部门计算征收。耕地占用税实行从量计征的地区差别定额税制，以规定单位面积的税额作为征收标准。考虑到我国地区之间经济发展不平衡，人均占用耕地数量的差别较大，按人均占有耕地面积将税额标准分为四个档次。具体规定如下：（1）以县为单位（下同），人均耕地在1亩以下（含1亩）的地区，每平方米为2—10元；（2）人均耕地在1—2亩（含2亩）的地区，每平方米1.6—8元；（3）人均耕地在2—3亩（含3亩）的地区，每平方米为1.3—6.5元；（4）人均耕地在3亩以上的地区，每平方米为1—5元。对经济特区、经济技术开发区和经济发达、人均耕地特别少的地区，税额标准可以适当提高，但是最高不得超过上述规定税额的50%。

以下情况经批准免征耕地占用税：（1）部队军事设施用地。（2）铁路线路。（3）民用机场飞机跑道、停机坪、机场内必要的空地以及候机楼、指挥塔、雷达设施用地。（4）炸药库。（5）学校。（6）医院。

（7）敬老院、幼儿园用地。（8）殡仪馆、火葬场用地。（9）直接为农业生产服务的农田水利设施用地。（10）水库移民、灾民、难民建房占用耕地的，可以给予一次性免税照顾。

可享受耕地占用税减税照顾的纳税人有：（1）农村居民（指农业户口农民，包括渔民、牧民）在规定用地标准范围内占用耕地新建住宅、按规定税额减半征收。（2）对农村革命烈士家属、革命残废军人、鳏寡孤独以及革命根据地、少数民族地区和边远贫困山区生活困难的农户，在规定用地标准以内新建住宅，纳税确有困难的，由纳税人提出申请，经乡（镇）人民政府审核，报县人民政府批准，可以给予减免照顾。（3）对公路建设占用耕地，可在暂行条例规定的适用税额范围内，按低限额征收。国家在老、少、边、穷地区采取以工代赈办法修筑的公路，纳税确有困难的由省、自治区、直辖市财政厅（局）审查核实，提出具体意见，报财政部批准后，可酌情给予减税照顾；对民政部门所办的福利厂，应认真调查核实，确实安置残疾人就业的，可按残疾人占工厂人员的比例，酌情给予减税照顾。

耕地占用税的这些优惠政策最大限度地保护了农民的利益，尽管农民也要负担这个税，但对农民负担的实际影响不太大。1987 年和 1993 年，全国农民建房缴纳耕地占用税分别为 6410 万元和 22093 万元，1993 年比 1987 年增长 2.45 倍。主要原因是改革开放后农民建房达到了一个历史性高峰，但是，开征耕地占用税后，对于已经用来建房或从事非农业建设并已缴纳耕地占用税的耕地，一部分地区未能及时核减农业税计税面积，导致实际耕地面积与农业税计税面积不相符，农民还要继续负担原有耕地上的农业税，因而增加了农民的负担，出现了“有税无地，税多地少”等问题（参见表 1－14、表 1－15）。

表 1－14　　1987—1993 年耕地占用税收入情况　　单位：亿元

年份	耕地占用税收入	其中：农民建房
1987	6.21	0.64
1988	21.16	3.33
1989	16.93	3.37
1990	14.57	2.53

续表

年份	耕地占用税收入	其中：农民建房
1991	17.86	2.31
1992	29.22	2.32
1993	29.35	2.21

资料来源：《中国税务年鉴》。

表 1-15　　1985—1993 年耕地面积变化情况　　单位：万亩

年份	年末耕地总面积	比上年增减
1985	145269.5	-1511.1
1986	144344.9	-924.6
1987	143833.1	-511.8
1988	143582.7	-250.4
1989	143484.0	-98.7
1990	143509.4	+25.4
1991	143480.7	-28.7
1992	143138.7	-342.0
1993	142652.1	-486.6

资料来源：《新中国 50 年农业统计资料》，中国统计出版社 2000 年版。

（二）契税对农民负担的影响

契税是我国一个古老的税种。中华人民共和国成立后，为了适应群众的习惯和要求，保障人民土地、房屋所有权，政务院于 1950 年 3 月 31 日第 26 次政务会议通过并于 4 月 3 日发布了《契税暂行条例》。契税是在土地、房屋权属转移时，国家按照当事人双方签订合同（契约），以及所确定价格的一定比例，向承受权属者一次性征收的一种行为税。新中国的《契税暂行条例》对旧中国的契税的课税对象、纳税人、税率、税目、完税期限和违章处罚等方面，进行了较大的改革。第一，明确了征收契税的宗旨是保障人民土地、房屋所有权。第二，对共有、分割土地、房屋不征收契税，契税只对土地、房屋买卖、典当、赠与和交换征税。第三，降低了税率，规定买卖、赠与和交换为 6%，典当为 3%，取消了契税附加及验契费、注册费、鉴证费等杂项费用，除征收正税外，对契纸只收取工本费，并规定对土地、房屋所有权分析行为和土地交换、房屋交换价格相等的，免征契税。契税征税范围更适应房地产交易的形式。几十年来，国家根据社会经济情况发生的变化，对契税政策陆续作了一些调整。如1954年财政部报经政务院批准，规定了对公有制单位发生土地、房屋购买、承典、承受赠与或者交换行为的，均免征契税。社会主义改造完成之后，国家禁止土地买卖，财政部发文明确对土地停止征收契税。1970年10月20日财政部明确规定：城镇居民在对私房社会主义改造后保留下来的私人房屋，在国家法律保护范围内的，经房管部门批准，不论居民和社员，居民和居民，社员和社员，都可买卖、典当、赠与、交换，如果发生此项变动，都应凭房屋所有权证件，并由当事人双方订立契约，由承受人依法缴纳契税。

党的十一届三中全会后，房产交易市场日益活跃，契税增长幅度很大。但是在农村征收的契税只占很少一部分，并且契税一直实行轻税原则，农民负担很轻。农村房屋买卖大致有以下几类情况：一是原生产队集体仓库、原大队副业房卖给个人；二是农民进城经商，乡下的房屋由于长期不居住而卖掉；三是农民（个体户）欠债无力偿还，只有卖掉房屋；四是村办企业倒闭，将厂房低价卖给农户居住；五是撤区并乡镇后，将原小乡（镇）的办公用房，以低价卖给农户居住；六是富裕户要建新房而卖出旧房；七是住房宽裕户出售多余部分房屋；八是“农转非”以及其他原因，全家户口迁出农村，而将房屋卖掉；九是全家绝亡，外地亲戚或继承人将房屋卖掉。1986年全国城乡征收契税0.3亿元，到1993年征收6.21亿元，尽管契税征收额增长了近20倍，但农民购买房屋缴纳契税少之又少，负担很轻（参见表1－16）。

表1－16　　1986—1993年契税收入情况　　单位：亿元

年份	契税
1986	0.30
1987	0.45
1988	0.68
1989	0.95
1990	1.18

续表

年　　份	契　　税
1991	1.89
1992	3.61
1993	6.21

资料来源：《中国财政年鉴》。

二、产品税对农民负担的影响

1949年中华人民共和国建立后，先后实行过货物税、商品流通税、棉纱统销税、工商统一税和工商税等。其中货物税、商品流通税、棉纱统销税即属于对产品征税。工商统一税和工商税的征税范围虽不全是对产品征税，但对产品征税部分构成这两种税的主体。1984年工商税制进行全面改革，国务院9月18日发布了《中华人民共和国产品税条例（草案)》，财政部9月28日发布了《中华人民共和国产品税条例（草案）实施细则》，将原工商税征收对象中部分工业品和农、林、牧、水产品划作产品税的征税对象，形成了独立的产品税。

产品税是对从事工业品生产，农、林、牧、水产品采购，外贸进口的单位和个人，就其产品销售收入或购进商品支付金额征收的一种税。产品税的征税范围涉及农、林、牧、水产品列举征税的有茶叶、烟叶、贵重食品、银耳、黑木耳、水产品、毛绒、原木、原竹、生漆、天然树脂、生猪、菜牛、菜羊等，未列举的农、林、牧、水产品不征税（参见表1－17)。生产应税农、林、牧、水产品的单位或个人，产品交售给国营集体等收购单位的，由收购单位于收购环节以收购支付金额为计税依据计税；产品销售给其他单位和个人的，由销售者于产品销售后，根据销售收入的金额计算纳税。

表1－17　　农、林、牧、水产品税目税率表　　单位：%

税目	征收范围	税率	说明
200. 茶叶：			
毛茶			
精制茶		25	

续表

税目	征收范围	税率	说明
边销茶		15	
201. 烟叶：		10	
晒烟叶		38	
烤烟叶		38	
202. 贵重食品：海参、燕窝、鱼翅、鲍鱼、鱼唇、干贝		35	
203. 银耳、黑木耳		5	
204. 水产品：			
鱼、虾、蟹		5	
其他海产食品		5	
205. 毛绒	包括羊毛、羊绒、驼毛、驼绒、兔毛	10	
206. 原木		10	
207. 原竹		5	
208. 生漆、天然树脂		15	
209. 食用生猪、菜牛、菜羊		8	

产品税对农民负担是有一定影响的。一方面，农民将农产品直接在市场交易，需要缴纳产品税。集市贸易开放后，商品流通渠道发生了变化，生产者直接出售应税产品的增多，对于生产者直接出售或销售给其他单位和个人的，则由销售者于销售后根据销售收入的金额计算纳税。另一方面，应税农、林、牧、水产品确定在收购环节纳税，是因为收购环节是农产品的集中环节，在这个环节纳税，便于控制税源，简化纳税手续，有利于国家收购农副产品。但是收购单位多把相关税负转嫁给农民，成为农民负担。同时，由于产品税和农林特产税对农产品同时征收，增加了农民负担。1993 年，产品税农林牧水部分共征收 52.8 亿元，比 1985 年增长了 13.5%，年均增幅相对较小，其中 50% 以上是烟草公司缴纳的烟叶产品税，另外还有很大一部分是国营、集体林场缴纳的原木产品税，农民直接缴纳的比重不大（参见表 1－18）。

表 1－18　　1986—1993 年产品税农林牧水部分收入情况　　单位：万元

年　　份	产品税农林牧水部分
1985	464898
1986	428975
1987	426083
1988	381507
1989	482609
1990	475534
1991	508191
1992	546254
1993	527874

资料来源：1989 年至 1993 年为国家税务总局统计数据。1985 年至 1988 年数据按照 1989 年至 1993 年农林牧水部分占产品税的比例推算。

三、牲畜交易税对农民负担的影响

1950 年 1 月政务院公布《全国税政实施要则》，将交易税列为全国统一开征的税种之一，牲畜交易是交易税的一个税目。牲畜交易税是对购买牲畜的单位和个人按成交价格征收的一种税。1951 年改称牲畜交易税，但没有制定统一的税法。1953 年修订税制，牲畜交易税改为只对牛、马、驴、骡、骆驼 5 种牲畜的交易征收，牲畜交易税便成为独立的税种。1957 年 7 月，财政部报经国务院批准，通知各地，“牲畜交易税仍按各地单行办法征收”。1966 年规定：对国营和集体单位购买牲畜不征收牲畜交易税，个人买卖的要继续征税。这样，牲畜交易税的征税范围大大缩小。到 1977 年牲畜交易税下放地方管理后，全国许多地区停止征收。

20 世纪 80 年代，随着农村各项经济政策和各种生产责任制的贯彻落实，社队集体、社员个人以及专业承包饲养大牲畜的数量增长很快，牲畜交易量也迅速增加。广西、安徽、河南、贵州、云南、河北、山西、湖北、辽宁、陕西、吉林、内蒙古 12 个地区先后恢复开征牲畜交易税，加上原来一直征收的 5 个地区，共 17 个省、市、区征收此税。为统一税制，国务院 1982 年 12 月 13 日颁发了《牲畜交易税暂行条例》。同时，由于在牲畜交易中，有些人乘机高价转手倒卖牲畜，损害农民利益。为维护农牧民的利益，保护正当交易，并健全法制，国家决定恢复开征牲畜交易税。征税后，对购买牲畜者来说，取得纳税凭证，牲畜所有权就有了法律保护。对出售牲畜者来说，税务部门通过征管工作，可以配合有关部门，限制和打击违法活动，维护农民利益，保护正常交易，同时增加了地方财政收入，利国利民。

《牲畜交易税暂行条例》从 1983 年 1 月 1 日起在全国统一施行。暂行条例规定：凡在中国境内进行牛、马、骡、驴、骆驼 5 种牲畜交易的公民和机关、部队、团体、农村社队、企事业单位都要按规定缴纳牲畜交易税；纳税人为牲畜的购买者；起征点为 1 头，税率为 5%，按牲畜的成交额征收。牲畜交易税保留了买方纳税的特点。国家为了支持农业生产和发展畜牧业，对一些具有普遍性的、需给予免税照顾的牲畜交易，规定给予免税：（1）遭受严重自然灾害地区的社、队和社员个人，在恢复生产期间，持有乡一级人民政府以上机关证明购买自用的牲畜。（2）配种站、种畜场（站）购买的种畜和科研教学用畜。（3）省、自治区、直辖市人民政府规定需要免税的牲畜。

除条例规定的免税牲畜交易外，暂行条例还规定，民族自治地方不宜全部适用本条例的，可由自治区或省人民政府根据自治地方的具体情况，制定某些变通的规定，公布实施。省、自治区、直辖市人民政府还可以根据实际情况确定其他需要免税的牲畜交易。牲畜交易税属地方性税种，实施细则由各省、自治区、直辖市人民政府制定报财政部备案。牲畜交易税按牲畜成交额的 5% 纳税，1984 年 7 月 1 日起牲畜交易税按 5% 的税率减征四成。牲畜交易税的征收额基本保持稳定，1985 年为 4900 万元，1993 年为 4100 万元，略有减少。

表 1－19　　1985—1993 年全国牲畜交易税收入情况　　单位：亿元

年　份	牲畜交易税收入
1985	0.49
1986	0.35
1987	0.36

续表

年　　份	牲畜交易税收入
1988	0.39
1989	0.36
1990	0.36
1991	0.43
1992	0.35
1993	0.41

资料来源：《中国税务年鉴（1994）》。

随着市场经济的发展，牲畜交易税已不适应经济社会的发展。主要原因有：首先，农村实行经济体制改革后，农业生产发展很快，富裕地区大都实行了机械化或半机械化生产，牲畜需求减少，汽车和拖拉机的交易代替了牲畜交易；其次，长途贩运大牲畜的数量减少；最后，购买牲畜的地区，多是经济不发达的山区、内陆地区，这些地方的市场交易，大多数不规范，税收征管难、成本大，而且农民为了逃避税收往往在市场外交易。因此，1994 年 1 月 1 日国务院取消了牲畜交易税。

大体来说，牲畜交易税对农民负担不是很大，但有一定影响。农民购买耕牛也要交牲畜交易税，只是遭遇自然灾害，在恢复生产期间，持有乡一级政府以上机关证明购买自用牲畜，才能免缴牲畜交易税。为了减轻农民负担，一些地方也出台了一些减税措施。

四、屠宰税对农民负担的影响

1950 年 12 月政务院颁布了《屠宰税暂行条例》。屠宰税是对税法规定的应税牲畜，在发生屠宰行为时向屠宰单位和个人征收的一种行为税。对屠宰猪、牛、羊等牲畜征收屠宰税，税率为 10%。1953 年 1 月国家在修改税制时，将屠宰商应纳的印花税、营业税及其附加，并入屠宰税征收，税率相应调整到 13%。1957 年 1 月，为配合国家鼓励发展牲畜和提高生猪收购价格政策的实施，屠宰税税率降为 8%。1965 年 8 月，屠宰税税率降为 4%。由于从价从量计征屠宰税手续烦琐，1972年，为了简化纳税手续，全国税务工作会议决定屠宰税改为按头定额征收，具体办法由各省、自治区、直辖市确定。1973年，试行工商税后，经营屠宰业务的企业缴纳的屠宰税并入工商税，对不缴纳工商税的集体伙食单位及个人，仍征收屠宰税。

20世纪80年代，随着商品经济的迅速发展，生猪购销价格放开，经营生猪的渠道增多，市场活跃。为了适应这一新情况，1985年8月24日，财政部发布《关于改进屠宰税征税办法的若干规定》，对屠宰税征收办法进行改进，一是凡经营生猪（包括菜牛、菜羊，下同）的单位和个人，均比照《中华人民共和国产品税条例（草案）》的规定，由收购者根据收购所支付的金额和规定的税率计算缴纳产品税，不征收屠宰税。二是农民和集体伙食单位屠宰生猪，仍按头征收定额屠宰税。屠宰税的税额，应与征收生猪产品税的税负大体相等。生猪定额屠宰税调整以后，大牲畜和羊的屠宰税额，应作相应调整。具体税额，由各省、自治区、直辖市人民政府确定，并送财政部备案。三是为加强税收征管工作，建立必要的征管制度。如税源调查登记制度，屠工管理制度、代征制度、纳税申报制度等，以明确职责，堵塞漏洞。这一规定一直执行到1993年底。在此期间，屠宰税的纳税人是屠宰应税牲畜的各类单位和个人，纳税环节为屠宰环节。在调整了屠宰税税率和纳税环节的同时，其计税价格和计税方法也进行了调整。计税价格有市场平均价格、批发价和零售价。计税方法有按实际重量计征和按标准重量计征。

从1985年到1993年期间，大部分年度每年的屠宰税收入只有2亿元左右，但屠宰税收入占全国税收总额的比重呈逐步下降趋势，对农民负担影响较小（参见表1-20）。但是在实施过程中，个别地方进行了按户按人摊派，使“猪头税”变成了“人头税”，此后逐渐成为加重农民负担的一个重要因素。

表1-20　　1985—1993年屠宰税收入情况　　单位：亿元

年　份	屠宰税收入
1985	2.00
1986	2.06

续表

年　　份	屠宰税收入
1987	2.08
1988	1.92
1989	2.25
1990	2.71
1991	2.41
1992	2.83
1993	2.73

资料来源：《中国税务年鉴（1994）》。

五、其他工商税对农民负担的影响

涉及农民负担的其他工商税包括工商统一税、工商所得税、增值税、营业税、印花税、集市交易税、城镇土地使用税。这些税收有些是向乡镇企业征收的，有些是农民个人承担的。

（一）工商税和工商所得税

改革开放后，在中国农村特别是东部地区的农村，社队企业（乡镇企业）异军突起，日益成为农村经济发展的支柱、大量农业过剩劳动力就地转移的重要出路、农民增收的重要组成部分。国家向乡镇企业征收两种税，一种是工商税，另一种是工商所得税。工商税对一切从事工业生产、交通运输、农产品采购、进口贸易、商业经营、服务业务的单位和个人征收。乡镇企业生产、销售、加工修理等生产经营活动的财务成果，不管盈亏，一律按收入的总额和规定的税率纳税。乡镇企业缴纳工商税，实行自核、自缴的办法。在1984年以前，对城乡集体企业征收的所得税称工商所得税。这个税种是对从事工商业等经营的经济单位和个人，就其利润所得征收的。凡在我国从事工商业等经营有利润所得的经济单位和个人，除国家税法另有规定以外，都要交纳。1985年4月11日，国务院发布《中华人民共和国集体企业所得税暂行条例》。同年7月22日，财政部发布暂行条例的施行细则，确定从1985年度起施行。自此，原工商所得税改名为集体企业所得税。改革开放初期，为了支持村社企业的发展，国家对农村社队企业规定了一系列减税和免税的优惠措施。如 1979 年将村社企业的起征点提高到全年所得额 3000 元，并扩大了其他纳税优待。1981 年 1 月和 1982 年 3 月，国务院分别公布了《关于调整农村社队企业工商税收负担的若干规定》和《关于调整农村社队企业工商税收负担的补充规定》。这些规定对农村社队企业的所得税负担政策和征税办法作了调整，虽然缩小了社队企业享受纳税优待的范围和期限，但是继续实行优惠政策。1984 年税制改革，国务院做出决定，从 1984 年 1 月 1 日起，改为不分工业和商业，不分城镇和农村，不分集体所有制企业和个体工商业户，一律按八级超额累进税率征收所得税。但依然对乡镇企业（社队企业 1984 年后改称乡镇企业）实行优惠。

1984 年 11 月 15 日，国务院发布《关于经济特区和沿海十四个港口城市减征、免征企业所得税和工商统一税的暂行规定》，规定在特区从事农业、林业、牧业等生产性行业，经营期在十年以上的，经企业申请，特区税务机关批准，从开始获利的年度起，第一年和第二年免征所得税，第三年至第五年减半征收所得税。

1991 年 4 月 9 日，第七届全国人民代表大会第四次会议通过《中华人民共和国外商投资企业和外国企业所得税法》，第 8 条规定：从事农业、林业、牧业的外商投资企业和设在经济不发达的边远地区的外商投资企业，依照前两款规定享受免税、减税待遇期满后，经企业申请，国务院税务主管部门批准，在以后的十年内可以继续按应纳税额减征 15% 至 30% 的企业所得税。

（二）增值税、营业税、印花税

我国于 1979 年引进增值税并开始进行试点。1984 年 9 月 18 日，国务院发布了《中华人民共和国增值税条例（草案）》，标志着增值税作为一个独立税种在我国正式建立。1984 年工商税制全面改革时，将营业税从工商税中划分出来，恢复成为一个独立税种。1988 年 8 月 6 日，国务院发布《中华人民共和国印花税暂行条例》，自 1988 年 10 月 1 日起施行。虽然这些税收也涉及农业、农民和农村集体，但是都给予了相应的优惠政策。

1985 年 1 月 25 日，财政部发布《关于对农村乡镇企业和农民个人征免产品税、增值税和营业税的通知》，对乡镇企业和农民个人在增值税和营业税方面也给予了较多的减免。主要内容有：(1) 集体或个人兴修小电站生产销售的电力和乡镇集体企业生产销售直接为农业生产服务的化肥、农药、兽药、小农具等产品，可以由省、自治区、直辖市税务局确定给予定期减征或免征产品税或增值税的照顾；(2) 乡镇企业和农民个人从事农机农具修理、修配和为农民加工粮、棉、油所取得的收入，泥瓦匠、石匠、木匠、铁匠和磨刀、补锅、修鞋、理发等在农村走乡串户、上门服务的个体手工艺匠所得的收入以及从事拆洗、筛选、晾晒等劳务所得收入，农民贩运仔猪、羊羔、仔禽、各种秧苗、柴草等，可以由省、自治区、直辖市税务局确定给予定期减征或免征营业税的照顾。

这一时期，为了促进乡镇企业发展、增加农民收入和减轻农民负担，还对一些涉及农民、农业的印花税制定了减免政策。1988 年 9 月 29 日财政部发布的《中华人民共和国印花税暂行条例施行细则》，规定对国家指定的收购部门与村民委员会、农民个人书立的农副产品收购合同等凭证免纳印花税。

（三）集市交易税和城镇土地使用税

集市交易税是对在集市上出售规定应税产品的单位和个人按实际销售价格征收的一种税。1962 年 4 月，国务院批准了财政部制定的《集市交易税试行规定》，决定在全国范围内开征集市交易税。此后由于集市贸易情况发生较大变化，征税对象分散，流动性大，收入不多，因而在 1964 年后，除少数地区外，全国一般都暂时停征了，只保留了这个税种的名称。党的十一届三中全会后，随着农村经济政策的贯彻落实，城乡集市贸易发展很快，市场繁荣，买卖兴隆。针对这一情况，一些地方又恢复征收集市交易税。这个税种总的政策精神是区别对待，对农民出售的自产品从宽，对从事贩卖的产品从严，因此基本不构成农民负担。1994 年税制改革中国家取消了这个税种。

城镇土地使用税对农用土地执行免税政策，不构成农民负担。国务院于 1988 年 9 月 27 日发布了《中华人民共和国城镇土地使用税暂行条例》，明确规定直接用于农、林、牧、渔业的生产用地免缴土地使用税。

总的来看，这一时期国家实施了大量的工商税收减免政策，促进了乡镇企业和农业的发展，增加了农民收入，减轻了农民的负担（参见表1－21）。

表1－21　　1985—1993年集市交易税收入情况　　单位：亿元

年　　份	集市交易税收入
1985	0.25
1986	0.48
1987	0.81
1988	1.31
1989	1.85
1990	2.04
1991	2.64
1992	3.52
1993	1.24

资料来源：《中国税务年鉴（1994）》。

第四节　农村各种费的征收与农民负担

20世纪80年代中期，农村收费已经开始成为农民的重要负担，农村收费主要包括三大块：一是乡（镇）统筹和村提留；二是劳务负担；三是社会负担。这就是农民承担的各种行政事业性收费、集资和罚款等款项，其中也包括“三乱”，即对农民的乱集资、乱摊派、乱罚款。

一、农村收费的产生

农村收费负担的体制是在废除人民公社、实行家庭联产承包责任制基础上形成的。1978年之后，农村实行家庭联产承包责任制，经营方式和收益分配方式发生重大变化，基本上变为分户经营、自负盈亏。

但农村集体仍有一定的公共提留，用于统一安排烈军属、五保户、困难户、计划生育、公共建设事业等。1983 年，废除了人民公社，乡镇一级建立了政府，当时由于条件所限和财政困难，只有为数不多的预算内资金和一些法定的农村税收附加，这些只能满足乡政府实现其职能基本需要的一部分，其余由乡政府自行筹措资金来满足。由于乡政府是在废除政社合一制度基础上建立的，其最方便而又可行的筹集资金的途径有两个：一是平调集体提留，将农户向集体经济组织交纳的公积金、公益金和管理费等三项提留的一部分收入转入政府支配；二是继承过去农民办公益事业的集资方式，用“一事一收费”办法，向农民征收一部分资金，供乡政府办公益事业之需要。这两种分配方式被各地普遍采用。

1984 年，中央正式规定允许收取乡统筹费。1984 年 1 月 1 日，中共中央发出《关于 1984 年农村工作的通知》，明确指出：“中央、国务院各有关部门部署的农村教育、计划生育、民兵训练、优抚、交通等各项民办公助事业，都要逐项进行认真清理和改革。今后对这些经费，各地可根据农民的经济状况，由乡人民代表大会定项限额提出预算，报县人民政府批准，由基层统筹使用，一年定一次，中间不得任意追加，也不再从集体提留内开支。统筹费用的最高限额由各省、自治区、直辖市因地制宜确定。除此之外，任何部门不得另行向农民摊派任何费用。”这是正式规定并允许收取乡统筹费的第一个文件。1985 年，中央明确收取乡统筹费只作为一种过渡性的办法。同年 10 月《中共中央、国务院关于制止向农民乱派款、乱收费的通知》规定：“乡和村兴办教育、修建公路、实施计划生育、优待烈军属、供养五保户等事业的费用，原则上应当以税收或其他法定的收费办法来解决。在这一制度建立之前，应按照中共中央 1984 年一号文件的规定，实行收取公共事业统筹费的办法。”从上述规定可以看出，村提留、乡统筹费是农村实行家庭联产承包责任制之后，在过去集体公积金、公益金的基础上形成的一种新的集体积累制度。同时，国家允许乡镇政府可将乡镇企业上缴的利润和管理费、各种集资和捐款收入以及各种罚款收入，都作为乡镇政府财政的自筹收入。

进入 20 世纪 80 年代中后期，农村已基本确立了新的经营体制，但由于市场供求关系变化及农产品价格变动等原因，农民收入增长受到了很大的制约。一些地方和部门不能正确估计农民的承受能力，以各种名目向农民乱收费、乱集资、乱罚款和摊派，农民负担大幅度增加，农民负担重的问题日益突出，引起了广大农民群众的强烈不满。

二、农村收费的主要项目

（一）“三提五统”

“三提五统”是农民向乡村集体经济组织缴纳的发展农村集体经济和社会公益事业的费用，包括三项村提留和五项乡统筹，习惯上称“三提五统”。村提留又称村级三项提留，是村级集体经济组织按规定从农民生产收入中提取的用于村一级维持或扩大再生产、兴办公益事业和日常管理开支费用的总称，包括公积金、公益金和管理费三项。乡（镇）统筹是由乡（镇）政府依法向所属单位和农户收取的，用于本乡（镇）民办公助事业所需的费用，包括教育附加费、计划生育费、民兵训练费、乡村道路建设费和优抚费五项。因为村提留和乡统筹一般都列入农民与集体经济组织签订的农业承包合同内，所以也称“合同内负担”。在实际中，提留和统筹项目往往超出政策规定界限。

对于村提留和乡统筹的用途，1991 年 12 月国务院颁布的《农民承担费用和劳务管理条例》作了明确规定。三项村提留，公积金用于农田水利基本建设、植树造林、购置生产性固定资产和兴办集体企业；公益金用于五保户供养、特别困难户补助、合作医疗保健以及其他集体福利事业；管理费用于村干部报酬和管理开支。乡统筹费用于安排乡村两级办学、计划生育、优抚、民兵训练、修建乡村道路等民办公助事业。

“三提五统”是农民税外负担的主要内容。党的十一届三中全会以后，全国农民的收入水平有了很大提高，生活条件也得到了较大改善，但是农民人均负担也在增加。1990 年，全国农民负担清理整顿和监督管理工作座谈会对 24 个省、自治区、直辖市进行统计，1989 年农民人均负担仅村提留、乡统筹两项就占到上年人均纯收入的

7.67%，人均37.1元。另外据21个省、自治区、直辖市提供的资料显示，从1987年到1989年，农民人均纯收入从423元增加到522元，增长23%（没有扣除物价因素），而同期农民人均集体提留和统筹费由23.8元增加到37.1元，增长55%，即农民人均负担仅集体提留和统筹两项增长已超过人均纯收入增长32个百分点。为了切实减轻农民负担，1990年《国务院关于切实减轻农民负担的通知》明确规定，以乡为单位，人均集体提留和统筹费，一般应控制在上一年人均纯收入的5%以内。1991年国务院颁布《农民承担费用和劳务管理条例》再次明确：农民直接向集体经济组织缴纳的村提留和乡统筹费（不含乡村集体所有制企业缴纳的利润），以乡为单位，以国家统计局批准、农业部制定的农村经济收益分配统计报表和计算方法统计的数字为依据，不得超过上一年农民人均纯收入的5%。

从农业部公布的历年《农村经济收益分配表》看，1985年至1993年期间，农民的“三提五统”负担变化大致可以分为两个阶段，第一阶段是1985年至1989年，“三提五统”费持续上升，1989年达到419.4亿元，比1985年的243.8亿元增长了近1倍，连续突破了300亿元、400亿元两个台阶。到1990年国务院集中治理，并严格规定提留统筹费定项限额后，“三提五统”费有了大幅下降，农民的“三提五统”负担大为缓解。第二阶段是1990年至1993年，“三提五统”虽又有所上升，但是基本稳定在400亿元以下，1990年为333.3亿元，1991年为363.8亿元，1992年为373.1亿元，1993年为379.9亿元，1993年比1990年增长了14%（参见表1－22）。

表1－22　　1985—1993年农村提留统筹费情况　　单位：亿元

年份	提留统筹合计	村提留	乡统筹
1985	243.8		
1986	265.0		
1987	310.5		
1988	386.4		
1989	419.4		
1990	333.3	216.6	116.7

续表

年份	提留统筹合计	村提留	乡统筹
1991	363.8	230.7	133.1
1992	373.1	219.0	154.1
1993	379.9	232.4	147.5

资料来源：《中国农业年鉴》《中国农业统计资料》。

注：为了保持口径的统一，《农村经济收益分配表》1985 年至 1989 年还是沿用人民公社时期的“集体提留”，事实上已经应该称“提留统筹费”。1990 年开始分解为“村提留”和“乡统筹”逐项分列。

（二）“两工”

“两工”是劳动积累工和义务工的统称，是农民以劳务的形式向乡（镇）和村集体经济组织承担的负担。

劳动积累工，是指由乡人民政府商村集体经济组织，经乡人民代表大会审议通过后在农村进行农田水利基本建设和植树造林等时要求农民无偿承担的一种劳务，是村集体经济组织内部的一种主要积累形式。农村义务工，是指由乡人民政府商村集体经济组织，经乡人大审议通过后在农村进行植树造林、防汛、公路建设、修缮校舍等公益事业时要求农民无偿承担的一种劳务，也是农民为地方集体公益事业所做的贡献和义务。一般来说，集体组织动用的为劳动积累工，政府动用的为义务工。

国家对劳动积累工和义务工的使用都有明确的规定。对于劳动积累工，国家要求建立健全劳动积累制度，在安排劳动积累工时要遵循“谁受益谁负担”的原则。国务院 1991 年颁布的《农民承担费用和劳务管理条例》规定，按标准工日计算，每个农村劳动力每年承担 10 个至 20 个劳动积累工。有条件的地方，经县级以上人民政府批准，可以适当增加。劳动积累工应当主要在农闲期间使用，而且主要用于本乡（镇）、本村范围农民自身受益的农田水利基本建设和植树造林。对于农村义务工，《农民承担费用和劳务管理条例》规定，按标准工日计算，每个农村劳动力每年承担 5 个至 10 个农村义务工。农村义务工主要在乡（镇）村范围内使用，主要用于植树造林、防汛、公路建设、修缮校舍等。因抢险救灾需要增加农村义务工的，由当地人民政府统筹安排。农村劳动力每人每年承担公路建设工日，一是不超过3个工作日，二是包括在5个至10个义务工总量控制内，不得另外追加。1990年义务工和积累工为722572万个，1991年为894485万个，增长了23.79%。1991年《农民承担费用和劳务管理条例》公布后有所下降，1992年为799546万个，比1991年下降了11.87%。1993年义务工和累积工又增加到816585万个，比上年增长了2.13%。其中以资代劳占一定比例，发达地区占的比重较高，如北京占36.6%，相对欠发达地区占的比重低，如河北占12%。

从总体情况看，各地农民的"两工"负担数量没有明显超过国家规定，但"两工"负担在使用和管理上还是存在一些问题。一是计算两工的劳动力年龄标准不统一。根据《农民承担费用和劳务管理条例》规定，劳动积累工和义务工应按劳动力分摊。但我国农村劳动力的年龄标准并未统一，有的省规定男劳动力16—55岁，女劳动力18—50岁；有的省规定男劳动力16—60岁，女劳动力16—55岁。二是存在违背农民意愿的以资代劳。农村义务工和劳动积累工，以出劳为主，本人要求以资代劳的，须经村集体经济组织批准。但是有的地方把3个公路建设工日用于本村道路建设，而另外又摊派公路建设工，并强制以资代劳，把代劳金统筹到县里管理与使用，这实际是一种不合法摊派。三是村级集体没有计划使用劳动积累工，并将以资代劳款挪作他用。四是将以资代劳款平调到乡（镇）或县里统一使用，侵害了农民利益。

（三）其他社会负担

农民的其他社会负担是指除国家税收和乡（镇）统筹、村提留、劳务以外，还须承担的各种行政事业性收费、摊派、集资、罚款等款项。

农民社会负担大致可以分为以下几类。

第一类是收费，是指国家行政机关或政府授权履行行政管理职能的单位，为社会或个人提供特定服务所收取的费用，如管理费、登记费、审查费、评审费等。国家规定行政事业性收费项目必须以法律、法规、规章、政策为依据，以客观的管理行为和服务事实为基础，严格执行申报、批准程序。不允许擅自设置收费项目，不允许将经营性收费纳入行政事业性收费；也不允许将强制性、垄断性的行政事业性收费行为从事以盈利为目的的经营活动。行政性收费项目需从严掌握，除国家法律、法规另有规定者外，国家机关职责范围内办理公务和业务活动，不得向农民和集体经济组织收费。

行政性收费主要有向农民发放牌照、证件、簿册和有偿服务的收费。如居民身份证费、户籍管理证件工本费、出海船户口簿、船民证费、公安交通管理收费、重大和特大交通事故处理费、乡镇法律服务费、劳动合同鉴证费，劳动争议仲裁费、职业安全卫生检验费、矿山安全卫生检验费、乡镇煤矿矿井安全生产条件合格证费、水路运输管理费、河道采砂管理费、水利工程水费、水土流失防治费、兽药厂管理咨询费、畜牧管理费、畜牧企业管理费、农机咨询档案资料费、接受新工具、新工艺费、技术合同服务费、农机监理管理费、油料调节费、农机年审喷漆喷字手续费、肥料指标转让费、配方施肥附加费、越权监制肥料费等。国务院颁发的《农民承担费用和劳务管理条例》明确规定：向农民发放牌照、证件和簿册，必须依照法律、法规的规定或者经省、自治区、直辖市以上人民政府批准，发放时只能收取工本费。凡涉及对农民的收费，应事先征求农业主管部门的意见，根据减轻农民负担的原则，项目从严，标准从低。一些政府基层管理部门利用行政权力将不应收费的业务活动强行向农民收费，有的“搭车”收费。如在农民结婚登记时，除结婚证工本费外，还有妇幼保健费、夫妻恩爱保证金、独生子女保证金、计划生育保证金、婚姻登记公证费、孕前检查费、金婚保证金、母子一条龙服务费、晚育保证金、生猪育肥费、杀猪屠宰费（结婚要杀猪）、介绍信费、儿童乐园筹建费、结婚绿化费等。

第二类是集资，是为了兴办某项事业和某些建设向社会筹集资金的行为。农村集资的直接对象是农民，由于农村以集资为名义兴办的事业较多，如办学、修路等，因而集资也是农民的主要社会负担之一。国家规定集资需在法律、法规和国务院有关政策允许的范围内进行，要遵循自愿、适度、出资者受益、资金定向使用的原则，不得强行摊派和变相摊派。国家规定集资项目设置和范围的确定，须经省、自治区、直辖市以上人民政府计划主管部门会同财政主管部门、农民负担监管部门批准，重要项目须经国务院或省、自治区、直辖市人民政府批准。实际上，不按国务院规定，自立名目或强行集资的情况很多。如小学收费有集资办学费、校舍修缮费、书本费、讲义费、学费、转学费、试卷费、评卷费、考试费、假期补课费、旷课费、超课时费、活动费、插班费、留级费、补考费、超编费、服装费、红领巾费、重点班费、美化校园等20多个项目。

第三类是罚款，是对农民违反法律政策（包括“土政策”）行为进行的一种经济处罚，但实际上被乡镇一些部门当作了创收的手段。一些地区和部门随意向农民罚款，加重了农民的负担，损害了农民的利益。在许多经济落后地区，由于财政困难，一些基层社会管理机构得不到必要的财政拨款，于是基层派出所、工商所、车管所等权力机关便“以罚养所”。

此外，还有各种摊派，如向农民强制摊派有价证券、报刊和书籍等。《农民承担费用和劳务管理条例》规定：向农民发行有价证券、报刊和书籍，应当遵循自愿原则，任何单位不得摊派。1992年国务院办公厅《关于进一步做好农民承担费用和劳务监督管理工作的通知》又规定：订阅报刊、保险、发售有价证券、放映电影等，应当遵循自愿原则，不得摊派。实际上，各政府部门及乡镇基本上是向农民摊派的。

这一时期农民承受的社会负担大幅增加，各种收费、集资、罚款、摊派名目繁多。如1990年7月农业部调查渔民负担的各种费用，据不完全统计就有教育费附加、能源交通基金、渔业资源增殖保护费、对虾增殖基金、建港费、渔船年审费、渔船特价费、渔船交易管理费、船检费、渔业许可证费、港内抢险费、渔船靠码头费、渔场服务费、渔船进港签证费、刷船号费、报关费、船员照相费、安全联防费、卫生检疫费、急救包费、气象服务费、渔船保险费、人身保险费、工商管理费、集体提留、排灌费、堤防费、房屋占用费、兵役费、血防费、防汛费、电信费、水面使用费、水费、土地管理费、教育集资、敬老院费、儿童节赞助、建农基金、养路费、无线电管理费、干部培训费、残疾人赞助费等，还有名目繁多的证件工本费、手续费、集资、赞助，达七八十种。1991 年 4 月，全国治理“三乱”领导小组检查组在河南检查，经统计汇总，共清理收费、罚款、集资摊派项目 15609 个，其中收费 12053 项，罚款 3112 项，集资摊派 444 项。经过治理，共取消收费、罚款、集资摊派项目 2837 项，其中收费 2666 项，罚款 89 项，集资摊派 82 项；降低收费标准 736 项。

1993 年中共中央办公厅、国务院办公厅下发的《关于涉及农民负担项目审核处理意见的通知》，明令取消中央和国家机关 37 项涉及农民负担的收费、集资和基金项目，取消 43 项达标升级活动，纠正 10 种错误的收费方法。37 项收费、集资、基金项目是：农村宅基地有偿使用收费；农村宅基地超占费；土地登记费在农村收取的部分；治安联防费在农村收取的部分；中华女子学院在农村的集资；农民看电影集资；农村改水集资；农村改厕集资；农村鼠防集资；血吸虫病防治集资；乡村医疗卫生机构建设集资；农村办电集资；基本农田建设集资；农村教育集资，除校舍确属危房改造，经省级农民负担监督管理部门会同计划、财政部门审核批准后，定项限额，方可执行，其他一律暂停或取消；农村水电建设基金；县乡两级农村水利建设发展基金；村镇规划建设管理费；乡镇船舶管理费；乡镇级管电组织维护管理费；农机管理费；渔船渔港管理费；林政管理费；林区管理建设费；乡镇集体和个体矿管费；水利工程修建维护管理费；建设用地规划许可证费在农村收取的部分；房屋所有权登记费在农村收取的部分；长江干线航道养护费对从事农业生产的船舶收取的部分；内河航道养护费对从事农业生产的船舶收取的部分；森林资源更新费；绿化费在农村收取的部分；乡村医生补助；农业广播学校学员误工补贴；农村集体电话杆线设备更新费；乡镇以下广播网络维护费；乡镇文化站经费由集体和农民交纳的部分；农民集资办的电视差转台频率占用费等。43 项达标升级活动是：民兵训练基地建设达标，农村中小学校舍及环境建设达标，教育先进县达标，教育先进乡镇达标，农科教中心建设达标，户证管理规范化建设达标，农村社会治安达标，派出所建设达标，敬老院建设达标，骨灰堂建设达标，双拥模范县达标，民政劳动保险达标，文明村（五好家庭）建设达标，法庭建设达标，司法所建设达标，财政所建设达标，村镇建设达标，农电站建设达标，农村办电达标，标准配电台区建设达标，中型水库建设、泵站管理、堤防建设达标，节能节柴灶达标，沼气池达标，基层农业服务体系建设达标，铁牛杯、兴牧杯竞赛达标，平原绿化先进县达标，乡村文化站（馆、室）建设达标，乡村广播站建设达标，初级卫生保健达标，卫生先进县达标，灭鼠达标，农村改水、改厕达标，合作医疗卫生建设达标，计划生育服务站建设达标，乡镇土地管理所建设达标，乡镇统计工作规范化建设达标，保险先进县达标，体育先进县达标，乡镇党校建设达标，村级党支部建设达标，村级共青团建设达标，妇女工作达标，报刊征订达标等。要求各地纠正的10种错误的收费方法是：提前预收村提留和乡统筹费；经县（市）审核批准提取提留统筹费后，区、乡、村、组又层层加码收费；将乡（镇）统筹费平调到县（市）及县以上单位使用；用乡（镇）统筹费弥补乡（镇）财政赤字；按人口和田亩平均摊派各种税费及劳务；超标准、超范围收费；以“小分队”“工作队”“突击队”等形式，并动用司法或其他强制手段，扒粮食、牵牲口、搬家具等；强行在农民交售产品和发放预购定金时扣款；强行让农民贷款交各种费用；强行以资代劳。

总的来看，这一时期农民承受的社会负担是比较沉重的。这些负担的形成，主要是由于地方政府和部门以行政经费不足和完成各种达标升级为由，在合理收费的同时搭便车收取各项不合理费用，甚至直接巧立名目向农民乱集资、乱罚款、乱摊派。1991年《农民承担费用和劳务管理条例》出台后，国家加大了对农民负担的清理力度，农民社会负担有了大幅度的减轻。据农业部统计，1991年社会负担总额为102.4亿元，1992年下降到80亿元，1993年又下降到47.1亿元。

三、国家减轻农民负担的措施

改革开放初期，农村实行家庭联产承包责任制极大调动了农民生产的积极性，解放了农村生产力，促进了农业和农村经济的快速发展，农民收入得到大幅提升，农民生活显著改善，农民负担问题还不太严重。但20世纪80年代末以后，一方面农民收入增速放慢；另一方面一些地方和部门面向农民的收费、集资、罚款和各种摊派等明显增加，农民负担沉重问题迅速显露出来。农民负担过重，不仅不利于农业和农村经济的发展，而且严重影响农村社会稳定。党中央、国务院对农民负担问题始终高度重视，把减轻农民负担作为一件事关农村发展稳定的大事，先后制定了一系列政策和法规。各级政府和各个部门不断加大减轻农民负担工作力度，做了大量工作。

20 世纪 80 年代初，农民负担问题初见端倪，党中央、国务院高度重视。1982 年至 1986 年，中央连续发了五个一号文件，提出在推动农村改革、发展农业经济的同时，要保障农民权益，减轻农民负担。

针对 20 世纪 80 年代中后期一些地区和部门出现的向农民乱收费、乱罚款和乱摊派（简称“三乱”）的严重情况，党中央、国务院曾多次发布文件严加制止。1985 年《中共中央、国务院关于进一步活跃农村经济的十项政策》提出，“凡要农民出钱兴办的事，都要经乡人民代表大会讨论，坚持‘定项限额’。任何额外的摊派，农民有权拒绝”。1985 年 10 月 31 日，《中共中央、国务院关于制止向农民乱派款、乱收费的通知》明确指出：“有些地方摊派项目达几十种，人均负担十几元、几十元。同时还有各种名目的乱收费、乱罚款、乱集资，远远超过农民的负担能力。”1989 年 11 月 9 日，党的十三届五中全会通过的《中共中央关于进一步治理整顿和深化改革的决定》明确提出：“坚决制止和纠正乱收费、乱摊派、乱罚款现象。目前，生产、建设、流通领域以及一些部门、机关和事业单位，巧立名目，乱收费、乱摊派、乱罚款，情况十分严重，已经引起城乡人民群众的普遍不满，必须采取有力措施，坚决制止和纠正。”

到了 20 世纪 90 年代，从中央到地方各级政府，分别成立了“农民负担监督管理领导小组”及“农民负担监督管理办公室”，党中央、国务院陆续采取了一系列保护农民利益、减轻农民负担的重大举措。

1990 年党中央、国务院部署治理“三乱”，把减轻农民负担作为一项重要内容。1990 年 2 月 3 日，国务院下发《关于切实减轻农民负担的通知》，要求“各级人民政府必须高度重视，把减轻农民负担问题真正提到议事日程，作为当前治理整顿、加强廉政建设的一项重要工作认真抓好”，明确提出了向农民收取的“三提五统”不得超过1990年上半年人均纯收入5%的规定。

同年9月16日，中共中央、国务院下发《关于坚决制止乱收费、乱罚款和各种摊派的决定》，主要内容：一是要求各地区各部门对现有的收费、罚款、集资项目和各种摊派进行全面的清理整顿。二是严格审核收费、罚款、集资项目和标准。三是坚决禁止各种形式的摊派。在国家法律、法规和有关规定之外，要求有关单位或个人无偿地、非自愿地提供财力、物力和人力的行为都是摊派，一律予以禁止。四是明确部门职责和管理权限，加强项目审批管理。行政事业性收费项目，审批权限集中在中央和省（不含计划单列市）两级。根据收费项目情况，分别由国家物价局、财政部和省物价、财政部门审批，重要项目须报国务院或省政府批准。设立各种基金的审批权集中到财政部，由财政部会同有关部门审批，重要的报国务院批准。罚款项目，要严格按国家法律、法规和规章的有关规定执行。集资必须在法律、法规和国务院有关政策允许的范围内进行，坚持自愿、受益、适度、资金定向使用的原则。五是党中央、国务院决定成立治理“三乱”领导小组，有关部门参加，统一领导、部署和协调清理整顿工作。领导小组下设办公室，负责治理“三乱”的日常工作。清理整顿乱收费的工作，由物价、财政部门负责；清理整顿各种摊派的工作，由计委（经委）负责；清理整顿乱罚款的工作，由财政部门负责。以上各项涉及农民负担的，要与农业主管部门共同研究。为贯彻落实该文件，全国治理“三乱”领导小组办公室于1990年11月14日正式成立，下设四个项目办公室：治理乱收费办公室、治理乱罚款办公室、治理乱集资摊派办公室、减轻农民负担办公室。减轻农民负担办公室设在农业部，由农业部负责。按照国务院要求，农业部对中央有关部门涉及农民负担的文件进行了第一次全面清理，涉及税收、提留统筹、行政事业性收费、牌证照工本费、服务收费、集资、罚没、用工及其他收费等8大类、148个项目。各地也采取了一系列有力措施，如四川省取消收费项目62项，制止搭车收费6项，降低收费标准3项，其中涉及农民负担项目29项，减轻农民负担约8.7亿元。省农牧部门从自身做起，取消了农牧系统的19项收费项目，取消金额2000万元。

1991年12月7日国务院颁布《农民承担费用和劳务管理条例》，第一次用行政法规的形式界定农民负担的村提留、乡统筹费、劳务的标准和使用范围，进一步明确了几个问题：一是农民除缴纳税金，完成国家农产品定购任务外，依照法律、法规所承担的村提留、乡统筹费、劳务（农村义务工和劳动积累工）以及其他费用，也是农民应尽的义务。二是规定了村提留、乡统筹费、劳务的标准和使用范围。三是详细规定了减免政策。对收入水平在本村平均线以下的革命军烈属、伤残军人、失去劳动能力的复员退伍军人和特别困难户，经村集体经济组织成员大会或者成员代表会议讨论评定，适当减免村提留费。对因病或者伤残不能承担农村义务工、劳动积累工的，经村集体经济组织成员大会或者成员代表会议讨论通过，可以减免。四是对面向农民的社会负担项目进行监督管理。面向农民的行政事业性收费，其项目设置、标准的制定和调整，须经省、自治区、直辖市以上人民政府财政、物价主管部门会同农民负担监督管理部门批准，重要项目须经国务院或者省、自治区、直辖市人民政府批准。向农民集资，必须在法律、法规和国务院有关政策允许的范围内进行，并遵循自愿、适度、出资者受益、资金定向使用的原则。集资项目的设置和范围的确定，须经省、自治区、直辖市以上人民政府计划主管部门会同财政主管部门、农民负担监督管理部门批准，重要项目须经国务院或者省、自治区、直辖市人民政府批准。在农村建立各种基金，须经国务院财政主管部门会同农民负担监督管理部门和有关主管部门批准，重要项目须经国务院批准。这个条例标志着对农民负担的费用和劳务的管理开始步入法制化和规范化的轨道。

1992年8月下旬至10月底，国务院委托农业部、国务院法制局、监察部组成检查组，对19个省（区）的50个县、96个乡镇、199个村和2000多农户进行了农民负担的第一次全国性执法检查。检查发现，农民负担问题相当突出，各种名目繁多的集资、收费、摊派及达标升级活动，大大超出农民的承受能力，农民负担过重的矛盾非常尖锐。针对农民负担中存在的突出问题，1993年3月19日，中共中央办公厅、国务院办公厅发出《关于切实减轻农民负担的紧急通知》，要求“农民除依法纳税和按国务院《农民承担费用和劳务管理条例》关于村提留和乡统筹费必须严格控制在上年农民人均纯收入5%以内的规定继续执行外，其他涉及要农民负担费用的各种摊派、集资、达标活动和行政事业性收费，以及在农村建立各种基金等，不论是哪一级政府或哪一个部门制定的文件或规定，一律先停止执行，然后进行清理”，“各级党委、政府要把减轻农民负担问题作为一项紧急的政治任务，摆上重要议事日程”。按照中央办公厅、国务院办公厅紧急通知精神，农业部、监察部、财政部、国家计委、国务院法制局组成了国务院农民负担项目审核小组，根据国务院批准的12条农民负担审核原则，对中央有关部门涉及农民负担的文件进行了再清理。地方各级党委和政府也及时对同级涉及农民负担的文件进行了清理、审核，取消了一大批涉及农民的不合理收费、集资和基金项目。5月26日，国务院授权农业部宣布取消了要求农民出钱出物出工的43项达标升级活动，纠正了10种农民承担费用错误收取与管理办法。6月20日，国务院召开全国减轻农民负担工作电话会议，取消了37项中央国家机关涉及农民负担的集资、基金和收费项目，纠正了有强制摊派和搭车收费行为14项。7月22日，中共中央办公厅、国务院办公厅又下发《关于涉及农民负担项目审核处理意见的通知》，明令取消了中央和国家机关37项涉及农民负担的收费、集资和基金项目以及43项达标升级活动，并要求各地纠正10种错误的收费方法。1993年10月，中央、省、地、县四级涉及农民负担的文件和项目全部清理完毕。经过1993年集中治理之后，中央明令取消和暂缓执行项目在大多数地方得到落实，各种要求农民出钱、出物、出工的达标升级活动明显减少，社会负担大幅度上升势头得到遏制，仅1993年中央和省两级取消项目和降低收费标准，就可减轻农民负担103亿元，每个农民减少11.6元。

1993年7月2日，第八届全国人民代表大会常务委员会第二次会议通过《中华人民共和国农业法》，第一次以法律的形式规范了农民负担。第18条规定任何机关为办理公务向农民或者农业生产经营组织收费必须依据法律、法规、国务院授权的部门的决定或者省级人民政府制定的规章的规定，省级人民政府制定的规章必须报国务院备案。收费范围和标准应当公布，并根据情况做必要的检查、清理。没有法律、法规、国务院授权的部门的决定或者省级人民政府规章规定的依据，任何机关因办理公务而收费的，农民和农业生产经营组织有权拒绝。任何机关对农民或者农业生产经营组织进行罚款处罚必须依据法律、法规的规定。没有法律、法规规定的依据，任何机关对农民或者农业生产经营组织罚款的，农民和农业生产经营组织有权拒绝。任何机关或者单位不得以任何方式向农民或者农业生产经营组织进行摊派。除法律、法规另有规定外，任何机关和单位以任何方式要求农民或者农业生产经营组织提供人力、财力、物力的，属于摊派。农民和农业生产经营组织有权拒绝任何方式的摊派。第 19 条规定，向农民或者农业生产经营组织集资必须实行自愿原则，不得强制集资。任何机关和单位向农民或者农业生产经营组织强制集资的，农民和农业生产经营组织有权拒绝。第 59 条规定违反本法第十八条、第十九条的规定，向农民或者农业生产经营组织收费、罚款、摊派或者强制集资的，上级机关应当予以制止，并予公告；已经收取钱款或者已经使用了人力、物力的，由上级机关责令限期归还已经收取的钱款或者折价偿还已经使用的人力、物力；情节严重的，由上级机关或者所在单位给予直接责任人员行政处分。

四、收费对农民负担的影响

农村收费对农民负担的影响很大，并呈现先快速上升然后缓慢下降的趋势。据农业部农村经济收益分配统计报表统计，“七五”期间（1986—1990 年），农村经济净收入以年均 12.4% 的速度递增，而同期集体提留和农民人均所得的年均增长率分别为 14.7% 和 10.6%。在 1991 年《农民承担费用和劳务管理条例》出台以后至 1993 年，农民承担的收费总负担呈缓慢下降趋势。1991 年为 503.7 亿元，1992 年为 500.1 亿元，1993 年为 463.9 亿元。

这一时期，农民负担的收费是很重的（参见表 1－23），主要表现在以下几个方面。

表 1-23　　1985—1993 年农民收费负担情况　　单位：亿元

年份	合计	乡村集体统筹提留	社会负担	两工中以资代劳金额
1985	243.8	243.8		
1986	265.0	265.0		
1987	310.5	310.5		
1988	386.4	386.4		
1989	419.4	419.4		
1990	333.3	333.3		
1991	503.7	364.0	102.4	37.5
1992	500.1	373.1	80.0	47.0
1993	463.9	380.0	47.1	36.9

资料来源：提留、统筹、农业人口数来源为《中国农业统计年鉴》；以资代劳、社会负担为《全国农村经济情况统计资料》，社会负担只有行政事业性收费、罚款、集资摊派、其他社会负担数，缺上交有关部门数据。

第一，村提留和乡统筹负担逐年增长，大部分年份都突破了国家规定的“不得超过上一年农民人均纯收入 5%”的限制。根据农业部对 29 个省、自治区、直辖市（不包括西藏）的统计，1990 年农民（农民、集体）负担村提留（包括公积金、公益金和管理费）和乡统筹费为 359.4 亿元，人均 41.15 元，占上年人均纯收入的 7.88%，高于国务院的规定 2.88 个百分点，比 1989 年的 6.99% 又增长 0.89 个百分点，人均增加 7.31 元。其中直接向农民收取的村提留和乡统筹费达 220 亿元，人均 27 元（参见表 1-24）。

表 1-24　　1985—1993 年农民负担村提留和乡统筹费情况　　单位：元

年　份	人均提留统筹费	占上年人均纯收入%
1985	20.50	6.71
1986	22.83	6.73
1987	25.62	6.76
1988	28.86	6.82
1989	33.84	6.99
1990	41.15	7.88
1991	44.55	7.94
1992	47.38	7.87
1993	44.60	4.68

资料来源：农业部统计资料。

第二，农民承担的劳务负担，尽管农民人均承担的义务工和劳动积累工总量未超过国家规定的最高限额，但增长速度很快。据农业部统计，1990 年全国农民义务工和劳动积累工支出 70.6 亿个，每个农村劳动力平均承担 17.2 个；1990 年后呈高速增长态势，1992 年全国农民义务工和劳动积累工支出 86 亿个，每个农村劳动力平均承担 20.2 个，比上年增长 21.8%。此外，考虑到临时用工未统计在内，农民的劳务负担并不轻。有些地方还存在强制农民以资代劳的现象，把“两工”变成一种变相的摊派，增加了农民用现金支付的压力，客观上加重了农民负担。

第三，行政事业性收费、罚款、集资摊派等农民社会性负担是导致农民税外负担加重的主要因素，“三乱”现象在有些地方愈演愈烈，甚至有失控之势。据农业部统计，1992 年社会负担总额为 80 亿元，人均 8.86 元。另据农业部不完全统计，1992 年合同外社会性负担达 120 亿元，人均 13.8 元。1993 年中央明令取消和停止执行了 37 个集资、基金和收费项目，以及 43 项达标升级活动。这些项目共减轻农民负担 100 亿元以上，人均减少 10 元。1993 年 6 月 21 日的《人民日报》登载了某地农民来信，指出当地政府竟然用一个“其他”来向农民收费。展示的三份《农业生产双向承包合同书》，“其他”一项竟比农业税和提留统筹费都高（参见表 1－25）。

表 1－25　某地《农业生产双向承包合同书》记录的农民负担　单位：元

		甲户	乙户	丙户
农业税		14.43	21.46	9.75
村提留乡统筹	合计	89.83	142.74	94.17
	公积金	33.3	50.07	24.48
	村提留	22.23	37.20	29.76
	乡统筹	25.56	42.60	34.08
	管理费	8.65	12.87	5.85
预交生产代办费	合计	27.77	41.34	18.79
	水利工程水费	3.84	5.73	2.16
	灌溉费	23.93	35.61	16.18

续表

		甲户	乙户	丙户
两工	劳动积累工		29.89（个）	31.92（个）
	义务工		12.81（个）	13.68（个）
其　他		221.58	210.31	140.58
累　计		353.61	415.85	263.29

资料来源：1993年6月21日《人民日报》。

第五节　流通体制改革与农民负担

从1978年开始，我国流通体制改革逐步推进，到1985年，国家进一步改革了农产品统购统销制度，坚持以市场为取向，扩大市场机制的调节作用。国家不再直接通过剪刀差来吸取农民的积累，农民负担有了大幅的减轻。但是随着工业品流通体制改革的逐步推进，工农业产品比价拉大，形成新的农民价格负担。

一、农产品流通体制改革与农产品价格变化

农产品流通体制改革主要包括农产品统派购制度的改革、农产品价格管理体制的改革以及农产品经营流通渠道的改革。农产品流通体制三项改革是交错进行、逐步推开的。市场供求关系对农产品价格的形成越来越重要。

（一）农产品统派购体制改革

我国的农产品统派购制度是中华人民共和国成立初期建立的。1953年12月粮食实行了统购统销，接着油料、棉花也实行统购统销，若干种经济作物实行统一收购，生猪实行派养派购。统派购制度是一种在短缺经济条件下，按照计划管理模式设计的农产品流通体制。在农产品紧缺的背景下，统派购的流通体制保证了国家工业化对农产品原料的需要和城镇居民的口粮供应。通过票证制度和计划供应，政府成功地用2900亿斤粮食解决了5.7亿人口的吃饭问题。

但是，农产品统派购制度既对农业和农村经济的发展产生了诸多不利影响，也成为农民的沉重负担：（1）长期实行统派购制度，收购由国家确定，生产什么、生产多少、何时生产，农民说了不算，甚至生产队、生产大队、人民公社也不用去仔细研究，完全根据上级下达的任务组织生产。从某种意义上说，统购统销迎合并助长了指令性的农业生产，构成了僵化、呆板的农业产销体制，严重挫伤了广大农民的生产积极性，阻碍了农业生产力的发展。（2）统派购制度形成了超低的收购价格，弱化了农业自我积累和发展能力，从而使农产品的供给能力越来越难以适应国民经济发展的需要。我国粮食在1960年以前是净出口，1961年以后开始变为净进口，到1978年进口数量达883万吨，用外汇4.4亿美元。植物油、棉花和糖等农产品也有相似经历。（3）长期低价统派购制度成为农民向国家做贡献的主要方式，使农民收入增长迟缓，城乡居民收入差距明显。到1978年，农村居民家庭人均纯收入只有133.6元，仅相当于同期城镇居民家庭人均可支配收入的38.9%，广大农村居民生活可以说相当艰难。（4）这一体制扩大了城乡、工农差别，加上在户籍制度上对农民进城进行了严格限制，加剧了二元的经济和社会结构，制约了农村经济和社会事业的发展。

从1979年开始的农产品统派购制度改革大体经历三个阶段：一是1979年至1982年，重点提高农产品收购价格，有18种农产品的价格平均上调24.8%。在这些因素的作用下，这一时期的农业和种植业获得了超常规的高速增长，并为其后的农村改革和全面发展创造了条件。二是1983年至1984年，重点是减少统购派购的品种。三是从1985年以后，进入全面改革阶段。国家从1982年第一个中央“一号文件”开始，到1985年已是第四个，其重点是对取消农产品统购、派购做出了进一步的具体安排。

1985年中央一号文件指出：“从今年起，除个别品种外，国家不再向农民下达农产品统购派购任务，按照不同情况，分别实行合同定购和市场收购。”按照中央的部署，改革的具体内容包括：（1）粮食、棉花实行合同定购。由商业部门在播种季节前与农民协商，签订定购合同。定购的粮食，国家确定按“倒三七”比例计价（即三成按原统购价，七成按原超购价）。定购以外的粮食可以自由上市。如果市场粮价低于原统购价，国家仍按原统购价敞开收购，保护农民的利益。定购的棉花，北方按“倒三七”，南方按“正四六”比例计价。定购以外的棉花也允许农民上市自销。定购部分的粮食由粮食部门统一经营；棉花由供销合作社统一经营。（2）生猪、水产品和大中城市、工矿区的蔬菜，逐步取消派购的办法，从 1985 年 5 月开始，除京、津、沪等城市各自保留部分大路菜外，其他地区也都放开了。（3）南方集体林区取消统购，实行自由购销。为防止滥砍滥伐，各地采取了核定数量、凭证采伐，即所谓“山上管住、山下放活”。（4）中药材除需要严格保护的四个品种（甘草、厚朴、麝香、杜仲）外，只放开价格、不放收购渠道——仍由国营药材公司收购外，其他全部取消统购。（5）烟草仍实行由国家统一下达指令性的收购计划，并由烟草公司统一经营。

由此，农产品放管结合的流通体制正式形成。除个别品种外，长达 30 年的农产品统派购制度被取消，农产品流通体制改革取得突破性进展，极大地减轻了农民负担。但是由于统派购制度实行了 30 多年之久，其剪刀差政策已经形成制度惯性和利益惯性。国民收入分配格局中利于城市，不利于农村的倾向依然存在，一时还很难改变。1985 年至 1993 年间，工农业产品价格差仍然是农民的重要负担之一。

（二）农产品流通体制的改革

1985 年初，粮棉取消统购，改为合同定购。定购以外的粮棉可以自由上市交易。国家对生猪、蔬菜、鲜蛋、水果、水产品等农副产品实行指导性计划管理，其他统派购农副产品全面放开，实行市场调节。取消统派购以后，农产品不再受原来经营分工的限制，实行多渠道直线流通，形成了合同定购与市场收购相结合的农产品流通“双轨制”。农产品流通体制的改革进入了一个新的高潮，逐步向市场化的方向推进。

从 1985 年开始，农业生产连续 4 年处于徘徊状态，导致农产品流通体制的改革，特别是粮棉油等大宗农产品购销体制的改革举步维艰。1988 年底，国家对大米实行了专营。1989 年国家将粮食合同定购改成了国家“定购”，用以保证完成国家收购计划任务，保证平价粮的供应。棉花也改由供销社独家垄断经营。在粮棉等主要农产品产量严重减少的情况下，在完成国家低价定购任务后能进入市场的农产品数量微乎其微。实质上农产品流通体制的改革又重新回到了原来的指令性计划的轨道上。粮棉油市场实际上也自动关闭了，国家又逐步加强了行政控制。

1990 年 9 月，国务院做出了建立国家专项储备粮食制度的决定，并成立了国家粮食储备局，当年收购粮食 225 亿多公斤，阻止了粮价下跌。同年 10 月，郑州市建立了粮食批发市场，对形成农产品市场体系起着重要作用。

由于大多数农产品实行自由购销、市场调节，各种农产品出现的价格波动和市场波动越来越频繁，为了防止出现过大波动，越来越多的地区实行农副产品价格调节基金制度。价格调节基金平抑了市场物价，稳定了农业生产，在一定程度上也缓解了农民的“卖粮难”。

1991 年，国务院《关于进一步搞活农产品流通的通知》提出了进一步搞活农产品流通，适当缩小指令性计划管理，完善指导性计划管理，更多地发挥市场机制的作用。通知要求：（1）粮食在保证完成国家定购任务的前提下长年放开经营；（2）大米取消专营，中央和地方实行专项储备粮制度；（3）棉花继续由供销社统一收购，统一经营；（4）烟草，蚕茧，以及麝香、甘草、杜仲、厚朴四种中药材，继续由国家指定的部门统一经营；（5）南方集体林区的木材（竹材、松脂）和天然橡胶、边销茶，仍按国务院现行规定办理；（6）食油（油料）、食糖（糖料）、生猪、绵羊毛、黄红麻等产品的购销实行指导性计划，通过规定指导性价格，建立和完善购销合同制，引导生产和流通，有条件的地方，生猪可以完全放开经营，其决策权归省、自治区、直辖市政府；（7）其他农产品，各地根据不同情况，逐步实行市场调节，放开价格，多渠道、少环节自由购销，同时加强宏观指导和管理。此外，要逐步建立和完善以批发市场为中心的农产品市场体系。至此，农产品流通体制改革进入了全面市场化的新阶段。

1991 年至 1992 年国家连续两次调整了粮食销售价格，1992 年实现了购销同价。1990 年至 1993 年，全国有 28 个省、市、自治区相继放开了粮食市场和价格。1992 年，国务院发布了《关于发展高产优质高效农业的决定》，进一步放开农产品经营，加强农产品生产与需求直接联系，把农产品进一步推向市场。

1993 年 2 月，国务院召开了全国粮食产销政策发布及订货会，决定放开粮食经营，发布了《关于加快粮食流通体制改革的通知》，这标志着新的粮食购销体制已开始运行，初步形成了中央和省两级为主的多层次的粮食宏观调控体系。

1993 年起，国家取消了粮食统销制度，取消了口粮供应定量方法，价格随行就市。同年，中央农村工作会议决定，从 1994 年起在全国范围内实行"保留定购数量，价格随行就市"（保量放价）的政策。

在棉花购销体制改革方面，按《国务院批转〈国家体改委关于改革棉花流通体制意见〉的通知》精神的要求，1992 年在山东、河南两省建立了两个试点放开棉花收购市场，但由于 1992 年棉花减产，实际上试点省并没有真正改革，试点的经验也并不多；1993 年国家又增加了江苏作为试点省，但当时棉花面积和产量日益减少，全国完成棉花定购任务后，进入市场流通的棉花也不多，实际上全面放开棉花收购市场也未真正成为现实。

1993 年 8 月，全国棉花工作会议又再次强调棉花的收购仍由供销社统一收购、统一经营，除良繁区的棉花委托良种棉加工厂收购外，其他任何单位和个人一律不得经营。非试点省不得自行决定放开棉花试点。严峻的棉花供求形势使棉花流通体制改革陷于困境。

对其他农产品，除烟叶、蚕茧等继续实行国家定价外，绝大多数都放开了价格，实行自由流通。

在打破供销社独家经营的流通渠道方面，国家推行了多种经济成分、多种流通渠道、多种经营方式和少环节的农产品流通体制。允许和鼓励集体、农民及生产者个人进入流通领域，把农民推向市场。在供销社改造方面，1985 年以来主要围绕建立农村商品生产服务体系，全面开展为农民提供优质系列化服务进行改革，使供销社同广大农民的关系有了较大改善，逐步成为农村商品生产的综合服务中心①。

（三）农产品价格管理体制的改革

1985年至1991年，国家对农产品采取调放结合的措施，主要侧重于价格形成机制的转换。

取消统派购以后，农产品不再受原来经营分工的限制，实行多渠道直线流通。1985年，国家首先将粮食、棉花的统购、超基数加价政策改为合同定购、比例加价政策，并理顺了农村粮食销价，逐步放开了猪、牛、羊、水产品和蔬菜价格，从而形成了合同定购与市场收购相结合的农产品流通“双轨制”，农产品流通体制的改革逐步向市场化的方向推进。主要在三个方面进行了改革。

第一，对粮油价格的调整。1986年国家调整了东北、内蒙古玉米价格；1987年调整了籼稻、玉米价格，粮食定购价格提高8%；1988年调整了小麦、粳稻价格，北方小麦、稻谷和南方玉米定购价格每50公斤分别提高1.5元、2元和1.52元；1989年粮食定购价格提高16%；1990年调整了大豆价格；1991年调整了粮油统销价格。其中，三种粮食（面粉、大米、玉米）中等质量标准品全部平均统销价每500克提高0.1元；六种食用油（花生油、大槽芝麻油、菜籽油、精炼棉籽油、茶籽油、豆油）实行购销同价，全国平均每500克提高1.35元。其他粮油品种的购销价格相应调整。经过调整，1991年粮食收购平均价格指数比1985年提高了50.9%。三种粮食的定购价格平均每50公斤由1985年的18.26元提高到1991年的23.45元，提高了28.4%。

第二，对主要经济作物价格的调整。国家在对粮食收购价格结构进行调整的同时，对主要经济作物的收购价格也做了调整：油料作物收购价格调整了3次，提价幅度约为55%；棉花收购价格提价3次，南方棉花提价83.4%，北方棉花提价70%；糖料作物收购价格提价2次，甘蔗收购价格提价127.7%，甜菜收购价格提价103.9%；烤烟、红麻收购价格提价2次，分别提价21%、63%；茶叶、桑蚕茧收购价格提价3次，分别提价72%、148%。经过几次调整，1991年经济作

① 蔡萍：《农产品价格和流通体制改革的进展及效果分析》，《经济研究参考》1994年第48期。

物收购价格指数比 1985 年提高 58%，经济作物价格的上涨幅度都高于粮食作物。由于粮食作物有一半是实行国家合同定购，另一半实行国家议价收购或市场调节，棉花、烤烟、桑蚕茧等经济作物全部由国家收购，为了保持农业内部的合理比价，经济作物提价的幅度高于粮食作物。从农产品内部比价关系看，价格的调整有利于经济作物。

第三，下放了一些农产品价格管理权限。国家进一步下放了一些农产品价格管理权限，实行价格双轨制。对于关系国计民生的粮食、棉花等重要农产品仍由国家实行指令性计划管理，价格调整仍然由国家直接掌握，计划外的部分主要实行市场调节，国家根据需要对部分产品提出指导性价格。实行价格双轨制的农产品主要有粮食、棉花、食用植物油、糖料等大宗农产品。对其他农产品，国家陆续放开价格。其中影响最大的是 1985 年放开水产品、水果的购销价格，以及各地相继出台放开蔬菜、肉及肉制品、奶类、禽蛋等副食品的购销价格。此外，国家为了保护农民利益，控制农产品收购价格下跌的幅度，制定了粮食保护价制度，用国家吞吐粮食的手段调控全国粮价。

自 1992 年开始，农产品价格改革步入了自觉转换价格形成机制和建立农产品价格调控体系的轨道。农产品价格改革自此进入了进一步放开价格，理顺价格，逐步建立适应社会主义市场经济新体制要求的以市场形成价格为主并尝试建立农产品价格调控体系的价格运行机制阶段。1992 年食用油、肉、蛋、菜、糖的价格在全国范围全面放开，由市场调节。1992 年 4 月 1 日起，提高粮食定购价格，分品种全国平均每 50 公斤中等质量标准的提价额为：小麦 6 元，粳稻 5 元，籼稻 3 元，玉米 3 元，大豆价格没做调整。1992 年粮食价格收购水平比 1991 年上升 5.3%。同时三种粮食中等质量标准品全国平均统销价格提高 45%。1992 年 9 月，国务院决定，由各地分散决策、全面放开原先属于国家定购计划和城镇居民定量供应部分的粮食购销价格，实行随行就市。除了粮、油、糖、肉、蛋、菜外，对棉花等其他农产品价格也积极创造条件，逐步放开。同时国家再次提高了粮食的统销价格，并实现了购销同价。由于 1991 年、1992 年连续两年粮食大丰收，牌市差价很小，全国粮价基本放开。

1993年，国家为了保持农业生产的稳定发展和保护农民利益，采取了十项有利于粮棉生产的优惠政策。国家对定购和专项储备的粮食实行收购保护价制度。列入1993年收购保护价的品种有：冬小麦、玉米、大豆、早籼稻、中籼稻、晚籼稻、粳稻。具体每50公斤中等质量收购基准价是：北方冬小麦32.5元，南方冬小麦31元，关内玉米21元，关外玉米20元，早籼稻21元，中籼稻26元，晚籼稻28元，大豆45元，北方粳稻35元，南方粳稻31.5元。各省、自治区、直辖市人民政府根据当地情况，按不低于中央下达的基准价格水平制定保护价。当市场粮价低于保护价时，按保护价收购；市场粮价高于保护价时，按市场粮价收购。粮棉奖售物资由实物供应改为找差价款，作为价外加价形式在收购农产品时一并付给农民。具体价外加价标准是：每50公斤小麦、玉米各4.2元，大米5.2元，大豆5.5元，棉花12元。并于1993年新烟上市起，调整了烟叶收购价格，把原国家规定的烟叶生产扶持费并入烟叶收购价格，为向新的收购等级标准过渡创造了条件。1993年，国家定价的产品在农产品收购总额中的比重已由1978年的92.6%下降到10.4%；市场调节价和国家指导价的比重由1978年的5.6%上升到89.6%；国家制定收购价格的农产品已由1986年的28种减少到粮食、油料、棉花、蚕茧、烟叶5种。①

经过十多年的改革，农产品价格形成机制已经由过去单一的国家定价，变为国家定价、国家指导价和市场调节价三种价格形式并存的局面。缩小国家定价的品种范围，扩大国家指导价和市场调节价的范围，确立市场对价格形成的基础和主导地位已成为农产品价格形成机制的发展方向。

（四）农产品价格指数变化

在1985年至1991年，我国实施农产品流通体制市场化改革的7年里，农副产品收购价格的波动性逐年增强，市场供求机制对农副产品价格的形成日趋重要。农副产品收购价格年度涨幅的最高点与最低点之间，粮食类农产品达到了33.7%（如果扣除1989年粮食定购价格上调

---

① 蔡萍：《农产品价格和流通体制改革的进展及效果分析》，《经济研究参考》1994年第48期。

16%的政策因素，波幅仍可达到17.7%），经济作物达到20.2%。

总体上，农副产品收购价格呈上升趋势。特别是在1987年至1989年间，农副产品收购价格呈现明显加速上升趋势。但是，受1990年、1991年我国粮食大丰收的影响，粮食供应短期集中巨量增加，粮食类农产品收购价格出现下降趋势，但是相比1985年粮食价格水平，1992年粮食类农产品收购价格仍然增长了58.9%。经济作物在多次政府调价的影响下，其收购价格也持续上升，相比1985年，1992年的涨幅达到52.5%。价格波动性的增强，体现了市场机制对农业资源调配的作用逐渐体现，而农产品价格的整体上扬体现了国家对农业生产者的利益保护。这种趋势特征充分体现了国家对农业生产实施“计划经济为主，市场调节为辅”的基本改革思路。

以上年为基期，农副产品收购价格总指数1985年为108.6，一直上升到1988年的123.0，从1989年开始逐年下降，1991年开始回升，到1993年达到113.4。其中，粮食类收购价格指数在1989年达到峰值，为126.9，1990年下降到最低点93.2，此后又有所回升，到1993年达到116.7。经济作物类收购价格指数在1989年达到峰值，为116.7，1992年下降到最低点96.5，1993年又回升到112.6。总体来看，粮食类收购价格指数比经济作物类波动幅度大。如以1985年为基期，农副产品收购价格指数的变化也基本反映了这个趋势（参见图1－3、图1－4）。

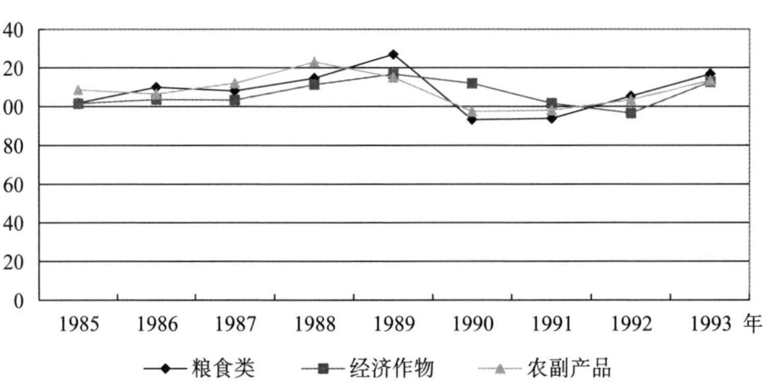

图1－3　农副产品收购价格指数（上年＝100）

资料来源：《中国统计年鉴（1994）》。

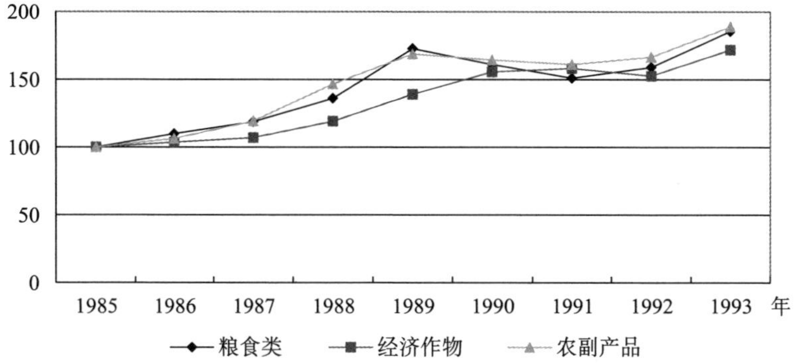

图 1-4 农副产品收购价格指数（1985 年 =100）

资料来源：《中国统计年鉴（1994）》。

二、工业品流通体制改革与涉农商品的价格波动

从 1978 年到 1992 年，我国工业品流通体制改革也逐步深化，基本沿着市场化取向不断深入。

（一）工业品流通体制改革

在 1978 年，94.4% 的农产品和 97% 的工业零售产品是按计划价格交易的。1978 年开始的商品流通体制改革，就是针对原有流通体制的种种弊端，坚持以市场为取向，扩大市场机制调节作用。经过 1978 年至 1984 年 6 年的改革，长达 30 年的高度集中的商品流通体制发生了突破性的变化，通过改革工农业产品购销体制、批发体制，改革国营商业、供销合作社的经营体制，鼓励个体商业的发展、开放集市贸易、建立各种贸易中心，初步形成了多种经济成分、多条流通渠道、多种经营方式和减少流通环节的“三多一少”的流通格局。

在商品购销体制上，在多次提高农产品价格的同时，商业部管理的一、二类统派购农副产品由 1978 年的 46 种减少为 1984 年的 12 种，日用工业品的计划商品，由原来的 135 种逐步减少到 1984 年的 26 种，增加了订购、选购、代购代销、联营联销等购销形式，小商品价格全部实行市场调节。

在工业品批发体制上也有了重大突破。在计划经济时期，所有的物资和消费品，由国家按照统一的计划实行收购、调拨和销售；商品

严格按照一、二、三级批发流通体系实行单渠道流通；以国营和合作商业为代表的公有制流通企业成为商品流通领域的唯一主体；商品市场价格受到计划严格的控制，形成了国有经济为主的垄断型批发体系。[①] 1980 年，商业部提出按照经济合理的原则组织商业流通，打破各种不合理的限制，减掉一切不必要的环节。1984 年在大中城市建立了一批日用工业品贸易中心。

在社会商业结构的调整上，按照坚持公有制为主体，国家、集体、个人一起办商业的方针，在恢复、发展农村集市贸易的同时，开放了城市农副产品市场，积极鼓励集体、个体等多种所有制商业的发展。

从 1984 年 10 月起，商品流通体制改革在前 6 年的基础上，在商品购销体制、批发体制、企业内部体制等方面继续向前推进。国务院决定从 1985 年起，取消粮食、食用油、棉花统购制度，改为合同定购制度；取消生猪派购，实行自由上市、自由交易，随行就市，按质论价。大多数城市放开了蔬菜市场，开辟了多条流通渠道，方便了购销。除成品石油仍实行计划供应外，其他工业品逐步全部敞开供应。

1985 年商业部将上海、天津、广州等工业品一级站下放给所在城市，到 1986 年底各省、市、区所属的二级批发站，下放给地市或县，并普遍实行了专业划细的办法，组建了不分层次的多头批发网络。改变商业批发中按固定区域、固定供应对象、固定倒扣作价率的统一分配和作价办法，各批发企业之间、批发与零售之间都可以直接供货。所有城市都逐步建立城市贸易中心，即开辟商品批发市场，实行开放式经营。工商企业、各种所有制企业、本地外地企业都可以进入贸易中心，自由购销计划外和非计划商品。

1984 年根据有计划商品经济理论明确生产资料也是商品后，生产资料改革也迈出了较大步子。主要是大幅削减了指令性分配的产品。从 1984 年起，国家计划分配的生产资料，除保证重点生产建设所需外，对一般的需要，只保持 1984 年基数。国家统配物资的品种，由 1980 年的 256 种减少到 1987 年的 27 种，中央各部委和地方政府分配

---

① 周勤、朱有为：《中国制造业和商业关系演化总量分析》，《中国工业经济》2005 年第 8 期。

物资的比重也有所减少。

通过以上改革，流通领域开始从国营商业独家经营过渡到多渠道经营，从没有竞争过渡到鼓励竞争，从封闭性市场过渡到开放性市场。1992 年党的十四大明确提出建立社会主义市场经济的目标，商品流通的改革进入了一个新的发展阶段。

（二）农村工业品零售价格指数

1985 年，“调放结合、以放为主”的中国价格体制改革进入全面实施阶段，除农副产品外，同时放开部分工业消费品价格。在市场调节机制的作用下，1985 年至 1993 年，我国工业品价格和农村工业品零售价格呈现逐年加速上升的趋势。受 1988 年中央出台“价格闯关”的政策因素影响，在抢购风潮的影响下，1988 年和 1989 年工业品出厂价格分别出现了年度 15% 和 18.6% 的涨幅，同期农村工业品零售价格也出现了 15.2% 和 18.7% 的涨幅，远远超出同期通货膨胀的增长速度。过快的价格增速严重影响到社会生产和社会生活的有序和稳定，中央立即着手治理，至 1990 年工业品价格变化趋于合理稳定，增速明显下降，呈现缓慢平稳变化趋势。1985 年至 1993 年，由于全国工业品供求总体尚未平衡，以 1985 年不变价计算，我国工业品出厂价格和农村工业品零售价格，相比 1985 年，分别上涨 123.7% 和 83.7%，工业部门的利润大幅度上升。但是，农民生产、生活的负担日趋加重，极大地侵蚀了国家农产品价格保护给农民带来的利益（参见表 1－26，图 1－5，图 1－6）。

表 1－26　1985—1993 年我国工业品出厂价格指数与农村工业品零售价格总指数

年份	工业品出厂价格指数		农村工业品零售价格总指数	
	上年＝100	1985 年＝100	上年＝100	1985 年＝100
1985	108.7	100.0	103.2	100.0
1986	103.8	103.8	103.2	103.2
1987	107.9	112.0	104.8	108.2
1988	115.0	128.8	115.2	124.7
1989	118.6	152.8	118.7	148.0
1990	104.1	159.0	104.6	154.8

续表

年份	工业品出厂价格指数		农村工业品零售价格总指数	
	上年 = 100	1985 年 = 100	上年 = 100	1985 年 = 100
1991	106.2	168.9	103.0	159.5
1992	106.8	180.4	103.1	164.4
1993	124.0	223.7	111.8	183.7

资料来源：《中国统计年鉴（1994）》。

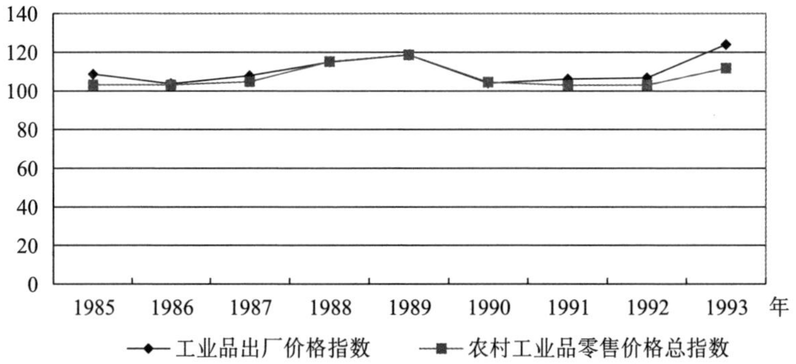

图 1-5　1985—1993 年我国工业品出厂价格指数与农村工业品零售价格总指数（上年 = 100）

资料来源：《中国统计年鉴（1994）》。

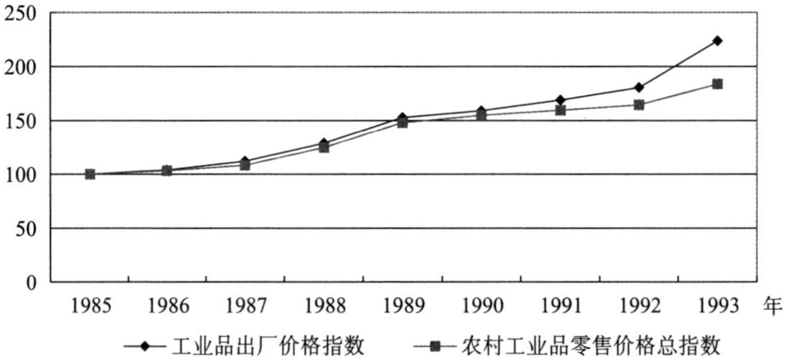

图 1-6　1985—1993 年我国工业品出厂价格指数与农村工业品零售价格总指数（1985 年 = 100）

资料来源：《中国统计年鉴（1994）》。

（三）农业生产资料流通体制调整及其价格变化

农业生产资料品种繁多，有化学肥料、化学农药、农用塑料、薄膜、农用机械、传统中小农（牧）具、耕畜、柴油、种籽等。其中化肥、农药、农膜和农机占主要地位。

党的十一届三中全会以后，我国农村经济体制进行了一系列的改革，农村经济有了很大发展，加上几次调整农产品价格，工农产品价格剪刀差曾一度有所缩小，然而，长期以来由于农用生产资料供需矛盾突出，多头插手经营，市场混乱，价格上涨过快，工农业产品价格剪刀差又迅速扩大，严重加重了农民的负担。为此，国家先后采取了一系列有关农业生产资料供销政策措施，力求从根本上扭转农业生产资料市场和价格混乱的状况，稳定农民的负担，维护农民利益，以促进农业生产的平稳发展。

1984 年以前，我国农业生产资料价格与产销实行计划管理。国家下达生产资料分配计划，农业生产资料全部由中国农业生产资料公司及供销社经营，国家对生产资料生产环节、经营环节和进口生产资料给予补贴，生产资料的调拨价格和零售价格由国家统一制定；为鼓励农业生产，国家还拿出一部分农业生产资料作为农民交售粮、棉、油的奖售。这期间，由于国家实行严格的计划和价格管理，以及国家支付大量的财政补贴，流通渠道简单明了，价格稳定，农民负担不重，但是农业生产资料生产企业和经营单位的积极性并不高，低价奖售生产资料的政策落实也越来越差。

1985 年农业生产资料价格与产销政策陆续有所调整，变过去的计划分配为计划分配与市场调节相结合，主要是在减少国家的财政补贴的情况下和维持“双轨制”格局的前提下，重新调整国家与农民、工业与农业的利益关系。其重要调整内容有：

（1）化肥生产企业有了一定的自主经营权。大中型化肥厂完成国家统配任务后，可自销一部分化肥；小型化肥厂除县政府掌握一部分由农资公司经营外，其余由企业销售。

（2）允许其他渠道参与经营国家计划分配以外的化肥。

（3）放松价格管制。对放开经营的化肥，国家物价部门只规定经营单位的进销价格差率，不再统一限定零售价格。

（4）国家统配化肥实行对省包干。

（5）化肥进口既保留国家计划，也允许地方和有关部门利用留成外汇进口。

1978 年至 1984 年这一时期是粮肥比价最好的时期。1985 年的调整，使粮肥比价总体逐渐出现倒挂趋势。1985 年至 1992 年的 8 年间，有 5 年化肥价格的上涨幅度高于粮价。其中 1990 年、1991 年化肥价格是在粮价下跌的情况下继续上涨。

1992 年，随着我国经济市场化步伐的加快，在农业生产资料方面做了进一步的调整。主要是采取了渐进式的市场调节方式，协调了生产资料生产者与使用者的利益。主要政策有：

（1）大力组织国内生产，增加农业生产资料供给总量。

（2）实行化肥工作省长负责制。

（3）强调各省要做好本地化肥供求总量平衡。

（4）实行了“一主两辅”的经营渠道。“一主两辅”是指只允许农业资料公司及基层供销社（主渠道）和化肥生产企业、基层农业技术推广机构（辅助渠道）经营化肥，其他单位和个人一律不得经营化肥，并相应减少了批发和零售环节的经营层次。

（5）改进了粮肥挂钩政策。1993 年起国家用于扶持粮棉生产的化肥、柴油平价供应，改为以货币方式，在收购价之外将平议价差以加价形式付给农民。

（6）强化价格管理，稳定农资价格。为了控制化肥上涨过快的势头，保持化肥价格相对稳定，先后采取了以省为单位实行综合销售价，实行最高限价、出厂限价以及综合经营差率控制零售价格等方式，使农资价格保持了相对稳定。

（7）建立中央和地方两级调控储备制度。为了做好农业生产资料的总量平衡，建立中央和地方两级调控储备制度，中央调控的化肥总量占全社会资源总量 20%，地方调控的化肥总量占全社会资源总量的 80%。

（8）加强农资市场管理，保证了农资市场秩序稳定。

（9）农药、农膜流通体制改革参照化肥流通体制改革的方案进行。

总体看，1985 年至 1993 年期间，我国农业生产资料价格呈现上升趋势，但区分为两个阶段：1989 年以前呈现加速上升变化，而 1989 年以后增速减缓。至 1993 年，农业生产资料价格指数，与 1985 年相比，涨幅达到了 92%。特别是农药零售价格表现出更为显著的上涨态势，按照 1985 年不变价计算，1993 年农药零售价格上涨了 2.37 倍，远远高于同期农业生产资料价格总指数的上涨幅度。农业生产资料价格的上涨，增加了农业生产的成本，压缩了农业生产的利润空间，降低了农民收入的增长（参见表 1－27）。

表 1－27　1985—1993 年我国农村生产资料价格指数变化（1985 年＝100）

年份	化肥零售价格指数	农药零售价格指数	农业生产资料价格指数
1985	100	100	100
1986	99.3	100.9	101.1
1987	107.5	111.3	108.2
1988	127.5	150.5	125.7
1989	149.6	210.7	149.5
1990	154.8	237.6	157.7
1991	159.8	241.7	162.3
1992	165.7	238.5	168.3
1993	184.1	236.6	192.0

资料来源：《中国农村统计年鉴》（1986—1994 年）。

三、流通体制改革对农民负担的影响

随着流通体制改革的逐步推进，我国农产品和工业品价格的市场形成机制日渐发挥作用。这一时期，农产品和工业品价格都呈现出明显的上涨，按照 1985 年不变价计算，1993 年我国农副产品价格、工业品出厂价格、农业生产资料价格，相比 1985 年分别增长了 88.7%、123.7% 和 92%，工业品价格和农业生产资料价格的总体涨幅超过农副产品价格，价格“剪刀差”在 1992 年已经明显显现。1985 年至 1990 年流通体制改革的初期，由于农副产品产销的市场化改革先于工业品产销的市场化改革，以及国家实施价格保护，农副产品价格一度超过工业品价格和农业生产资料价格的涨幅，工农价格“剪刀差”呈

现缩小趋势。但是，随着工业品产销市场化改革的实施，工业品价格和农业生产资料价格迅速上涨，在1991年，其涨幅就超出了农副产品价格的上涨幅度，工农业产品价格“剪刀差”再次拉开差距。特别是对于部分主要的农业生产资料，例如农药，其价格上涨幅度，在整个流通体制改革的初期，就明显超过农副产品价格的上涨幅度。工农业产品的这种剪刀差在推动我国工业和城市化发展的同时，也使农民出售农产品后无力购买足够的生产资料和生活必需品，加重了农民的负担，严重影响了农业生产的发展和农民的生活（参见表1－28、图1－7）。

表1－28　农业生产资料与农产品价格对比（1985年＝100）

年份	农药零售价格指数	农业生产资料价格指数	工业品出厂价格指数	农副产品收购价格总指数
1985	100	100	100.0	100
1986	100.9	101.1	103.8	106.4
1987	111.3	108.2	112.0	119.2
1988	150.5	125.7	128.8	146.6
1989	210.7	149.5	152.8	168.6
1990	237.6	157.7	159.0	164.2
1991	241.7	162.3	168.9	160.9
1992	238.5	168.3	180.4	166.4
1993	236.6	192.0	223.7	188.7

资料来源：《中国统计年鉴（1994）》。

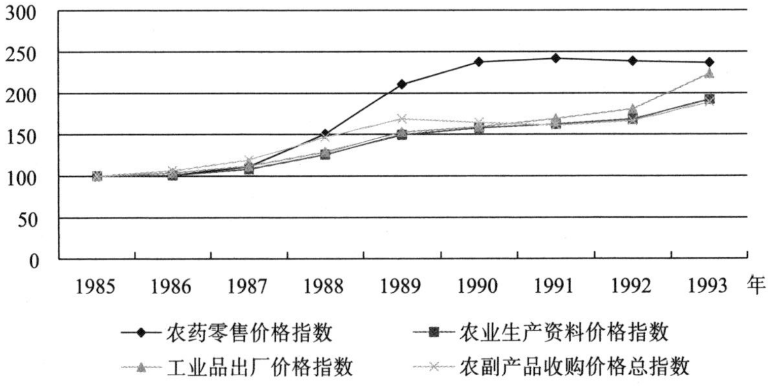

图1－7　农业生产资料与农产品价格对比（1985年＝100）

资料来源：《中国统计年鉴（1994）》。

因粮食差价形成的农民价格负担，有人称之为“隐形负担”。长期以来，粮食价格扭曲，国家收购粮食的价格偏低，粮食牌市差价较大。农民在粮食价格上每年向国家作的贡献在100亿元以上。据匡算，1985年至1989年差价总额906.4亿元，1989年国家平价收购粮食1000亿斤，平价差价金额250亿元，其中：大米差价最大，每斤差0.177元；玉米差价最小，每斤差0.063元。1985年至1989年国家粮食差价总计大幅增加，1989年比1985年增长了1.43倍（参见表1－29）。

表1－29　1985—1989年粮食收购价和市场牌价价差

年份	粮食收购价（元/斤）	牌市差价（元/斤）	粮食收购量（亿斤）	差价总计（亿元）
1985	0.2080	0.0649	1585.0	102.9
1986	0.2329	0.0821	1713.3	140.6
1987	0.2543	0.0958	1280.9	122.6
1988	0.2693	0.2308	1258.0	290.3
1989	0.3000	0.2500	1000.0	250.0

注：资料来源于《毛泽东主席命令颁布农业税条例卅五周年纪念文集》。

第六节　1985年至1993年农民负担的分析

一、农民负担的变化与走势

这一时期，农民负担总体上呈上升趋势，但党和政府采取一系列行政性措施后，减轻农民负担的工作也取得了明显的阶段性成果，基本遏制了农民负担增长过快的势头。

1993年农民税费负担总额628.9亿元，比1985年的340.4亿元增长84.8%，年平均增长7.98%。这一时期的前半段，农民负担从缓步上升出现加速上升的势头，1985年至1989年，农民税费负担持续上扬，其中 1988 年比上年增长 19.5%。党和政府及时采取一系列减轻农民负担政策措施，成立了治理“三乱”领导小组办公室，清理了涉农负担的文件和项目，控制了“三提五统”和“两工”的过快上涨，查处了一批违法违纪行为，加大了治理力度，农民负担上升趋势有所抑制，增速放缓。1990 年农民税费负担总额比 1989 年下降了 14.7%。但此后又开始反弹，1991 年农民税费负担总额比上年猛增 36.6%，1992 年至 1993 年增速又放缓。人均税费负担变化趋势与总负担基本一致。1993 年农民人均税费负担为 69.73 元，比 1985 年的 40.82 元增长了 70.8%，年均增长 6.92%（参见表 1－30、表 1－31）。

表 1－30　　1985—1993 年农民负担情况　　单位：亿元

年份	合计	农（牧）业税	其他税收	提留统筹费	社会负担	“两工”的以资代劳部分
1985	340.4	47.4	49.2	243.8		
1986	363.8	53.0	45.8	265.0		
1987	417.1	60.1	46.5	310.5		
1988	498.3	66.8	45.1	386.4		
1989	553.2	77.7	56.1	419.4		
1990	472.1	83.6	55.2	333.3		
1991	644.9	82.6	58.6	363.8	102.4	37.5
1992	664.4	100.6	63.7	373.1	80	47
1993	628.9	105.6	59.4	379.9	47.1	36.9

资料来源：（1）农（牧）业税收、其他税收来自财政部、国家税务总局决算数。提留统筹来自《中国农业统计年鉴》。社会负担、“两工”的以资代劳部分来自农业部统计资料。

（2）农（牧）业税收具体包括农业税、牧业税和农林特产税三项。

表 1－31　　1985—1993 年农民人均负担情况　　单位：元

年份	合计	人均农（牧）业税	人均其他税收	人均提留统筹费	人均社会负担	人均“两工”的以资代劳部分	人均税费占当年纯收入比例%
1985	40.82	5.71	5.90	29.21			10.27
1986	42.97	6.33	5.40	31.24			10.14
1987	48.76	7.10	5.41	36.25			10.54

续表

年份	合计	人均农（牧）业税	人均其他税收	人均提留统筹费	人均社会负担	人均“两工”的以资代劳部分	人均税费占当年纯收入比例%
1988	57.74	7.82	5.21	44.71			10.60
1989	63.45	8.98	6.43	48.04			10.55
1990	52.89	9.43	6.17	37.29			7.71
1991	71.67	9.25	6.51	40.38	11.37	4.16	10.11
1992	73.69	11.24	7.05	41.33	8.86	5.21	9.40
1993	69.73	11.73	6.58	42.11	5.22	4.09	7.57

资料来源：农（牧）业税收、其他税收来自财政部、国家税务总局决算数。提留统筹、农业人口数来自《中国农业统计年鉴》。社会负担、“两工”的以资代劳部分来自农业部统计资料。

从农民税费负担的结构和变化来看，税收负担比重相对较小，而且呈下降趋势，其他各种名目的收费和社会负担比重较大，并呈上升趋势。从1985年至1993年，农民税费负担总规模累计为4583.0亿元，其中：农业税、牧业税、农业特产税为677.5亿元，占农民税费总额的14.8%；产品税农林牧水部分、屠宰税、集市交易税、耕地占用税农民建房部分、牲畜交易税五种税收为479.5亿元，占农民税费总额的10.5%；三提五统为3075.2亿元，占农民税费总额的67.1%；社会负担为229.5亿元，占农民税费总额的5%；“两工”以资代劳部分121.4亿元，占农民税费总额的2.6%。

税收占税费总额的比例从1985年的28.38%下降到1993年的26.24%，下降了2个百分点。分税种看，1985年农业税和产品税农林牧水部分所占农民税费总额的比重达到了13.87%和13.66%，两者合计占到同期农民税收负担总额的96.99%，其他税收只占3.01%，微乎其微。1993年农业税和产品税农林牧水部分所占农民税费总额的比重达到了13.13%和8.39%，占到同期农民税收负担总额的82.1%，比1985年下降了15个百分点，其中农业税占税费总额的比重基本稳定，产品税占税费总额的比重比1985年下降了16个百分点。1993年，牧业税、农林特产税、牲畜交易税、集市交易税所占比重有所增加，屠宰税略有下降。尽管税收占税费总额的比重是下降的，但税收总额持续增长，1993 年比 1985 年增长了 70.8%，年均增长 6.92%，其中 1985 年至 1988 年缓步增长，1989 年增幅较大，比上年增长了 19.6%，从 1990 年至 1993 年，增速趋缓。

就农业税而言，国家为了鼓励农业生产发展，一直实行“稳定负担，增产不增税”的原则，尽量减轻农民负担。随着农业生产的发展，农业税按征收的折细粮数和实际粮食产量计算的负担率逐年降低，1957 年是 11.6%，1961 年是 9.3%，1978 年是 4.4%，1985 年为 2.61%，1993 年仅为 2.43%。可以说，这一时期农业税负担水平无论与历史比较，还是与其他产业比较，都较轻。随着农业税计税价格的不断提高，尽管每年征收的实物量基本不变，但农业税征收金额是逐年增加的。

农民收费负担占农民税费负担总额比重相对较大，而且呈上升趋势，从 1985 年的 71.62% 上升到 1993 年的 73.76%，上升了 2 个百分点。这一时期农村收费增长迅猛，不仅名目趋繁，而且数额不断攀升，成为农民负担加重的重要因素。1985 年，“三提五统”征收总额为 243.8 亿元，1989 年迅速上升到 419.4 亿元，比 1985 年增长了 72%，1990 年同比大幅下降，1991 年后缓步回升，1993 年征收总额为 379.9 亿元，比 1985 年增长 55.8%，年均增长 5.7%。1993 年人均“三提五统”为 42.11 元，比 1985 年的 29.21 元，增长了 44.2%。除了“三提五统”之外，其他社会负担加速增长。行政事业性收费、罚款、集资摊派等农民社会性负担是导致农民税外负担加重的主要因素，“三乱”现象在有些地方愈演愈烈，甚至有失控之势。另据农业部不完全汇总，1992 年能够统计到的合同外负担达 120 亿元，人均 13.8 元，占到上年农民人均纯收入的 2.5%。

农民承担的劳务负担，尽管农民人均承担的义务工和劳动积累工总量未超过国家规定的最高限额，但也有所增长，而且各地普遍存在强制农民以资代劳和平调、挪用以资代劳款的问题。1990 年后，农民劳动力承担的“两工”呈波动增长态势。据农业部统计，1990 年每个农村劳动力平均承担“两工”17.2 个，1991 年为 20.8 个，1992 年为 20.2 个，1993 年为 18.5 个。

农民承担的价格负担，工农产品价格“剪刀差”从 1985 年后又开始扩大，而且扩大速度不断加快。据国家统计局测算，工农产品剪刀差自 1989 年开始连续三年扩大，累计扩大 16.5%，其中 1991 年比上年扩大 5.1%。

总之，这一时期，在党中央、国务院和各级政府的治理下，农民负担上升的速度有所减缓，但与改革开放初期相比还是加重的。

二、农民负担的特点

（一）农民负担问题由隐性转为显性

在实行家庭联产承包责任制之前，人民公社的管理体制是三级所有，队为基础。所以，各种提留、征购款、公共事业的资金积累都是直接从集体的收入中扣除，不是从农民个人手中征收起来的，所以农民负担比较隐蔽。随着农村体制改革，农村分配原则转变成了“交够国家的，留足集体的，剩下的都是自己的”。无论是交给国家的税收，还是留给集体的村提留、乡统筹，不再由集体统一支付，而是由农民直接支付。所以，这一时期，农民隐性负担逐步减轻，显性负担逐渐增加，农民真切感受到了自己承担的“负担”。20 世纪 80 年代末以后，一方面农民收入增速放慢，另一方面一些地方和部门面向农民的收费、集资、罚款和各种摊派等明显增加，农民负担沉重的问题迅速显露出来。

（二）农民负担与收入的增长速度呈现阶段性变化

1993 年农民人均税费负担为 69.73 元，比 1985 年的 40.82 元，增长了 70.8%，年均增长 6.92%。其中，人均农业税为 9.2 元，比 1985 年增长了 61.4%；人均农林特产税为 2.5 元，比 1986 年增长了 7.48 倍；人均其他税收为 6.61 元，比 1985 年增长了 11.84%；人均提留统筹费 42.11 元，比 1985 年增长了 44.1%。1993 年农民人均纯收入为 921.6 元，比 1985 年的 397.6 元增长了 1.32 倍，年均增长 11.08%。总体上看，农民人均负担增长速度低于人均纯收入增长速度。

但是分阶段看，1985 年至 1989 年农民人均负担增长速度快于人均纯收入增长速度，超过了农民的承受能力。1989 年农民人均税费负担为 63.45 元，比 1985 年的 40.82 元，增长了 55.44%，年均增长 11.66%。1989 年农民人均纯收入为 601.5 元，比 1985 年的 397.6 元增长了 51.28%，年均增长 10.9%。在 1990 年国家大力治理农民负担后，农民负担增速开始低于农民人均纯收入增速。1993 年农民人均税费负担为 69.73 元，比 1989 年的 63.45 元增长了 9.90%，年均增长 2.39%。1993 年农民人均纯收入为 921.6 元，比 1989 年的 601.5 元增长了 53.22%，年均增长 11.26%。

但是还要看到，农民负担还存在大量无法统计的合同外负担。在 1990 年 5 月的全国农民负担清理整顿和监督管理工作座谈会上，就有代表反映统计数据大约比实际情况要低 20%。

（三）农民负担水平存在不平衡现象

一是省与省之间不平衡。根据农业部统计资料分析，全国除西藏外的 29 个省、自治区、直辖市农民负担占上年人均纯收入比例可划分为四个档次。农民负担占上年人均纯收入 5% 以下的有内蒙古、广东、海南、广西、云南、贵州、青海、甘肃、宁夏 9 个省、自治区；5% 至 8% 的有河北、辽宁、吉林、江西、河南、湖南、湖北、四川、新疆 9 个省、自治区；8% 至 15% 的有山西、黑龙江、安徽、浙江、江苏、山东、福建、陕西 8 个省；15%（包括由集体经济承担部分）以上的有北京、天津、上海。

二是省内各地区之间由于经济发展水平不同所表现的农民负担不平衡。在经济发展水平较高的地区，农民对负担的承受能力较强，在经济发展水平较低的地区，农民对负担问题反映就强烈。山西省把全省分为四种类型，第一类是城镇郊区，农民人均纯收入在 1000 元以上，占全省总村数的 3%；第二类是生产条件比较好，经济发展水平比较高的平川地区，人均收入在 700 元以上，占全省总村数的 15%；第三类是人均纯收入在 500 元左右的村，占全省总村数的 58%；第四类是人均纯收入在 300 元以下的村，占全省总村数的 24%。以上四类地区农民负担占上年人均纯收入的比重都在 15% 左右，但农民对负担反映程度不同。后两类地区农民反映比前两类地区要强烈，特别是第四类地区的农民反映最强烈。

三是乡镇企业经济实力比较雄厚与乡镇企业不发达的地区之间的农民负担不平衡。如天津农民负担占上年人均纯收入的 29.9%，但农民负担总额的 88% 是由乡镇企业负担的，直接从农民手中提取的只占 12%，而黑龙江乡镇企业不甚发达，所以，尽管农民负担仅占上年人均纯收入的 10.2%，但是农民负担基本要从种田农民直接提取，农民感到负担比较重。

四是从事不同产业的农民承担的负担不平衡。农村个体工商户基本不承担社会负担，这样全部负担就压在了从事种植业，或以种植业为主的农户身上。

（四）非税负担重于税收负担

1993 年农民税收负担 165 亿元，人均税收负担 18.31 元，非税负担 463.9 亿元，人均非税负担 51.42 元，非税负担是税收负担的 2.8 倍。这里还没有计算部分地区的乱收费、乱集资、乱摊派、乱罚款，按 1992 年农业部不完全调查得到的 120 亿元计算，非税负担是税收负担的 3.5 倍。这也就是农民俗称的“头税轻，二税重，三税是个无底洞”。

总之，这一时期，中央和各级政府对农民负担问题高度重视，并出台了一系列政策措施，防止了农业负担大幅增加，但也存在着一些不容忽视的问题：思想认识不统一，不少人把减轻农民负担与发展经济对立起来；有些地方虚报农民收入，超标准提取村提留和乡统筹费，平调、挪用、挤占现象较严重；义务工和积累工尽管劳务总量未超过国家规定的最高限额，但各地普遍存在强制农民以资代劳和平调、挪用以资代劳款的现象；社会性集资摊派和管理性收费、罚款等社会负担呈减而复增态势。因此，在乡镇政府支出规模不减，收入无保障的情况下，向农民的乱集资、乱罚款、乱摊派难以根治。

第二章

社会主义市场经济初期的农民负担

以党的十四大为标志，我国改革开放和现代化建设事业进入一个新的发展阶段。社会主义市场经济体制框架已经确立，农村经济体制改革不断深化，分税制财政体制基本形成，农业经济平稳发展。这一时期，农民负担问题非常突出，已经影响了农业的可持续发展、农民生活的改善和农村的稳定。党中央、国务院对农民负担问题高度重视，出台了一系列减轻农民负担的政策，并为根本解决农民负担问题进行了积极探索，但由于诸多因素的影响，农民负担增长的势头仍然未能遏制。

第一节　1994 年至 1999 年国民经济发展形势

在建设有中国特色社会主义理论的指导下，经过十多年改革，我国经济体制发生了巨大变化。以公有制为主体的多种经济成分共同发展的格局初步形成，农村经济体制改革不断深入，国有企业经营机制转换取得阶段性成果，市场在资源配置中的作用迅速扩大，对外经济技术交流与合作广泛展开，计划经济体制逐步向社会主义市场经济体制过渡。

一、社会主义市场经济体制的确立与国民经济的发展

党的十四届三中全会通过的《中共中央关于建立社会主义市场经济体制若干问题的决定》，确立了社会主义市场经济体制的基本框架，为社会主义市场经济全面改革指明了方向。1994 年，财政、税收、金融、外汇、计划和投融资体制、社会保障制度开始进行了系统改革。

（一）确立社会主义市场经济方向

1993 年 11 月，党的十四届三中全会审议通过《中共中央关于建立社会主义市场经济体制若干问题的决定》，将党的十四大提出的经济体制改革的目标和原则具体化，明确了建立社会主义市场经济体制的基本任务和要求，勾画出总体规划和基本框架，成为 20 世纪 90 年代推进经济体制改革的行动纲领。

这一时期的改革基本上触及了最核心的问题，不仅保证了改革开放的继续和深入，同时也是消除旧体制、创立新体制的过程，带动了经济社会转型和经济快速发展。首先，政府职能从服务于计划经济转向服务于市场经济，市场开始在资源配置中发挥基础性作用。政府逐步从直接的、大量的企业管理中退了出来，成为宏观经济和社会管理者。1994 年财税、金融、外汇、投资等体制改革后，中国已建立了与市场经济相适应的宏观管理体系。其次，多种所有制经济共同发展的格局基本形成。非国有经济已成为支撑国民经济的重要力量。国有企业市场化程度大大提高，规范化改制力度不断加大，已基本按照市场规则运行，转制成为市场主体。最后，市场体系逐步完善。金融市场从无到有并日趋完善，劳动力市场发展快速，房地产市场稳步发展，技术市场、信息市场逐步形成。商品、生产要素和服务品的价格绝大多数由市场形成，利率逐步市场化，以市场为基础的、有管理的浮动汇率制度开始发挥作用。

特别要指出的是，20 世纪 90 年代后期，市场经济法律体系已基本建立。新修改通过的宪法明确了“国家实行社会主义市场经济”，

确立了各种市场经济主体的平等地位。根据市场经济发展的需要，制定了一系列法律，确立了市场规则，规范了市场主体行为，明确了国家管理经济的职能。

（二）分税制财政管理体制改革

为了进一步理顺和稳定中央与地方政府之间事权和财力分配关系，适应市场经济发展需要，针对包干制财政体制的弊端，在立足国情并合理借鉴国际经验的基础上，1993 年 12 月，国务院发布《关于实行分税制财政管理体制的决定》，从 1994 年 1 月 1 日起在全国实行分税制财政管理体制。分税制财政管理体制主要由三个方面的内容所构成：中央与地方收入的划分、中央与地方事权和财权的划分、中央财政对地方税收返还及转移支付数额的确定。与此同时，还涉及其他方面的配套改革，如改革企业财务制度、企业会计准则，合理调整和规范国家与企业的利润分配关系；改进预算编制办法，硬化预算约束；建立国库体系等。

一是按税种划分中央和地方收入。将维护国家权益、实施宏观调控所必需的税种如消费税划为中央税；将同经济发展直接相关的主要税种如增值税划为中央与地方共享税；将适合地方征管的税种如营业税、农业税、城镇土地使用税、契税等划为地方税。企业所得税，按隶属关系划分，中央企业所得税划归中央收入，地方企业所得税划归地方政府收入。

二是根据政府之间的事权确定各自的财政支出范围。中央财政主要承担国家安全、外交、中央机关正常运转和调节国家宏观经济所需要的经费支出；地方财政主要承担地方政府机关正常运转和调节地方经济和社会事业发展所需经费支出。

三是建立健全政府之间财力调节制度。改变过去包干体制下通过"一对一谈判""讨价还价""一省一率"调节中央与地方政府之间财力格局的做法，遵循以人为本、公平规范原则，实行按客观因素进行公式化分配的财力转移支付办法，形成财力性转移支付与专项转移支付并举的政府之间财力转移支付制度。

1994 年的分税制财政体制改革基本清晰划分了中央和省级政府财

政的事权范围，确立了中央和各省之间分税制财政体制的基本框架，政府间财力分散的局面得到了根本性扭转。

二、国家对农业的方针政策和投入

党的十四大报告提出，农业是国民经济的基础，必须坚持把加强农业放在首位，多形式、多渠道地增加农业投入，全面振兴农村经济。这一时期，党中央、国务院对农业问题给予了前所未有的高度重视，在每年的中央农村工作会议上都强调把农业放在经济工作的首位，把增加农民收入放在突出位置。

（一）进一步深化农村改革

党的十四大、十五大提出进一步深化农村改革，逐步建立与社会主义市场经济相适应的农村经济体制和运行机制。完善农村基本经营制度，重点抓好延长耕地承包期和土地使用权有偿转让等政策的贯彻落实；推动农村经营形式改革，促进农村土地、资金、技术、劳动力等生产要素的合理流动和优化组合，发展多种形式的合作与联合，发展连接农民与市场的中介组织；深化农产品流通体制改革，遵循价值规律，逐步形成国家宏观调控下以市场定价为主的新机制和统一、开放、竞争、有序的市场体系；完善主要农产品的储备调节和风险基金制度，建立粮棉保护价格制度和农业保险制度，加快国家对农业的支持和保护体系建设；积极稳妥地调整农业结构，优化资源配置，走高产、优质、高效的道路，努力提高农业的经济效益。

（二）深化农产品流通体制改革，完善农产品市场体系

这一时期，随着社会主义市场经济体制的建立，党和国家提出深化农产品流通体制改革的目标。要求进一步搞活农产品流通，尽快形成农产品市场体系，为农民提供良好的市场环境，根据各类农产品的不同特点和供求状况，采取相应的方式和步骤，改革农产品流通体制。

进一步改革粮食购销体制，确保粮食供给和价格的基本稳定。根据粮食供求状况，加强国家对粮食的宏观调控，防止市场粮价出现大的波动。一是在提高粮食收购价格的基础上，进一步完善收购办法，确保国家掌握必要的粮源。二是建立粮食风险基金，健全粮食储备体

系，形成灵活的吞吐调节机制，平抑粮价，稳定市场。三是加强粮食市场的管理。管好批发，放活零售。对粮食批发企业进行清理，符合条件的重新登记，保证国有粮食企业掌握批发。四是把粮食的政策性经营和商业性经营从业务上、机构上彻底分开。商业性企业一律独立核算，自主经营，自负盈亏，照章纳税。提倡粮食加工企业实行代加工，仓储企业实行栈租制，粮食零售企业在控制批零差的基础上进一步放开经营。

深化供销合作社的体制改革。1995 年 2 月，中共中央、国务院作出了《关于深化供销合作社改革的决定》，提出按照自愿的原则，争取更加广泛的农民群众入社，把供销合作社真正办成农民合作经济组织；进一步将供销合作社从单纯的购销组织向农村经济的综合服务组织转变，大力发展以加工、销售企业为龙头的贸工农一体化、产供销一条龙经营，带动千家万户连片兴办农产品商品基地和为城市服务的副食品基地，发展农产品加工、储藏、运输业和其他二、三产业，发展专业合作社，积极为农业、农村、农民提供综合性、系列化的经济技术服务。通过这个阶段的改革，农产品市场体系初步建立，市场机制全面取代了计划手段，在调节农产品供求和资源配置等方面发挥着主导作用。

（三）推进农村小康建设，加大扶贫攻坚力度

1994 年，国务院印发了《国家八七扶贫攻坚计划》，要求到 20 世纪末基本解决农村贫困人口的温饱问题，全国农村实现小康目标；中央和地方都要作出扶持贫困地区经济发展的政策措施的具体规划，限期解决贫困地区的温饱问题，加快脱贫致富的步伐；党政机关和社会团体有重点地联系帮助贫困地区，经济发达地区对贫困地区实行对口扶持；继续搞好以工代赈，重点扶持贫困地区修建公路、农田设施和解决人畜饮水；加强对扶贫资金的管理和监督，不准以任何借口拖欠、挪用，不准改变扶贫资金的性质、用途和使用范围。

（四）增加和改进财政农业投入

1．增加财政对农业的投入

1996 年 1 月发布的《中共中央、国务院关于“九五”时期和今年

农村工作的主要任务和政策措施》提出，各级政府都要认真贯彻把农业放在国民经济首位的方针，切实增加对农业的投入。无论哪一级，1996 年财政用于农业的资金，都必须达到《中华人民共和国农业法》规定的要求。1997 年 2 月，《中共中央、国务院关于 1997 年农业和农村工作的意见》提出，今年的农业投入，无论中央和地方都只能增加，不能减少。各级财政对农业和农村各项事业费支出的增长幅度，要继续高于财政经常性收入的增长幅度。1998 年 1 月，中央农村工作会议要求，各级政府和有关部门要继续贯彻向农业倾斜的政策，加大向农业投入的力度。1998 年 10 月，《中共中央关于农业和农村工作若干重大问题的决定》指出，逐步增加财政对农业的投资。

2．稳定现有的农业投资渠道，开辟新的农业投资渠道

1996 年，中共中央、国务院提出，“九五”时期，国家现有的农业投资渠道要保持稳定，中央和地方都要按照有关规定，提高固定资产投资、财政预算内资金用于农业的比重。同时提出：“为了建立新的农业投资渠道，各地要从国有土地出让金等提取一定比例，由财政单独列收列支、专项用于农业。有关部门要尽快制定具体办法，并监督实施。”1998 年，中央要求在努力增加财政农业支出的同时，各级政府要积极探索多渠道、多形式增加农业投入，用于基础设施的建设。1999 年，在新增的财政国债中，拿出了部分资金重点用于水利工程建设、天然林保护工程、生态环境建设、节水农业和动植物保护、气象等农业基础设施建设以及扶贫、以工代赈等项目。

3．明确财政投资方向和重点

针对农业基础设施薄弱的问题和农业发展新阶段的需要，“九五”时期，国家进一步明确了财政对农业投入的方向，强调农业基础设施建设和农业生产结构调整是重点。1996 年，中共中央、国务院提出，“九五”时期，要加强农业基础设施建设，不断改善农业生产条件。安排若干大中型建设项目，集中投入，以确保农业综合生产能力上新水平。1997 年 2 月，《中共中央、国务院关于 1997 年农业和农村工作的意见》提出，中央财政新安排的预算内基本建设投资，用于农业的要占一半以上。1998 年 10 月，中共中央要求：“中央和地方都要大幅

度增加投入，开展大规模的水利工程、生态工程、农村公路、农村电网和粮食仓储等基础设施建设。”1999年7月，《国务院办公厅转发农业部关于当前调整农业生产结构若干意见的通知》要求：“各级政府和有关部门要按照事权划分的原则，加大对调整农业生产结构的投入力度。国家各项农业建设资金，要调整投向和建设重点，积极扶持优质高产高效农产品生产和加工转化。”

4. 农业财政投入的效果

通过贯彻落实上述政策措施，国家财政支农支出大幅度增加，特别是1998年国家实施积极的财政政策以来，大幅度增加了财政对农业的投入，各级财政对农业科研、生产、基本建设、粮食流通、扶贫开发等方面加强了财政支持。这一时期国家财政农业投入总体上增长较快，1999年比1994年增长了近一倍，但个别年份也出现了增速放缓的情况（参见表2－1）。

表2－1　1994—1999年国家财政农业投入情况　单位：亿元

年份	农业支出	比上年增长（%）	农业支出占财政支出的比重（%）
1994	533.0	21.0	9.2
1995	574.9	7.9	8.4
1996	700.4	21.8	8.8
1997	766.4	9.4	8.3
1998	1154.8	50.7	10.7
1999	1085.8	－6.0	8.2

资料来源：《中国统计年鉴（2000）》。

（五）努力扩大农业信贷支持

在农业信贷支持方面，国务院和有关部门要求，金融部门对节水、供水、水利工程技改贷款、林业项目、治沙、森工多种经营贷款要适当增加。银行要按照信贷政策的要求增加对农业和相关行业的信贷投入。农村信用社要加大对农业的信贷投入，农业贷款占当年新增贷款比重要有大幅度提高，并逐步做到对农业尤其是种养业的贷款实行基准利率。适当增加对农业基础设施建设的中长期贷款，各银行对具备承贷承还主体、符合贷款条件的农业基础设施项目给予积极支持。发挥农业银行和农村信用合作社的主导作用；采取股份合作等多种形式筹集资金，继续发展农村合作基金会，满足高产优质高效农业发展的需要；组建农业政策性银行，原来由中国农业银行承担的农村政策性金融业务划归农业发展银行，实行政策性业务和商业性业务相分离，保障农业投入。农村合作基金会作为社区性的资金互助组织，不搞存贷业务，只在社区内为农业、农民服务。

1995 年以后，中央对农业投入的重视程度空前提高，政策措施的力度较之以往明显加大，而且政策执行效果也有改观，农业投入总量稳定增长。农业信贷规模不断扩大，农村集体和农民对农业投入的比重增加，乡镇企业对农业的投入也有所增加。全国农业贷款总体呈现上升趋势，从 1994 年的 4644. 5 亿元提高到 1999 年的 10953. 7 亿元，增长了 1. 36 倍，年均增长达 18. 7%。但总体来看，增速逐渐下降，农业资金投入仍然严重不足，政策执行中仍有不尽如人意之处，支农资金非农化问题仍在一些地方存在，专项资金和配套资金到位率仍较低。农业信贷未能实现农业贷款增长率高于各项贷款平均增长率 2 个百分点以上的目标，银行新增贷款规模中农业贷款的比重也未能达到 10% 以上，农业投融资体制尚未理顺，有利于农业发展的农业投入稳定增长机制还未形成（参见图 2－1）。

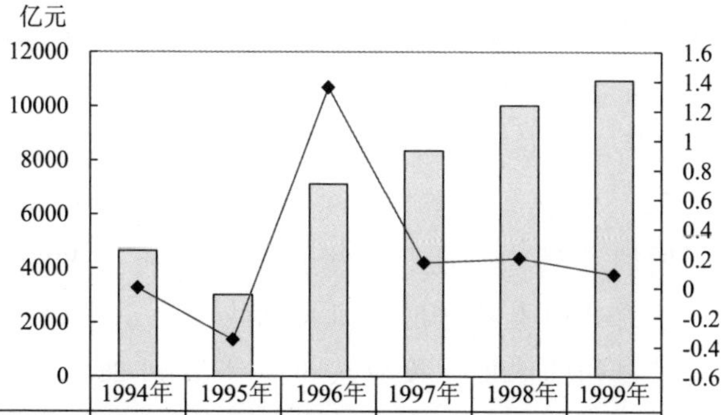

	1994年	1995年	1996年	1997年	1998年	1999年
农业贷款金额（亿元）	4644.5	3019.1	7123	8350	10024.2	10953.7
农业贷款增长率	0	-35%	136%	17%	20%	9%

图 2－1　1994—1999 年全国农业信贷金额及增长情况

数据来源：《中国统计年鉴》（1995—2000 年）。农业贷款金额包括农业贷款和乡镇企业贷款。

三、农村经济发展和农民收入状况

（一）农业经济发展情况

20 世纪 90 年代后期，我国农业发展进入新阶段，主要农产品实现了由长期短缺向总量基本平衡、丰年有余的历史性转变。除粮食外，我国农产品依靠市场机制配置资源和调节供求的方式已经全面确立，农业综合生产能力有了全面稳定的提高（参见表 2－2）。

表 2－2　　1994—1999 年中国农业总产值及增长情况　　单位：亿元

年份	农林牧渔业总产值	总产值增长率（%）	农业		林业		牧业		渔业	
			产值	增长率（%）	产值	增长率（%）	产值	增长率（%）	产值	增长率（%）
1994	15750.5	43.2	9169.2	38.8	611.1	23.7	4672	55.0	1298.2	47.2
1995	20340.9	29.14	11884.6	29.6	709.9	16.2	6045	29.4	1701.3	31.1
1996	22353.7	9.90	13539.8	13.9	778	9.6	6015.5	－0.5	2020.4	18.8
1997	23788.4	6.42	13852.5	2.3	817.8	5.1	6835.4	13.6	2282.7	13.0
1998	24541.9	3.17	14241.9	2.8	851.3	4.1	7025.8	2.8	2422.9	6.1
1999	24519.1	－0.09	14106.2	－1.0	886.3	4.1	6997.6	－0.4	2529	4.4

资料来源：《中国统计年鉴（2000）》。

1994 年至 1999 年，农林牧渔业总产值呈不断上升的趋势，从 15750.5 亿元上升到 24519.1 亿元，增加了 8768.6 亿元，增长了 55.7%。其中，农业从 9169.2 亿元上升到 14106.2 亿元，增加了 4937 亿元，增长了 53.8%，林业从 611.1 亿元上升到 886.3 亿元，增加了 275.2 亿元，增长了 45.0%，牧业从 4672 亿元上升到 6997.6 亿元，增加了 2325.6 亿元，增长了 49.8%，渔业从 1298.2 亿元上升到 2529 亿元，增加了 1230.8 亿元，增长了 94.8%。1994 至 1999 年，我国农林牧渔业总产值不断增加，但农林牧渔比重变化很小，农业、林业基本保持了最初的比重，牧业从 30% 下降到 29%，降低了 1 个百分点，而渔业则从 8% 上升到 10%，增加了 2 个百分点。

总体而言，农产品品种增多，品质改善，质量安全水平提高，均衡供给能力增强。中国农业和农村经济步入了新的发展阶段，农村经济的增长方式也发生了明显的变化，农业和农村经济发展不仅受到资源条件的约束，而且还越来越受到市场需求的约束，农村经济与整个国民经济发展的关联程度越来越强。[①]

（二）发展“高产、优质、高效农业”和农业结构战略性调整

在农业稳定发展的同时也出现了多数农产品供大于求和优质农产品供给不足的结构性矛盾，以及农业生产科技含量低、市场竞争力不强、农业生产区域优势不明显等一系列问题。为此，党中央于1998年作出了中国农业进入一个新的发展阶段的判断，提出新阶段的中心任务是对农业进行战略性结构调整，即“发展高产、优质、高效、生态、安全的现代农业”。1999年农业部《关于当前调整农业生产结构的若干意见》提出，农业结构调整的主要内容是调整和优化种植业作物和品种结构，优化区域布局，发展畜牧业和农产品加工业。

（三）大力发展乡镇企业

1992年，邓小平同志指出，乡镇企业是建设有中国特色社会主义的三大优势之一。[②] 这个谈话解除了强加在乡镇企业身上的意识形态的束缚。在1992年10月召开的党的十四大上，党中央对发展乡镇企业的意义进行了又一次重大的理论和政策升华，确认乡镇企业是“中国农民的又一个伟大创造”，“它为农村剩余劳动力从土地上转移出来，为农村致富和逐步实现现代化，为促进工业和整个经济的改革和发展，开辟了一条新路”，要“继续大力发展乡镇企业”。至此，乡镇企业在农村经济乃至国民经济中的重要地位，不管在实际贡献上还是在思想认识上，都真正确立了下来。1992年3月18日，国务院批转了农业部《关于促进乡镇企业持续健康发展的报告》，要求各级人民政府和有关部门要把发展乡镇企业作为一项战略任务，切实加强领导，坚持不懈地抓下去。在这一背景下，乡镇企业进入了改革以后的第二个发展高潮，并成为国民经济中最活跃的部门。乡镇企业通过加快产权改革，调整产业结构和产品结构、加快技术进步、改善内部管理等，

① 宋洪远：《中国农村改革三十年历程和主要成就》，《中国经济时报》2008年4月24日。

② 原话为：“改革开放迈不开步子，不敢闯，说来说去就是怕资本主义的东西多了，走了资本主义道路。……只要我们头脑清醒，就不怕。我们有优势，有国营大中型企业，有乡镇企业，更重要的是政权在我们手里。”见《邓小平文选》第3卷，人民出版社1993年版，第372—373页。

获得了空前发展。1992 年至 1996 年，乡镇企业经历了第二个高速增长时期，成为我国农村经济的主体力量和国民经济的重要支柱。1996 年，乡镇企业达 2336 万个，比 1991 年的 1909 万个增长了 22%；吸纳的农村劳动力达 1.35 亿人，比 1991 年的 0.96 亿人增加了 40.6%；乡镇企业增加值 17659 亿元，比 1991 年的 2977 亿元增长了 4.93 倍。然而，1997 年以后，由于东南亚金融危机的冲击和国内市场竞争加剧，乡镇企业增长速度出现回落，吸纳农村劳动力就业能力不断下降。

（四）吸收农村剩余劳动力

在经济高速增长和城乡差距扩大的背景下，在乡镇企业快速发展的进程中，农村劳动力第一次出现了大规模向非农产业转移，同时出现了大量农村劳动力向城市流动和跨区流动，形成了“民工潮”。为了有序引导农村劳动力流动，国家通过采取就业证和改革中小城镇户籍管理制度等措施，加强对农村劳动力流动的管理。1994 年中共中央、国务院下发《关于 1994 年农业和农村工作的意见》，提出发展农村小城镇，改革小城镇户籍管理制度，促进乡镇企业适当集中，做好信息、疏导、培训等服务工作，培育劳动力市场，引导农村劳动力合理流动。1995 年，中共中央、国务院下发《关于做好 1995 年农业和农村工作的意见》，提出要进一步向农业的广度和深度开发，吸纳更多的农业劳动力，引导农村剩余劳动力就地向二、三产业转移。对异地流动的农村劳动力，要认真做好组织协调工作，实行定向挂钩，搞好供需衔接，减少盲目性。1996 年，中共中央、国务院下发《关于“九五”时期和今年农村工作的主要任务和政策措施》，提出在科学规划的前提下，引导乡镇企业适当集中，促进农村劳动力转移和小城镇的发展。1998 年，中共中央作出《关于农业和农村工作若干重大问题的决定》，提出组织农民外出务工，国家投资兴建基础设施应多用农村劳动力，增加农民的现金收入。20 世纪 90 年代中后期，受乡镇企业吸纳就业能力减弱和城镇就业形势严峻的影响，虽然农村劳动力转移数量保持上升，但转移速度开始有所下降。[①] 1994 年至 1999 年，我国

① 宋洪远：《中国农村改革三十年历程和主要成就》，《中国经济时报》2008 年 4 月 24 日。

农村劳动力转移数量呈直线上升趋势，从1994年的11964万人上升到1999年的13984.7万人，但是转移速度确实在波动中不断下降，从1995年的6.2%下降到1999年的1.3%，降低了4.9个百分点（参见表2-3）。

表2-3　　1994—1999年中国农村劳动力转移情况　　单位：万人

年份	农村劳动力总人数	农村劳动力转移数量	农村劳动力转移速度（%）
1994	44654	11964	8.8
1995	45042	12706.5	6.2
1996	45288	13027.6	2.5
1997	45961.7	13526.8	3.8
1998	46432.3	13805.9	2.1
1999	46896.5	13984.7	1.3

数据来源：《中国农村统计年鉴》（1995—2000年）。

（五）农民收入增长先快后缓

在农村经济、乡镇企业发展较快以及农村劳动力大量转移的背景下，这一时期农民收入增长较快。农村人均纯收入由1994年的1221元增加到1999年2210.3元，增长81.02%，年均增长12.6%。从增长速度看，农民人均纯收入呈现先快后缓的趋势（参见表2-4）。

表2-4　　1994—1999年农民人均纯收入增长情况　　单位：元

年份	收入额	名义增长率（%）	实际增长率（%）
1994	1221.0	32.49	5.0
1995	1577.7	29.21	5.3
1996	1926.1	22.08	9.0
1997	2090.1	8.52	4.6
1998	2162.0	3.44	4.3
1999	2210.3	2.23	3.8

资料来源：根据历年《中国统计年鉴》中有关数据整理。

这一时期的农民收入状况划分为两个阶段：

第一阶段是1994年至1996年。农村居民家庭人均纯收入从1993年的921.6元增加到1996年的1926.1元，增长了1.09倍，平均每年增长36.33%。这一阶段是我国正式确立社会主义市场经济体制改革目标的时期，价格管理体制进行了市场化改革，市场化价格形成机制逐渐形成，农产品价格长期偏离价值得到一定程度的矫正。1994年和1996年两次粮食提价82%，在农产品大幅提价的效应下，农业实现了增产增收。另外，乡镇企业在这一时期逐渐进入发展的高峰期，乡镇企业在承接大量农村剩余劳动力的同时，大大提高了农村居民的非农业收入。农民收入在20世纪90年代前期保持了快速增长的势头，扣除物价上涨因素，实际年增幅从1991年的2.0%上升到1996年的9.0%，达到20世纪90年代的最高点。

第二阶段是1997年至1999年。农村居民家庭人均纯收入从1997年的2090.1元增加到1999年的2210.3元，但收入增幅连续3年呈下降态势，1997年为8.52%，1998年为3.44%，1999年为2.23%，扣除物价因素，实际增幅分别为4.6%、4.3%和3.8%。农民收入增幅连续3年下滑，是改革开放以来从未出现过的现象。这一阶段农民收入增长缓慢的直接原因是农产品供求形势发生了根本变化，即出现了阶段性供过于求的态势，大量农副产品出现“卖难”，农产品价格不断走低。以1996年农产品收购价格总水平为100，1999年为76.9，比1996年下降了23.1%。

此外，在亚洲金融危机影响和国内市场疲软的背景下，乡镇企业的发展出现了重大的阶段性变化。一是乡镇企业增长速度明显放缓。二是乡镇企业开始结构调整和技术升级，吸纳农村剩余劳动力的能力明显下降。受此影响，农民来自乡镇企业的工资性收入大幅下降。1992年至1998年期间与1980年至1985年期间相比，乡镇企业固定资产的就业弹性从1.01降到了0.25，下降了75%以上；增加值的就业弹性从0.45降到了0.27，下降了40%。[①] 乡镇企业对增加农民收入的效应在逐渐减弱。

农村剩余劳动力流动的渠道不畅，劳务报酬收入下降。1990年至1996年，农民劳务报酬收入平均每年增长21.7%，大大高于同期农民收入增长的幅度，成为农民收入增长的重要因素。然而随后的几年中，

---

① 潘盛洲：《农民收入问题：现状、原因及对策研究》，《经济研究参考》2003年第6期。

随着国有企业改革力度的加大，城镇下岗职工人数增加，城镇失业问题日趋严重。为减轻自身的压力，许多城市相继出台了一系列限制使用农民工的政策，抬高了农民进城打工的门槛，大大减少了农民进城从事劳务活动的机会，农民从事非农业的劳务报酬收入增幅急剧下降。1997年至1999年，农民劳务报酬收入平均每年增长仅11.8%，增幅下降非常明显。①

1994年至1999年，社会主义市场经济初步确立，国家陆续实施了财税、金融、外汇、计划、投融资、粮食等多项重大改革，都对减负增收产生了积极的作用。但是，随着地方政府职能的加强，机构的膨胀，事权与财力出现了不匹配，对农民负担造成了负面影响。

第二节　农牧业税制改革与农民负担

1994年分税制改革后，我国调整了农牧业税制和政策，农牧业税征管也逐步走向完善。在此期间，农牧业税收入增长较快，农民税收负担有所增加。

一、农业税政策和制度的完善

这一时期，农业税继续贯彻稳定负担的原则，重点是完善农业税的各项减免政策和征管制度。

（一）农业税政策和征收管理

1. 继续实行稳定负担政策

农业税自1961年调减负担后，负担额基本保持相对稳定。此后由于农业生产条件的改善和耕地数量质量的变化，农作物单产和总产量都有很大程度的提高，实际农业税负担有所下降。尽管农业税计税价格根据粮食价格的上涨有所调整，农业税征收金额有所增加，但国家

① 陈之举、贾鸿：《我国农民收入增长缓慢的原因及对策》，《经济师》2003年第4期。

制定的农业税征收实物任务仍然保持在111亿公斤。为了更好地减轻农民负担，1996年，中共中央、国务院下发了《关于切实做好减轻农民负担工作的决定》，要求国家的农业税收政策稳定不变。为了贯彻落实党中央、国务院的文件精神，国家税务总局下发了《关于继续贯彻稳定农业税负担政策的通知》，要求各地严格执行稳定农业税负担政策，各省、自治区、直辖市的农业税细粮征收任务总额由中央控制，计税价格随国家粮食合同定购价格相应调整，地方无权随意调增农业税负担。农业税征管机关要及时掌握计税土地的增减变动情况，按照国家税收政策解决“有税无地”“有地无税”和税负畸轻畸重问题，以保证稳定农业税负担政策的全面贯彻落实。严格区分税费的政策界限，杜绝税费混征的错误做法。各地不得以农业税之名收取其他费用。农业税征管机关要依法征税、加强征管、文明执法。征收税款要实行户交户结，完税凭证要开到户，严禁“白条”收税。在征收农业税时，要做到公开税收政策、公开税源情况、公开征收任务、公开税款征收数、公开减免数，以增加工作透明度，接受广大群众监督。

为了解决多年来农业税负担未做调整导致的存在“有地无税”“有税无地”、农业税负担畸轻畸重、个别地区税收负担不平衡的问题，许多省份都开始进行农业税政策的调整。

1994年，河北省本着“小调整、大稳定”的基本原则，在农业税任务原则上不变的前提下，以县为单位进行了平衡农业税负担工作。平衡方法为：（1）核实耕地面积。经县（市）人民政府审查批准，以1993年年底县（市）土地、农业和统计部门掌握的耕地面积为基础，扣除自留地面积之后，核定县（市）及各乡镇耕地总面积，乡镇政府负责核定各村的耕地面积。（2）核实全年实际单产。省确定本县（市）夏、秋各一种主要粮食品种，并以统计局1991年至1993年统计数字，分别计算其平均单产。两项单产合计，为全年实际单产，作为核实全年农业实际总产量的依据之一。（3）计算县（市）及各乡、村农业总产量。农业总产量：重新核实确定的耕地面积（亩）×两种主要粮食品种单产折合的小米实际产量（斤/亩）。（4）以1993年年底数字为基础，确定农业税常年产量及税率税额。凡新核实耕地面积大于农业税计税土地面积的，其超过部分，按县（市）每亩耕地常年产量和税额（实物量）平均数，核增县（市）常年产量和税额，其超收部分全部留县；凡重新核实耕地面积小于农业税计税土地面积的，短少部分相应核减县（市）常年产粮和税额，其短收部分，由县财政自理。县（市）计算税额，在下达之前，可针对各乡、村不同实际情况，进行必要的调整，以便更合理。村向各农户落实农业税任务时，应召开村民大会，向广大农民群众讲清调整农业税计税价和平衡农业税负担的意义，做到家喻户晓，人人明白。按照村农业税负担额和各农户承包土地情况，由村组织民主评议小组，本着合理的原则进行分配，并张榜公布，接受群众监督。由县在乡与乡和村、户之间进行负担调整，使收益高的多负担，收益低的少负担，开垦荒地要增加耕地面积，免税期满后，需要增加税负；减少耕地，核减税负。经过大量艰苦细致的努力，平衡农业税负担工作取得成效。一是平衡了税负。二是初步解决了有地无税和有税无地问题。全省 139 个县（市）清理出开垦荒地免税期满的耕地 37 万亩，增加税额 230 万元，因基建占地核减计税土地 130 万亩，核减税额 650 万元，基本解决了税负畸轻畸重的问题，保护了农民生产的积极性，维护了农村的稳定。

2. 明确土地承包经营的单位和个人为农业税纳税人

1996 年 8 月 15 日，财政部就辽宁省地税局《关于农业税纳税人认定问题的请示》作了批复，就农业税纳税人作了认定。其一，凡农村实行了农业税计税土地承包经营的地方，农业税的纳税人为从事农业生产、有农业收入（益）的农业税计税土地承包经营单位和个人。其二，在承包期内，经发包方同意，农业税计税土地承包方将计税土地转包给他人经营，双方签订有效的计税土地转包经营合同的，除另有规定外，农业税纳税人原则上为第二承包单位和个人。对双方没有签订有效计税土地转包经营合同的，依照《中华人民共和国农业法》有关规定，原承包方的生产经营权、产品处分权和收益权没有合法转移，农业税税款应由原承包人负责缴纳。这是根据农村土地承包经营、土地流转的新形势，进一步明确了农业税纳税人。农业税纳税人为承包土地经营者，但在存在有效土地转包经营合同的情况下，纳税人为第二承包的单位或个人。

3. 调整农业税计税价格

农业税的计税价格随粮食定购价格和市场价格的变化进行相应调整。从1994年至1999年，粮食定购价格总体上是波动上升的，1994年，6种粮食每公斤平均定购价格为1.01元，1997年达到1.52元，1997年比1994年提高了50.1%。1997年以后，粮食价格逐年下降，到1999年六种粮食平均销售价格比1996年下降了35.7%。农业税计税价格确定的原则是略高于定购价，低于市场价，每一年或两年调整一次，个别年份低于定购价。1999年，全国农业税平均计税价格为每公斤1.44元，比1994年上涨0.30元，增长了26.6%（参见表2-5）。

表2-5　农业税分地区平均计税价格　单位：元/公斤

	1994年	1995年	1996年	1997年	1998年	1999年
全　国	1.1400	1.1772	1.6754	1.6699	1.6045	1.4427
北　京	1.0566	1.0566	1.3841	1.3842	1.3844	1.3840
天　津	1.0181	1.0177	1.4880	1.4884	1.4878	1.4882
河　北	1.0812	1.0812	1.7000	1.7001	1.6399	1.2399
山　西	0.9440	0.9440	1.3200	1.3200	1.3200	1.3200
内蒙古	0.7598	0.8224	1.5177	1.7628	1.4353	1.3516
辽　宁	0.9429	0.9429	1.4857	1.4880	1.4286	1.2133
吉　林	0.9429	0.9428	1.4858	1.4858	1.4858	1.1720
黑龙江	0.9429	0.9430	1.4571	1.4572	1.3999	1.1429
上　海	1.1601	1.7399	1.7425	1.7430	1.7428	1.7429
江　苏	1.0925	1.0879	1.5526	1.5526	1.5526	1.5525
浙　江	1.1412	1.2924	1.4402	1.4775	1.4614	1.3659
安　徽	1.1688	1.3603	1.7815	1.7817	1.6642	1.4930
福　建	1.4212	1.4286	2.0963	1.7642	1.6069	1.5561
江　西	1.2971	1.3027	1.9029	1.9029	1.7486	1.5772
山　东	1.0000	1.0000	1.4600	1.4600	1.4600	1.3600
河　南	1.0015	1.1244	1.5058	1.5074	1.4514	1.2419
湖　北	1.1600	1.1600	1.5714	1.5714	1.5714	1.5714
湖　南	1.2910	1.3398	1.8351	1.8480	1.6700	1.5172
广　东	1.6325	1.2330	2.1062	1.8719	1.7982	1.7557
广　西	1.4926	1.7282	2.0599	1.9211	1.7360	1.5390

续表

	1994 年	1995 年	1996 年	1997 年	1998 年	1999 年
海　南	1.4756	2.2310	2.2607	1.5895	1.5446	1.5583
重　庆			2.0139	2.0126	2.0140	1.4862
四　川	1.2331	1.2405	2.0129	2.0139	2.0155	1.7208
贵　州	1.4325	1.4254	2.0572	2.0572	2.0572	1.7476
云　南	1.3274	1.4842	1.9460	2.0082	1.9264	1.7027
陕　西	1.1418	1.1519	1.6149	1.6144	1.4898	1.3862
甘　肃	09797	0.9802	1.4200	1.4201	1.3600	1.2465
青　海	0.9800	0.9795	1.3828	1.4193	1.3455	1.1171
宁　夏	0.9527	0.9800	1.4401	1.4401	1.4401	1.3162
新　疆	0.9800	1.3799	1.4599	1.4600	1.3767	1.1995

资料来源：《农业税收统计资料》。

由于各地的粮食品种不同，各地计税价格都有所不同。以河北、山东、安徽三省为例。1994 年至 1999 年，农业税计税价格总体上升较多。如河北从 1994 年的 1.08 元/公斤上升到 1999 年的 1.64 元/公斤，每公斤提高了 0.56 元；山东从 1994 年的 1 元/公斤上升到 1999 年的 1.36 元/公斤，每公斤提高了 0.36 元；安徽从 1994 年的 1.17 元/公斤，上升到 1999 年 1.49 元/公斤，每公斤提高了 0.32 元。

农业税计税价格大体上与销售价和市场定购价保持一致。1994 年，农业税计税价格比六种粮食定购价高 0.13 元，与平均销售价基本持平。1997 年，农业税计税价格比六种粮食定购价高 0.15 元，比平均销售价高 0.3 元。除了 1995 年，其他年份农业税计税价格均高于粮食价格。正常情况下，粮食市场价高于定购价和平均销售价，农业税的计税价格基本上是按照粮食的市场价、定购价和议购价平均值确定的，因此，农业税计税价格的调整，对农民负担影响不大（参见表 2 -6）。

表 2-6　农业税计税价格与六种粮食销售、定购价格对比情况 单位：元/公斤

项目	1994 年	1995 年	1996 年	1997 年	1998 年	1999 年
计税价格	1.1400	1.1772	1.6754	1.6699	1.6045	1.4427
六种粮食平均销售价	1.1352	1.5538	1.4450	1.3712	1.2428	1.0648

项目	1994 年	1995 年	1996 年	1997 年	1998 年	1999 年
收购价与计税价格差价	0.0048	-0.3766	0.2304	0.2987	0.3617	0.3779
六种粮食平均定购价	1.0122	1.2966	1.5238	1.5190		
定购价与计税价格差价	0.1278	-0.1194	0.1516	0.1509		

资料来源：《农业税收统计资料》《中国农业统计年鉴》。

需要说明的是，以上农业税计税价格使用的是实际征收金额和折细粮数额倒算的计税价格，这与农业税每一年或两年下达一次农业税不同区域主粮的计税价格是有区别的。由于农业税中除征收粮食外，还征收棉、油、糖、麻、烟、蔬菜等经济作物，这些经济作物征收的计税价格往往高于粮食，因此，一般情况下，倒算的计税价格往往要高于分配任务时确定的主粮计税价格。如安徽，1994 年分配征收任务时确定的混合计税价格每公斤为 0.942 元，而倒算的混合计税价格为 1.1688 元，倒算价比任务价每公斤高 0.2268 元（参见表 2-7）。

表 2-7　　安徽省农业税计税价格的变化

年份	征收均价（元/50 公斤）	农业税计税价格调整情况
1993	25.94	
1994	47.10	确定全省农业税征收价格为每 50 公斤 47 元。对固镇、怀远等县花生集中产区，每亩加征农业税 10 元（包括附加）。
1995	54.13	确定全省农业税征收价格为每 50 公斤 55 元，考虑少数缺粮山区农民交税困难的实际，计税价格可以下调不超过 10%。
1996	72.08	农业税计税价格分南北两片分别确定，即北片淮南淮北 5 个地市每 50 公斤 74 元，南片即其他 11 地市每 50 公斤 71 元。
1997	72.09	
1998	67.35	在 1996 年的基础上，北片 6 市（含新成立的亳州市）农业税计税价格每 50 公斤下调为 72 元，南片 11 市农业税计税价格每 50 公斤下调为 64 元。
1999	60.56	再次下调农业税计税价格，确定北片 6 市每 50 公斤下调为 61 元，南片 11 市每 50 公斤下调为 57 元，全省农业税平均计税价格为每 50 公斤 59 元。

资料来源：安徽省财政厅提供材料。

4. 完善农业税减免制度

一是各地落实和完善农业税贫困减免政策。为了贯彻执行中共中央、国务院《关于尽快解决农村贫困人口温饱问题的决定》，做好贫困农户农业税减免工作，1997年4月，国家税务总局发布了《关于做好贫困农户农业税减免工作的通知》。主要规定是：（1）要严格执行农业税、农业特产税减免政策。切实掌握贫困人口的分布情况，该减的减、该免的免，既要反对不区别具体情况、一律按地区减免的错误做法，又要反对一定减免几年的简单做法。（2）要严格按照有关规定和程序办理减免。凡尚未解决温饱的贫困户，要向当地农业税征管机关提出农业税减免申请，由农业税征管机关组织调查核实后报请县人民政府批准，经批准减征和免征的税额，应在征收前核定到应享受减免的纳税人，尽量避免交税后再退库。经批准退库的减免税款，必须退还给应享受减免的纳税人，任何单位和个人不得以任何理由截留挪用。1997年全国对贫困农户减免农业税6.92亿元，占农业税减免总额的23.39%，为减轻贫困地区农民负担作出了应有贡献。

二是规范农业税灾情减免政策。农业税灾情减免制度不够规范，各地掌握尺度也不一致。1998年，各地在总结以往农业税灾情减免工作的基础上，结合当地实际，对农业税减免制度和方法进行了改革和规范。如黑龙江省建立了“三等五级”“分等定率”的农业税减免制度以及实行了“减征并行”的农业税减免新办法。农业生产灾情划分为三个等次、五个级别的标准，不论纳税人种植多少面积，种植什么农作物，凡是受灾都要分别折成实际受灾面积和总面积的比例来确定减免等级。“分等定率”是这一减免制度的核心，“分等”即是要算出因灾减产的程度，这是确定减免的依据；“定率”即是要根据灾情的减产程度，确定减免幅度，这是减免的标准。所谓“减征并行”，就是对农业税实行减免和征收同时进行。

三是制定和调整国有良种示范繁殖农场农业税减免政策。财政部、国家税务总局于1996年3月6日发布《关于调整国有良种示范繁殖农场农业税征免政策的通知》，规定对农业系统事业单位的农作物良种示范繁殖农场，良种繁殖面积占农场总耕地面积70%（含70%）以上的，全额免征农业税；良种繁殖面积在70%以下的，对繁殖良种的耕地免征农业税。

四是制定和调整三峡库区农村移民外迁的农业税减免政策。1995年，为了支持三峡库区移民开发和三峡工程建设，财政部、国家税务总局下发了《关于长江三峡库区移民开发税收政策的通知》，给予库区移民开荒免征3年至5年农业税的优惠政策。1999年12月6日，国家税务总局发布了《关于三峡工程库区农村移民外迁有关税收问题的通知》，规定为支持三峡工程库区移民外迁，对三峡工程库区农村外迁移民开垦荒地所取得的农业收入和在新开发的荒山、荒地、滩涂、水面上生产农业特产品所取得的农业特产收入，从有收入的年度起，免征农业税、农业特产税3年到5年。对三峡工程库区农村外迁移民所取得的非开荒农业收入、农业特产品收入，由各省、自治区、直辖市给予一定期限的减免税照顾，但最长不得超过3年。

据统计，1994年至1999年，农业税共减免约154亿元，约占应征税额的14%（参见表2－8）。

表2－8　　1994—1999年农业税减免情况　　单位：万元

年份	免征税额		依率应征税额		免征税额占应征税额比重（%）
	细粮万公斤	金额	细粮万公斤	金额	
1994	204645	233295	1238733	1425759	16.36
1995	196818	231695	1239098	1508234	15.36
1996	163876	277392	1233500	2080051	13.34
1997	179043	295784	1235764	2071076	14.28
1998	167741	268895	1250399	2008994	13.38
1999	164229	232925	1262565	1817984	12.81

资料来源：财政部、国家税务总局农业税决算数。1994年、1995年免征税额折细粮数是按金额和农业税平均计税价格计算出来的。

5. 规范农业税收征收管理

1992年，为了规范税收征收管理，全国人大制定颁布了《中华人民共和国税收征收管理法》，规定农业税、牧业税、耕地占用税、契税的征收管理参照征管法的有关规定执行。1993年，国务院颁布了

《中华人民共和国税收征收管理法实施细则》，要求农业税、牧业税、耕地占用税、契税的具体征收办法另行规定。1996 年，国家税务总局下发了《关于加强农村税收征管工作的通知》，要求农村税收征管工作必须严格执行国家税收法律法规，要依法做好委托代征和协税护税工作，严格控制税源，做到应收尽收。各级税务机关不得以摊派的方式向农民收取税款，不得代征向农民摊派的不合理的钱、物。1996 年以来采取摊派方式向农民征收的税款要如数退还。各级税务机关每年应安排一至两次农村税收执法检查，发现违反税收规定的，应立即采取措施予以纠正，性质严重的要追究有关领导及当事人的责任。1998 年，国务院下发了《关于加强依法治税严格税收管理权限的通知》，要求在严格执行国家税法和税收管理权限有关规定的同时，要坚决纠正收“过头税”的做法，严禁按人头、土地面积平均摊派税收。

农业税收涉及千家万户，税源零星分散。摸清和掌握农业生产和税源情况，是正确贯彻执行农业税收政策规定和做好农业税收征管工作的重要基础。实行分税制后，各地为了促进农业税收稳定增长，普遍开展了农业税税源调查摸底工作。一是清理农业税计税土地面积。长期以来，农业税征收由于执行稳定负担政策，征收中各地都存在一定的有地无税，有税无地问题。1995 年，内蒙古、山西、河北、黑龙江、吉林、河南等省（自治区）都开始了农业税计税土地清理工作。如内蒙古通过初步清理，全区农业税计税土地面积比原来增加 430 万亩，增加农业税收 2490 万元。吉林省通过清理“册外地”工作，增加农业税计税土地 77 万亩，增加税源 1000 多万元；清理核实水毁土地 160 万亩，核减农业税额 2200 万元。二是各地对征收台账重新调整、核实、登记。1996 年全国有 23 个省开展了这项工作，通过税源普查，坚持了实事求是原则，客观、公正、合理评定了计税依据，真正做到了据实征收，公平了税负，有效杜绝了按人头、田亩平均摊派的现象，准确掌握了税源分布状况和基础数据，为决策提供了依据。

农业税收过去是由财政部门负责组织征收，按照新的分税制财政管理体制，农业税收划为地方固定收入，因此，一些地方在分设中央和地方两套税务机构，组建地方税务机构当中，将农业税收改由新组建的地方税务系统负责征收。1994 年，内蒙古、山西、吉林、辽宁、甘肃、四川 6 省区将农业税划由新组建的地方税务局征收。其他地区仍由财政部门组织征收。为了规范农业税收征收管理体制，1996 年中央农税征管机构由财政部划转到国家税务局，但农业税税政事务划归财政部税政司负责，其后地方各级政府也相应逐步划转，实现了农业税由地方税务部门统一征收管理。

为确保农业税收政策规定的贯彻执行，各地还组织开展了执法检查。1995 年各地针对农业税灾歉减免不落实等问题，普遍组织开展了农业税收政策执行情况检查。通过检查处理和纠正了存在的问题，追缴了大量税收收入，维护了农业税收政策规定的严肃性，有效地保护了纳税人的合法权益。各地通过农业税会计核算和票证管理情况检查，及时堵塞了核算和管理工作中的漏洞，防止了贪污截留挪用税款问题的发生。

（二）农业税的收入情况

1994 年至 1999 年，我国农业税征收金额增长呈现倒 V 形趋势，可分为两个阶段。1994 至 1997 年，全国农业税收入呈现直线上升趋势，从 1994 年的 136.6 亿元上升到 1997 年的 205.9 亿元，增加了 69.3 亿元，增长了 50.73%；1998 年开始则呈现下滑趋势，1999 年全国农业税收入为 182.5 亿元，比 1997 年减少了 23.4 亿元，下降了 11.36%。但从农业税征收折细粮数来看，基本保持稳定。1994 年农业税实征正附税折细粮数为 119.9 亿公斤，1995 年为 124.6 公斤，1996 年为 123.7 亿公斤，1997 年为 123.3 亿公斤，1998 年为 126.0 亿公斤，1999 年为 127.2 亿公斤，基本保持在 119 亿公斤至 127 亿公斤之间。从分年度看，农业税完成征收任务的情况是不同的。

1994 年农业税完成 136.6 亿元，比上年增长 65.4%。农业税收入大幅增长的主要原因，一是农业税征收任务作了较大调整。由于国家粮食收购价格提高，相应调整了农业税计税价格和农业税征收任务。1994 年农业税征收任务比 1993 年增加了 48 亿元，调增 67%。二是税源增长，这是超额完成农业税收任务的重要基础。据统计，1994 年全国粮食总产量达到 44510 万吨，棉花总产 434 万吨，油料总产 1990 万吨，均创历史最高水平。三是实行分税制，农业税收划为地方固定收入，调动了地方征收的积极性，各地对农业税收工作更为重视。四是各级征收机关加强对收入任务执行的管理和考核，强化征收管理，严格控制税收减免。五是清理历年尾欠。

1995 年，农业税实际完成 145.9 亿元，比上年增长 6.8%。1995 年农业税超额完成任务的主要因素，一是农业收成较好。1995 年全国粮食产量达到 4650 亿公斤，油料产量达到 2250 万吨，均创历史最高水平，棉花 450 万吨，比上年增加 16 万吨。二是部分省提高了粮食收购价格，由于一些地方农业税计税价格长期以来低于粮食收购价格，因此，一些省农业税计税价格作了相应调整，使农业税货币收入增加。1995 年全国实际执行农业税计税价格平均为每公斤 1.2127 元，比中央核定单价每公斤 1.0367 元高出 0.176 元，由此增加农业税收入 19 亿元左右。三是一些地方清理农业税计税土地，计税土地面积有所增加。据不完全统计，1995 年各地共清理增加农业税计税土地面积 304 万亩，增加农业税收入 2900 万元。四是加大清理农业税尾欠收入力度。1995 年清理尾欠收入达 1.35 亿元，比上年增加 3400 万元。五是严格控制减免。1995 年全国共计减免农业税 23.17 亿元，减免额比上年有所下降。

1996 年农业税完成 207 亿元，比上年增长 41.9%。1996 年农业税超额完成收入任务的主要因素，一是粮食生产实现“九五”开门红，全年粮食总产达到 4900 亿公斤，创历史新纪录，棉花和油料生产虽然由于种植面积调减等原因有所下降，但从全国看，仍能保持总体供求平衡。农民收入持续增长，全国农民人均纯收入达到 1926 元，比 1995 年增长 22.1%，为农业税的超额完成任务奠定了物质基础。二是国家提高粮食订购价格，农业税计税价格作了相应调整，收入大幅度增加。1996 年全国实际执行农业税计税价格平均每公斤 1.6863 元，比 1995 年农业税计税价格平均每公斤高出 0.4691 元，仅此一项增加农业税收入 52 亿元。三是从严控制减免。1996 年全国农业税减免税额 27.74 亿元（其中中央安排 7.6 亿元），占农业税依率计征税额的 13.34%，比 1995 年下降 13 个百分点。四是加大清欠力度。各地在积极组织当年收入的同时，大力清理农业税历年尾欠，全国共清理农业税历年尾欠1.42亿元，比1995年增加730万元。

1997年农业税完成205.9亿元，与1996年基本持平，止住了分税制改革以来农业税不断增高的势头。这主要是自然灾害和其他情况造成税源减少、欠税短收等因素造成。1997年，我国北方大部分地区遭受了严重的旱灾，南方部分地区受到了洪涝灾害的侵袭，农业生产损失惨重。全国28个省（自治区）要求核减农业税征收任务共计28.1亿元，中央批准核减农业税征收任务12.2亿元。根据农业税决算，1997年全年农业税减免税额为29.58亿元，占农业税依率计征税额的14.28%，比1996年的13.34%提高近1个百分点。

1998年农业税共完成201.7亿元，比1997年略有减少。1998年农业税征收工作遇到了前所未有的困难，集中表现在：农业税计税价格下调，加之各种自然灾害严重侵扰。1998年，我国遭受了百年不遇的特大洪水。据统计，全国共有29个省（自治区、直辖市）遭受了不同程度的洪涝灾害，受灾面积3.18亿亩，成灾面积1.96亿亩，受灾人口2.23亿人，死亡3004人，倒塌房屋497万间，直接经济损失近2000亿元。1998年中央原分配农业税正税征收任务为163.1亿元，与1997年持平，但是考虑到受灾因素，当年核减农业税任务数14.4亿元，比1997年下降了15.3%。同时，还减免农业税税额达到26.9亿元。

1999年农业税共完成182.5亿元，比1998年减少19.2亿元，下降了10.5%。这是在国家各项减轻农民负担的政策下实现的农业税收的减少。按照国家关于农业税计税价格随粮食定购价格调整而相应调整的规定，各地普遍调低了1999年农业税的计税价格。对调整前已经入库的税款，按照新的计税价格与纳税农户结算，对多征的税款按有关规定退还给纳税农户。

总体上看，中央财政每年下达的农业税任务数相对保守，丰年超收较多，而灾年往往短收。同时，计税价格对农业税收入影响较大，计税价格提高幅度越大，农业税超收就越多。农业税政策性较强，实物征收数额相对比较固定，一般不太好增加。农业税收入提高主要有以下几个因素：一是不断提高农业税计税价格。1995 年，农业税计税价格平均为每公斤 1.2127 元，1996 年为每公斤 1.6863 元，比 1995 年高出 0.4691 元，仅此一项增加农业税收入 52 亿元。二是清理农业税计税土地和尾欠。1995 年清理尾欠收入达 1.35 亿元。1996 年清理尾欠 1.42 亿元，比 1995 年增加 730 万元。1997 年清理尾欠 1.9 亿元，比 1996 年增加 4767 万元。三是对减免进行严格控制。1995 年减免额 23.17 亿元，比上年有所下降。1996 年减免额又比 1995 年下降了 13 个百分点。四是普遍实行农业税目标考核管理办法，以调动各级征管机关组织收入的积极性。到 1997 年，各级农业税征管机关已经普遍建立健全了农业税目标考核管理制度以及农税人员岗位责任制和激励机制，改进和加强了农业税收征收管理工作。

（三）农业税负担变化

这一时期，农民负担的农业税基本保持平稳。从 1994 年至 1999 年，人均农业税征实负担保持在 13.31 公斤到 13.87 公斤之间，实征正附税占实产量（实际负担率）在 2.27% 至 2.49% 之间（参见表 2-9）。

表 2-9　　1994—1999 年全国农业税征收情况

年份	农业实产量	实征农业税		实征农业税金额		人均农业税负担		农业税占实产量	
		合计	其中：正税	合计	其中：正税	实征	金额	折细粮占比	其中：正税
	（折细粮亿公斤）			（亿元）		（折细粮公斤）	（元）	（%）	
1994	4809.8	119.92	105.53	136.6	120.3	13.31	15.16	2.49	2.19
1995	5096	124.6	110	145.9	129.5	13.63	15.96	2.45	2.16
1996	5445	123.71	108.98	207.0	182.6	13.76	23.02	2.27	2.00
1997	5340	123.31	108.87	205.9	181.8	13.87	23.16	2.31	2.04
1998	5528	126.01	110.99	201.7	178.1	13.70	21.93	2.28	2.01
1999	5110	127.25	112.59	182.5	162.4	13.80	19.79	2.49	2.20

资料来源：1994 年至 1999 年财政部、国家税务总局农业税决算。

这个时期，农民的农业税负担是比较轻的，或者说是可控的。但是农业税征管中也存在两个方面的问题，第一，实行分税制后，农业税收入成为一些地区的主要财源之一，而受到地方政府的重视。少数经济基础薄弱的地方为增加地方财力，满足日益增长的支出的需要，擅自调整农业税负担，甚至出现了层层加码，该核减的农业税未核减的现象。第二，税费界限不清，让农民感到负担较重。主要是各种名目的收费太多，税收之外的不合理负担不断增加。不少乡镇都是将各项收费与农业税捆在一起下达任务，各项税费均由村组代收，有关部门只与村结算，税票也只开到村一级。这样，虽然方便了征收工作，但也带来诸多问题：一是农民只知交了多少钱，却不知交的什么钱，从而使农民对国家的税收政策产生误解。二是征收方法简单，导致政策走样。村组为保任务的完成，一律按人头、田亩平摊各种税费，造成农民负担畸轻畸重。三是征收过程中层层加码、搭车收费。合理的与不合理的项目，混同强行摊派给农民，额外增加农民负担。[①]

二、牧业税政策的调整

（一）牧业税的调整

随着城乡经济的发展和农村牧区经济体制改革的不断深入，牧区经济快速发展，畜产品价格逐年上涨，牧民收入有了较大的提高。1994 年分税制改革后，牧业税成为地方固定税种。几个征收牧业税的地区都先后发布了新的牧业税征收办法。1994 年 6 月 10 日，新疆维吾尔自治区人民政府发布了《新疆维吾尔自治区牧业税征收办法》，对新疆牧业税征管工作进行了明确与规范，对饲养牲畜的牧民以定额税的形式征收牧业税。1995 年 5 月 19 日，青海省人民政府发布了新的《青海省牧业税征收管理办法》，将过去一直采取以实物为主的征收方式改为定额征收。1995 年 10 月 31 日，甘肃省人民政府发布了新的《甘肃省牧业税征收办法》。1996 年 8 月 5 日，内蒙古自治区人民政府发布了新的《内蒙古自治区牧业税征收办法》。1999 年，为公平农牧业负担，合理组织财政收入，云南省人民政府发布《云南省人民政府关于开征牧业税试点的通知》，决定在楚雄、大理、临沧、迪庆四个

① 王华新：《“费改税”是规范农村收费的治本之策》，《财政研究》1998 年第 7 期。

地州进行开征牧业税试点。

各地牧业税税率都在一定程度上提高，如内蒙古自治区每年每头牛由 5 元调为 15 元，马由 5 元调为 10 元，山羊由 1.5 元调为 3.5 元，绵羊由 1 元调为 3 元。这几个品种的调整幅度都超过了一倍。各地牧业税新的征收标准规定如下：（1）牛。内蒙古每头每年 15 元，新疆、甘肃、云南每头每年 5 元，青海每头每年 3 元，新疆奶牛每头每年 25 元。（2）马。内蒙古每匹每年 10 元，新疆、云南、甘肃每匹每年 5 元，青海每匹每年 4 元。（3）骆驼。内蒙古每峰每年 2 元，新疆、甘肃、云南每峰每年 5 元，青海每峰每年 4 元。（4）羊。绵羊：内蒙古每只每年 3 元，宁夏、青海每只每年 1 元，新疆、甘肃每只每年 2 元。山羊：内蒙古每只每年 3.5 元，新疆、甘肃每只每年 1.5 元，宁夏、青海每只每年 1 元（参见表 2－10）。

表 2－10　　1994—1999 年各地牧业税调整情况

地区	征收范围	定额税率［元/头（只）］	牧业税附加
内蒙古	牛、马、骆驼、山羊、绵羊	牛 15；马 10；骆驼 2；山羊 3.5；绵羊 3	20%
新疆	牛、马、骆驼、绵羊、山羊	牛 5；奶牛 25；马 5；骆驼 5；绵羊 2；山羊 1.5	已经包括在内
青海	马、骡、驴、骆驼、绵羊、山羊	马、骡、驴、骆驼 4；牛 3；绵羊山羊 1	
甘肃	牛、马、骆驼、驴、绵羊、山羊	牛、马、骆驼、驴 5；绵羊 2；山羊 1.5	暂不征收
云南	牛、马、驴、骡、骆驼、羊	牛、马、驴、骡、骆驼 5；奶牛 15；羊 1.5	
四川	牛、马、骡、驴、羊	羊 0.02	
宁夏	绵羊、山羊	成年羊 1	

资料来源：各地牧业税征收办法。

由于我国开征牧业税的西部地区自然条件比较恶劣，经济欠发达，因此牧业税的减免种类较多。各地在征收过程中根据不同情况都作了具体规定，大体有三类，即普遍性减免、灾害减免、社会减免。新疆维吾尔自治区、内蒙古自治区、甘肃省、青海省都分别出台了针对不可预见灾害造成牲畜死亡的牧业税减免标准和办法，规定牲畜死亡20%至25%的，免征当年牧业税。此外，各地还根据自身情况出台了针对仔畜、良种公畜、科研牲畜和种畜的牧业税等其他减免政策。云南则对当年仔畜、配种站种畜、耕畜、役畜，免征牧业税，科研单位从事科学试验、推广优良种畜的，对其应征税额减征30%。宁夏对饲养牛、马和骆驼等大型牲畜的农牧民免征牧业税。四川省主要对全省57个民族县征税，由于与四川毗邻的西藏一直停征农业税与牧业税，四川省自1979年以来一直采取牧业税减半征收的政策。

（二）牧业税的收入情况

1994年至1999年，全国牧业税收入呈现不断上升的趋势。从1994年的11661万元上升到1999年的26835万元，增加了15174万元，增长了1.3倍。这个时期牧业税收入增长的主要原因是牲畜产品的大幅度增加和牧业税定额税率进行适度调整，如内蒙古牛的牧业税定额税率增加了两倍。

从各大牧区来看，牧业税的收入也是呈现出波动中上升的趋势，但有个别省份例外。根据牧业税收入增长趋势，可将主要牧区划分为两类：一类是牧业税收入不断上升的牧区，以内蒙古自治区、新疆维吾尔自治区、青海、甘肃、宁夏、四川等为代表。内蒙古牧业税收入从1994年的4566万元上升到1999年的14837万元，增加了10271万元，增长了2.25倍；新疆牧业税收入从1994年的3696万元上升到1999年的4738万元，增加了1042万元，增长了28%；青海牧业税收入从1994年的1596万元上升到1999年的2529万元，增加了933万元，增长了58.5%；甘肃牧业税收入从1994年的653万元上升到1999年的3747万元，增加了3094万元，增长了4.74倍；宁夏牧业税收入从1994年的188万元上升到1999年的253万元，增加了65万元，增长了34.6%。四川牧业税收入从1994年的78万元上升到1999年的111万元，增加了33万元，增长了42.3%，还有云南是从免税到恢复征税，趋势也是上扬的。另一类是牧业税收入在波动中下降，以陕西省为代表。陕西牧业税从1994年的60万元下降到1999年的19万元，减少了41万元，下降了68.3%。西藏停止征收牧业税（参见表2-11）。

表2-11　1994—1999年各地牧业税收入情况　单位：万元

地区	1994年	1995年	1996年	1997年	1998年	1999年
内蒙古	4566	4486	12089	14350	14506	14837
新疆	3696	4257	4208	4159	4444	4738
青海	1596	2427	2445	2500	2495	2529
甘肃	653	900	1901	2470	2914	3747
云南	0	0	0	0	0	100
四川	78	105	133	129	132	111
宁夏	188	177	247	239	252	253
陕西	60	17	22	23	34	19

资料来源：财政部、国家税务总局农牧业税决算数。

新增加的牧业税收入，全部用于牧区经济和社会事业的发展，体现了“取之于牧，用之于牧”的原则。按照财政体制，增加的牧业税收入主要用于增加农牧业基础建设投入和农区及牧区的社会公益事业。

（三）牧业税负担的变化

这一时期，国家仍然采取稳定牧业税负担的政策，牧业税负担水平仍然控制在牧业收入的3%以下。但是由于各地对牧业税适用税额标准进行了调整，牧民的牧业税负担还是增长较快（参见表2-12）。

表2-12　1994—1999年牧区牧业税人均负担情况表　单位：元/人

地区	1994年	1995年	1996年	1997年	1998年	1999年
内蒙古	3.21	3.16	8.52	10.16	10.32	10.76
新疆	4.33	4.91	4.80	4.69	4.94	5.23
青海	4.99	7.52	7.50	7.61	7.54	7.57
甘肃	0.34	0.46	0.96	1.24	1.39	1.85
云南						0.03
四川	0.01	0.01	0.01	0.02	0.02	0.02
宁夏	0.52	0.49	0.67	0.64	0.67	0.66
陕西	0.02	0.01	0.01	0.01	0.01	0.01

资料来源：税额来自财政部、国家税务总局农牧业税决算数。人口数为《新中国农业60年统计资料》各地区乡村人口数。

1994 年至 1999 年，内蒙古牧业税人均负担从 3.21 元上升到 10.76 元，增加了 7.55 元，提高了 2.35 倍；新疆牧业税人均负担从 4.33 元上升到 5.23 元，增加了 0.9 元，提高了 20.79%；青海牧业税人均负担从 4.99 元上升到 7.57 元，增加了 2.58 元，提高了 51.70%；甘肃牧业税人均负担从 0.34 元上升到 1.85 元，增加了 1.51 元，提高了 4.44 倍；宁夏牧业税人均负担从 0.52 元上升到 0.66 元，增加了 0.14 元，提高了 26.92%。

从牧业税占农牧民纯收入的比重可以看出，牧业税负担虽然不断上升，但占农牧民年纯收入的比重还是比较小的。最高的为内蒙古，从 1994 年的 0.30% 上升到 1999 年的 0.54%，增加了 0.24 个百分点（参见表 2 - 13）。

表 2 - 13　1994—1999 年牧区牧业税占农牧民纯收入的比重情况　单位:%

地　区	1994 年	1995 年	1996 年	1997 年	1998 年	1999 年
内蒙古	0.3021	0.2428	0.5319	0.5708	0.5208	0.5374
新　疆	0.4629	0.4320	0.3720	0.3123	0.3084	0.3551
青　海	0.5743	0.7299	0.6390	0.5766	0.5284	0.5093
甘　肃	0.0468	0.0525	0.0875	0.1024	0.0997	0.1312
云　南	0	0	0	0	0	0.0020
四　川	0.0009	0.0010	0.0010	0.0011	0.0011	0.0009
宁　夏	0.0576	0.0469	0.0472	0.0416	0.0380	0.0371
陕　西	0.0027	0.0006	0.0007	0.0006	0.0009	0.0005

资料来源：税额来自财政部、国家税务总局农牧业税决算数，人口数为《新中国农业 60 年统计资料》各地区乡村人口数，各地区农民人均纯收入来自《新中国 60 年》。

三、农业特产税改革

分税制改革后，农业特产税税制和政策发生了重大变化，税收收入逐年上升。

（一）农业特产税税制调整

在 1994 年的分税制改革中，国务院决定取消产品税和工商统一税，将原产品税和工商统一税中涉及农林牧水产品的税目与原农林特产税归并，统一征收农业特产税。1994 年 1 月 30 日，国务院颁布了《关于对农业特产收入征收农业税的规定》，1994 年 3 月 24 日，财政部下发了《关于农业特产税征收具体事项的通知》。两个文件对农业特产税作了以下规定：

第一，规定了农业特产税的税目和税率。农业特产税分为烟叶产品、园艺产品、水产品、林木产品、牲畜产品、食用菌、贵重食品 7 大类 38 个税目。农业特产品收入是指初级农产品，包括为保鲜、防腐进行初级加工、简单加工的产品收入。毛茶包括红毛茶、绿毛茶、乌龙毛茶等毛茶及边销茶原料，果用瓜包括西瓜、香甜瓜，蚕茧包括桑蚕茧、柞蚕茧。水产品包括鱼、虾、蟹、贝、海蜇、龟、鳖、乌贼、墨鱼、鱿鱼等；芦苇、席草、蒲草、莲藕、荸荠、海带、紫菜、石花菜等（参见表 2－14）。

表 2－14　　　　农业特产税税目和税率表

税　目	税　率
一、烟叶产品	
1. 晾晒烟叶	31%
2. 烤烟叶	31%
二、园艺产品	
1. 毛茶	16%
2. 柑桔、香蕉、荔枝、苹果、梨	12%
3. 其他水果、干果	10%
4. 果用瓜	8%
5. 蚕茧	8%
三、水产品（海水、淡水、滩涂养殖，海水、淡水捕捞品，水生植物）	8%
四、林木产品	
1. 原木、原竹	8%
2. 生漆、天然树脂	10%
3. 天然橡胶	8%
五、牲畜产品	
1. 牛皮、猪皮、羊皮	10%
2. 羊毛、兔毛	10%
3. 羊绒、驼绒	10%

续表

税　　目	税　率
六、食用菌	
黑木耳、银耳、香菇、蘑菇	8%
七、贵重食品	
海参、鲍鱼、干贝、燕窝、鱼唇、鱼翅	25%

对大宗农业特产品收入，中央规定全国统一税率为 8% 到 31%。其他应税农业特产品收入的税率由省、自治区、直辖市人民政府在 5% 至 20% 的幅度内规定。财政部又进一步规定了具体的适用税率。生产毛茶的单位和个人适用税率为 7%，收购毛茶的单位和个人适用税率为 16%；养殖和捕捞水产品的单位和个人的适用税率为 8%，收购水产品的单位和个人适用税率为 5%；生产贵重食品的单位和个人适用税率为 8%，收购贵重食品的单位和个人适用税率为 25%；生产和收购原木、原竹的单位和个人均按规定的同一税率 8% 执行；生产和收购生漆、天然树脂（不含天然橡胶）的单位和个人适用同一税率 10%。是否征收农业特产税地方附加，由省级人民政府规定，地方附加不得超过农业特产税税额的 10%。

第二，明确了农业特产税的纳税环节与计税方法。对生产农业特产品（不含烟叶、牲畜产品）的单位和个人，由生产单位和个人按照实际产品收入和规定的税率计算纳税；对收购烟叶、毛茶、银耳、黑木耳、贵重食品、水产品、原木、原竹、生漆、天然树脂（不含天然橡胶）、牲畜产品的单位和个人，由收购单位和个人按照所支付的金额和规定的税率纳税；对应税而未税的农业特产品经连续加工的半成品和成品，应折算成原产品的实际收入征税；收购烟叶，凡是在收购环节，由收购单位支付的从购货方取得的一切收入（含价外收入和其他各种补贴性收入），均应计入收购金额，征收农业特产税；在农业税计税土地上生产农业特产品的，农业税照征，计算缴纳农业特产税时，将农业税扣除。

第三，对农业科研机构进行农业科学实验所取得的农业特产品收入，农民在新开垦的荒山、荒地从事农业特产品生产的经营收入，对老少边穷地区农产品生产经营收入，以及因自然灾害造成农业特产品歉收的，给予一定程度的减税或免税。

第四，从制度上对农业特产税征收管理进行了规范，征管方式也有所调整。农业特产税征收可采取查账征收、查定征收、查验征收、定期定额征收等多种方式。为方便农产品流通，促进农产品源头征税，防止漏税和重复征税，1995 年，财政部又公布了《关于全国统一使用“农业特产税应税产品外运税收管理证明”的通知》，要求应税农业特产品运销时，对持有“外运证”货证相符的，征收机关应予放行。安徽省在征收方法上改为由财政部门按农业特产品实际收入计征，对茶叶农业特产税设立季节性检查点进行路查。1998 年，为了解决农业特产税征收难度大、平摊税款的问题，全省推行了“普查建档，据实征收”的农业特产税征管改革，主要是以“科学评产、合理定价、依率计征、依法减免、主动申报、定点征收”为征管模式，以理顺征纳关系、依法治税、依法征管为目标。到 1999 年底，全省 17 个地市 94 个县（市）全面开展了这项改革，确立了“四个建立”的新征管模式，即建立“户有卡、组有册、村有表、乡有档、县有案”完整的税源资料；建立以优质服务为基础，以税源档案为依托，以申报纳税、定点集中缴税、公开办税为主要征收方法的现代税收征管模式；建立协税护税网络和司法保障措施；建立和扩大稳定的税源基地。这项改革措施从制度上对农业特产税的征收进行了规范。

作为税制改革的一项重要内容，统一征收农业特产税，一是有利于理顺税制，统一农业特产税税收政策。由于对农民征收增值税非常困难，根据增值税规范化要求和国际上对农业生产者普遍不征收增值税的通行做法，将原产品税部分应税农产品改征农业特产税，有利于加强增值税的规范化建设和管理，同时也解决了过去产品税和农业特产税交叉征税的问题。二是有利于理顺农业特产税税收政策，建立健全农业特产税税制，更好地发挥农业特产税在农业宏观调控中的作用。三是有利于增强地方财政实力。农业特产税作为地方税，原有的农业特产税收入规模偏小，扩大农业特产税的征收范围，有利于增强地方财政实力。

（二）农业特产税政策调整

随着农业经济形势的变化和农业特产生产的发展，国家对农业特产税政策进行了多次调整。一是多次降低了农业特产税税率。收购毛茶的适用税率由 16% 减为 12%，边销茶原料税率由 16% 减为 10%；对国有林区 138 个森工企业生产销售的原木，生产环节和收购环节合并，适用税率由 16% 减为 10%，其中，东北三省、内蒙古国有林区生产的原木减为 5%；烟叶的农业特产税税率由 31% 降为 20%；收购牛羊皮由 10% 减为 5%；天然橡胶由 8% 减为 5%。二是对部分特殊行业进行了免税。对收购猪皮免征农业特产税；对远洋渔业企业自捕水产品免征农业特产税；对薪材和小径材免征农业特产税；对水产、种苗收入免征农业特产税。

（三）纠正征管中的错误做法

在农业特产税征收过程中，个别地方出现了按地亩人头平均摊派农业特产税的做法，背离了农业特产税征收政策，使农业特产税税负畸重畸轻，出现“收入多的少负担，收入少的多负担，没有收入的也负担”的情况。为了正确执行农业特产税征收政策，依法治税，防止和纠正平摊农业特产税的错误做法，1996 年 6 月 24 日，国家税务总局《关于正确执行政策防止和纠正平摊农业特产税问题的通知》，要求各地认真进行税源调查，建立健全税源登记台账和档案，严格按照产品实际收入征税，坚决防止和纠正不问有无税源和税源多少，按地亩或人头平均摊派税款的错误做法；严格按照国务院以及财政部规定的征税范围和环节征税，对国务院规定的全国统一征税品目，各地必须依法征税，做到应收尽收，未经国务院和财政部批准，任何单位和个人一律不得擅自决定减免税或暂缓征税，擅自越权审批的减免税，要立即清理，恢复征收。

在农业特产税征收过程中，个别地方出现随意调增税收征收任务，征收后不能实现“户交户结”，不开具正式的完税凭证，给农民“打白条”等现象。为了贯彻执行中共中央办公厅、国务院办公厅《关于切实做好当前减轻农民负担工作的通知》，做好农业税、农业特产税和屠宰税征收工作，切实减轻农民负担，1998 年 8 月 18 日，国家税务总局下发了《关于做好农业税、农业特产税、屠宰税征收工作的通知》，要求各地农业税收征收机关要严格执行税收政策，严格按照农业特产品应税产品实际计税收入计算征收；不得擅自调增农业税负担，征收机关必须向纳税人开具正式的完税凭证，必须做到一税一票，防止并纠正一票多税、一票又税又费的错误做法，严禁打“白条”；严格区分税、费的政策界限，不能借税收的名义征收其他费，更不得税、费混征。

（四）农业特产税对农民负担的影响

与1993年相比，1994年农业特产税收入大幅增长。1994年，农业特产税收入为73.1亿元，比1993年增加50.9亿元，增长2.3倍。这主要是由于税制结构调整，原产品税中农林牧水产品并入农业特产税后，保留了原征收环节。1994年至1999年，农业特产税收入呈现在波动中不断上升的趋势。1994年，全国农业特产税收入为73.1亿元，1997年为169.7亿元，增长了1.32倍，达到历史的峰值，之后略有下降，1999年回落到143.7亿元（参见图2－2）。

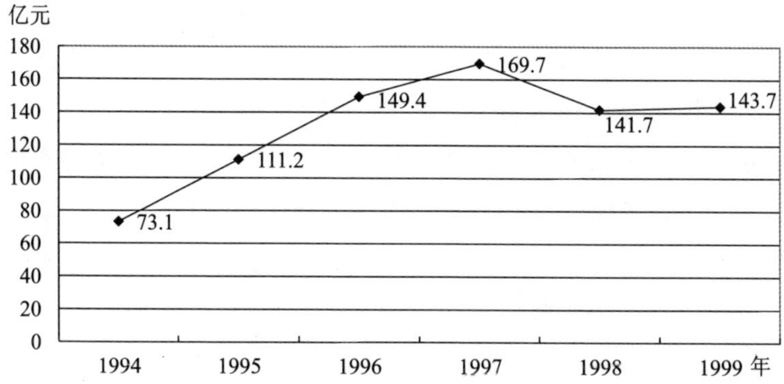

图2－2　1994—1999年全国农业特产税收入情况

资料来源：财政部、国家税务总局农业特产税决算。

1994年农业特产税人均负担为8.12元，占农民人均纯收入的比重仅为0.67%。这之后节节攀升，1995年增加到人均12.32元，1996年增加到人均16.53元，1997年达到人均18.71元较高点，占人均纯收入比重为0.90%。此后有所回落，1999年达到人均15.75元，占人均纯收入的比重为0.71%（参见表2－15）。

表 2－15　　1994—1999 年农民人均特产税负担情况　　单位：亿元

年份	农业特产税收入	农民人均特产税
1994	73.1	8.12
1995	111.2	12.32
1996	149.4	16.53
1997	169.7	18.71
1998	141.7	15.57
1999	143.7	15.75

资料来源：财政部和国家税务总局农业税决算、《中国农业统计年鉴》。

这一阶段是农业特产税征收额最高、增长最迅速的时期，也是农民负担急剧加重的时期。

在农业税收中，农业特产税是仅次于农业税的第二大税种，设立这一税种的目的是为了调节各种农产品生产者的收益，特别是将农业特产税的收入主要用于改善粮棉油等基本农产品生产条件，支持粮棉油等基本农产品生产发展，使从事粮棉油等基本农产品生产的农民收入有更快的增长。但实际上，由于县乡财政实际困难的存在，乡镇赤字增加，许多地方基本上将这一税种的收入是用在了县乡两级财政的日常开支，并没有起到改善农业生产条件和增加农民收入的作用。并且，分税制财政体制改革后，农业特产税成为了县乡财政的主要财源和主体税种。为了保证基层政权的运转，地方政府千方百计增加农业特产税收入。有的地方任意增加任务、摊派税款。尽管党中央、国务院三令五申，要求切实减轻农民负担，但是实际效果甚微。

农业特产税本身存在的问题也对农民负担产生了一些影响。一是税率偏高。农业特产税按不同税目规定税率，最低税率不得低于5%，主要是为了体现国家对粮食等基本农产品的税收保护政策。农业特产品的收益水平高于粮食等基本农产品，在粮食等基本农产品价格没有放开的情况下，要缓解因比价不合理造成农产品获利水平悬殊的矛盾，适当确定农业特产品较高的税率是合理的。但是，大部分农业特产品的税率在8%到10%，已经超过了负担能力。二是按实际收入课征脱离实际。农业特产税要求据实征收。但是，农业特产品生产实行家庭承包、分散经营，各类农产品的市场价格又处于经常变动之中，征收机关很难核实每家每户实际收入，据实征收几乎不可能。一些税源匮乏的乡镇在增加财政收入的压力下，为了完成任务，在实际征管中就出现了依靠统计资料测算，采取行政手段层层分配任务，最终按人头、地亩平摊税款到户的情况。一旦农业特产品产量和价格达不到预期，征收的农业特产税必然就会超越农民的承受能力，加重农民负担。因而，出现了有税源的征不足、无税源也纳税的现象。三是两个环节重复征税。农业特产税是由原农林特产税与原产品税和工商统一税的农林牧水部分合并而成的税种，保留了原农林特产税的生产环节征税。为了不减少财政收入，同时保留了原产品税和工商统一税的收购环节征税，因此，出现了同一农业特产品同时征收两道农业特产税的问题。一方面，两个环节同时征税带来了税制上的不规范，另一方面，两个环节累加的高税率影响了农林牧渔业生产的发展，制约了农民收入的增长。毛茶生产和收购环节的综合税负达到了23%，原木、原竹的综合税率达到了16%。

四、农牧业税的变化对农民负担的影响

1994年至1999年这一期间，农牧业税负担变化可以分为两个阶段：

第一阶段是1994年至1997年，农牧业税不断上升，农民负担也不断增加。农业税、农业特产税、牧业税三税从1994年的210.89亿元，上升到1997年的378.04亿元，增加了167.15亿元，农民人均农业三税负担也从1994年的23.41元，上升到1997年的42.14元，增加了18.73元。其中，农业税从1994年的136.63亿元，上升到1997年的205.87亿元，增加了69.24亿元，农民人均农业税负担也从1994年的15.16元，上升到1997年的23.16元，增加了8元；牧业税从1994年的1.17亿元，上升到1997年的2.45亿元，增加了1.28亿元；农业特产税从1994年的73.10亿元，上升到1997年的169.73亿元，增加了96.63亿元，农民人均农业特产税负担也从1994年的8.12元，上升到1997年的18.71元，增加了10.59元。

第二阶段是1998年至1999年，农牧业税总体而言逐渐下降，农民负担有所减轻。农业三税从1998年的345.91亿元，下降到1999年的328.91亿元，减少了17亿元，农民人均农业三税负担也从1998年的37.78元，下降到1999年的35.83元，减少了1.95元。其中，农业税从1998年的201.65亿元，下降到1999年的182.54亿元，减少了19.11亿元，农民人均农业税负担也从1998年的21.93元，下降到1999年的19.79元，减少了2.14元；牧业税从1998年的2.54亿元，上升到1999年的2.68亿元，增加了0.14亿元；农业特产税也略微有所增加，从1998年的141.72亿元，上升到1999年的143.68亿元，增加了1.96亿元，农民人均农业特产税负担也从1998年的15.57元，上升到1999年的15.75元，增加了0.18元（参见表2－16，表2－17）。

表2－16　　1994—1999年农牧业税负担情况　　单位：亿元

年份	农业三税收入	农业税收入	牧业税收入	农业特产税收入
1994	210.89	136.63	1.17	73.10
1995	258.34	145.87	1.32	111.15
1996	358.65	207.04	2.18	149.44
1997	378.04	205.87	2.45	169.73
1998	345.91	201.65	2.54	141.72
1999	328.91	182.54	2.68	143.68

资料来源：财政部、国家税务总局农业税决算。

表2－17　　1994—1999年农民负担农牧业税情况　　单位：元

年度	人均农业三税负担	农民人均农业税负担	农民人均牧业税负担	农民人均特产税负担	农民人均纯收入	人均农业三税负担占纯收入比重（%）
1994	23.41	15.16	0.13	8.12	1221	1.92
1995	28.43	15.96	0.15	12.32	1577.7	1.80
1996	39.79	23.02	0.24	16.53	1926.1	2.07
1997	42.14	23.16	0.27	18.71	2090.1	2.02
1998	37.78	21.93	0.28	15.57	2162.0	1.75
1999	35.83	19.79	0.29	15.75	2210.3	1.62

数据来源：税额为财政部、国家税务总局农业税决算数，人口数为《中国农业年鉴》农业人口数。

这个时期，农牧业税负担呈现三个特点：

（1）农业三税负担明显高于上一阶段。1994 年至 1999 年，平均每年人均农业三税负担为 34.56 元，比 1985 年至 1993 年的 8.62 元增加了 25.94 元，增长了 3 倍。每年人均农业三税负担占纯收入比重为 1.76%，比 1985 年至 1993 年的 1.42% 提高了 0.34 个百分点。

（2）地区之间负担不平衡。1999 年，东北、华东、中南各省份以及内蒙古自治区人均农业税负担普遍偏高，超过全国平均水平 19.84 元，其中，内蒙古人均农业税负担为 63.41 元，上海为 58.63 元。而西北、华北人均水平普遍较低。1999 年，华东、中南亩均农业税负担普遍高于全国平均水平 13.31 元，其中，上海为 49.37 元、广东为 30.37 元。华北、西南、西北普遍低于全国水平，这主要与农作物的亩产量和价格有关。从农业税负担增幅来看，地区之间差异也比较大，人均农业税负担增幅最高的宁夏，1999 年比 1994 年增长了 168.91%，而广东下降了 2.83%；亩均农业税负担增幅最高的宁夏，1999 年比 1994 年增长了 179.72%，而青海仅增长了 0.21%。牧业税的地区差异更大，内蒙古、新疆的牧业税就占了全国的 74.33%。这一时期，农业特产税的税负远远重于农业税，初步估算，农业特产税的实际负担率超过 4%，高于粮、棉、油农业税实际负担率。

（3）农产品每亩纯收益大幅度降低，但大部分农产品每亩税金有所增加。1999 年，六种粮食每亩平均减税纯收益为 57 元，三种油料为 90.25 元，棉花为 34.16 元，蚕茧为 224.7 元，柑桔为 806.13 元，苹果为 468 元，分别比 1994 年下降了 68.32%、56%、90.01%、71%、45.13%、54.46%。1999 年，六种粮食平均税收负担为 11.78 元，三种油料为 11.06 元，棉花为 19.1 元，蚕茧为 25.42 元，柑桔为 126.41 元，苹果为 95.26 元，分别比 1994 年上升了 39.57%、49.06%、33.47%、-28.35%、132.8%、-93.92%。从每亩税负增幅上看，粮、棉、油的增长幅度较大，农业特产品的增幅出现结构性分化，柑桔增长 1.33 倍，毛茶增长了 32.41%，但是苹果下降了 93.92%。总体上来讲，每亩农业生产的比较效益是下降的，农民负担是增加的（参见表 2-18）。

表 2－18　　主要农产品每亩税负及减税纯收益情况　　单位：元

品种	每亩负担税金			每亩减税纯收益		
	1994 年	1997 年	1999 年	1994 年	1997 年	1999 年
六种粮食平均	8.44	12.84	11.78	179.92	95.82	57
三种油料平均	7.42	13.61	11.06	205.13	154.55	90.25
棉花	14.31	21.78	19.1	343.58	354.63	34.16
烤烟	8.7	13.12	11.24	57.01	218.61	229.77
熟红麻	12.46	13.72	9.01	101.63	－18.08	－4.04
苎麻	16.06	21.20	33.05	1205.16	－44.02	－109.93
甘蔗	19.54	30.52	21.83	464.39	453.52	98.1
甜菜	8.01	12.41	12.68	106.29	176.82	81.99
蚕桑茧	35.48	36.82	25.42	774.94	361.82	224.7
红绿毛茶	41.62	57	55.11	24.32	153.61	319.45
苹果	1566.5	99.11	95.26	1027.68	396.35	468
柑桔	54.3	48.39	126.41	1469.17	391.09	806.13

资源来源：《中国农村统计年鉴》（2000 年）。

第三节　其他税收制度调整和改革与农民负担

1994 年税制改革后，税制结构调整幅度较大，工商税制不断完善，国家财政收入稳步增加。从工商税制和农民的关系看，直接影响农民负担的主要有屠宰税、耕地占用税、增值税、营业税、消费税和个人所得税等。除了屠宰税，其他工商税只涉及少数农民，而且大部分税种对农民给予了优惠。

一、耕地占用税和屠宰税的调整

（一）耕地占用税

1992 年，邓小平南方谈话以后，各地加大招商引资，发展地方经济，但是一些地方盲目发展，搞各种形式的开发区，过多地占用了耕地。为了限制乱占乱用耕地，保护土地资源，中央要求加大耕地占用税的征收力度，取得了很好的效果。在 1992 年、1993 年耕地占用税连续增收后，1994 年耕地占用税继续保持较高增长，从 1995 年开始回落，但仍高于 1991 年之前的水平，1996 年降至 31.2 亿元，1997 年至 1999 年呈缓步上升趋势。

耕地占用税中，直接影响农民负担的是农民建房缴纳的部分。1994 年至 1999 年，农民建房缴纳的耕地占用税基本稳定，保持在 2.3 亿元至 3.7 亿元之间。年度之间税额的差异主要与农民建房占用耕地规模的大小有关（参见表 2－19）。

表 2－19　乡镇集体和农民建房缴纳耕地占用税情况　单位：万元

类别	1994 年	1995 年	1996 年	1997 年	1998 年	1999 年
农民建房	29474	34031	37338	33332	23731	26688

资料来源：财政部、国家税务总局耕地占用税决算。

（二）屠宰税

1994 年 1 月 23 日，《国务院关于取消集市交易税、牲畜交易税、烧油特别税、奖金税、工资调节税和将屠宰税、筵席税下放给地方管理的通知》向地方下放屠宰税的管理权，各省、自治区、直辖市人民政府可以根据本地区经济发展的实际情况，自行决定继续征收或者停止征收。除西藏自治区外，全国各省、自治区和直辖市都结合当地的实际情况制定了本地区的屠宰税征收办法，并陆续公布实施。

各地制定的屠宰税征收办法，主要内容如下：

第一，纳税人和征收范围。屠宰税的纳税人通常为屠宰或者收购税法规定应税牲畜的单位和个人。此外，有些地方为了征收管理上的便利，规定收购应税牲畜的单位和个人也是屠宰税的纳税人。屠宰税的应税牲畜包括猪、羊、牛、马、驴、骡、骆驼等 7 种牲畜。

第二，税率和计税方法。屠宰税的税率分为比例税率和定额税率两种。（1）实行从价计征的，按照规定的税率和计税价格（如销售价格、收购价格等）计算应纳屠宰税税额，税率一般为 3%，如青海、山西、内蒙古。应纳税额 = 宰杀牲畜的实际重量 × 计税价格 × 适用税率。(2) 实行定额税率计征。按照应税牲畜的头数和规定的税额标准计算应纳屠宰税税额，如山东省。应纳税额 = 宰杀牲畜的数量（头）×定额税率。(3) 有些地方实行从价计征和定额计征两种征收方法并用，如四川省。

第三，免税项目。屠宰税下放地方后，各地可自行确定减免税。从各地情况看，屠宰税的主要免税规定有：(1) 少数民族在民族、宗教节日自宰、自食的牲畜，如信仰伊斯兰教的少数民族在尔代（新疆称肉孜节）、古尔邦（又称宰牲节）、圣纪（新疆称冒路德节）三大节日期间自宰自食的牛、羊。(2) 农（牧）民、企业、事业单位、国家机关和军队自养，自宰、自食的牲畜。(3) 教学和科学研究单位宰杀用于研究、试验的牲畜。(4) 民政、社会福利救助对象，如敬老院、孤儿院、军烈属、五保户、残疾人、贫困户等自养、自宰、自食的牲畜。(5) 种畜、乳畜、仔畜和役畜。(6) 经过有关部门检验之后宰杀的伤、病、残牲畜。农民自养、自宰、自食的牲畜，如有出售者，其出售部分应纳税。

第四，纳税期限和纳税地点。屠宰税的纳税人缴纳税款和代征税款解库的具体期限，由当地主管税务机关根据实际情况确定。屠宰税由纳税人在屠宰、收购应税牲畜的时候向当地主管税务机关缴纳。税务机关也可根据实际情况委托其他单位（如供销社、村民委员会等）和个人代征屠宰税。

1994 年国务院将屠宰税下放地方管理后，纳税人和征收范围比以前扩大了，征收标准普遍提高了两三倍，征收环节从以前的屠宰环节延伸到收购环节，因此屠宰税收入也持续、稳定增长。1994 年达到 7.47 亿元，超过此前历史最高水平的 1965 年（5.8 亿元），比 1993 年的 2.73 亿元增长了 1.74 倍；1995 年第一次超过 10 亿元，达到 16.08 亿元；1996 年超过 20 亿元，达到 20.62 亿元。到 1999 年，屠宰税收入达到了 28.55 亿元，比 1994 年增长 2.82 倍（参见表 2－20）。

屠宰税下放地方后，出现了一些加重农民负担的问题，主要有以下几方面：

表 2-20　1994—1999 年屠宰税收入情况　单位：亿元

年　份	屠宰税收入
1994	7.47
1995	16.08
1996	20.62
1997	23.95
1998	26.68
1999	28.55

资料来源：《中国税务年鉴》。

一是摊派行为严重。由于屠宰税税源比较分散，收入规模较小，征税成本相对较高，在屠宰税的实际征收过程中，一些地区为了征收上的便利，将屠宰税连同农业税及农村各项收费按人头分摊、按农户承包耕地亩数分摊或按人口、耕地五五比例将屠宰税摊派到农户，改变了纳税人，使未养猪农户及养猪但不自家宰食者成为纳税主体，改变了纳税环节，使摊派的屠宰税随农业税和各种统筹款一起缴纳，改变了计税依据，使屠宰税按人口数、承包田亩数计税，引起农民的不满情绪。有些地方每年确定农民负担总额时，由县级政府下达屠宰税征收任务，按人口平摊到农户。由于"据实征收"无法完成任务，一些地方不管是否宰杀生猪，更不管是否养猪，把任务平摊到各农户，增加了农民的不合理负担。

二是税率较高。屠宰税下放地方后，有些地方屠宰税征税标准有所提高。1995 年 6 月 22 日，江西省人民政府正式发布《江西省屠宰税征收办法》，规定在本省境内宰杀、收购猪、牛、羊的单位和个人，均应缴纳屠宰税，其征收标准统一为：生猪每头 12 元，牛每头 16 元，羊每头 2 元，按头定额征收。屠宰税征收额由 1994 年的 6492 万元，猛增到 1995 年的 18821 万元。湖北全省每头猪征收的屠宰税占到每头收入（扣除物质费用）的 10% 以上。

三是税费转嫁。首先，有些地区规定收购环节征收屠宰税实行由饲养者代扣代缴制度，如果饲养者在其出售应税牲畜时，没有代扣代缴税款，税务机关就要按照有关规定责令饲养者补缴税款。其次，在收购生猪时，收购者压级压价，造成税负转嫁，最终由饲养户负担，以致购销双方都不愿意缴纳屠宰税。即便是养猪户代行了扣缴义务，但因为收购者拒绝交税，他们得不到相应补偿，产生税负转嫁，加重了农民负担。

四是重复征税。收购和屠宰分为两省的，相关省份的税务部门经常协调不好，造成两个省同时征税，加重不合理负担。由于票证管理不健全，农民代扣代缴交了税却没给税票，也造成了重复征税。

此外，屠宰税根据年度牧业普查牲畜存栏数减除农牧民自宰自食等部分，按照地方政府确定的年度牲畜出栏比例和市场收购价格确定的计税依据，由税务人员上门征收。这样，牲畜出栏比例和市场收购价格决定计税依据。但出栏和收购是几个月完成的过程，随着市场的变化，计税依据会发生较大波动。农牧民实际的牲畜出栏数、销售价格和政府确定的数字有一定误差，加上部分地方政府为增加财政收入，往往高于实际情况确定牲畜出栏比例和售价，导致税收负担增加和税负不均。

二、工商税制改革对农民负担的影响

（一）1994 年工商税制改革

1992 年召开的党的十四大提出了建立社会主义市场经济体制的改革目标，要求充分发挥市场在国家宏观调控下对资源配置的基础作用，与此相适应，必须建立一个公平、科学和法制化的税收制度。税收在市场经济条件下所起的作用，将不仅是参与社会产品分配、组织财政收入，更重要的是作为国家宏观调控的手段，在实现经济总量平衡、调整产业结构、促进公平竞争、解决社会分配不公等方面发挥重要作用。按照党的十四届三中全会的决定和部署，我国从 1994 年开始对税收制度进行全面改革，建立社会主义市场经济体制下的新税制。

1. 1994 年前税制存在的问题

20 世纪 80 年代通过两步利改税和工商税及农业税制全面改革建立起来的税收制度，在一定程度上还保留着计划经济体制下国家用行政手段管理经济的痕迹，难以适应建立社会主义市场经济体制的要求，主要表现：

第一，企业所得税按不同所有制企业分别设置税种，税率不一，优惠各异，地区之间政策也有差别，造成税负不公平，不利于企业在市场中平等竞争。第二，国家与企业的分配关系很不规范，出现了名义税率高，实际税负低的现象。第三，在计划价格为主的条件下设计的流转税税率，档次过多，税率差距很大。第四，地方税收入规模过小，中央与地方的税收管理权限划分不够合理，不利于中央与地方实行彻底的分税制。第五，内外资企业实行两套税制，引起企业相互攀比，竞相争取税收优惠，矛盾日益突出。第六，个人所得税、个人收入调节税、城乡个体工商业户所得税的法律法规不统一、不规范，不利于税收发挥调节个人收入分配的作用。第七，税收调控的范围和程度不能适应生产要素全面进入市场的要求，随着我国对外开放的进一步发展和国际经贸活动的不断扩大，商品、资金、技术、劳动力等各种生产要素的跨国流动将会日益增加，客观上要求我国与世界各国之间的税收制度和税收政策相互协调，以避免税收对生产要素的流通产生阻碍作用。

2. 1994 年税制改革的指导思想和基本原则

1994 年，按照党的十四届三中全会《中共中央关于建立社会主义市场经济体制若干问题的决定》要求，遵循统一税政、公平税负、简化税制、合理分权、理顺分配关系、保证财政收入的指导思想，我国税收制度进行了全面改革。税制改革的基本原则是：

第一，有利于调动中央和地方两个积极性，加强中央的宏观调控能力。调整税制结构，合理划分税种和确定税率，为实行分税制，理顺中央与地方的分配关系奠定基础。逐步提高税收收入占国民生产总值的比重，合理确定中央财政收入和地方财政收入的比重。第二，有利于发挥税收调节个人收入和地区间经济发展的作用，促进经济和社会协调发展，实现共同富裕。第三，实行公平税负，促进平等竞争。通过统一企业所得税和完善流转税制，使各企业之间税负大致公平，为企业在市场中进行平等竞争创造条件。第四，体现国家产业政策的要求，促进经济结构的调整，促进国民经济持续、快速、健康发展和整体效益的提高。第五，简化、规范税制。取消与经济发展不相适应的税种，合并重复设置的税种，开征一些新税种，实现税制的简化和高效。参照国际惯例，采用较为规范方式，保护税制的完整，以有利于维护税法的统一性和严肃性。

3. 1994 年税制改革的内容

1994 年税制改革的内容：重点是对流转税和所得税进行了改革，也对其他一些税种进行了改革，同时还改革了税收征收管理制度。

（1）流转税制的改革。建立新的流转税制是这次改革的重中之重。1993 年 11 月 26 日国务院第十二次常务会议审议通过《中华人民共和国增值税暂行条例》《中华人民共和国消费税暂行条例》《中华人民共和国营业税暂行条例》，自 1994 年 1 月 1 日起施行。按照体现公平、中性、透明、普遍的原则，在保持总体税负基本不变的情况下，参照国际上流转税制改革的一般做法，改变了原流转税制按产品分设税目，分税目制定差别税率的传统做法，确立了在生产和流通环节普遍征收增值税，在此基础上选择少数产品再征收一道消费税，对提供劳务、转让无形资产和销售不动产保留征收营业税的模式。改革后流转税制由增值税、消费税和营业税组成，统一适用于内外资企业，取消对内资企业征收的产品税和对外商投资企业和外国企业征收的工商统一税。原征收产品税和工商统一税的农林牧水产品，改为征收农业特产税。

（2）所得税制的改革。所得税制的改革包括企业所得税和个人所得税的改革。1993 年 11 月 26 日国务院第十二次常务会议审议通过《中华人民共和国企业所得税暂行条例》，自 1994 年 1 月 1 日起施行。企业所得税的改革目的是：理顺并完善国家与企业的利润分配关系，为各种不同经济性质的企业创造一个平等的竞争环境。改革的主要内容是取消按企业所有制形式设置所得税的做法，将国营企业所得税、集体企业所得税、私营企业所得税统一合并为企业所得税，实行统一的内资企业所得税制。1993 年 10 月 31 日，第八届全国人民代表大会常务委员会第四次会议通过《全国人民代表大会常务委员会关于修改〈中华人民共和国个人所得税法〉的决定》，以中华人民共和国主席令公布，自1994年1月1日起施行。个人所得税改革的宗旨主要是对较高收入者征税，对中低收入者不征或少征，体现不使纳税人税负增加过多和总体税负有所降低的原则。改革的内容是将个人收入调节税、适用于外籍人员的个人所得税和城乡个体工商业户所得税合并，建立统一的个人所得税制。

（3）其他工商税制的改革。一是扩大资源税征收范围；二是开征土地增值税，对房地产交易中的过高利润进行适当调节；三是调整了其他一些税种，如取消集市交易税、牲畜交易税、烧油特别税、奖金税和工资调节税。将特别消费税并入消费税，将盐税并入资源税，将屠宰税、筵席税征收或停征权下放给地方。

（4）农业税制的改革。农业税制改革的重点是完善农业税特产税。为更好地适应我国农林牧渔业生产发展的实际情况和体现分税制财政体制的改革要求，增强税制改革的协同效应，将原农林特产农业税、原产品税和原工商统一税中的农林牧水产品税目合并，改为农业特产农业税（简称农业特产税），扩大了征收范围，适当降低了部分产品的税率，明确了减免税，规定了扣缴义务人等。

（5）征收管理制度的改革旨在彻底改变征管制度不严密、征管手段落后的局面，从根本上提高税收征管水平，建立科学、严密的税收征管体系，以保证税法的贯彻实施，建立正常的税收秩序。改革的主要内容：一是建立普遍纳税申报制度；二是积极推进税务代理制度；三是加速推进税收征管计算机化的进度；四是建立严格的税务稽核制度；五是适应实行分税制的需要，组建中央和地方两套税务机构；六是加强税收法制建设，逐步建立税收立法、司法、执法相互独立、相互制约的机制。

1994年税制改革之后，税种由原来的37个减少到23个，税制简化，结构趋于合理，税负趋向公平，越权减免税有所抑制，税收筹集财政收入和调控宏观经济的功能有所增强。新建立的税收制度总体上保持了原税负水平，没有增加企业的负担，没有引起物价大的波动，没有影响对外开放，没有对经济发展产生不利的影响，对于社会主义市场经济体制的建立和发展发挥了重要作用。新的税收制度与新的分税制财政体制相结合，明确了中央和地方两级政府的事权和财权，各级政府和财税部门组织收入的积极性大大提高，财政收入显著增长。1999 年全国财政收入为 11444.08 亿元（不含内、外债收入），其中，中央财政本级收入为 5849.21 亿元，比 1993 年的 957.51 亿元，增加 4891.7 亿元，年均增长率为 35.20%；地方财政本级收入为 5594.87 亿元，比 1993 年的 3391.44 亿元，增加 2203.43 亿元，年均增长率为 8.7%。中央财政收入与地方财政收入的比重从 1993 年的 28.3∶71.7 变为 31.5∶68.5。实践证明，我国税制改革取得了突破性进展和历史性成功。

（二）工商税对农业和农民的优惠政策及对农民负担的影响

新税制实施以后，除了取消了涉农的产品税、集市交易税和牲畜交易税外，工商税对农业和农民给予非常优惠的税收政策。

在流转税方面，增值税法规政策规定：农业产品的增值税税率自 1994 年 5 月 1 日起由 17% 调整为 13%；对农业生产者销售的自产农产品免征增值税；自 1994 年 1 月 1 日起，农用水泵、农用柴油机的增值税税率由 17% 调整为 13%。营业税法规政策规定：对提供农业机耕、排灌、病虫害防治、植保、农牧保险及相关技术培训劳务取得的收入免征营业税；对提供家禽、牲畜、水生动物的配种和疾病防治劳务取得的收入免征营业税；为了鼓励农业技术引进和推广，对科研单位取得的农业技术转让收入免征营业税；为了体现国家对农业的扶持，对中国农业发展银行征收的营业税全部返还；将土地使用权转让给农业生产者用于农业生产，免征营业税。

在所得税方面，企业所得税法规政策规定：乡镇企业应交所得税税额可减征 10%，用于补助社会性开支的费用；自 1994 年 1 月 1 日起，对农村的为农业生产的产前、产中、产后服务的行业，即乡、村的农技推广站、植保站、水管站、林业站、畜牧兽医站、水产站、种子站、农机站、气象站以及农民专业技术协会和专业合作社，提供的技术服务和劳务所取得的收入，以及城镇其他各类事业单位开展上述技术服务所取得的收入暂免征企业所得税；从事农业、林业、畜牧业、渔业和水利业的外商投资企业，设在经济特区和经济技术开发区的减按 15% 的税率征收企业所得税，设在沿海经济开发区和经济特区、经济开放区所在城市的老市区的减按 24% 的税率征收企业所得税，经营期在 10 年以上的从开始获利的年度起，第 1、2 年免税，第 3、4、5 年减半征税；从事农业、林业、牧业的外商投资企业和设在经济不发达地区和边远地区的外商投资企业，依照税法规定享受免税、减税待遇期满后，经企业申请，国务院和税务主管部门批准，在以后的 10 年内可以继续按应纳税额减征 15%—30% 的企业所得税；从 1996 年 1 月 1 日起，对国有农口企事业单位从事种植业、养殖业和农林产品初加工业取得的所得暂免征企业所得税，对边境贫困的国有农场、林场取得的经营所得和其他所得暂免征企业所得税。

在其他工商税方面，土地使用税法规政策规定，对直接用于农、林、牧、渔业的土地，免征土地使用税。车船使用税法规政策规定，对载重量不超过十吨的渔船和主要用于农业生产的拖拉机，免征车船使用税。固定资产投资方向调节税法规政策规定，对农林、水利等行业中的江河治理，灌排工程，农田水利、水土保持，滩涂开发、开垦荒地，畜禽繁育场，渔港、渔业基地建设，农业、林业、水利技术推广，商品粮、棉、油基地，防护林工程，森林保护，草场建设，气象、水文设施建设，调水、供水工程等投资项目，适用 0% 的税率。

1994 年的税制改革，初步建立起适应社会主义市场经济体制的税收制度。新税制取消了产品税、集市交易税、牲畜交易税三税，直接减轻农民负担 54.44 亿元。其他工商税除了对养猪大户、农民储蓄户利息征收个人所得税外，对农业生产和农民基本不再征税。

第四节　农村收费与农民负担

一、农村收费的加重

1994 年，根据建立社会主义市场经济体制的要求，国家进行了财税、金融、投资和流通体制等六项重大改革，国民经济继续快速增长，农业取得了历史性成就。以分税制为核心的新财政体制基本建立，对理顺基本经济关系和建立新的运行机制产生了深远的影响。分税制改革后，一方面，中央财政集中能力大大增强，中央财力得到了明显改善，提高了中央宏观调控能力；另一方面，由于地方事权与财权不匹配，致使地方财政收支矛盾突出。同时，我国行政体制改革相对滞后，行政机构和人员虽经几次合并和裁减，但有增无减。有些部门为了自身的、局部的利益，而开征了名目繁多的收费、基金。由于种种原因，地方政府尤其是基层政府乱收费、乱集资、乱摊派现象日益严重，加重了农民负担。

1994 年至 1999 年，农村收费呈快速上升趋势。1999 年，村提留、乡统筹和其他负担合计为 1008.6 亿元，比 1994 年的 579.3 亿元增加了 429.3 亿元，增长 74.1%，其中，村提留为 387.9 亿元，比 1994 年增加了 100.9 亿元，增长 35.19%；乡统筹为 281.6 亿元，比 1994 年增加了 107.3 亿元，增长 62.07%；社会负担为 275 亿元，比 1994 年的 68.2 亿元增加了 206.8 亿元，增长 3.03 倍；义务工和积累工以资代劳部分为 64.1 亿元，比 1994 年的 49.8 亿元增加了 14.3 亿元，增长 28.72%。1999 年，农民人均负担的收费为 110.53 元，比 1994 年的 64.34 元增加了 46.19 元，增长 71.8%。这一时期，农民负担的年均收费总额为 890.7 亿元，比 1991 年至 1993 年的年均收费总额的 489.2 亿元增加 401.5 亿元，增长 82.07%。农村收费可以分为两个阶段，第一阶段是 1994 年至 1997 年，属于快速增长期，增长了 76.86%，年均增长 20.93%；第二阶段是 1998 年至 1999 年，基本保持稳定，1999 年比 1997 年还略有下降。收费负担也不太均衡，地区间、农户间收费负担差异较大。发达地区农民负担相对不发达地区较轻；较富裕的农户负担相对于较贫困农户负担较轻。

但是我们也要看到，农民承担的提留统筹费、农民人均总收费额与农民人均纯收入的比例保持相对稳定。一是这一时期农民承担的提留统筹费占上年农民人均纯收入的比重控制在国家规定的 5% 限额内，1994 年为 4.91%，比 1992 年的 5.2% 下降了 0.3 个百分点。按照农业部提供的人均村提留乡统筹和上缴集体各款项测算其占上年农民人均纯收入的比重，1996 年为 4.31%，1997 年为 3.77%，1998 年为 3.50%，1999 年为 3.12%，均没有超过 5%，并呈逐年下降趋势。另据 1998 年 12 月农业部、监察部等部门共同组成的检查组对江西、甘肃、广西、浙江、重庆 5 省（自治区、直辖市）10 个县进行的农民负担执法检查，1998 年提留统筹费占上年人均纯收入的比例，最低为 1.28%，最高为 3.1%。江西浮梁县和靖安县，提留统筹费占上年人均纯收入的比例，分别比上年下降了 0.16 个和 0.37 个百分点。二是农民人均总收费额与农民人均纯收入相比，大体在 5% 上下波动，1994 年为 5.27%，1998 年达到最高点 5.61%（参见表 2－21）。

表 2－21　　1994—1999 年农民总体收费负担变化状况　　单位：亿元

年份	收费总额	提留统筹费	社会负担	以资代劳	人均收费负担额（元/人）	收费负担占农民收入的比重（%）
1994	579.3	461.3	68.2	49.8	64.34	5.27
1995	729.3	547.6	114	67.7	80.83	5.12
1996	898.0	679.7	131	87.3	99.33	5.16
1997	1024.4	703.0	240.4	81	112.95	5.40
1998	1104.8	729.7	278.1	97	121.36	5.61
1999	1008.6	669.5	275	64.1	110.53	5.00

资料来源：根据历年《中国统计年鉴》《中国农业年鉴》、农业部数据整理。社会负担和“两工”以资代劳部分，1996 年至 1999 年为同口径数据。1994 年和 1995 年是根据农业部《各省区市农民负担情况统计资料》有关数据整理。

尽管农民负担经过上一时期的大力清理整顿，但仍然存在很多问题：

第一，征收主体混乱。

农村乱收费主要出自乡镇以上的有关部门和乡（镇）村自身及非政府因素。

一是来自乡镇以上部门的收费。给乡镇下达指标的部门有计划、财政、民政、水利、农经等部门。这些部门主要是通过指标加码增加农民的负担。如有的地方将上级下达的定购粮任务增加10%下达到各乡镇。强行以资代劳，如兴修水利，一方面按土方分配到乡镇，另一方面又要求乡镇按土方折合款项并限期全额上交。对本属自愿订阅的报刊、自愿投保的农村社会养老保险，也要下指标到乡镇，并要求按期完成，有个只有2万多人口的乡，一年分配报刊订阅金额达1万多元。一个中等村的报刊摊派额一般在3000—4000元，个别高达8000—13000元。对乡镇实行财政包干，只拨给国家干部的基本工资、津贴及少部分办公费，差额部分要求乡镇创收解决，有的乡镇无收可创，只有“创”到农民头上。在设置项目上求高求大，重复立项。如某地引进程控电话交换机，财力不够，部分差额就摊给乡镇，有的乡本身就已亏空，只有摊到农民头上。在机构设置上，要求乡镇对口，村里配备相关人员。一些部门发文要求乡镇设置相应机构，有的不足10户的村小组也被改设为村委会，在一些不发达的乡村，这些开支又要摊到农民头上。在指导农民种植农作物时，强行要求部分乡镇村拿出部分土地种植当地农民不熟悉的作物，如有的地方强行要求农民种烟，减收不说，每户种烟农民花费近千元所建的烤烟房，相当部分用了二年就废弃了。一些部门将政府行为转为有偿服务，如盖章要收费；提供身份证、准生证、婚姻状况证明书等要工本费。

二是来自乡镇、村方面的负担。对上级有关部门下达的指标任意肢解项目，层层加码，如对民兵训练费按规定应在统筹费中解决，而有的村却另收；对上级布置的定购粮等指标增加数量摊到农民头上；如护堤费，上级早有文废止，而有的乡仍向农民收取；人员配备上，为了安排领导子女、干部子弟、关系户而滥设内部机构、乱设职数。有的乡聘用干部人数是在编国家干部的两倍，有的村干部职数达13个，这些人工资、福利、奖金在一些不发达的农村，都得向农民收；在规费收取、集资、摊派上，工作方法简单、强制行事。还有的乡为收费、集资，组织小分队，收不到现金，就搬家具、农具、拉牲畜；在财务管理方面，有的村长期不设账簿，向农民收款不给收据，村委会收支相当混乱；有的乡镇村干部请客送礼、大吃大喝、购置车辆、乱发奖金和实物所花的钱都要摊派到农民头上。

三是来自非政府因素造成的负担。在文教卫生方面，如看村戏、放电影要集资，中小学乱收费现象普遍存在，一些医院和乡村医生也趁农村缺医少药之机乱涨价、乱收费；在经营部门，如一些生产经营部门擅自提高农资价格，一些电管部门乱涨电价、乱收费。

第二，征收项目、依据和标准“乱”。

一是征收项目名目繁多。据不完全统计，1999 年全国涉及农民负担的税费项目共有 8 大类 100 项以上，其中收费占 7 大类。1999 年，全国农民直接缴纳的村提留和乡统筹费约为 601 亿元，承担的“义务工”和“积累工”中的以资代劳以及其他各种社会负担（包括行政事业性收费、集资、罚款、摊派等）339 亿元。此外，农村劳动力还承担了“两工”82 亿个，每个劳动力人均 17 个。

摊派和集资项目花样百出。有的地方向农民摊派乡镇企业管理费等；一些地方政府买微机、给派出所建办公楼等还得让农民集资；有的地方强行向农民推销农药、种子、养老保险、人畜防疫、合作医疗等；有的地方变相收取治安联防费。为了农村社会治安稳定，不少地方在乡村设立了治安联防队，国家既没有配编制，又没有给经费，而且治安联防费已明令取消，联防队员的工资报酬、着装装备费用等，只好以罚款等方式向农民摊派。同时，还存在将经营服务性收费变为硬性摊派的现象。个别地方一些学校硬性要求学生买人身保险。一些学校强制每个学生每年订购两套校服。个别地方民政部门在办理结婚登记时搭售纪念品和福利奖券。

二是征收方式极不规范。预防保健，打狗灭鼠，地方病防治，乡村卫生院和医务人员补贴等，都向农民伸手，提取费用。妇婴儿童的保健，采取在发结婚证或计划生育指标时强制收取。

三是征收标准随意性大。教育附加费过高。根据党中央、国务院有关规定，农村教育附加费提取比例的最高限额是农民纯收入的 1.5%，这已占农民承担统筹费的 60%，但不少地方在 1.5% 以外又搞集资、摊派。少数地方还存在追求高标准的现象。电网改造存在搭车收费、随意加价现象。有的地方以更换电表、进户线为名搭车收费，每户得交 250 元，仅此一项农民人均就得负担 60 多元，占纯收入的

3.13%。根据内蒙古自治区包头市调查，1996年当地水电价格涨幅过高且价外加价现象时有发生，已成为农户难以承受的经济负担。如农灌用电，本应按表计算，实行合理收费，而部分乡村采取按田亩、按农灌次数平均收取水电费，每亩地每灌一水需交纳水电费11—14元不等。每茬大田作物需浇三水，每亩水电费支出需33—42元，若是种植蔬菜则会更高。蔬菜种植本应按农业生产用电计价，即0.261元/千瓦时，但实际则是按生活用电计价，即0.51元/千瓦时，高出正常价近1倍。除此之外，一些乡村线路整改，实行不切合实际的农电达标，摊派现象也较为普遍。

四是收费资金征收管理混乱。一些地方乱收费"搭"正规收费的"车"，结婚登记"搭车"收费有的高达600多元。一些地方征收统筹提留不按规定向农民填发"农监卡"，收取资金不给农民开发票，上解、平调、挪用提留统筹资金的问题十分突出。教育附加费、乡村道路管理费、民兵训练费、优抚费都要部分上解到县里。一些乡镇政府大量挪用平调提留统筹费用于干部教师工资发放，弥补财政不足，以至造成县里上解乡统筹，乡里平调村提留，村里重复向农民收费的混乱现象。

二、中央治理农村乱收费的政策措施及其效果

20世纪90年代前期，减轻农民负担工作以规范农民负担为核心，主要是减轻国家税收以外的各种收费、罚款和摊派。进入90年代中后期，减轻农民负担工作以遏制恶性案件发生、强化领导干部责任制和建立健全减轻农民负担的责任制为核心。

党中央、国务院将减轻农民负担作为农村工作的重点。在1993年中共中央、国务院清理农民负担项目的基础上，同年9月18日，国务院在《关于近期开展反腐败斗争的实施意见》中又提出将减轻农民负担作为反腐败的重要内容来抓。到1993年10月，中央、省、地、县四级涉及农民负担的文件和项目全部清理完毕。但减轻农民负担仍存在着一些不容忽视的问题：思想认识不统一，不少人把减轻农民负担与发展经济对立起来；有些地方虚报农民收入，超标准提取村提留和

乡统筹费，平调、挪用、挤占现象较严重；义务工和积累工尽管劳务总量未超过国家规定的最高限额，但各地普遍存在强制农民以资代劳和平调、挪用以资代劳款的现象；社会性集资摊派和管理性收费、罚款等社会负担呈减而复增态势。种种问题导致部分地区农民负担不断反弹：中央明令取消的收费项目和纠正的做法在一些地方又恢复执行；擅自出台农民负担项目和文件的现象又有出现；强制农民出钱、出物、出工的达标升级活动又在一些地方开展；“三乱”现象在一些地方不断抬头。

1994 年 6 月 23 日，《中共中央办公厅、国务院办公厅关于转发农业部、监察部、财政部、国家计委、国务院法制局〈关于 1993 年农民负担检查情况的报告〉的通知》明确提出：“保护农民合法权益、调动农民生产积极性、切实减轻农民负担，是党的农村工作的一项基本政策。”同年 10 月，农业部、监察部、财政部、国家计委、国务院法制局等五个部门联合召开了全国农民负担监督管理工作会议，会上，中央和国务院领导要求各级党委、政府和有关部门要从全党工作大局出发，继续重视和加强减轻农民负担工作。

1995 年 8 月，针对一些地方农民负担严重反弹，农业部等部门再次召开会议，国务院宣布了“约法三章”，即“党中央、国务院已经明令取消的项目不准恢复；暂停一切涉及加重农民负担项目的审批；各地区农民承担的提留统筹费不允许有突破 5% 的乡镇出现”。针对一些地方违反国家收购政策、强行代扣代缴各种款项、向农民乱摊派的现象，12 月 11 日，国务院办公厅又下发《关于严禁在农副产品收购中代扣代缴各种款项向农民乱摊派的通知》强调，“坚持户交户结，不准代扣代缴各种款项和向农民乱摊派”，“各种保险、有偿服务收费等必须坚持自愿、互利的原则，不得在农副产品收购中借机摊派”。

从 1994 年和 1995 年上半年反映情况看，一些地方农民负担出现“反弹”，“三乱”又开始抬头，特别是乱集资摊派出现回潮。据 1995 年农业部百县蹲点调查测算，尽管农民承担的村提留乡统筹费总体上控制在 5% 之内，但上半年农民上交的各项税金比上年同期增长约 30%，提留统筹费增长约 20%，各种集资收费增长约 40%。1995 年农民的社会负担人均20.5元，比上年增长21%。一些地方发生恶性案件，农民负担过重的矛盾非常尖锐，生产积极性受到严重影响。1996年3月9日，针对减轻农民负担依然严峻的形势，中共中央办公厅、国务院办公厅转发农业部、监察部、财政部、国家计委、国务院法制局《关于当前减轻农民负担的情况和今后工作的意见》的通知要求，各地建立减轻农民负担工作行政主要领导负责制，确保本地区提留统筹费不超过上年农民人均纯收入的5%，不得擅自出台任何加重农民负担的项目；纪检、监察部门要督促各有关部门落实减轻农民负担的政策、法规，加强执法监察；财政部门要加强对涉及农民负担的基金的管理，严肃处理各种乱征乱收行为；物价部门要强化农村的价格管理，认真查处各种乱涨价行为；物价、财政部门要认真审核各项涉及农民负担的行政事业性收费标准，坚决把过高的标准降下来。

1996年12月30日，中共中央、国务院作出了《关于切实做好减轻农民负担工作的决定》，这是一份纲领性的文件，明确了今后一个时期减轻农民负担工作的指导思想、主要任务和政策措施，并作出了13条具体规定，概括起来就是“三稳定”“五严禁”“三减”“两加强”。“三稳定”就是：国家的农业税收政策稳定不变，村提留乡统筹费不超过上年农民人均纯收入5%的政策稳定不变，农民承担义务工和劳动积累工制度稳定不变。“五严禁”就是：严禁一切要农民出钱出物出工的达标升级活动，严禁在农村搞法律规定以外的任何形式的集资活动，严禁对农民的一切乱收费、乱涨价、乱罚款，严禁各种摊派行为，严禁动用专政工具和手段向农民收取钱物。“三减”就是：减免贫困户的税费负担，减轻乡镇企业的负担，减少乡镇机构和人员开支。“两加强”就是：加强领导，实行减轻农民负担党政一把手负责制；加强监督检查，严肃查处加重农民负担的违法违纪行为。文件明确指出，农民负担重，已成为影响农村改革、发展和稳定的一个十分突出的问题。如不坚决加以解决，势必妨碍国民经济和社会发展“九五”计划和2010年远景目标的实现，影响基层政权的巩固，危及国家的长治久安。全党务必从政治、全局的高度看待这个问题，采取有力措施，切实做好减轻农民负担工作。

各牧区对减轻牧民负担工作也比较重视。1997年9月26日，青海省第八届人民代表大会常务委员会第三十二次会议通过了《青海省农牧民负担监督管理条例》。条例规定农牧民缴纳的村提留、乡统筹费，以农业部制定、国家统计局批准的农村牧区经济收益分配统计报表为依据，以村为单位计算，不得超过上一年农牧民人均纯收入的5%；推行农牧民负担监督卡制度；农牧民负担监督卡，应分户载明全年需要承担的费用和劳务的提取标准。

1998年，在各地继续贯彻《中共中央、国务院关于切实做好减轻农民负担工作的决定》的基础上，针对部分地区农民收入增长缓慢、农民负担上升的实际，7月21日，《中共中央办公厅、国务院办公厅关于切实做好当前减轻农民负担工作的通知》明确提出要实行农村“三乱”专项治理部门责任制。

1998年10月14日，中共中央十五届三中全会《关于农业和农村工作若干重大问题的决定》，要求“合理负担坚持定项限额，保持相对稳定，一定三年不变；严禁乱收费、乱集资、乱罚款和各种摊派，纠正变相增加农民负担的各种错误做法，对违反规定的要严肃处理；逐步改革税费制度，加快农民承担费用和劳务的立法”。11月，农业部专门下发了《关于全面推行农民负担一定三年不变管理办法的通知》。1999年3月22日，《国务院办公厅转发农业部、监察部、财政部、国家计委、法制办关于1998年农民负担执法检查情况报告的通知》再次明确规定：“从1999年开始，在全国普遍推行提留统筹费一定三年不变的管理办法。”

1999年7月22日，《国务院办公厅转发农业部等部门关于做好当前减轻农民负担工作意见的通知》对项目清理、教育集资、电网改造提出明确要求。一是各级财政、物价（计划）和农民负担监督管理部门，要在近期内对涉及农民的收费项目再进行一次彻底的检查清理。清理的原则：“对省级以下政府及部门擅自设立的收费项目要一律取消；（中发〔1996〕13号）下发后出台的收费项目要一律取消；对中央和省级政府已取消的收费项目仍在执行或变换名称继续收费的，必须立即停收；对确需保留的收费项目，今年能暂缓执行的，也应列出项目宣布暂缓执行；能降低收费标准的，要重新核定、降低收费标准。”二是1999年除农村实施义务教育的中小学危房改造外，暂停审批农村教育集资一年。三是明确了电网改造中向农民集资收费的有关原则，“除国务院批准的电力建设基金、三峡工程建设基金等外，坚决取消附加在电价上的不合理收费、基金、附加费等”，“在农村电网改造中，除农民购买自用电表外，绝不允许向农民进行集资、收费。各地要力争使农村到户电价比1998年有明显降低”。7月29日，农业部、新闻出版署、国务院纠风办印发《关于坚决制止向农村和农民摊派报刊征订任务的通知》，要求清理整顿面向农村征订的报刊，严格规范报刊发行秩序，并“切实加强农村订阅报刊经费的管理。村民委员会和农村集体经济组织每年订阅什么种类的报刊、订阅多少份、经费开支多少，要由村民代表集体讨论决定，并把它作为农村财务公开的一项重要内容向农民公布。经村民代表同意，也可实行经费总量控制、定额包干的办法”。10月1日，国务院办公厅印发《关于开展全国减轻农民负担工作大检查的通知》，要求各地开展一次以县为单位、涉及所有乡村的减轻农民负担大检查工作：“先以县为单位，由县级人民政府统一组织，在本辖区各乡镇普遍自查的基础上，再对所辖各乡镇逐一进行全面检查，然后由地级对县级、省级对地级及县级进行重点抽查。县级以上（含本级）各级地方人民政府要对本级政府部门涉农收费、集资、达标等情况进行检查。”

总的来看，这一时期，在党中央和国务院治理整顿农民负担的领导和要求下，各地各部门认真落实减轻农民负担的政策，不断加强领导，强化责任，完善措施，加大工作力度，减轻农民负担工作取得一定成效。经过集中治理，中央明令取消和暂缓执行项目在大多数地方得到落实，各种要求农民出钱、出物、出工的达标升级活动明显减少，农民社会负担大幅度上升势头得到遏制。一是清理了涉及农民负担的文件和项目。如通过整顿农村电价，全年共减轻农民电价负担230亿元。通过治理报刊摊派，全国农村削减不合理报刊征订任务367万份，涉及金额1.89亿元。二是控制了村提留、乡统筹和“两工”过快上涨。1994年到1998年，全国农民人均负担的村提留、乡统筹费占上年农民人均纯收入的比例都控制在5%的限额内。农村劳动力年均负担的义务工和劳动积累工也没有超过条例规定的数额。三是查处了一批违纪违法行为。1992年到2000年，国务院有关部门连续开展了8次农民负担执法检查活动。对检查出来的违法违纪行为及时进行了纠正。1997年，全国共清理出涉及农民负担的项目累计17839个，涉及金额148亿元，其中县乡两级清理出的项目数占清理总数的80%。1999年减轻农民负担工作大检查中，各地涉及的不合理收费项目7831个，金额37.7亿元。四是加快了农民负担法规、制度建设步伐。1994年，实行了农民负担专项审计制度；1995年，实行了农民负担监督卡制度。同时，从中央到地方建立了减轻农民负担试点示范和监测点制度。

尽管减轻农民负担工作取得了一定成效，但仍然存在不少的问题：有的地方农民负担监督卡管理不规范，加项加码现象严重；有的地方的一些部门在乡统筹费中强行定比例、挤占村提留，导致提留统筹费突破限额，影响了“一定三年不变”制度的落实；乱收费、乱集资、乱罚款和摊派在不少地区未能得到有效遏制；有些地方基层干部采取非法手段强行向农民收钱收物，酿成恶性案件和群体性事件，导致干群关系紧张，农民集体上访。这些问题，严重侵害了农民的物质利益和民主权利，挫伤了农民的生产积极性，影响了农村社会稳定。

三、部分地区费改税的探索

为进一步减轻农民负担，20世纪90年代中后期，在落实党中央制定的减轻农民负担政策的同时，部分地区开始了“费改税”的试点工作，中央相关部门也着手进行农村费税改革工作的探索。这些试点实践为最终实行农村税费改革和取消农业税奠定了基础。

（一）农村费改税试点的背景

从20世纪80年代初开始，各级政府预算外资金规模扩大，政府相关管理部门开始重视对预算外资金的管理。这一时期，随着“放权让利”，地方政府和行政事业单位收费资金的比重逐年加大，项目越来越多，范围越来越广。总体而言，县乡支出对非规范的收费收入的依存度要大于规范的税收收入的依存度，人们通常形象地称之为“费大于税”或“费挤税”。预算内收入称作“依法征收”，预算外收入称作“依规征收”，制度外收入则是各部门、各地区“自立规章、自收自支”的收入，属于非规范性收入。随着收费的负面影响逐渐暴露出来，各级政府和财政部门开始重新认识收费，对收费资金管理工作中的问题进行认真研究，对收费行为中存在的一些乱的倾向进行纠正。国家相关部门颁布了一系列规章和文件，但大多是缺乏“治本”性的举措，对收费资金的性质、范围、管理措施等没有统一规范的法律法规，治理情况并不理想。

进入20世纪90年代，农村“三乱”现象日益严重，农民负担过重的问题比较突出。有的地方和部门不顾国家三令五申，随意向农民伸手，面向农民的各种收费、集资、罚款和摊派项目多，数额大；有的地方虚报农民收入，超标准提取村提留和乡统筹费，强迫农民以资代劳；有的地方违反国家规定，按田亩或人头平摊征收农业特产税和屠宰税；有的部门要求基层进行的达标升级活动屡禁不止，所需资金向农民摊派。至90年代中期，政府收费项目及收费金额呈快速增长的态势，严重扰乱了正常的经济运行秩序。对此，党中央、国务院高度重视，及时出台了一系列政策措施，将治乱减负工作一步一步向前推进，减轻农民负担工作也收到了一定效果。

但是，农民负担过重的问题并未得到根本扭转，涉农恶性案件和群体事件屡屡发生，已经成为影响农村经济发展以至农村社会稳定的重要因素。中央规定按不超过上年农民人均纯收入5%的标准向农民收费，本意是规范和减轻农民负担。从调查情况看，规定的5%以内的农民负担虽没有突破，但额外负担却有增无减，难以遏制。由于“三乱”的恶劣影响，有些地方政府甚至连农民合理负担也难以收上来了，为了保支出，只好借贷完成上交，债务规模越来越大。这样下去，必然会危及农村基层政权的巩固。

农民负担过重问题之所以成为顽症，主要在于两个方面：一是税费不分，费出多门，费重于税，还有各种名目繁多的乱罚款、乱摊派；二是行政体制和财政管理体制方面的问题，机构臃肿、人员膨胀，“食之者众，生之者寡”。农民负担问题的核心是既有的农村税费制度，所以光抓治乱减负是远远不够的，还必须进一步推进税制和机构改革。一些地方在研究减轻农民负担治本之策的同时，自发进行了以“并税清费”为主要特点的改革探索，如河北正定县“公粮制”改革、安徽太和县“税费合一”改革、湖南武冈市“费改税”改革等。中央高度关注这些地方的改革试验情况，1998 年 10 月，国务院成立了由财政部、农业部和中央农村工作领导小组办公室三个部门主要负责同志组成的国务院农村税费改革工作小组，开始着手研究和制定新的改革方案，为减轻农民负担工作由治乱减负适时转向税费改革做准备。

这一时期的改革习惯上被称为“农村费改税”。

（二）农村费改税试点的开展及内容

1987 年 1 月 22 日，中共中央政治局通过的《把农村改革引向深入》，提出有计划地建立改革试验区；在改革深入阶段，可以在一个市（地区）、一个县的范围内按照改革的方案，进行实际试验；试验区可以进行某一方面的专项试验，不同的试验区可以有不同的改革方案。1987 年 7 月 7 日，国务院要求财政、计划、商业、外贸、银行等有关部门对实验区要积极给予支持。1991 年 11 月，中共十三届八中全会通过《中共中央关于进一步加强农业和农村工作的决定》，提出要深入基层调查研究，倾听干部和群众的意见，及时发现和妥善解决农村中出现的新问题，总结和推广行之有效的新经验，继续办好农村改革试验区，为深化改革提供决策依据。在此基础上，许多省份陆陆续续开始进行农村费改税试点。1995 年 4 月 21 日至 25 日，由农业部农村改革实验区办公室和阜阳地区农村改革实验区领导小组共同主办的全国农村基层税费改革经验研讨会在安徽阜阳市召开，国务院特区办、国家体改委、财政部、内贸部等部门的专家、学者等参加了会议，来自 7 个省份的试点单位做了农村税费改革试点经验介绍。到 1998 年，全国大约有 7 个省的 50 多个县市进行了农村费改税试点。

1. 湖南武冈实行“费改税”

武冈市（县级市）是湖南省率先进行农村统筹资金制度改革的试点市。从 1995 年开始该市先在两个乡镇进行“农村费改税”的试点工作，1996 年试点乡镇扩大到六个，1997 年经市人民代表大会决定在全市普遍推开。

武冈的“农村费改税”办法是，取消农民的统筹提留及其各种行政性无偿收费，改为“农村公益事业建设税”，以税收形式来处理国家与农民的分配关系。征税对象是试点乡镇行政区域内的农民，同时与责任田相结合，实行“以人为主、人地结合”的征收办法，即有责任田和有户籍的人口，按100%的比例征收，没有责任田的按70%征收，有责任田但户口已迁出的按30%征收。经过两年的实践，1997年改为“人田各半”的办法进行征税，即对有户口有责任田的按100%征收，只有户口而没有责任田的按50%征收，有责任田无户口的按50%征收。计税收入（即税基）是统计部门统计的农民上年人均纯收入（包括生产性收入、农林牧副渔业收入、个体、私营经济的经营收入等）。但人均纯收入数据只统计到乡，全乡只有一个计税标准，不利于贯彻公平税负的原则。于是在1997年，武冈市根据农村经济条件的好坏将每个乡镇划分为三个档次，确定不同的计税收入。同时，从减轻和稳定农民负担的角度出发，确定以前三年农民人均纯收入的平均数作为当年计税收入，农民负担稳定三年不变。税率采用地区差别比例税率，1995年试点乡镇税率确定为3%，1996年扩大试点后税率确定为5%以内。农村公益事业建设税是在农产品出售取得收入或其他应税行为发生时，由乡财政所负责征收或委托其他部门代扣代缴。对于纳税人在当年发生重大自然灾害以及本行政区域范围内的五保户、孤儿纳税有困难的，可以减免税收，但所减免的税额原则上应控制在年初税收任务总额的5%以内。

武冈的“农村公益事业建设税”收入统一纳入乡镇财政专户管理，实行专款专用，并严格执行预决算制度。收入和支出预算须经乡镇人民代表大会审议通过，其决算结果接受市财政和审计部门的监督和检查。该税的支出范围划分为12个支出项目，包括：乡村两级教育支出，基层民兵训练、征兵及国防教育支出，计划生育统筹支出，乡镇和村级道路建设支出，农田水利和开发性农业支出，村级干部报酬和公务费支出，公益金支出，征收费用支出等。整个支出管理以财政部门为主，其他有关部门配合，在财政总管的基础上实行分类管理：

对村级干部报酬、公务费、管理费支出，通过乡镇财政所拨款，由乡镇经营站管理；教育支出通过乡镇联校管理；五保户供养、特困户补助、烈军属优抚款以及民兵训练费、国防教育费分别由乡镇民政办、乡镇武装部按照规定掌握使用，向乡镇财政所报账；其余各项经费由乡镇财政所直接管理。

武冈的“农村费改税”是农村分配领域的一项重大改革，归结起来其特征有四：一是只对“三提五统”进行改革，不涉及原有的农业税制和粮食购销体制。因此，改革的难度相对较小，改革的可行性大大增加。二是完全采取货币征收，这更有利于保证乡镇政府用于农村公益事业建设的资金需要。三是乡镇财政对本级政府各个部门的收支实行统一预算管理，不仅从收入征管方面解决农民的负担问题，同时又对农村公益事业的支出管理进行规范。四是改变了政府各部门以前自收自支自行管理的格局，初步建立起在乡镇财政监督下的部门单位的预算财务管理制度。

武冈的农村费改税经过几年的实践，改革办法日趋完善，试点范围不断拓宽，并取得了明显的成效，对于控制和减轻农民负担起到了积极作用。通过加强乡镇财政管理，对于促进农村各项公益事业发展，也发挥了重要作用。1997 年 8 月湖南省政府在武冈市召开了全省“农村费改税”工作会议，决定从 1998 年起在全省范围进一步扩大农村费改税试点，每个地市州都要选择一个县进行试点，在更大范围内进行探索和实践，完善做法，积累经验。

2. 河北正定实行“公粮制”

河北正定县的费改税采取的是“公粮制”改革模式。1993 年，党中央、国务院高度重视治理农民负担问题，各地也在积极探索解决农民负担过重的路子和办法；同时，粮食连续几年丰收，而国家在粮食上的财政负担日益沉重，粮食购销体制面临改革，许多省市已放开了粮食购销。在这样的背景下，正定县经省政府批准，于 1993 年选择三个乡进行“公粮制”改革试点，并于 1994 年在全县 24 个乡镇全面推开。

正定县“公粮制”改革的主要特征是将农村统筹制度改革与粮食

征购体制改革结合在一起进行，实行农民交售公粮的办法，取消了粮食定购任务，农民也不再交纳农业税、“三提五统”费、土地承包费，并有权拒绝一切不合理摊派。“公粮制”的基本做法可以概括为“取消定购，税费征实，明确权责，税卡规范”。“取消定购”，是指县政府不再对各乡镇和农民下达粮食定购任务，乡镇只对农民下达公粮任务；“税费征实”，就是将农业税和“三提留五统筹”等农民正当义务合并在一起，由现金改为实物，无偿交纳。征收率在1993年试点时确定为按前三年粮食平均常产的8%计征，在1994年全县普遍推开时改为（农业税征实+“三提五统”征实）×粮价。公粮征收实行“人地结合，以地为主”的办法，具体是按照“农业税由地负担，三提留五统筹人地各半”的原则分配落实到乡村和农户，一般分夏秋两季征收，夏季征小麦，占公粮的70%，冬季征玉米，占公粮的30%。经乡镇同粮食部门协商，也可夏季一次征足。粮食部门收纳公粮一个月内，由当地粮站向乡政府结算。公粮款由乡按农业税、乡统筹、村提留三项用途分别管理，专款专用，村提留部门实行村有乡管。“明确权责”，就是明确公粮制改革涉及的有关方面的权利和责任。粮食按国家收购政策，公开价格、标准和征收的方法，做到公平合理征收，并及时向乡镇结算公粮款；乡镇政府一方面要负责催交公粮，另一方面要将农民负担严格控制在上年人均纯收入的5%以内。税费增收比例不得高于农民收入增长速度，不得在公粮额度之外再无偿向农民摊派收费；农业银行要保证收购公粮资金的到位；广大农户要按时如数交纳公粮，同时有权拒绝公粮以外的一切乱摊派。“税卡规范”，就是实行税卡制度，把国务院规定农民的各项义务和农业税，按粮食价格折成实物并登记入卡，规范政府与农民的关系。完税卡也是明白卡，政府按卡收粮，农民按卡交粮。农民无偿交纳公粮后，由征收部门据实填写完税卡，并加盖公章，农民可持此卡，抵制各种乱摊派、乱收费。

正定的公粮制是集税、费、粮及农民负担等于一身的改革，具有涉及面广、改革力度大、透明度高、操作简便的特点，对于理顺国家与农民的分配关系，规范和减轻农民负担，起到了一定作用。但是该县的“公粮制”改革是在省里核减该县粮食定购任务前提下进行的。

“公粮制”模式比较容易被农民接受，有一定的合理性和可操作性。但也存在一些问题，主要是：(1) 在市场经济条件下，粮食价格是个变数，粮价涨落势必影响乡镇“三提留、五统筹”款的正常收入。(2) 农业生产是风险产业，如遇严重的洪涝干旱，粮食大幅度减产，甚至出现失收情况，必然出现部分农民交不起公粮现象，致使粮款落空。(3) 实行“公粮制”，落实到村到户年年调整，也会引起农民反感。(4) 耕地负担变重，不利于保护农民种粮的积极性。当时农村已有少数农户不愿经营承包地，出现抛荒、撂荒现象，有的农户只种口粮地保自家吃饭。

3. 安徽太和和河北魏县等地实行“税费合一”

“税费合一”是农村费改税的另一种模式。实行这种改革试点的有安徽太和县、河北魏县等。“税费合一”是指将农业税收与农村统筹资金合并，统一向农民征收。其基本特征有两点：一是改革的范围宽，即把农民交纳的各种“税”与“费”结合在一起进行改革；二是农民交纳的方式既不完全是“粮”，也不完全是“钱”，而是有钱有粮，实物与货币结合。这是与正定县“公粮制”办法的主要区别。

1993 年 11 月 16 日，安徽省政府办公厅正式批复《太和县农业税费改革试点实施方案》，太和县按照实施方案制定了《太和县农业税费改革方案实施细则》，在全县范围内进行农业税费改革，并被农业部农村改革试验区办公室列入重点农村改革试验项目。安徽太和县纳入税费改革的项目包括：农业税、农业特产税、乡统筹费、村提留等。确定税费任务的依据是农民承包的农业税计税土地，以村民小组为单位，根据人均土地的多少，分成五种不同的情况：(1) 人均土地 1 至 2 亩（含 1 亩和 2 亩）的，每亩计征粮食 50 公斤（其中小麦 30 公斤，玉米 20 公斤，下同）。(2) 人均土地多于 2 亩的，2 亩以内的部分按每亩 50 公斤计征，2 亩以外的部分按每亩 25 公斤计征。(3) 人均土地多于 0.5 亩少于 1 亩的，每人按 50 公斤计征。(4) 人均土地在 0.5 亩（含 0.5 亩）以下的，可以不征粮食实物，征收代金。税费任务的确定在乡上年农民人均纯收入 5% 以内提取乡统筹费、村提留，按计税土地征收农业税和农业特产税。(5) 确无土地的，不征收农业税和农业特产税，只承担乡上年人均纯收入5%以内的乡统筹、村提留费，征收代金。按上述标准分乡镇计算全县税费总额，再分配下达到乡镇，乡镇以村民小组为单位，平均落实到承包土地的农户和个人，一定三年不变。由于太和县的粮食定购任务小于税费征实任务，该县采取了“取消定购，税费征实”的办法。具体做法是：乡镇按照县分配的税费征实任务，通过村一级分解下达到农户，并填制《安徽省太和县农业税费征实到户通知单》。该通知单不区分税与费，只注明征收粮食的品种和数量。农户持通知单分夏秋两季、分品种向所在地粮站交纳粮食实物。然后，财政部门分别缴入县金库和乡镇本级金库，纳入预算管理；村提留由乡农经站管理，实行村有乡管；乡统筹由乡财政所纳入预算外管理。

河北魏县的“税费合一”改革是从1996年开始的。其主要做法可以概括为：一是税费并收“一口清”。即把农业税收入和“三提五统”等农民应当负担的法定义务合并在一起，“一道税、一口清、一次征”。除此之外，农民不再无偿负担其他杂项费用。确定的税费征收总额由农业税、农业特产税、“三提五统”费、教育集资组成。二是“以地代金不再动”。即以耕地为税费负担主体。粮田按前三年小麦平均收益划分为四个等级，每亩负担税费75—100元；果园按树龄划分为三个等级，每亩负担180—300元；“三提五统”按人地各半负担；教育集资按人均6元负担。考虑到一些乡村特困户较多等因素，实际征收过程中允许乡镇对村下达任务时将县分任务上调3%。具体征收中，要求粮食产区折实征粮，果品产区以征粮为主，征现金为辅。应征粮食数根据县确定的“综合粮价”和应交税费数额折算。农户交足粮食或代金后，即完成农村税费任务。三是“统收分支一线管”。即对农户上交粮食局的粮食和代金，由县财政与粮食局统一结算，全部划归县财政，然后按照资金的性质、用途、所有权，实行税费分开，定向划转；农业税直接划解县财政金库；“三提五统”费按国家规定使用，教育集资专项用于助教；农村发展资金返还乡村，用于农田水利建设、农业科技推广、社会公益事业等。其中“五统费”和教育集资实行乡征县管；乡镇经费及农村发展资金、村管理费纳入县财政预算外代管，实行乡村由县管；村公积金、公益金纳入乡财政预算外管理，实行村有乡管。

4. 湖北省枣阳市杨垱镇的“土地综合负担大包干”

土地综合负担大包干是农村费改税的又一种模式。1997 年，杨垱镇委、镇政府探索实施了“土地综合负担大包干”的办法。主要做法是：（1）框定项目，划定限额。以 1997 年为例，该镇确定的地亩综合负担项目共 11 项，包括农业税及地方附加、农业特产税、屠宰税、三提五统费、农业开发资金、教育集资费、合同签证费、防疫费、果农服务费、水费、两工折价。以村为单位，每亩平均综合负担最多不超过 250 元。1998 年，又增加了人工降雨费、灭鼠药费、农民住院医疗保险费三项负担。每亩地最高限额 220 元，最高限额一年一定。（2）项目分解，分项定额。三提五统费根据上年农民人均纯收入计提，一定三年不变；农业税及地方附加、农业特产税、屠宰税，按上级下达的指标和规定分解；教育集资费按上级“减负办”批准的数额收取；灭鼠药费按上年实际发放数额向下分解；农民住院医疗保险费、果农服务费按自愿原则，与农民签订合同，由镇政府按合同总额及结构分解；水费按前 3 年实际支出的平均数确定，水田、旱田分别负担 70% 和 30%；“两工”折价按平均每个劳力年均负担 30 个工、每工 2.5 元的标准，每亩分摊 40 元。（3）农民只需按每年的最高限额完成税费任务，其他收费项目，农民都有权拒绝。

（三）农村费改税试点的效果

这一时期进行的农村费改税试点，是地方为解决农民负担过重问题的最初实践。“农村费改税”主要是把那些具有政府性质的、无偿性的收费项目，改成以规范的税收形式征收。这些改革对规范农村税费、减轻农民负担起到了积极作用。一是减少了税费项目。除了税和规定的收费之外，取消了所有的不合理收费项目，在一定程度上遏制了乱收费、乱摊派、乱罚款。二是减轻了税费负担。河北魏县 1996 年费改税后，在粮价提高，农业税大幅增长的情况下，全县农民实际负担总量由上年的 11240 万元，下降到 7868 万元，人均负担由 156 元下降到 109 元，减少了三分之一。湖南武冈 1996 年六个试点乡镇人均负担占上年纯收入的比例平均只有 3.2%，人均负担最高的是 44 元，最低的 34 元。而其中 1995 年末试点的 4 个乡镇农民负担比例分别为 5.3%、5.8%、5.4%、5.3%，人均负担分别为 55.87 元、57.46 元、53.41 元、52.3 元。1996 年武冈的“农村费改税”使农民负担比例比 1995 年下降了 1—2 个百分点，人均减负 13 元。安徽太和县改革三年与前三年比，共减轻农民负担 2.86 亿元，平均每年人均减负 70 元。河北正定县 1994 年实行公粮制后，除农业税外，农民人均负担总量控制在上年人均纯收入的 3% 左右。1997 年，枣阳市杨垱镇亩均综合负担由 1996 年的 450 元以上下降到 211 元，1998 年下降到 206 元。三是简化了征管办法。农村费改税改革，将过去多项目、多环节的征收方式统一在一起，形成一种税，在一个或两个环节征收。一方面避免了政出多门，缓解了农民的抵触情绪和干群关系，减少了社会矛盾，有利于农村社会稳定；另一方面，也减轻了乡镇政府的工作量和征收成本。四是提高税费使用透明度，加强了对农民负担的监督管理。农村费改税后，取消了在农村的乱收费，对农民收取的税费项目清楚，负担总量得到了控制，对违反规定仍向农民征收的各项费用，不仅农民可以理直气壮地拒绝，而且纪检监察部门还将一查到底，依法追究责任。在税费的管理上，试点地区均建立健全了“村有乡管，民主管理，审计监督”三位一体的管理体制，解决了村一级收支无账，白条下账，摊占挪用，随意花钱，财务混乱，账目不公开等问题。

但另一方面，由于这些试点基本上都是自发的、局部的，缺乏统一的、规范的制度设计，本身也存在一些问题。

第一，费改税只是形式上对农村税费征管方式进行改良，并没有从制度上根本解决影响农民负担的深层次问题。地方自发试点阶段的“农村费改税”做法，是把国家原先许可和地方自行约定的税费“捆绑”在一起合并征收，力图通过“一道税、一次清”来改变当时税费分别征管方式存在的“上清下不清”现象，降低收费的经济成本和政治成本。由于国家尚未形成根本解决农民负担的体制和机制，加之地方基层政权收支矛盾未得到根本解决，收费的冲动没有得到有效遏制。

第二，作为自下而上的自发性的改革，缺乏制度上的保证。费改税的试点往往都是在一个县，甚至一个乡的范围内展开，并且试点方案均不相同，很难成为一项长期的、稳定的制度。

第三，农村费改税试点方案超越了现行制度，甚至还存在明显违反现行法律的规定。有的地方不加区别地将农业税、农业特产税、耕地占用税、屠宰税等纳入税费改革，按土地分摊；有的地方则不分税费性质，将一些不合法的收费项目也纳入税费合并征收；有的地方在无税收立法权的情况下，自行将村提留、乡统筹改为税收，或自行取消农业税、农业特产税等。

总的来看，尽管农村费改税存在一些问题，试点也有一些不妥当的做法，但仍然为以后在全国组织的农村改革试点探索了经验。

第五节 流通体制改革与农民负担

进入 20 世纪 90 年代中后期，在构建社会主义市场经济体制过程中，流通体制改革不断深入，流通主体多元化，商品价格形成机制的市场化进程加快。由于农产品尤其是粮食、棉花等特殊性，加上期间出现了供需缺口等矛盾，国家在不断提高收购价的同时，积极探索放开流通的改革。历史上的“剪刀差”的影响虽然不断弱化，但仍然比较突出。

一、流通体制改革与粮棉收购价格调整

（一）流通体制改革

1992 年“社会主义市场经济体制”改革目标的提出，标志着中国改革开放和现代化建设进入了一个新的发展阶段。商业经营主体更为多元化，商品流通渠道不断多样化，商业企业经营管理制度日益现代化、科学化，产品价格逐步市场化，同时出现了超级市场、便利店、货仓式超市、专卖店、邮购、网上商店等新型商业形式。社会主义的商品市场体系框架基本建立，同时商品市场宏观调控方面也进行了有

益探索。[①]

1. 流通主体多元化，商品市场迅速发展

1992年提出建立社会主义市场经济体制的目标以后，我国的商品市场发展迅速。1999年，全国商品交易市场数量达到88576个，成交额达到21707.8万元。其中，城市市场的数量为24983个，农村市场发展到63593个，专业性市场涉及纺织品服装、食品饮料、家具、机动车、金属材料、煤炭、木材、粮油市场、蔬菜、水产品、农业生产资料等20多个行业。

一是全国性及区域性批发市场、专业批发市场都获得迅速发展。到1998年，全国性及区域性批发市场规模不断扩大，全国已有1000多家批发市场的年交易额超过1亿元。其中全国性和区域性的批发市场以及商品交易所100多个，农副产品批发市场近3000个，涉及粮食、蔬菜、肉类、食糖、钢材、木材等多类商品。同时，专业批发市场已经成为商品流通领域的一支生力军，义乌小商品市场、福建省石狮服装市场、成都荷花池市场等年交易额均达到几亿甚至一百多亿元。

二是零售市场发展迅速。1992年以后，中国城乡集贸市场进入了发展高潮时期。小商品以至多数日用工业品全面放开，到1995年底，全国共有集贸市场82892个，比1990年增长14.2%，成交额11590亿元，是1990年的5倍多，呈现出布局合理、各类市场比较健全的态势。与此同时，零售企业不断转换经营机制，建立现代流通企业制度，实行股份制改造，发展连锁化经营，出现了百货商店、专业店、购物中心、超级市场、便民店、连锁店、仓储式销售、邮购、直销等多种业态以及经销、代销、租赁等多种销售形式。国有、个人、私营以及中外合资、合作经营的商业零售企业并存。零售企业朝着大型化、多样化、一体化、自动化、信息化的方向发展。

2. 商品价格逐步市场化

1992年，全国商品价格中市场调节的份额，农副产品为77.8%，消费品为83.4%，其中工业消费品为78.1%，生产资料为61.8%，粮

---

① 邹东涛主编：《中国经济发展和体制改革报告No.1：中国改革开放30年（1978—2008）》，社会科学文献出版社2008年版。

食价格到1993年底已经全部放开，实行以市场定价为主。1992年8月份国家物价局颁布了新的价格管理目录，放开了绝大多数商品的价格。到1992年底，各类商品价格中，国家定价的比重已不足20%。社会商品零售额中市场调节价的比重上升到90%。生产资料领域，除少数（10种）物资尚需按计划分配供应外，1993年基本实现生产资料自由购销，1994年以后市场机制在价格形成中的主导地位基本确立。

3．粮棉等特殊商品的流通和价格

对农产品如粮棉，工业品如石油等特殊商品的流通和价格的市场化是渐进的，国家在初期实施了补贴、保护价等特殊政策。第一，粮食的流通和价格。中共中央、国务院决定从1994年起，国家定购的粮食全部实行“保量放价”，国家对粮食实行保护价制度，并建立相应的粮食风险基金和储备体系，投入巨资新建和改扩建了一批储备粮库。1998年6月，国务院出台了“三项政策，一项改革”，即实行按保护价敞开收购农民余粮、粮食收储企业顺价销售、粮食收购资金封闭运行，推进国有粮食购销企业自身改革。第二，棉花的流通和价格逐渐向市场化迈进。1998年11月28日，国务院出台了《关于深化棉花流通体制改革的决定》，指出棉花流通体制改革的目标是逐步建立起在国家宏观调控下，主要依靠市场机制实现棉花资源合理配置的新体制。从1999年9月1日新的棉花年度起，棉花收购价格、销售价格主要由市场形成，国家不再作统一规定。国家主要通过储备调节和进出口调节等经济手段调控棉花市场，防止棉花价格大起大落。第三，农业生产资料以市场形成价格为主，供销社经营农资主渠道时代宣告结束。政府所起的作用越来越多集中在对价格体系的监管、对价格异常的控制上，以保证农资价格稳定、维护农民利益、维持农业生产正常进行。第四，工业品方面，以石油为代表，国家对石油资源实行统一配置，包括对进口原油、成品油实行统一配额管理。同时，对石油产品实行国家统一定价，其中对原油实行两档价格，对成品油的出厂价、批发价和零售价实行全国统一价格。

4．商品流通间接宏观调控的建立和完善

1992年以后，国家颁布和实施了一系列与商业、市场有关的法律、法规和条例，制定了《经济合同法》《产品质量法》《反不正当竞争法》《广告法》《商标法》和《消费者权益保护法》等商事特别法律，以及《期货交易管理暂行条例》《商品交易市场登记管理办法》《批发市场管理办法》《拍卖管理办法》《连锁店经营管理规范意见》等商品市场法律法规。同时，国家还建立了重要商品储备制度和农产品风险基金。截至 1996 年，已经有了粮食、棉花、食油、猪肉、食糖、农药、钢材、铜、铝、成品油等商品储备以及相应管理机构。1998 年，国家商业行政管理机构进行了改革，国内贸易部改组为国家国内贸易局，作为商业流通行业的主管行政机构。另外，国家还大力发展各类中介组织。机电、金属、木材、副食、纺织、百货、餐饮等行业都建立了自己的全国性专业协会；出现了律师事务所、会计师事务所、审计事务所等专业性服务中介机构和国际工程咨询公司、中国劳务公司等从事经纪业务的经营性企业和公司。

（二）粮棉流通体制改革

1. 粮食流通体制改革

1994 年至 1999 年，是建立适应社会主义市场经济发展的宏观调控体系的探索阶段。改革的重点是建立中央和地方决策分散化的稳定市场波动机制，粮食流通体制改革主要内容是粮食风险基金制度和粮食保护价格制度的建立。[①]

1994 年 5 月，国务院批准了财政部、国家计委、国家经贸委、内贸部、农业部、国家粮食储备局等六部门提出的《粮食风险基金实施意见》；4 月，国务院批准组建中国农业发展银行，作为经营农产品收购资金为主的农业政策性金融机构；5 月，国务院发布《关于深化粮食购销体制改革的通知》，提出合理确定粮食收购价格，切实做好粮食收购工作，确保国家掌握必要的粮源，建立健全粮食储备调节体系和灵活的粮食吞吐调节机制，组织好产区和销区的购销衔接，疏通流通渠道，建立两条线运行机制，深化粮食企业改革，充分发挥粮食部门主渠道作用，并提出了中央统一领导、地方分级负责的粮食管理原

① 颜波、陈玉中：《粮食流通体制改革 30 年》，《中国粮食经济》2009 年第 3 期。

则和省、自治区、直辖市政府领导负责制。

1995年，国务院又进一步强调坚持和完善省长、自治区主席、直辖市市长负责制，明确划分中央和地方粮食事权，搞好两级总量平衡；将粮食部门政策性业务和商业性经营分开，并建立精干、高效、责权统一的中央粮食调节管理系统。这次粮食流通体制改革是在建立社会主义市场经济体制的大背景下进行的，长达40年的粮食统购统销制度彻底结束，从1955年开始发行的粮票陆续取消，并对全面放开粮食购销市场，在粮食歉收情况下加强粮食宏观调控，进行了探索和尝试。

1996年，国务院决定要按照政企分开、储备和经营分开、中央与地方责任分开、新老财务挂账分开和完善粮食价格机制的原则，进一步深化粮食流通体制改革。1997年，为切实保证农民增产增收、保护农民生产积极性，国务院决定，在粮食丰收情况下，要按保护价敞开收购议购粮，加强粮食市场管理，严格执行国家粮食销售价格政策。

1997年2月，中共中央、国务院发布了《关于1997年农业和农村工作的意见》，对粮食流通工作提出以下安排：一是严格按保护价敞开收购，不准以任何理由拒收、限收，不准压级压价、不准向农民打“白条”；二是抓紧完成国家专项储备粮的收购工作，专储粮食由1996年的400亿公斤增加到500亿公斤，并直接向农民收购；三是各省、自治区、直辖市也要增加地方粮食储备；四是要保证收购资金的及时、足额到位，严禁挤占、挪用；五是各省要按规定比例补足粮食风险基金，不能把政策性亏损的风险推给粮食企业和银行。

粮食的连年丰收，使得我国粮食形势由长期短缺转变为阶段性供大于求，并由此带来了新的问题。主要是：粮食生产结构性矛盾突出，品种亟待优化；按保护价收购范围偏大，影响粮食生产结构和效益提高；粮食超储补贴办法不尽合理，财政补贴负担过重。

1998年，粮食流通体制改革核心是促使粮食收储企业停止亏损并开始赢利，以消化过去的亏损挂账。因此，赋予国有粮食购销企业以绝对的垄断地位成为必然的选择，对于粮食流通体制来讲，等于又回到“单轨”运行体制之下。按照党的十五大提出的目标和要求，1998年5月，国务院发布《关于进一步深化粮食流通体制改革的决定》，进一步明确要按照政企分开、中央与地方责任分开、储备与经营分开、新老财务账目分开和完善粮食价格机制的改革原则，转换粮食企业经营机制，实行政企分开；合理划分中央和地方的粮食责权，全面落实粮食省长负责制；完善粮食储备体系，实行储备和经营分开；建立和完善政府调控下市场形成粮食价格的机制；积极培育粮食市场，促进粮食有序流通；妥善解决粮食财务挂账，改进资金管理办法；统一认识，加强领导，保证粮食流通体制改革顺利进行。同时，国务院有关部门制定了《关于完善粮食风险基金管理的办法》《关于完善粮食价格形成机制的意见》《关于实施粮食企业附营业务与收储业务分离的方案》《关于做好国有粮食企业减员分流工作的意见》《关于清理消化国有粮食企业新增财务挂账和其他不合理占用贷款的办法》《关于划转中央直属粮食储备库（站）的有关规定》等六个配套文件。

1998 年 5 月，国务院办公厅发出《进一步做好粮食购销和价格管理工作的补充通知》，强调粮食流通体制改革工作重点是坚决贯彻敞开收购、顺价销售、收购资金封闭运行三项政策，加快国有粮食企业自身改革，提高市场竞争力。同年 6 月和 8 月，国务院先后发布《粮食收购条例》《粮食购销违法行为处罚办法》。10 月，党的十五届三中全会通过的《中共中央关于农业和农村工作若干重大问题的决定》强调，各地和有关部门要按照中央的部署，统一认识，坚决贯彻按保护价敞开收购农民余粮、粮食收储企业实行顺价销售和粮食收购资金封闭运行三项政策，加快国有粮食企业自身改革，确立自主经营、自负盈亏的新机制，确保粮食流通体制改革顺利实施，达到预期目标。11 月，国务院印发了《当前推进粮食流通体制改革的意见》，进一步部署和落实“三项政策、一项改革”。为应对亚洲金融危机，确保按保护价敞开收购农民余粮政策的落实，国务院还决定利用国债资金进行大规模的粮库建设。

1999 年，针对我国粮食已由长期短缺变成总量大体平衡、丰年有余，粮食生产结构性矛盾日益突出，优质品种相对不足，一些粮食品种销售不畅，库存大量积压，而农民仍在继续大量生产；按保护价收购的范围偏大，影响粮食生产结构调整和效益提高；粮食超储补贴办法不尽合理，导致一些国有粮食企业不积极销售、坐拿超储补贴，财政补贴负担过重的状况，国务院提出《关于完善粮食流通体制改革政策措施的意见》，在继续坚定不移地贯彻“三项政策、一项改革”的基础上，适当调整粮食保护价收购范围，降低粮食收购价格水平，完善粮食超储补贴办法，促进顺价销售。同年 11 月，为深化粮食流通体制改革，完善中央储备粮经营管理体制，国务院决定调整中央储备粮管理机构，将原国家粮食储备局改为国家粮食局，隶属国家发展计划委员会，负责全国粮食流通（含食油）宏观调控具体业务、行业指导和中央储备粮行政管理。同时组建中国储备粮管理总公司，负责中央储备粮的经营管理。

2. 棉花流通体制改革

1994 年的棉花购销坚持原有体制，即国家收购棉花仍实行统一政策、统一价格，由供销合作社统一收购、统一经营，不放开市场。国营商业主渠道按国家调配计划和分等定级的价格进行调拨。改革的重点是按照社会主义市场经济的要求，理顺价格关系，规范市场秩序，健全质量保障和监督体系，改进和完善储备体系和宏观调控，促进棉花生产的恢复与稳定增长，确保国家掌握充足的棉花资源，推动纺织工业的健康发展，增加出口创汇。

1998 年，国务院发布了《关于深化棉花流通体制改革的决定》，决定从 1999 棉花年度起，在国家管好棉花储备、进出口和强化棉花质量监督的前提下，放开购销价格，拓宽流通渠道，棉花流通由直接计划管理改为间接监控管理，取消棉花收购与分配指令性计划，逐步建立起宏观调控下，依靠市场机制实现棉花资源合理配置的新体系。建立政府指导下市场形成棉花价格的机制，棉花收购价格、销售价格按照市场形成价格的原则，由购销双方协商确定，实行优质优价，大幅度拉开质量差价，扩大品种差价和等级差价。

（三）粮棉收购价格的调整

1. 粮食收购价格的调整

1994 年在大幅度提高粮食定购价格的同时，实行统一收购社会商品粮食的 70%—80% 的政策，从收购到批发恢复由国有粮食部门统一经营。政府恢复了粮食定购价格的规定，但定购粮以外的粮食仍随行就市，市场收购。粮食收购价格指数在这一期间是在波动中不断下滑的（参见图2－3）。

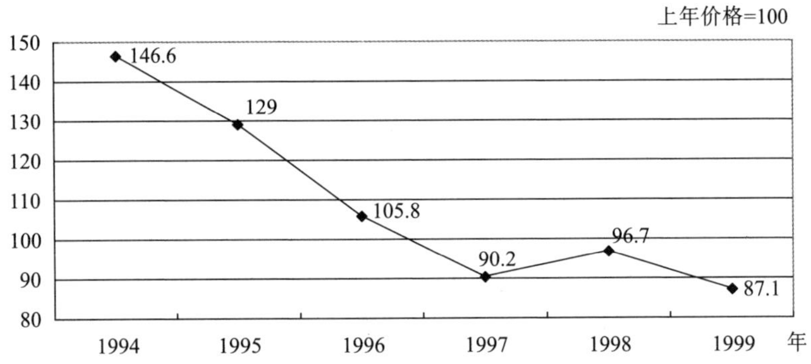

图2－3　1994—1999年粮食收购价格指数情况

资料来源：《中国农村统计年鉴》。

当时全国30个省、直辖市、自治区只有9个省份粮食可以外销，有4个省份大体自给，其余17个省份缺粮，中央农村工作会议提出从1995年起开始实行“米袋子”省长负责制，负责本地区粮食总量平衡。主要内容是：保护耕地，稳定粮田面积；保证粮食单产和总产的稳定增长；保证收购70%—80%的社会商品粮源；尽快建立地方粮食储备和相应的粮食风险基金；稳定和繁荣当地粮食市场。至1994年末，全国各省、自治区、直辖市基本上都建立了省级粮食风险基金，总规模达70.96亿元，实际到位60.59亿元，到位率85.4%。各地做到了专款专用，初步发挥了风险基金的调控作用。国家粮食储备库总数达到949个，总仓容量4031万吨，保证了国家粮食安全。

1996年新粮上市，国家再次提高粮食定购价格，全国平均提价幅度42%。年底，三种粮食（小麦、稻谷、玉米）混合平均市场价比年初下降了11.49%，粮食市价与定购价基本持平。当年我国粮食产量首次突破5000亿公斤大关，粮食供给形势明显好转，但粮食系统销售下降，导致经营性亏损猛增，粮食财务挂账日趋增多，给各级财政、银行造成很大负担；省际间调销不畅，有的粮食企业停止议价粮收购，部分地区出现粮食市场价低于定购价的趋势；粮食收购资金被挤占挪用现象相当严重，调销资金回笼缓慢，影响收购资金周转。[①] 1997 年全国三种主要粮食品种集市价格呈明显下跌趋势，年末比上年同期平均下跌 13.1%。

为了保护农民粮食增产的积极性，1997 年 8 月，国务院下发了《关于按保护价敞开收购议购粮的通知》，要求各地必须统一行动，及时制定并公布当地议购粮保护价政策。粮食保护价是国务院确定的基准价。在定购粮食收购完成后，对农民的余粮坚决按保护价敞开收购，不拒收、不限收、不停收、不打白条。议购粮的收购价格，按定购基准价执行。继续执行政府领导下的分级分部门筹措收购资金责任制，保证粮食收购资金，地方财政必须按中央规定的比例落实粮食风险基金。建立地方储备粮制度，并将其作为"米袋子"省长负责制的一项重要考核内容。这项政策出台后，粮食部门很快改变了议购粮随行就市的收购办法，普遍按保护价敞开收购，市场粮价有所回升。但同时，粮食仓储能力不足、风险基金缺口、地区间政策执行不平衡、粮食经营亏损、银行挂账增多等问题也渐渐开始显现。

为了保证城镇粮食供给，1998 年 5 月 10 日，国务院发布《关于进一步深化粮食流通体制改革的决定》，规定粮食由国家统一经营，禁止私商经营粮食。同时，采取若干措施，如抛售中央储备粮稳定粮价；较大幅度地提高定购粮价，缩小定购价和市场价的差距。

2. 棉花收购价格的调整

为了鼓励和提高农民种棉、售棉的积极性，确保收购任务顺利完成，同时考虑纺织工业的承受能力和调整纺织工业结构的需要，1994 年，按照价值规律和市场供求状况，国务院下发了《关于切实做好 1994 年度棉花购销工作的通知》，对棉花价格进行了合理调整。具体收购价格和供应价格由国家计委会同有关部门制定。新疆棉花的收购价格、供应价格及相关政策由国家计委另行下达。棉花的购销价格管理权在国务院。各地区、各部门和棉花经营单位必须严格执行国家规

---

① 颜波、陈玉中：《粮食流通体制改革 30 年》，《中国粮食经济》2009 年第 3 期。

定的收购价格、供应价格及相关政策，不准抬级抬价、压级压价，不准擅自提高或变相提高棉花收购价格、供应价格，也不搞价格“双轨制”。除国家统一规定外，不准实行各种名义的价外加价和价外收费，已经实行的要坚决纠正。这一期间，棉花的收购价格指数一路下滑（参见图2－4）。

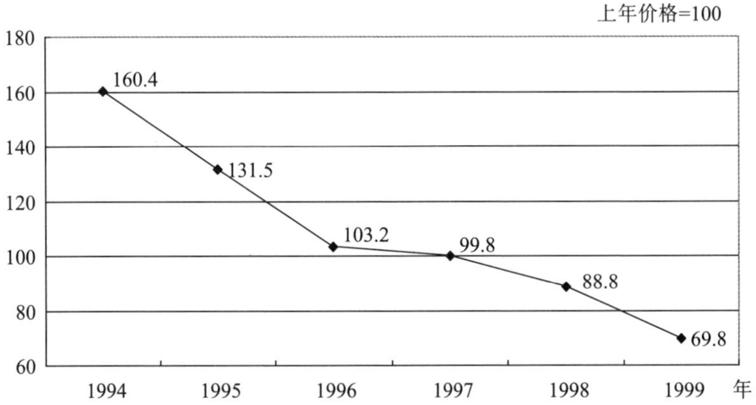

图2－4　1994—1999年棉花收购价格指数情况

资料来源：《中国农村统计年鉴》。

1994年国家大幅（高达59%）提高棉花收购价格，一年调整3次，累计调整价格幅度130.3%。尽管如此，棉农的种棉积极性并不高，棉花生产逐年下降，这种现象产生的原因主要是比较收益不高造成的。国家制定棉花收购价格主要与粮食价格对比，由于粮食价格长期偏低，导致棉花收购价格也偏低，种棉花投入多，风险大，劳动强度大，费工费时，不如种植水果、蔬菜及其他经济作物。为弥补农用生产资料价格和市场粮价上涨等因素的影响，缓解供求矛盾，提高植棉效益，1995年国家再次大幅度提高棉花收购价格（高达28.7%），使标准级皮棉的实际收购价格提高到14000元/吨。1995年至1999年，由于棉花连年丰收，严重供过于求，积压日趋严重等原因，棉花价格呈下降趋势，标准等级皮棉从13000—15000元/吨下降到1999年底的8500元/吨。

其中1996年至1998年，棉花政策变化大，供销社棉麻企业经营非常困难。由于棉花持续供大于求，销售困难，价格不断下滑，库存积压，供销社棉麻企业亏损严重。据供销社棉麻系统统计，到 1998 年末，商品棉账面库存 295 万吨，累计亏损 366.8 亿元，待摊费用、待处理损失等 130 亿元，形成了沉重的经济包袱。造成这种状况的主要原因是受棉花价格提高和东南亚金融危机的影响，纺织工业生产出现徘徊和下降。棉花价格提高后，纺织企业为降低成本，大量使用化纤，致使我国纺织业棉花的用量下降。

1999 年度，价格逐步放开，价格波动较大。国务院办公厅在《关于做好 1999 年度棉花工作有关问题的通知》中明确，压缩棉花种植面积，缓解棉花供过于求的状况；新棉收购价格主要由市场形成；加快供销社棉花企业改革的步伐；强化棉花质量管理；地方各级人民政府不得直接干预新棉的购销价格。当年，全国棉花播种面积控制在 3726 千公顷，比上年减少 16.4%；棉花总产量 383 万吨，比上年减少 14.9%（参见图 2－5）。国内棉花市场供大于求的压力大大缓解。

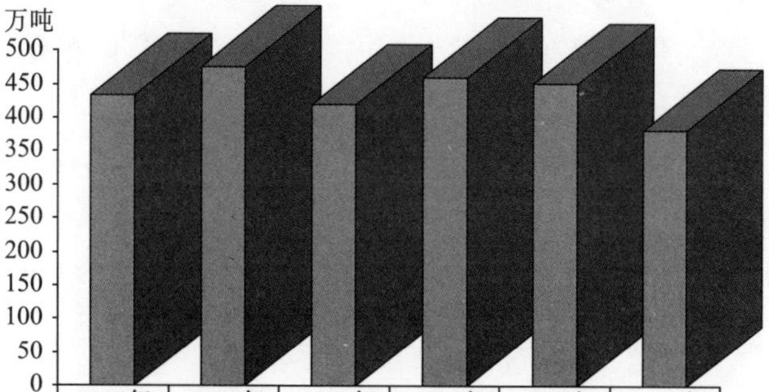

	1994年	1995年	1996年	1997年	1998年	1999年
■棉花产量（万吨）	434.1	476.8	420.3	460.3	450.1	382.9

图 2－5　1994—1999 年棉花产量情况

资料来源：《中国农村统计年鉴》（1995—2000 年）。

1999 年度的棉花市场总体上看，棉花的面积、产量下降，需求增加，当年平衡出现缺口。但从资源总量上看仍然是供大于求的格局。

总体而言，这一阶段棉花流通体制及棉花价格的基本特征可概括为：收购环节实行合同定购，由供销社统一收购；在销售环节，由国家计划分配，供销社统一经营，不放开棉花市场。所以，20 世纪 90

年代，我国棉花价格不是在市场竞争中形成，而是由政府根据国内棉花的供需状况来确定棉价。这种购销体制及棉花价格的形成，不能及时适应变化了的市场情况，少则一年，多则几年价格不动。当棉花供过于求时，价格不能及时下降（如1996年、1997年）；当棉花供不应求时，国家又往往不能及时提高价格（如1992年、1993年），“卖棉难”与“买棉难”交替出现，供不应求时收购环节抬级抬价，供过于求时压级压价，使棉农面临的价格风险非常大。①

二、流通体制改革对农民负担的影响

（一）农产品收购价格的变化

从1994年起，国家对农产品购销价格和管理体制进行了调整。

在粮食购销价格方面。由于农业生产资料价格的上涨，1994年，国家大幅度提高了粮食定购价，其中：小麦提高30%，玉米提高35.7%，早籼稻和中籼稻提高57%，晚籼稻提高51%，北方粳稻提高48.6%，南方粳稻提高38.5%。四种粮食（稻谷、小麦、玉米、大豆）综合平均提价幅度为40%。1994年当年粮食零售价格指数上升48.7%。

1994年至1995年，农业生产资料价格的大幅上涨，造成市场粮价也大幅提升，定购粮价与市场粮价的差距不断扩大，每50公斤价差高达30—50元。因此1996年国家再次大幅度提高了粮食定购价格（参见表2－22、表2－23）。

表2－22　　1995年12月粮食定购价与市场收购价　　单位：元/吨

	早籼稻	晚籼稻	粳稻	小麦	玉米	大豆
市场价格	1670	1820	2020	1760	1640	2820
定购价格	1000	1150	1150	1057	850	1730
差价	670	670	870	703	790	1090

资料来源：《1997中国农业发展报告》。

① 华夏期货：《棉花市场供求和价格》，新浪财经2006年8月7日。

表 2-23　　1996 年 12 月粮食定购价与市场收购价　　单位：元/吨

	早籼稻	晚籼稻	粳稻	小麦	玉米	大豆
市场价格	1454	1570	1823	1640	1253	3334
定购价格	1359	1509	1571	1466	1240	2238
差价	95	61	252	174	13	1096

资料来源：《1997 中国农业发展报告》。

从 1996 年起，粮食定购价格实行中央指导下的省、自治区、直辖市人民政府定价，由国家下达粮食定购基准价和浮动幅度，允许地方继续实行价外补贴。价外补贴资金继续由地方财政和粮食风险基金负担，不得计入购销价格。

1999 年国务院要求在保持定购的前提下，各地可以调整定购粮收购价格，在市价较低的情况下，可将定购粮价调低到保护价水平，进一步拉开粮食品质差价、季节差价和地区差价，做到按质论价。

在棉花购销价格方面，1994 年分三次将棉花定购价格由 330 元/50 公斤提高到 544 元/50 公斤，提价幅度达 64.8%。

1995 年再次提高棉花收购价格，标准级皮棉收购价格由 544 元/50 公斤提高到 700 元/50 公斤，并适当调整了棉花等级差率。

1996 年棉花收购价格继续执行上年的标准。同时提倡和推广棉肥挂钩政策。

1999 年国务院办公厅在《关于做好 1999 年度棉花工作有关问题的通知》中明确要求，从 1999 年棉花年度起，棉花收购价格按照市场形成价格的原则，由购销双方协商确定，国家不再作统一规定。棉价放开后，各地棉花企业必须按保本销售的原则进行经营，决不允许再发生新的亏损挂账。

从 1999 年 10 月份起，国内棉花价格结束了持续几年的跌势，开始逐步回升。如 329 级标准皮棉价格由 10 月初的 450 元/50 公斤回升到年底的 500 元/50 公斤左右。

（二）农业生产资料价格变化

为了加强对农资流通的管理，1994 年 8 月 12 日，国务院下发了《关于改革化肥等农业生产资料流通体制的通知》，决定对化肥等农资流通体制进行改革，明确了各级农资公司是经营农资商品的主渠道，县及县以下农业“三站”（农业植保、土肥站、农技推广站）和生产企业自销是辅助渠道。除此之外，任何单位和个人不得经营化肥等农资商品（种子除外）。同时中央调拨的化肥实行两级批发一级零售，省级调拨的化肥实行一级批发一级零售。中央调控的化肥总量占全社会资源总量的20%左右，其余占社会资源总量60%的小化肥基本在产地自销。种子经营不受“一主两辅”的限制，符合条件的其他经营者可以领取经营证照，参与种子产品的流通。

1997年3月，国家计委下发了《关于切实做好减轻农民负担工作的通知》，规定国家对化肥等重要农业生产资料的经营实行以供销社农资系统为主渠道，县级以下农业“三站”和生产企业为辅助渠道的“一主三辅”经营体制。各地要按照国务院关于化肥等农业生产资料流通体制改革的有关规定，清理整顿化肥流通渠道，加强对化肥市场的管理，严禁多头倒卖化肥，坚决取缔非法经营。

1998年国务院发布的《关于深化化肥流通体制改革的通知》，标志着农资经营整体进入市场经济轨道，农资市场流通渠道逐步开放。其核心内容包括：取消国产化肥指令性生产计划和统配收购计划；化肥流通管理由直接计划管理为主改为间接管理为主，发挥市场配置化肥资源的基础性作用。化肥流通渠道由“一主两辅”改为农资公司、工厂自销、农业“三站”并行，形成相互竞争的格局。

1994年至1999年，农业生产资料价格变化呈现出先上升后下降的趋势（参见图2－6）。农业生产资料流通体制市场化改革的初期，农业生产资料价格由市场供求关系决定，在供应不足的情况下，价格有所上升。随着供求关系的变化，经营主体多元化更加有利于增加农村地区农业生产资料的供给，因而导致价格逐步下降。因此，农业生产资料流通体制的改革对农民负担的影响是不大的。

（三）农产品和工业品的比价变化

1994年至1999年，农村工业品零售价格指数的变化呈现出直线下降的趋势，从1994年的117.2下降到1999年的97.3，下降了19.9个百分点。农村工业品价格相对稳定，下降幅度比较小，反映出工业

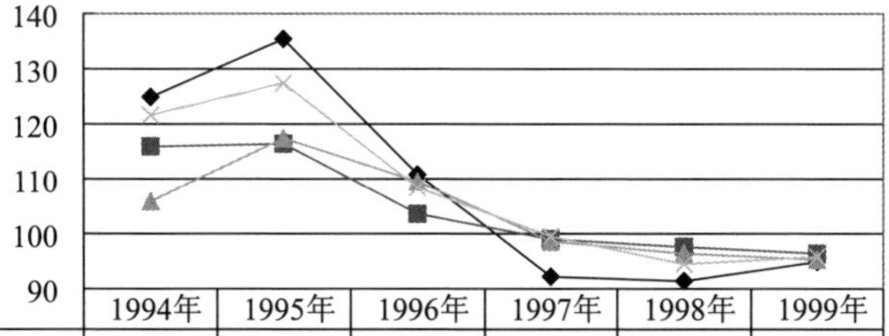

	1994年	1995年	1996年	1997年	1998年	1999年
化肥价格指数	124.9	135.4	110.8	92.2	91.4	94.9
农机具价格指数	115.9	116.4	103.6	99	97.6	96.4
农药价格指数	105.9	117.4	109.5	98.6	96.4	95.3
农业生产资料价格指数	121.6	127.4	108.4	99.5	94.5	95.8

图 2-6　1994—1999 年农业生产资料价格变化情况

注：上年价格 =100。

品零售价格涨幅较小，对农民货币支出影响不大（参见图 2-7）。

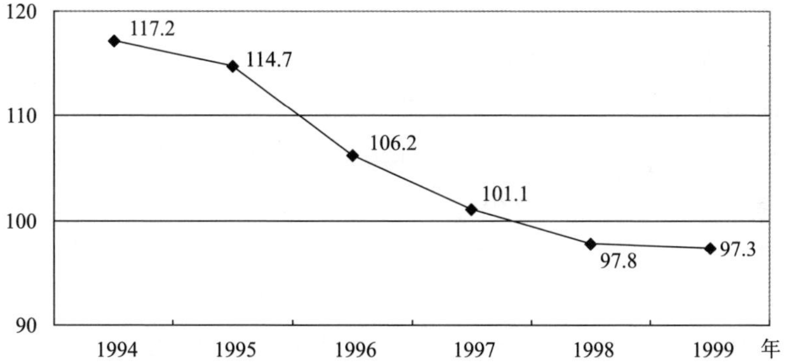

图 2-7　1994—1999 年农村工业品零售价格情况

注：上年价格 =100。

资料来源：《中国农村统计年鉴》（1995—2000 年）。

从这一时期的工农业商品比价关系来看，工农业商品综合比价指数从历史最低点的 1994 年 83.8，在 6 年内一路攀升至 1999 年的 110.8，累计涨幅 32.2%（参见图 2-8）。这表明与农村工业品零售价格相比，农产品收购价格（即农民收入指标价格）在这期间相对价值呈不断下降的趋势，工农产品交换价格比例关系的变动趋势必定会导致农村居民实际支出能力的降低。

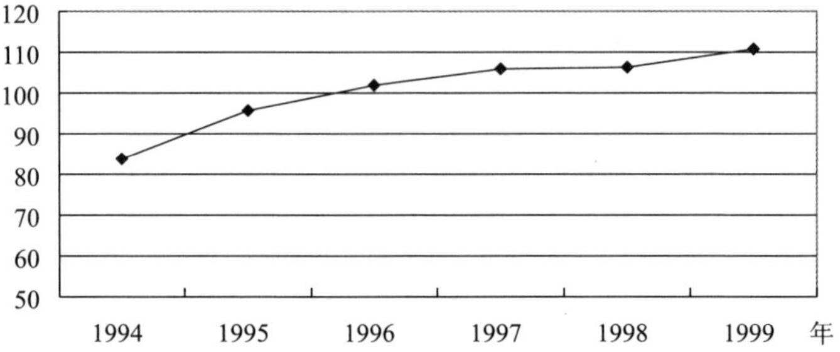

图 2－8　1994—1999 年工农业商品综合比价指数

注：以农产品收购价格指数为 100。

资料来源：《中国农村统计年鉴》（1995—2000 年）。

（四）价格剪刀差及其对农民负担的影响

1994 年至 1999 年期间，农产品、农业生产资料、农村工业品的价格指数均呈现出波动中下降的趋势，由于下降速度的不同，导致了农产品与农业生产资料价格指数的剪刀差逐渐缩小，而农产品与农村工业品剪刀差进一步扩大。

1994 年至 1999 年，农产品与农业生产资料价格指数的剪刀差，就总体趋势而言是逐渐缩小的。农产品收购价格指数下降最为明显，一路直线下滑，从 1994 年的 139.9 下降到 1999 年的 87.8，下降了 52.1 个百分点，而农业生产资料价格指数与农产品价格相比，下降速度略微缓慢，而且幅度也要小一些，它从 1994 年的 121.6 下降到 1999 年的 95.8，降低了 25.8 个百分点。1994 年，农产品价格指数高于农业生产资料价格指数 18.3 个百分点，但是 1995 年之后，农业生产资料价格明显高于农产品，但是价格差距并不大，到 1998 年两者基本持平，1998 年之后两者价格差距有日渐扩大的趋势，1999 年农业生产资料价格指数高于农产品价格指数 8 个百分点（参见图 2－9）。

1994 年至 1999 年，农产品与农村工业品价格指数的剪刀差，就总体趋势而言是逐渐扩大的。由于农产品价格指数下降速度很快，从 1994 年的 139.9 下降到 1999 年的 87.8，五年间下降了 52.1 个百分点，而农村工业品价格指数在这一期间变化比较稳定，虽然呈现下降趋势，但幅度很小。它从 1994 年的 117.2 下降到 1999 年的 97.3，下降了 9.9

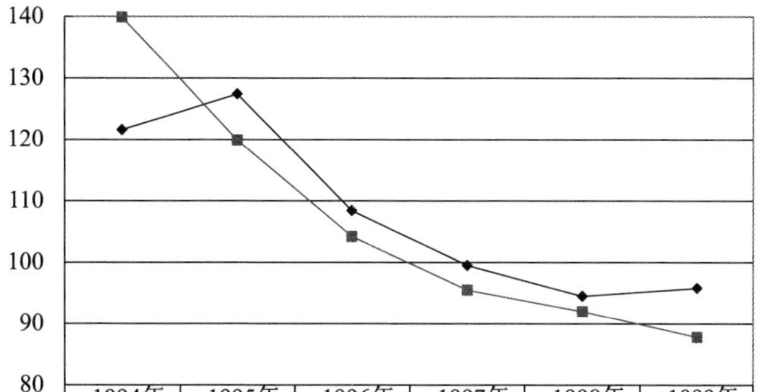

	1994年	1995年	1996年	1997年	1998年	1999年
—◆— 农业生产资料价格指数	121.6	127.4	108.4	99.5	94.5	95.8
—■— 农副产品收购价格指数	139.9	119.9	104.2	95.5	92	87.8

图 2－9　1994—1999 年农产品与农业生产资料的价格剪刀差

注：上年价格 =100。

个百分点。该时期的剪刀差可以分为两个阶段：一是 1994 年至 1996 年，农产品价格高于农村工业品价格，差距逐渐缩小，从 1994 年农产品高于农村工业品价格指数 22.7 个百分点缩小到 1996 年二者基本持平。二是 1997 年至 1999 年，这一时期农村工业品价格高于农产品价格，并且价格剪刀差不断扩大。从 1997 年农村工业品高于农产品价格 5.6 个百分点上升到 1999 年的 9.5 个百分点，差距扩大了 3.9 个百分点（参见图 2－10）。

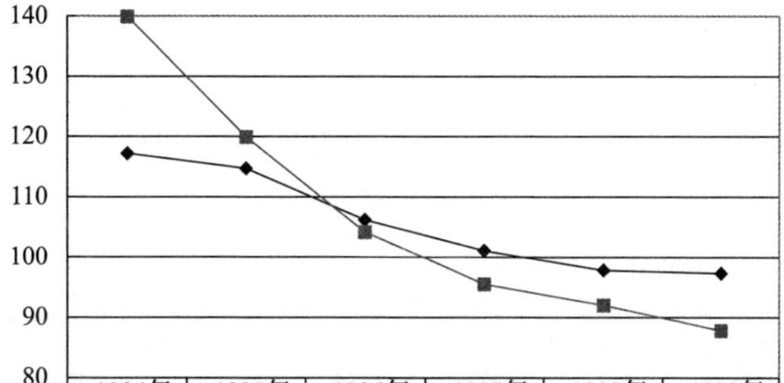

	1994年	1995年	1996年	1997年	1998年	1999年
—◆— 农村工业品零售价格指数	117.2	114.7	106.2	101.1	97.8	97.3
—■— 农副产品收购价格指数	139.9	119.9	104.2	95.5	92	87.8

图 2－10　1994—1999 年农产品与农村工业品的价格剪刀差

注：上年价格 =100。

进一步从工业品出厂价格指数与农产品收购价格指数的相对变化情况来看，这一时期有两个转折点：第一个转折发生在1994年。自1989年工业品出厂价格指数超越农产品收购价格指数后，1994年的农产品提价使得农产品收购价格指数迅速拉高，远远高于农业生产资料价格指数和农村居民消费价格指数，而这一年正是农产品产量较前一年略有减少第二次“买难”出现之时，也就是在这一年国家将粮食收购价平均提高了40%，使得当年粮食零售价格指数上升48.7%。第二个转折发生在1996年。1994年和1996年粮食收购价格两次提价40%以上，1995年和1996年连续两年大丰收，但随之而来的是粮食市场价格与收购价格的倒挂，农产品收购价格指数跌落于工业品出厂价格指数之下，并在随后几年二者差距逐渐扩大，出现了1978年以来第三次农产品“卖难”。1997年之后农产品收购价格快速回落，降幅明显高于农村居民消费价格和农业生产资料价格（参见表2－24），工农产品剪刀差的问题再次凸显。

表2－24　　1994—1999年农村主要物价与1993年定比指数

（1993年＝100）

年份	居民消费价格指数		农副产品收购价格指数	农业生产资料价格指数
	全国	农村		
1994	124.1	123.4	139.9	121.6
1995	145.3	145.0	167.7	154.9
1996	157.4	156.5	174.8	167.9
1997	161.8	160.4	166.9	167.1
1998	160.5	158.8	153.6	157.9
1999	158.3	156.4	134.8	151.0

资料来源：《中国统计年鉴》（1995—2000年）。

工农产品价格指数的比价关系是从工业品和农产品价格的相对变动速度的角度，反映等量的农产品在不同时期可以交换到的工业品数量的变化。上述分析表明，在1994年至1999年间，等量农产品可以交换得到的工业品数量从历史最高水平的1994年的119.4∶100开始下降，并在1996年发生逆转，直至跌至1999年的90.2∶100，也就是说，这一期间农产品的交换购买力下降了24.4%。同期，农民年人均纯收入的增幅也急剧下滑，年增幅由1994年的32.5%，下降至1999年的2.2%，这一现象在1997年表现得尤为突出，农民年人均纯收入增幅从1996年的22.1%骤降至1997年的8.5%。

总之，这一时期正值我国初步建设社会主义市场经济时期，政府逐步减少了对经济的干预，由供求关系决定价格，从而引导资源配置的市场化模式正在全社会推开。一是国家为了保障粮食安全等战略目标，努力提高农产品的收购价格，但是由于农业属于弱质产业，受各种因素影响，投入产出比不稳定，农民积极性不高。二是还存在一定的工农业产品价格剪刀差。虽然国家力图通过农产品流通体制的改革，保持农产品价格的相对稳定，但相对于价格增速较快的消费品，农产品的国家定购价格弹性较大，需求弹性较小，而农业生产资料价格、农业工业品价格逐步市场化，工农产品价格剪刀差的现象时有反复，从而使丰收后的农民实际收入降低，实际支出却具有一定的刚性特征，间接地使农民负担出现相对增加或反弹。

第六节　1994年至1999年农民负担的分析

一、农民负担的变化与走势

与上一时期比，这一时期税费总额大幅提高。1994年至1999年平均年税费总额为1227.8亿元，比1985年至1993年的509.2亿元，增长了1.41倍，年平均增长率为13.84%，比上一时期提高了5.86个百分点，农民负担高位运行。从运行轨迹看，又可分为两个阶段，1994年至1995年，增速较快，1996年至1999年，稳中有降。1994年农民负担出现反弹，税费总额达到了800.6亿元，比1993年增长了27.3%。1995年农民负担达到了1007.1亿元，比1994年增长了25.8%。针对农民负担反弹的现象，1996年中央农村工作会议把化肥等生产资料价格高、定购粮食价格低、农民负担重作为“一高一低一重”三大问题一并提出，加以治理。中共中央办公厅、国务院办公厅连续下发文件，通报涉及农民负担恶性案件的查处结果，部署减轻农民负担工作。1996 年 12 月 30 日，中共中央、国务院又进一步作出了《关于切实做好减轻农民负担工作的决定》，成为中央减轻农民负担工作力度最大的一年。农民的法定负担得到一定程度的控制。1997 年农民负担增长势头受到抑制，增幅为 11.6%，仅比农民人均纯收入增长速度高 3.09 个百分点，是这一时期农民负担增幅的拐点。1998 年和 1999 年，除社会负担仍然快速增长外，农民负担呈现稳定中趋减的态势。1998 年，农民负担总额为 1479.8 亿元，仅比 1997 年增长 3.5%。1999 年，农民负担总额为 1368.7 亿元，比 1998 年下降了 7.5%（参见表 2－25）。

表 2－25　　1994—1999 年农民负担情况　　单位：亿元

年份	合计	农（牧）业税	其他税收	提留统筹费	社会负担	“两工”的以资代劳部分
1994	800.6	210.9	10.4	461.3	68.2	49.8
1995	1007.1	258.3	19.5	547.6	114	67.7
1996	1281.1	358.7	24.4	679.7	131	87.3
1997	1429.7	378	27.3	703.0	240.4	81
1998	1479.8	345.9	29.1	729.7	278.1	97
1999	1368.7	328.9	31.2	669.5	275	64.1

资料来源：农（牧）业税收、其他税收来自财政部、国家税务总局决算，《中国税务年鉴》。提留统筹来自《中国农业统计年鉴》。社会负担、两工的以资代劳部分来自农业部统计资料。

这一时期，减轻农民负担工作虽然取得了一定成效，从农民税费负担总额占当年农民人均纯收入的比重看，这一时期基本保持在 7% 左右，比上一时期平均 9.6% 有所下降（参见表 2－26）。但是农民减负的实际效果与党和广大农民的期望相比，还是有很大差距。农民负担工作抓得紧了，负担就下去了，不久又反弹了；法定负担减下去了，“三乱”又抬头了，问题没有根本解决。

表 2－26　　1994—1999 年农民人均负担情况　　单位：元

年份	合计	人均农（牧）业税	人均其他税收	人均提留统筹费	人均社会负担	人均“两工”的以资代劳部分	人均税费占当年纯收入比例%
1994	88.91	23.41	1.16	51.24	7.57	5.53	7.28
1995	111.42	28.43	2.16	60.69	12.63	7.51	7.06
1996	141.81	39.79	2.69	75.18	14.49	9.66	7.36
1997	158.10	42.14	3.01	77.52	26.50	8.93	7.56
1998	162.33	37.78	3.19	80.16	30.54	10.66	7.51
1999	149.78	35.83	3.42	73.37	30.14	7.02	6.78

资料来源：农（牧）业税收、其他税收来自财政部、国家税务总局决算，《中国税务年鉴》。提留统筹、农业人口数来自《中国农业年鉴》农业人口数。社会负担、“两工”的以资代劳部分来自农业部统计资料。

总之，这一时期，虽然党中央和国务院高度重视，出台的政策措施最频繁，农民负担的增长速度有所减缓，但农民负担仍是改革开放以来最乱的，绝对额最多的。

二、农民负担的特点

1994 年至 1999 年这一时期农民负担的特点可以概括为以下三点：

一是农民税收负担先重后轻。1994 年至 1997 年，农业税、牧业税、农业特产税三税不断上升，负担也不断增加。农业三税从 1994 年的 210.9 亿元，上升到 1997 年的 378 亿元，增加了 167.1 亿元，农民人均农业三税负担也从 1994 年的 23.41 元，上升到 1997 年的 42.14 元，增加了 18.73 元。其中，农业特产税从 1994 年的 73.1 亿元，上升到 1997 年的 169.7 亿元，增加了 96.6 亿元，农民人均农业特产税负担也从 1994 年的 8.12 元，上升到 1997 年的 18.71 元，增加了 10.59 元。但 1998 年至 1999 年，涉农其他税收逐渐下降，农民负担有所减轻。具体来看，农业三税从 1998 年的 345.9 亿元，下降到 1999 年的 328.9 亿元，减少了 17 亿元，农民人均农业三税负担也从 1998 年的 37.78 元，下降到 1999 年的 35.83 元，降低了 1.95 元。其中，农业特产税也由 1997 年的 169.7 亿元，下降到 1998 年的 141.7 亿元，减少了28亿元，此后基本保持平稳。农民承担其他税收，由于1994年税制改革取消了集市交易税、牲畜交易税和产品税，涉农其他税种也从5种减少到2种，只剩下屠宰税和耕地占用税，其中耕地占用税（农民建房部分）基本保持稳定，而屠宰税一直持续增长，由1994年的7.47亿元，增加到1999年28.55亿元，增长了2.8倍。

二是费重于税。农村乱收费加重了农民负担，影响了农业生产正常进行。农民除了交国家税收以外，还有交给集体经济的“三提五统”，其余还有各种名目的乱收费。农民对其感受是“一税轻、二税重、三税是个无底洞”。以1999年为例，各项收费加起来高达1008.6亿元，同年农业三税和其他税收合计360.1亿元，只相当于收费的35.7%。人均收费负担为110.53元，比农民人均税收负担39.25元高71.28元。同时，收费占农民人均纯收入的比重也高达5.0%，超出农民负担税收占纯收入比重3.2个百分点。

三是“剪刀差”有所上升。从某种意义上来说，“剪刀差”也是农民的额外负担。农民与工商业者之间的交换，在政府对城乡经济活动有倾向性的干预下，形成了不平等的分配关系。随着流通体制的改革，政府逐渐放开了农产品市场，致使部分农产品市场价格出现大幅波动，尽管国家制定了农产品收购的最低保护价，但是农产品价格上涨幅度仍然远远低于同时期工业品价格上涨幅度，工农业“剪刀差”有所上升。但与前一时期相比，这一时期的“剪刀差”主要是市场形成的。

三、如何看待这一时期农民负担增长的态势

1994年至1999年是改革开放以来农民负担最重的时期。党中央、国务院非常重视农村工作，为了大力发展农业，提高农民生活水平，促进农村经济全面发展，提出加强农业产前、产中、产后服务，建立农业社会化服务体系；大力兴办教育、卫生、文化等农村公益事业，提升农村公共服务水平；支持水利、交通等农业基础设施建设，改善农业生产条件。但是由于行政体制和财政体制改革的局限、农村公共产品供给制度建设的滞后等原因，在促进农业经济、农村各项事业发

展的同时，也出现了农村服务需求的急速扩张与基层政府财力状况的矛盾，引起了农民负担的大幅度上升。

（一）政府农村服务职能加强

1. 基层政府农村社会服务职能不断扩大

一是政府对农业发展服务的职能增加。改革开放初期开始实施的联产承包制，在解放农村生产力，调动农民生产积极性的同时，也暴露出了一些问题。一家一户式的小农生产模式使得农产品品种改良、基本农业基础设施的建设和维护、农业技术和农业机械的推广等投入长期不足。同时，农村社会的发展对农业生产的服务需求也在急剧增长。二是县乡基层政府农村教育服务支出持续增加。1985 年，中共中央颁布《关于教育体制改革的决定》，确定了义务教育“低重心”发展战略，实行“分级办学、分级管理”的体制。1993 年颁布的《中国教育改革和发展纲要》提出了“逐步提高国家财政性教育经费支出占国民生产总值的比例，本世纪末达到 4%”和“中央和地方政府教育拨款的增长要高于财政经常性收入的增长，并使按在校学生人数平均的教育费用逐步增长，切实保证教师工资和生均公用经费逐年有所增长”的“三个增长”原则。农村教育支出已成为我国县乡两级财政第一大支出项目，地方基层政府成为义务教育经费的主要筹措者。三是医疗卫生事业支出加大。改革开放后，以赤脚医生为代表的旧的农村医疗卫生体系逐渐打破，代之以专业化的医疗卫生体系建设。同时，农村医疗设施、疾病防控、妇幼保健等需求也日益增长。与农村教育一样，农村医疗卫生同样实行了“以县为主”的支出责任划分。四是改变农村面貌方面的投入加大。农村道路、电力、广播电视、通信等多领域实行了“村村通”工程，农村改水、改厕工程陆续展开，县乡两级政府同样成为支出主体，所需经费也主要由县级政府筹措。

2. 基层政府对农业和农村的服务机构不断膨胀

为了适应农村发展和职能扩大的需要，政府在计生站、农机服务站、广播文化站、畜牧兽医站、林业站、农技站、客运站“七站”和派出所、土管所、工商所、财政所、司法所、供电所、税务所、民政所“八所”的基础上又增加了许多政府的派出和服务机构，合计通常在20个以上，有的高达30多个。主要还有：一是乡镇直属事业站(所)，包括房管所、水利站、城建站、经管站等；二是区直部门与乡镇双层管理的站（所），包括卫生院等；三是“条条管理”的机构，包括邮政（电信）所、供电所、信用社等。“七站八所”等机构在履行政府农村服务职能的同时，也使基层财政供养人口猛增，所需经费或经费缺口主要由乡镇政府自行筹措解决，途径是向农户收取“三提五统”和集资。

（二）行政管理体制改革滞后对基层政府支出形成“硬约束”

这一时期，为了贯彻落实党中央、国务院的政策，推进农村各项事业的发展，各级政府和部门制定了一系列考核办法，起到了一定的积极作用。但是，行政管理体制改革滞后，出现了搞评比达标活动过多过滥的现象，大到普及九年义务教育校舍达标、计划生育达标，小到农村下水管道配套数、街道硬化数都要求达标，并将举办评比达标表彰活动作为履行管理职责的重要手段，有的甚至将收费、摊派和罚款也列入考核指标，与干部考核机制挂钩。一些县向乡镇下达的年度工作目标考核指标包括12个大项、60多个小项，总分达2000分，完不成都要被扣分；下降位次最多的乡镇，第一年被通报批评，第二年对领导班子进行调整。这还仅仅是日常考核，年末，县里各个部门还下达创农村“十星级文明户”、农业科技普及等20多项中心工作任务。[①]

（三）基层政府服务职能与财力不匹配

在基层服务职能扩大和机构膨胀的情况下，基层财政支出压力不断加大。为了弥补财政收支缺口，基层政府不得不采取各种手段筹措资金。同时，由于缺乏规范的制度和有效的监督，许多地方和部门都乱开收费的口子，擅自出台增加农民负担的收费项目和文件，推行强制农民出钱、出物、出工的达标升级活动，擅自恢复中央明令取消的收费项目，使得这一时期成为乱收费、乱集资、乱摊派等现象凸显的时期，农民负担呈现快速上升的状况。据1995年农业部百县蹲点调查

① 俞丽虹：《企业信用，不再由政府评断》，《新华每日电讯》2002年12月30日。

测算，尽管农民承担的村提留乡统筹费总体上控制在5%之内，但上半年农民上交的各项税金比上年同期增长约30%，提留统筹费增长约20%，各种集资收费增长约40%。1995年农民的社会负担人均20.5元，比上年增长21%。一些地方发生恶性案件，农民负担过重的矛盾非常尖锐，生产积极性受到严重影响。

由此可知，这一时期，农村经济发展快，同时农民负担上升也快。农民负担上升快主要是由于发展与改革之间的矛盾造成的，要彻底解决农民负担问题，就必须从制度上、体制上入手。为此，党中央、国务院提出开展全国性的农村税费改革。

第三章

统筹城乡发展背景下的农民负担

进入21世纪以后，我国国民经济发展取得了巨大成就。在此基础上，党中央提出了科学发展观的重大战略，并明确提出了统筹城乡发展、建设社会主义新农村与和谐社会的目标。在这种形势下，国家开始加大减轻农民负担的力度，大力推进农村税费改革，最终取消了农民承担的各种税费，农民负担基本上消除了。

第一节　21世纪初我国发展战略的调整

21世纪初期，随着国民经济的快速发展，我国的综合国力也明显增强，但城乡差距却不断扩大，党中央提出了工业反哺农业，城市支持农村，建立小康社会的战略目标。

一、统筹城乡发展和全面建设小康社会目标的确立

这一时期，国民经济保持持续快速增长之势，经济大国地位进一步提升。2001年至2005年，我国国内生产总值平均增长速度保持在

9%以上。2005年，国内生产总值达到183217亿元，经济总量位居世界第四位。从产业结构看，三次产业之间的比例关系有了明显的改善，产业结构正向合理化方向变化。第一产业在GDP中的比重呈现持续下降的态势，同时内部结构逐步得到改善；第二产业的比重经历了不断波动的过程，但长期保持在40%和50%之间，工业内部结构得到升级，制造业增加值占全部商品增加值的比例由1978年的30.5%上升到2005年的52%；第三产业在国民经济中的比重处于不断上升的过程之中，增加值比重由1979年的21.9%大幅上升至2006年的39.5%。从就业结构看，劳动力投入的变动趋势和产业结构的变动趋势基本一致。第一产业的劳动力占总劳动力的比重自改革开放以后就不断下降，从1978年超过70%下降到2005年不足50%；第二产业和第三产业的就业人员不断增加，分别从1978年的17.3%和12.2%提升到2005年的23.8%和31.4%。从财政实力看，随着我国工业化、城市化进程的加快，国家财政收入也不断迈上新台阶。2003年超过2万亿元，达到21715亿元，比上年增收2812亿元。2004年财政收入又突破2.5万亿元，达到26396亿元，是1978年的22倍。到2005年，全国财政收入又突破3万亿元，达到31649亿元，比2004年增长20%。这一时期，伴随着国力的增强，我国已初步具备以工促农、以城带乡的能力。

但是，这一时期城乡差距也在不断扩大，形成了明显不和谐的局面。农民收入增长缓慢，农业结构调整滞后，农村基础设施落后，影响了整个国民经济的持续发展和全面小康社会建设的现代化进程。城乡差距突出，主要表现在以下几个方面：

一是城乡居民收入差距在波动中重新扩大。1985年，我国城镇居民人均可支配收入与农民人均纯收入的差距比为1.86∶1，此后这一差距呈逐步扩大趋势，至2005年，这一差距已经达到3.22∶1（参见表3-1）。

如果考虑到城市居民的住房、物价、医疗等各种福利性补贴，以及教育、文化事业等公共产品供给上的优势，再加上农民纯收入中按照现行统计口径还包括要缴纳的税费及生产资料的投入，城乡居民实际收入差距更大。

表 3－1　　我国城镇与农村居民人均收入差距　　单位：元

年份	全国城镇居民家庭人均总收入（A）	全国城镇居民家庭人均可支配收入（B）	全国农村居民家庭人均总收入（C）	全国农村居民家庭人均纯收入（D）	城乡收入差距比（B/D）
1980	—	478	217	191	2. 50
1985	821	739	547	398	1. 86
1990	1516	1510	990	686	2. 20
1995	4288	4283	2338	1578	2. 71
1999	5889	5854	2987	2210	2. 65
2000	6296	6280	3146	2253	2. 79
2002	8177	7703	3432	2476	3. 11
2003	9061	8472	3582	2622	3. 23
2004	10129	9422	4040	2936	3. 21
2005	11321	10493	4631	3255	3. 22

资料来源：《中国统计年鉴》。

二是城乡居民的消费差距明显。1985 年，我国城乡居民人均消费的绝对差距为 356 元，相对差距比值为 2. 12∶1；至 2005 年，绝对差距扩大到 5388 元，相对差距比值则上升为 3. 11∶1（参见表 3－2）。城乡消费差距要比收入差距更为突出。生活质量上，2000 年，我国城镇居民家庭恩格尔系数为 39. 4%，农村居民家庭恩格尔系数为 49. 1%，二者相差 9. 7 个百分点。到了 2005 年，城乡居民家庭恩格尔系数分别为 36. 7% 和 45. 5%，相差 8. 8 个百分点。

表 3－2　　我国城镇与农村居民人均消费支出比较　　单位：元

年份	全国城镇居民人均消费支出	全国农村居民人均生活消费支出	城乡人均消费支出的比值
1985	673	317	2. 12
1990	1279	585	2. 19
1995	3538	1310	2. 70
2000	4998	1670	2. 99
2002	6030	1834	3. 29

续表

年份	全国城镇居民人均消费支出	全国农村居民人均生活消费支出	城乡人均消费支出的比值
2003	6511	1943	3.35
2004	7182	2185	3.29
2005	7943	2555	3.11

资料来源：《中国统计年鉴》。

三是城乡居民承受的负担不公平。新世纪前夕，农民除承担农业税负担外，还承担着各种不平等的负担。以“三提五统”和“两工”为主要内容的农民负担一直很高，在个别严重的地方，农民收入甚至不够承受上述负担。例如，1999 年，农民缴纳的各项税收总额为 360 亿元，而直接缴纳的“三提五统”、农村教育集资、“两工以资代劳”，及其他社会负担高达 1009 亿元，相当于正式税收的 2.8 倍，而这些税收之外的负担城镇居民是不用承担的。

四是城乡公共产品供给不平等。城市的公共基础设施由国家来提供，而农村的很大部分公共基础设施要由农民自己解决。城乡公共产品和公共服务的供给机制是不一样的。多年来，城市公共基础设施在国家财政支持下有了很大改善，而农村公共基础设施相对落后。城市基本形成了统一的覆盖率较高的社会保障制度，而在农村新的保障制度还没有完全建立起来。

面对城乡差异扩大的形势，党的十六大把全面建设小康社会作为此后 20 年的奋斗目标和主要任务，并提出统筹城乡发展的重大战略决策。2003 年 10 月，党的十六届三中全会通过了《中共中央关于完善社会主义市场经济体制若干问题的决定》，明确提出了“坚持以人为本，树立全面、协调、可持续的发展观”，并要求“统筹城乡发展，统筹区域发展，统筹经济社会发展，统筹人与自然和谐发展，统筹国内发展和对外开放”，为推进国民经济协调、健康发展，大幅提高人民物质文化生活水平，提供了重要的指导思想和战略构想。党的十六届三中全会高度重视农业、农村和农民问题。不仅着眼于解决农村改革发展中存在的一些突出问题，而且围绕建立有利于逐步改变城乡二元经济结构的体制，从统筹城乡发展的高度，对深化农村改革提出了一些重大措施和做出了重要部署，为推进改革、完善农村经济体制指明了方向。

2005 年 10 月，党的十六届五中全会审议通过了《中共中央关于制定国民经济和社会发展第十一个五年规划的建议》，做出了建设社会主义新农村的重大战略决策，明确提出要坚持把解决好“三农”问题作为全党工作的重中之重，实行工业反哺农业、城市支持农村，要按照“生产发展、生活宽裕、乡风文明、村容整洁、管理民主”的要求，推进社会主义新农村建设，统筹城乡经济社会发展，推进现代农业建设，全面深化农村改革，大力发展农村公共事业，千方百计增加农民收入。

二、国家支持“三农”的方针政策

进入 21 世纪，党和政府在科学发展观指引下，统筹城乡发展，全面开展社会主义新农村建设，加大了支持“三农”的力度，制定出台了一系列发展农业和减轻农民负担的方针政策。

党的十六大提出了统筹城乡经济社会发展、解决“三农”问题的战略决策，把解决好“三农”问题作为全部工作的“重中之重”，把增加农民收入作为农业和农村工作的中心任务。2003 年 12 月 31 日，《中共中央、国务院关于促进农民增加收入若干政策的意见》明确提出要坚持“多予、少取、放活”的方针，进一步减轻农民的税费负担，继续加强农民负担监督管理，防止农民负担反弹。2004 年 12 月 31 日，《中共中央、国务院关于进一步加强农村工作提高农业综合生产能力若干政策的意见》又提出了稳定、完善和强化各项支农政策，严格区分加重农民负担与农民自愿投工投劳改善自己生产生活条件的政策界限，农村基础设施投入不得采取加重农民负担的方式进行资金配套。2005 年 12 月 31 日，《中共中央、国务院关于推进社会主义新农村建设的若干意见》进一步指出，要实行工业反哺农业、城市支持农村和“多予少取放活”的方针，完善支农政策，在全国范围全面取消农业税，防止新农村建设过程中加重农民负担，减轻农民的教育负担，全面推进农村的经济、政治、文化、社会等各方面建设。

这一时期，国家采取的支持农业和农村经济与社会发展的一系列政策措施，取得了明显的效果。

（一）增加财政支农资金支出

2000 年开始，国家大幅度增加支农资金的投入，2000 年财政支援农村生产和农业事业费、农业基本建设支出、农业科技三项费用等支农支出为 1231.5 亿元，2006 年为 3173 亿元，增加了 1.58 倍（参见表 3－3）。

表 3－3　　2000—2006 年国家财政农业支出情况　　单位：亿元

年份	合计	支援农村生产和农业事业费	基本建设支出	科技三项费用	其　他
2000	1231.5	766.9	414.5	9.7	40.4
2001	1456.7	918.0	480.8	10.3	47.7
2002	1580.8	1102.7	423.8	9.9	44.4
2003	1754.5	1134.9	527.4	12.4	79.8
2004	2337.6	1693.8	542.4	15.6	85.9
2005	2450.3	1792.4	512.6	19.9	125.4
2006	3173.0	2161.4	504.3	21.4	485.9

资料来源：《中国农村统计年鉴》。

（二）建立对农民的直接补贴制度

对种粮农民进行直接补贴，是我国加大财政支农力度、调动农民种粮积极性、促进粮食生产的一项重要举措。对种粮农民直接补贴主要包括粮食直补、农资综合直补两项。2002 年，经国务院同意，安徽、吉林、湖北、湖南、河南、辽宁、内蒙古、江西、河北等粮食主产区进行粮食补贴方式改革试点，对不同的补贴方式，选择不同县区进行试点。2003 年 10 月 28 日，国务院召开的农业和粮食工作会议决定，在全国范围内实行粮食直补。粮食直补政策从 2004 年开始在全国正式实施，补贴力度逐年加大，粮食直补金额从 2004 年的 116 亿元增加到 2006 年的 132 亿元，增长了 13.8%。为了更好地保护农民利益，弥补农资涨价对农民种粮收益的影响，从 2006 年开始，中央财政每年安排资金对农民进行农资综合直补，2006年为120亿元。

（三）构建覆盖城乡的公共财政制度，推进农村社会事业发展

2003年1月，中共中央、国务院下发《关于做好农业和农村工作的意见》，提出把农村社会事业建设纳入财政支持范围，并规定国家今后每年新增教育、卫生、文化等事业经费，主要用于农村，逐步缩小城乡社会事业发展的差距。在2004年7月召开的全国农村税费改革试点工作会议上，国务院提出建立覆盖城乡的公共财政制度，让公共财政的阳光惠及农村大地，改变长时期以来“城市的事国家办、乡村的事农民办”的现状。国家逐步加强对农村社会事业的支持，推进农村义务教育、合作医疗、最低生活保障等制度建设，取得了很好的成效。

（四）全面推进农村税费改革，减轻农民负担

党的十六大以来，农村税费改革步伐加快。2004年7月，国务院召开了全国农村税费改革试点工作会议，就进一步深化农村税费改革做出部署，要求试点地区实行“两取消，三改革”，即取消农业税和农业特产税，并进行乡镇机构、农村义务教育、县乡财政体制等配套改革。在农村税费改革过程中，继续贯彻农业税减免政策，加大对贫困农户和受灾农户的减免力度。2000年至2005年，全国落实农业税灾情减免和社会减免共250.3亿元。2005年，农业税减免额占计征税额的比例比2000年大幅增加，由14.5%增加到25.6%，远远高于1985年以来的平均水平。牧业税的减免力度更大，2001年由于牧区遇到严重的自然灾害，当年减免额达到2.8亿元，占计征税额的86%。2001年至2005年全国共减免牧业税6.4亿元。到2006年，全国各地统一取消了农业税。农村税费改革取消了农业税、农业特产税、牧业税和其他面向农民征收的各项收费，彻底减轻了农民的负担，为农民增加收入和城乡统筹发展创造了条件。

三、农业经济发展和农民收入变化

进入21世纪，我国农业、农村经济以及农村社会事业取得了新的发展，农民收入稳步提高。

（一）粮食产量连创新高

2000 年到 2003 年，受多种不利因素的影响，粮食产量下降，最低曾经下降到 4307 亿公斤。2004 年开始，中央采取了促进粮食生产的各项政策，加上气候条件也比较有利，粮食开始大幅度恢复性增长。2004 年粮食总产达到了 4695 亿公斤，比 2003 年增加了 388 亿公斤，总产和增幅都创下了历史纪录。到了 2005 年，粮食产量达到 4840 亿公斤，又增加了 145 亿公斤。同“九五”期末相比，“十五”期间粮食总产增加了 200 多亿公斤。粮食单产也连创历史新高。2004 年全国粮食平均亩产 308.1 公斤，为历史最高水平，很快这一纪录又被突破，2005 年达到 309.5 公斤。全国第一农业大省河南，2005 年粮食种植面积达到 13730.12 万亩，比上年增加了 275.01 万亩，总产达到 458.2 亿公斤，创出了历史新高，比上年增产 7.6%。自然条件较差的甘肃省 2005 年粮食总产也达到了 83.7 亿公斤，成为甘肃历史上第二个丰收年。粮食的大幅度增产，为国民经济发展提供了物质基础。

（二）农村社会事业获得长足发展

在“十五”期间，农村社会事业发展有了新的进展，具体表现在下面几个方面：

1. 财政大力支持农村义务教育

针对农村义务教育投入水平低和投入体制不合理的状况，中央采取了相应措施：一是确立了“在国务院领导下，由地方政府分级负责、分级管理、以县为主”的办学体制和以政府投入为主、多渠道筹措经费的投入体制；二是明确了要调整优化教育投入结构，逐步提高义务教育投入占整个教育投入的比重，新增教育投入主要用于农村义务教育。2003 年 9 月，国务院在《关于进一步加强农村教育工作的决定》中提出，到 2007 年，西部地区普及九年义务教育人口覆盖率要达到 85% 以上，青壮年的文盲率降低到 5% 以下。中央财政对西部农村地区教师工资给予补贴，并安排国债用于农村中小学危房改造。

2. 农村合作医疗试点取得初步成效

国家对先行试点的地区每个农民由财政补贴 10 元，共拿出 10 亿元作为这项改革试点的财政投入。到 2004 年底，全国共有 310 个县参加了新型农村合作医疗，有1945万户，6899万农民参合，参合率达到72.6%。

3. 建立农村居民最低生活保障制度

从1997年开始，我国有条件的农村逐步建立了最低生活保障制度。2005年，全国得到最低生活保障的农村人口为825万人，约占农村绝对贫困人口的35%，约占农村低收入人口的20%。此后，农村低保制度逐步覆盖到全国广大农村。

4. 积极探索农村养老保险模式，并取得了较快进展

一是在有条件的地方推进农村养老保险工作。二是重点研究和解决被征地农民、进城务工经商农民、小城镇农转非人员和农村计划生育对象的养老保险问题。三是北京、江苏、云南、山西等地加大了财政对参保农民特别是计划生育人口补贴的力度。截至2005年，农村社会养老保险参保人数为5442万人，基金累计总额310亿元，302万农民领取了养老金。

（三）农民收入稳步提高

从2000年至2006年，农村居民家庭人均纯收入逐年增长。2000年农村居民家庭人均纯收入为2253.4元，2006年达到3587元。2001年至2003年年均增长幅度在5%左右，2003年至2006年达到11%以上。

农民增收首先得益于种粮效益的提高。据统计，按稻谷、小麦、玉米三种粮食作物平均每亩净利润计算，2003年为34.21元，2004年为196.5元，创下了1978年以来的最高水平，此后有所回落，2005年为122.58元。农民增收还得益于农村经济结构的调整。各地结合实际，因地制宜，及时调整产业结构，大力发展多种经营，农业内部结构得到进一步改善，多种经营生机勃勃，农民收入得到迅速提升。2000年至2005年，在农民居民家庭人均纯收入中，农业收入占农林牧渔收入的比重基本稳定，保持在75%左右。农民人均纯收入来源于第二产业和第三产业的金额不断提高，但占比也保持稳定。2000年，农民人均纯收入来源于工业、建筑业、交通运输业、批发零售业、餐饮业、社会服务业总额为336元，占比为15%，2005年收入总额增长至375元，占比略有下降。在收入当中，工资性收入、财产性收入、

转移性收入大幅度上升。农村劳动力输出收入不断提高，在农民收入中占比不断增加。2000 年，工资性收入为 702.3 元，2005 年上涨到 1174.53 元，增长了 67.2%，同时，占比也由 2000 年的 31% 提高至 2005 年的 36%。财产性收入和转移性收入增幅都接近 1 倍。

第二节　农村税费改革与农民负担

2000 年农村税费改革前夕，我国农民负担曾有阶段性的减轻，但基本状况是依然较重。由于农民负担过重，特别是不合理的各种收费过重，影响了税收与合理收费的征收，也由此激化了干群矛盾。在国力日益增强、财力迅速壮大的宏观背景下，党中央高瞻远瞩，着眼于以民为本，统筹城乡协调发展，于 2000 年开始果断进行了农村税费改革。农村税费改革不仅切实减轻了农民负担，化解了长期积淀的一些矛盾和问题，维护了农村社会稳定，而且缓解了城乡差距矛盾，为统筹城乡发展、建设社会主义和谐社会奠定了坚实的基础。

一、农村税费改革的进程与主要内容

2000 年开始，我国开展了农村税费改革。从总体来看，农村税费改革大体经历了两个发展阶段。

（一）2000—2003 年：正税清费，取消各种不合法、不合理收费，规范农业税

农村税费改革的第一阶段，是从试点走向全面推进的时期，四年间共走了 4 步：2000 年试点，2001 年调整、完善，2002 年扩大试点，2003 年全面推进。其基本内容就是按照“减轻、规范、稳定”的原则正税清费。

1. 2000 年启动农村税费改革试点

由于农民不合理负担屡禁不止，加上农民收入增长幅度缓慢，进行农村税费改革，从体制上根本解决好农民负担问题已经势在必行。

1998 年党的十五届三中全会明确提出，减轻农民负担要标本兼治，逐步改革农村税费制度。1998 年 9 月，中央农村工作领导小组第三次会议，决定由财政部部长牵头，农业部部长、中央农村工作领导小组办公室主任参加，组成国务院农村税费改革工作小组。11 月，国务院办公厅下发了《关于制定农村税费改革方案有关问题的通知》，正式成立了国务院农村税费改革工作小组及其办公室，负责制定农村税费改革方案，并要求各有关部门全力支持配合做好税费改革工作。1999 年 3 月，工作小组向国务院上报了《关于农村税费改革有关重大政策问题的调研报告》，就乡镇政府职能定位和机构设置、农村税费改革的范围、改革农业税制、建立根治农村乱收费的约束机制四个方面的主要问题，汇报了各方面的共识和不同意见。12 月 6 日至 7 日，国务院农村税费改革小组在北京召开了农村税费改革问题座谈会，听取了各省（自治区、直辖市）对农村税费改革问题的意见。2000 年 1 月，国务院原则通过了工作小组提出的关于农村税费改革试点工作若干问题的意见，改革后新的农业税税率最高不超过 7%，附加比例最高不超过 20%，并决定先行试点，积累经验，完善政策，逐步推开。2 月 18 日，中央政治局会议讨论通过了《中共中央、国务院关于进行农村税费改革试点工作的通知》，3 月 2 日正式发布实施。为探索建立规范的农村税费制度和从根本上减轻农民负担的办法，中共中央、国务院决定开展农村税费改革试点，确定了规范农村税费制度，从根本上治理对农民的各种乱收费，切实减轻农民负担，进一步巩固农村基层政权，促进农村经济健康发展和农村社会长期稳定的指导思想，以及“三取消、两调整、一改革”为主要内容，并进行配套改革的总体思路。为慎重起见，中央决定先在安徽以省为单位进行试点，其余省级单位可自主选择县（市）进行试点。2000 年，除安徽全省试点外，河北、内蒙古、吉林、黑龙江、河南、湖南、甘肃、陕西、山西 9 个省份也选择了 34 个县（市）进行了局部试点。至此，一场事关九亿农民切身利益，旨在减轻农民负担、规范农村分配关系，涉及农村上层建筑的中国农村第三次重大改革正式启动。

2000 年开始的农村税费改革试点按照“积极稳妥、量力而行、分步实施”的原则，以“三取消、两调整、一改革”为主要内容。

“三取消”，即取消乡统筹费、农村教育集资等专门面向农民征收的行政事业性收费和政府性基金、集资；取消屠宰税；取消统一规定的劳动积累工和义务工。取消乡统筹费后，原由乡统筹费开支的乡村两级九年制义务教育、计划生育、优抚和民兵训练支出，由各级政府通过财政预算安排。修建乡村道路所需资金不再固定向农民收取。村级道路建设资金由村民大会民主协商解决，乡级道路建设资金由政府负责安排。农村卫生医疗事业逐步实行有偿服务，政府适当补助。取消在农村进行的教育集资后，中小学危房改造资金由财政预算安排。为了减轻农民的劳务负担，防止强行以资代劳，农村税费改革后取消统一规定的劳动积累工和义务工。村内进行农田水利基本建设、修建村级道路、植树造林等集体生产公益事业所需劳务，实行“一事一议”，由村民大会民主讨论决定；村内用工实行上限控制；除遇到特大防洪、抢险、抗旱等紧急任务，经县级以上政府批准可临时动用农村劳动力外，任何地方和部门均不得无偿动用农村劳动力。试点地区取消统一规定的劳动积累工和义务工的具体步骤由当地党委、政府根据实际情况决定，可以一步到位，也可以逐步取消。

“两调整”，即调整农业税和农业特产税政策。农业税按照农作物的常年产量和规定的税率依法征收。常年产量以1998年前五年农作物的平均产量确定，并保持长期稳定。调整农业税税率，将原农业税附加并入新的农业税。新的农业税实行差别税率，最高不超过7%。试点省份的具体适用税率和农业税征收总额，由国务院确定；省级以下试点地区的具体适用税率和农业税征收总额，由省级和省级以下政府按照比现行农民税费负担明显减轻的原则逐级核定。贫困地区的农业税税率要从低确定。农民承包土地从事农业生产的，计税土地为第二轮承包用于农业生产的土地；其他单位和个人从事农业生产的，计税土地为实际用于农业生产的土地。计税土地发生增减变化，农业税应当及时进行调整。已有的农业税减免政策基本维持不变。农业特产税按照农业税和农业特产税不重复交叉征收的原则，对在非农业税计税土地上生产的农业特产品，继续征收农业特产税。对在农业税计税土地上生产的农业特产品，可以由试点地区省级政府决定只征收农业税或只征收农业特产税；也可以决定在农业特产品集中产区只征收农业特产税，在其他地区只征收农业税。对部分在生产、收购两个环节征税的农业特产品，要积极创造条件，合并在生产或收购一个环节征收。农业特产税税率按照略高于农业税税率的原则进行适当调整。

“一改革”，即改革村提留征收使用办法。村干部报酬、“五保户”供养、办公经费，除了原来由集体经营收入开支的仍继续保留外，凡由农民上缴村提留开支的，采用新的农业税附加方式统一收取。农业税附加比例最高不超过农业税正税的20%，具体附加比例由省级和省级以下政府逐级核定。用农业税附加方式收取的村提留属于集体资金，实行乡管村用，由乡镇经营管理部门监督管理。村内兴办其他集体生产公益事业所需资金，不再固定向农民收取村提留，实行“一事一议”，由村民大会民主讨论决定，实行村务公开、村民监督和上级审计。对村内“一事一议”的集体生产公益事业筹资，实行上限控制。原由乡村集体经营收入负担村提留和乡统筹费的，农村税费改革后可以采取适当方式继续实行以工补农。对不承包土地并从事工商业活动的农村居民，可以按照权利义务对等的原则，经过村民大会民主讨论确定，在原乡统筹费和新的农业税附加的负担水平内向其收取一定数额的资金，用于村内集体公益事业。

为了贯彻落实好中共中央、国务院关于进行农村税费改革试点工作的通知精神，2000 年 7 月 31 日财政部、国家税务总局下发了《关于农村税费改革试点工作中农业税若干问题的意见》。文件要求征收机关要对新开垦的和国家建设征用的，以及因自然灾害损毁的土地及时予以调整，防止出现有地无税、有税无地的现象；农业税计税常年产量的确定方法：以村或乡为单位，按统计部门提供并参考有关部门的数据，将各种应税农作物前五年的产量汇总，分别计算其年平均产量，按规定折算成农业税主粮，并根据自然条件、农业生产能力和农民收入状况，以及负担能力、毗邻地区的负担平衡等因素，由县级征收机关对乡村的主粮产量进行适当调整后报县政府批准后确定。常年产量要随计税土地的增减变化作相应调整。农业税的计税价格的确定，可以采取两种方法，第一，根据上年农业税主粮实际执行收购价并参考当年主粮价格预测情况确定。以后年度内，如确定的农业税计税价格与实际价格之间波动幅度不超过5%，计税价格可以保持不变。第二，以当年省定农业税主粮收购价并参考粮食市场价确定。农业税保持粮食计算本位，是征收实物还是折征代金，由试点地区省级人民政府确定。在国家收购粮食品种范围内，农民缴纳农业税实物不受品种限制。征收实物的地区，不得强制要求农民买粮缴税，种植其他经济作物，无粮可缴的农户，应当直接向征收机关缴纳代金。征收机关要严格执行农业税政策，保障农民利益，让农民得到更多的实惠。

2. 2001年完善改革政策，调整工作部署

对于2000年试点改革中出现的各种问题、矛盾，经过深入调研，在总结经验的基础上，国务院于2001年3月又发布了《关于进一步做好农村税费改革试点工作的通知》。文件明确了农村税费改革要坚持"减轻、规范、稳定"的原则，提出了加强领导、完善政策、扩大试点、积累经验、配套推进、稳步实施，切实减轻农民负担，确保农村税费改革取得成功的总的方针和要求。文件提出了进一步完善农村税费改革的六条政策措施：一是合理确定农业税计税土地面积、常年产量和计税价格，经过核定的计税土地面积、常年产量要征求农民意见，得到农民认可并张榜公布。农业税计税价格要综合考虑粮食保护价和市场价的因素合理确定，并保持相对稳定，具体由省级人民政府统一规定。二是采取有效措施均衡农村不同从业人员的税费负担。三是调整完善农业特产税政策，减轻生产环节税收负担。进一步降低茶叶、水果、原木、原竹等特产品税率。对某些适宜在收购环节征收的应税农业特产品，可从生产环节改在收购环节征收，以切实减轻农民负担。四是在不增加农民负担的前提下，妥善解决村级三项费用开支。村级三项费用支出缺口可以由乡镇财政适当补助，也可以在农业税及其附加总体负担水平不超过8.4%的前提下，通过适当降低农业税税率，相应提高农业税附加比例来解决。五是妥善解决取消统一规定的"两工"后出现的问题。取消"两工"，可以一步到位，也可以分步取消，但分步取消一般不超过三年。村内集体生产、公益事业用工，严格实

行“一事一议”和上限控制的原则，不得强行以资代劳。六是保障农村义务教育经费投入。在配套政策方面，除继续强调并细化精简机构、压缩人员、规范征收、加强监督等措施外，文件对财政转移支付、“一事一议”的筹资筹劳制度和乡村债务等问题提出了改革思路和措施。文件要求，切实执行中央减轻农民负担的政策，建立有效的农民负担监督管理机制。农村税费改革后，要继续加强对农民负担的监督管理工作，要重点治理面向农村中小学生的乱收费、农村用电乱收费、报刊订阅摊派，以及各种要求农民出钱出物的达标升级活动。对其他涉及农民负担的乱收费和搭车收费，都要认真进行清理整顿。要加强农村经营服务性收费管理，为农民提供服务，并坚持农民自愿原则，不得强制服务、强行收费。不得将一些已经取消的行政事业性收费转为经营性收费。同时，要防止出现在实施农村税费改革前突击清欠、预收乡统筹费和村提留等加重农民负担的现象，要继续落实好党政领导亲自抓、负总责的工作制度和专项治理的部门责任制，实行农民负担“一票否决”，加大查处力度。抓紧建立健全农民负担监测、信访举报、监督检查、案件查处等各项制度，要修订和制定有关法律法规，为全面推进农村税费改革、减轻农民负担、巩固改革成果提供强有力的法律保障。

鉴于农村税费改革问题的复杂性，国务院采取了谨慎的态度。国务院办公厅在 2001 年 4 月发布的《关于 2001 年农村税费改革试点工作有关问题的通知》中明确提出，“未经国务院批准，各地区不得启动农村税费改革全面试点”。因此，2001 年，除安徽省继续在全省进行农村税费改革试点外，仅有江苏省根据本省改革工作安排及财力情况，自主决定在全省范围实施了改革试点；此外还有除上海、西藏外的 27 个省份选择了 102 个县（市）进行了局部改革试点。

3．2002 年，扩大试点范围，提出“三个确保”要求

经过 2001 年的政策完善，税费改革已积累了不少的成功经验。2002 年 3 月 27 日，国务院办公厅发布了《关于做好 2002 年扩大农村税费改革试点工作的通知》，根据中央经济工作会议和中央农村工作会议精神，国务院决定 2002 年进一步扩大农村税费改革试点范围。按

照中央提出的积极稳妥、量力而行、分步实施的原则，根据 2002 年中央财政对扩大改革试点的财力安排和各地的试点情况，国务院确定两类试点省份：一类是新增河北、内蒙古、黑龙江、吉林、江西、山东、河南、湖北、湖南、重庆、四川、贵州、陕西、甘肃、青海、宁夏 16 个试点省、自治区、直辖市，中央财政向其分配专项用于税费改革的转移支付资金；试点省是进行全省试点还是局部试点，由有关省级政府决定。另一类是上海、浙江、广东等沿海经济发达省（直辖市），它们不享受中央转移支付资金，报经国务院批准，可以自费进行扩大改革试点。其他省份 2002 年不再扩大试点范围，继续在 2001 年确定的试点县市搞好试点工作。截至 2002 年底，加上最早的安徽、江苏两省，农村税费改革试点工作已在全国 20 个省份全面展开，其他省份继续在部分县（市）进行试点。这年扩大改革试点的省份主要是农业大省和粮食主产省，进行农村税费改革试点地区（包括进行局部试点地区）的农业人口约有 6.2 亿，占全国农业人口的四分之三以上，农村税费改革向前迈进了一大步。

《关于做好 2002 年扩大农村税费改革试点工作的通知》首次提出了衡量农村税费改革是否成功的重要标志是实现“三个确保”目标，即确保农民负担得到明显减轻、不反弹，确保乡镇机构和村级组织正常运转，确保农村义务教育经费正常需要，并将“三个确保”作为衡量农村税费改革是否成功的重要标志。为了保证改革的顺利实施，达到“三个确保”的目标，中央财政增加了用于农村税费改革试点的转移支付资金，按照适当照顾粮食主产区、民族地区和特殊困难地区的原则，用统一和规范的办法将转移支付资金分配给上述 16 个新增扩大改革试点的省份，实行包干使用。对 2001 年经国务院批准的改革试点省及其试点县（市），中央财政按照既定的补助范围和数额继续给予转移支付补助。中央还规定：试点地区省级财政和有条件的市、县财政，都要加大对改革试点的支持力度，通过调整支出结构，减少各种不必要的开支，千方百计安排足够资金支持农村税费改革。

各省农村税费改革的具体做法有一定差异。以安徽和浙江两省为例。农业税方面，安徽是统一调整税率为不超过 7%，自费改革的浙江则保留原有负担水平；农业特产税方面，安徽强调不再重复征收农业税和农业特产税两项税收，浙江则开始免除农业特产税；“三提五统”方面，安徽是取消后以农业税附加形式征收，浙江则倾向于直接取消，或保留原来的提取方式，不以农业税附加形式筹集资金（参见表3-4）。

表3-4　　安徽、浙江农村税费改革方案比较

项　目	安　徽	浙　江
农业税及其附加	调整农业税，农业税实行地区差别税率，最高不准突破7%，村提留的来源除集体经营收入外，征收农业税附加，附加比例不超过20%；农业税计税面积严格按照农民第二轮土地承包面积计算	为了进一步减轻农民负担，为下一步改革农业税制创造条件，稳定原有农业税负担水平和征收办法不变
农业特产税	调整农业特产税，农业税和农业特产税不重复征收	调整农业特产税。为支持农业产业结构调整，鼓励发展效益农业，对在农业税计税土地上生产的农业特产品，只征收农业税，不再征收农业特产税
屠宰税	取消	取消
“三提五统”	取消乡统筹费、农村教育集资等专门面向农民征收的行政事业性收费和政府性基金 村干部报酬、五保户供养、办公经费，除了原来由集体经营收入开支的仍继续保留外，凡由农民上缴村提留开支的，采用新的农业税附加方式统一收取。农业税附加比例最高不超过农业税正税的20%。用农业税附加方式收取的村提留属于集体资金，实行乡管村用，由乡镇经营管理部门监督管理。村内兴办其他集体生产公益事业所需资金，不再固定向农民收取村提留，实行一事一议，资金筹集严格实行上限控制，每人每年不超过15元	2002年7月1日起，取消乡统筹费和农村教育集资等面向农民征收的政府性收费、基金和集资。取消乡统筹费分两类情况：25个欠发达市县和4个海岛市县的乡统筹费，从2002年起全部取消，其他市县的乡统筹费2002年减少三分之一，2003年起全部取消 改革和规范村提留，改革后村级开支仍通过现行村提留的征收办法，不采取农业税附加的方式筹集资金，进一步规范其使用管理

续表

项 目	安 徽	浙 江
义务工、积累工	用三年时间逐步减少并最终取消农村中统一规定的劳动积累工和义务工	为了减轻农民的劳务负担，防止强行以资代劳，分两年时间取消统一规定的劳动积累工和义务工。2002 年每个农村劳动力负担不超过 8 个工，2003 年不超过 4 个工，2004 年全部取消

资料来源：根据国务院农村税费改革工作小组办公室掌握的两省税费改革方案整理。

4. 2003 年，全面推开试点，提出“村村减负、户户受益”目标

2003 年 2 月，国务院下发了《关于全面推进农村税费改革试点工作的意见》，决定在进一步总结经验、完善政策的基础上，2003 年全面推进试点工作。总的要求是：总结经验，完善政策；全面推进，分类指导；巩固改革成果，防止负担反弹。文件对进一步完善农村税费改革试点的政策提出了具体意见。一是为了切实做到“三个确保”，明确提出“村村减负、户户受益”的要求。在试点地区，无论是一个省、一个县，还是一个乡、一个村，从总体上计算，改革后的农民负担要比改革前有较大幅度的减轻。对承包土地较多、改革后负担有所增加的农户，要通过减免等办法，把负担减下来。二是进一步调整完善有关农业税收政策。进一步完善和落实二轮土地承包制度，稳定党在农村的基本政策。要核减因自然灾害、合法征占而减少的耕地；调减明显偏高的计税价格；除国家政策调整外，一经正式确定的农业税负担要保持长期稳定；各地区应结合实际，逐步缩小农业特产税征收范围，降低税率，为最终取消这一税种创造条件。三是加强和规范农业税及其附加征收工作，试点地区要实行农业税征收机关负责征税、聘请协税员协税的农业税收征管制度，乡镇政府和村级组织应积极协助征收机关做好农业税及其附加征管工作，但不得代行执法权，农业税征收机关要坚持依法征收，规范农业税收征管程序，建立健全纳税登记、纳税申报、纳税通知制度，逐步实现农业税收征收方式由上门征收向定点常年征收转变。四是健全和完善农业税减免制度，农业税（包括农业税附加）灾歉减免应坚持“轻灾少减，重灾多减，特重全

免”的原则，加大对革命老区、贫困地区、少数民族地区，以及革命烈士家属、在乡革命残废军人的农业税减免力度，改进农业税减免方式，灾歉减免应尽量做到先减免后征收，社会减免必须实行先减免后征收，确保减免政策及时兑现到户。为了妥善处理农民公平负担问题，要制定减免税等优惠政策，把因种地多出现农业税负担高于改革前的负担部分切实减下来，以调动粮食主产区种粮农民的积极性。五是严格执行村内“一事一议”筹资投劳政策，坚持走群众路线，及时制定和完善“一事一议”的议事程序、议事范围和上限标准，村内事业发展要坚持量力而行的原则，充分考虑农民的经济承受能力，充分尊重农民的民主权利，决不能把“一事一议”筹资投劳变成农民负担的固定项目。六是切实加强涉农收费管理，进一步清理整顿涉农收费项目，加强对农村中小学生就学、计划生育指标审批、农村结婚登记、农民建房、农民外出务工等方面乱收费的专项治理。七是积极探索化解乡村债务的措施和办法，各地区要通过加快发展农村经济、深化农村改革，积极探索通过债权债务抵冲、依法削减高利贷、加强内部控制、节约开支、盘活集体存量资产等有效办法逐步化解乡村债务，暂停向农民收缴农村税费改革前的税费尾欠。

2003 年 9 月，根据农村税费改革的进展情况，国务院办公厅又下发了《关于进一步加强农村税费改革试点工作的通知》，强调对于基础工作还不够扎实、全面试点的条件还不成熟、完成当年改革各项任务确有难度的省份，不强求一律在年内全面推进，可以继续进行局部试点，决不能不顾条件仓促地全面实施。同时，强调要把中央政策不折不扣地落实到实处，包括落实“三个不准”，即农业税及其附加不超过国家规定的税率上限，不准超范围、超标准进行“一事一议”筹资筹劳，不准在农业税及其附加和“一事一议”之外进行任何形式的摊派和收费；落实减轻农民负担的“四项制度”，即涉农税收价格收费“公示制”、贫困地区农村义务教育收费“一费制”、农村订阅报刊费用“限额制”、违反减轻农民负担政策“责任追究制”；落实确保专项转移支付专款专用政策等。积极搞好各项配套改革，大力推进乡镇机构改革，保证乡村组织的正常运转，加快推进农村义务教育体制改革，保证农村义务教育经费的正常需要，规范农村税费改革后的农业税征收管理。认真落实农业税征收机关征税、协税员协税的农业税征收管理制度，推行以定时、定点征收为主的农业税征收方式。规范完税凭证的使用管理，做到一户一票，不准打白条，或使用其他非法票据。不准非专职征收人员直接收取农业税税款，严禁动用警力或组织小分队强制收取农业税费。

截至2003年底，全国增加了北京、天津、山西、辽宁、新疆、福建、广东、广西、云南、海南10个试点省份，全国30个省、自治区、直辖市全部进行了农村税费改革试点。

（二）2004年至2006年：全面取消农业税

1. 农业税的调整与最终取消

农村税费改革，就是按照社会主义市场经济关于转变政府职能和建立公共财政的要求，对现行农业和农村领域的税费制度进行改革和完善，进一步规范农村分配制度，从根本上减轻农民负担，理顺国家、集体和农民之间的分配关系，带动和促进其他农村改革和农村工作。2000年安徽省试点税费改革初期，主要任务是“正税清费”，就是取消乡统筹费等专门面向农民征收的各种收费，然后调整原来的农业税，合并征收7%的农业税及不超过正税20%的附加。这一改革方案比起改革前农民所承受的一平二调等制度外负担，确实明显地减轻了农民负担。但是，一是改革后的实际执行税率大都是8.4%，这与我国历史上的农业税率相比还是偏高的。二是税费负担依然不均衡。农村税费改革试点后，征收单一农业税的办法会造成税负不公，在减轻非农户和兼业农户负担的同时，加重了纯农户的负担。农民缴纳农业税的多少，与农民耕种的土地面积直接相关，“谁种地，谁负担”。这样势必出现人多地少负担就轻、人少地多负担就重的状况。

在农村税费改革不断深入的同时，我国的经济社会形势也发生了非常大的变化。国家的工业体系已经基本建立起来了，第二、第三产业占GDP的比重大幅度增加，工业反哺农业、城市带动农村已经具备了条件。此外，农业税收入占我国财政收入的比例也越来越小。2003年，全国农业税、牧业税和屠宰税收入合计426.1亿元，仅占全国财政收入的 0.3%。2003 年农村税费改革推向全国后，取消农业税的呼声开始逐渐高涨，废除农业税很快就被提上了议事日程。此时，在农村对农民征收的税种只剩下农业税，少数省、自治区征收的牧业税也处于名存实亡的状态。上海于 2003 年已经自主决定免征农业税。党中央总盘权衡，下定决心取消农业税，以推进统筹城乡发展目标的实现和社会主义和谐社会建设。

2003 年 10 月 14 日，党的十六届三中全会通过《中共中央关于完善社会主义市场经济体制若干问题的决定》，提出“创造条件逐步实现城乡税制统一”。这是新中国成立以来第一次正式提出统一城乡税制的任务，是继新中国成立之初税收工作的重心从农村转向城市以后的第二次历史性转折，在新中国税制发展史上具有极为重要的意义。12 月 31 日，中共中央、国务院又发出《关于促进农民增加收入若干政策的意见》，提出要巩固和发展税费改革的成果，进一步减轻农民的税费负担，为最终实现城乡税制的统一创造条件；逐步降低农业税税率，2004 年农业税税率总体上降低 1 个百分点，同时取消除烟叶以外的农业特产税，有条件的地方，可以进一步降低农业税税率或者免征农业税。

2004 年 3 月 5 日，第十届全国人民代表大会第二次会议通过的政府工作报告提出逐步降低农业税税率，5 年内取消农业税。4 月 6 日，为贯彻落实党的十六届三中全会决定和中央农村工作会议精神，财政部、农业部、国家税务总局发出了《关于 2004 年降低农业税税率和在部分粮食主产区进行免征农业税改革试点有关问题的通知》，要求为了调动粮食主产区农民粮食生产的积极性，吉林、黑龙江两省先行免征农业税改革试点，河北、内蒙古、辽宁、江苏、安徽、江西、山东、河南、湖北、湖南、四川等 11 个粮食主产省（区）的农业税税率降低 3 个百分点，其余省份的农业税税率降低 1 个百分点，农业税附加随正税同步降低或者取消，沿海及其他有条件的地区也可视财力状况进行免征农业税改革试点。征收牧业税的地区，要按照本省（区）减免农业税的步骤和要求同步减免牧业税。7 月 21 日，国务院发出《关于做好 2004 年深化农村税费改革试点工作的通知》，强调国务院确定的免征农业税改革试点的省份和地方自主决定免征农业税的省份，要认真制定实施方案，明确配套改革目标和步骤。要全面落实取消除烟叶外的农业特产税政策，农业税计税土地上生产的农业特产品，统一按调整后的农业税税率征收农业税，实施免征农业税试点的地区，不再改征农业税；非农业税计税土地上生产的农业特产品，不再征收农业税，也不改征农业税。2004 年，北京、天津自主决定免征农业税，浙江省自主决定对种粮种油农民免征农业税，福建省决定对种粮耕地免征农业税。

2004 年 12 月 31 日，中共中央、国务院发布《关于进一步加强农村工作提高农业综合生产能力若干政策的意见》，提出继续加大“两减免、三补贴”政策实施力度。进一步扩大农业税免征范围，加大农业税减征力度，2005 年，在国家扶贫开发工作重点县实行免征农业税试点，在其他地区进一步降低农业税税率；国有农垦企业执行与所在地同等的农业税减免政策；取消除烟叶以外的农业特产税；在牧区开展取消牧业税试点，因减免农业税、牧业税而减少的地方财政收入，由中央财政安排专项转移支付适当补助；有条件的地方，可以自主决定进行农业税免征试点。同时，为调动农民种粮积极性，保护和提高粮食生产能力，党中央、国务院要求对种粮农民实行直接补贴，对部分地区实行良种补贴和农机具购置补贴。2004 年，为支持地方做好减免农业税、取消农业特产税工作，中央财政新增农村税费改革转移支付 219 亿元，中央财政安排的农村税费改革转移支付总规模达到 524 亿元。

2005 年 3 月 5 日，第十届全国人民代表大会第三次会议通过的政府工作报告提出加快减免农业税步伐，在全国大范围、大幅度减免农业税，对 592 个国家扶贫开发工作重点县免征农业税，全部免征牧业税，并提出 2006 年在全国全部免征农业税。7 月 11 日，国务院发出《关于 2005 年深化农村税费改革试点工作的通知》，规定 2005 年要进一步扩大农业税免征范围，加大农业税减征力度。对国家扶贫开发工作重点县实行免征农业税，进一步降低其他地区农业税税率，其中，2004 年农业税税率降低 1 个百分点的省份再降低 4 个百分点，2004 年农业税税率降低3个百分点的省份再降低2个百分点。因减免农业税、牧业税而减少的地方财政收入，中央财政将安排专项转移支付资金给予适当补助。鼓励地方根据自身财力条件，自主决定扩大农业税免征范围，其自主免征农业税减少的收入从2006年开始列入中央财政对地方转移支付的测算补助基数。

2005年，免征农业税的有山西、内蒙古、辽宁、江苏、安徽、江西、河南、湖北、湖南、广东、广西、海南、重庆、四川、贵州、陕西、甘肃、青海、宁夏、新疆20个省、自治区、直辖市，加上2005年以前已经免征或基本免征农业税的8省，全面免征农业税的省份达到28个，河北、山东、云南3个省也有210个县（市）免征农业税，享受免征农业税实惠的农民达到了8亿人。2005年全国农民进一步减轻负担约220亿元，人均减负24.18元。随着免征农业税改革的加快，农业税占国家财政收入的比重不断下降。据初步统计，2005年全国剩下的农业税及附加约15亿元，只占全国财政总收入3万亿元的0.05%（参见表3－5）。2005年中央财政安排农村税费改革转移支付资金662亿元，比上年增加140亿元。地方各级财政也筹措财力，配套安排转移支付309亿元。国家财政当年对农村税费改革的转移支付总额约971亿元。

表3－5　　2000—2005年全国农业税收入情况

年份	计税面积（万亩）	依率计征税额（万元）	减免额（万元）	实征农业税金额（万元）		人均农业税负担（元）
				合计	其中：正税	
2000	135885.00	1919679.00	279185.00	1892523.00	1659223.00	20.44
2001	133987.00	2140852.00	568045.00	1919309.00	1655420.00	20.60
2002	128179.00	3705521.00	529795.00	3844325.00	3182344.00	41.03
2003	125933.00	3816085.00	740873.00	4086306.00	3373952.00	45.79
2004	100357.00	2054009.00	356484.00	2327611.00	1953087.00	27.35
2005	12757.00	111184.00	28465.00	158170.00	124542.00	11.37

资料来源：财政部和国家税务总局农业税决算。

2005年尚未免征农业税的还有山东、河北和云南3个省份。山东省在2004年为进一步减轻农民负担，将全省农业税率调整为3%，其中济南的章丘、历下、市中、槐荫、开发区，青岛的黄岛、崂山、城阳，济宁的市中，临沂的罗庄等 10 个县（市、区），率先全部免征了农业税。2005 年农业税率再降 2 个百分点，调整为 1%，并且有青岛、济南、淄博、烟台、东营、威海、莱芜 7 个地级市及其他市地的部分县（市、区）免征农业税。河北省 2005 年根据国家政策，确定了 40 个国家级扶贫开发工作重点县和地处国家级贫困县区域内的国有或集体农场、牧场免征农业税，其他县（市、区）农业税税率在上一年降低 3 个百分点基础上再降 2 个百分点，有条件的县（市、区）可根据本地财力状况自主决定免农业税。云南省从 2005 年 1 月 1 日起，对 73 个国家扶贫开发工作重点县、7 个省级扶贫开发工作重点县和 8 个边境县共 88 个县（市、区）实行免征农业税政策。从 2005 年下半年开始其余 41 个县（市、区）农业税税率降至 2%。

随着 2005 年中央加大减免农业税力度，大多数省份自主决定提前免征农业税，全面取消农业税已经是水到渠成。2005 年 12 月 29 日下午，第十届全国人民代表大会常务委员会第十九次会议通过了关于废止《中华人民共和国农业税条例》的决定，同日中华人民共和国主席胡锦涛以主席令公布。根据该决定，农业税条例自 2006 年 1 月 1 日起废止。

2. 牧业税的逐步取消

我国征收牧业税的有新疆、内蒙古、宁夏、西藏、陕西、甘肃、青海、四川 8 个省、自治区。中央对牧业税只规定总的负担原则，具体的征税办法由省、自治区结合本地区的实际情况制定。西藏一直对农业税与牧业税实施免征政策。

农村税费改革后，部分地区主动停征或废止了牧业税。宁夏回族自治区只有 100 多万元牧业税收入，鉴于收入少、征收成本高等原因于 2002 年暂停征收全区的牧业税。此后，其他牧业区也陆续开始免征牧业税。

2004 年，内蒙古自治区开始第二步税费改革工作，免征了牧业税。2005 年，内蒙古全面免征农业税，农牧民从事农牧业生产实现了零税负。同时，中央和地方加大财政转移支付力度，切实减轻农牧民负担。据统计，截止到2005年底，中央、自治区、盟市三级财政用于税费改革的补助资金投入累计达到85.2亿元，5年内全区农牧民人均减负630多元。

陕西省也在2004年免征了牧业税。陕西省的牧区主要集中在陕北的榆林、延安两市，每年牧业税7万元左右。这些地区自然条件差，经济落后，贫困人口居多，牧业收入是广大农民收入的主要来源，牧民对牧业税的减免都有迫切的愿望，中央取消牧业税无疑对牧民来说是雪中送炭，对广大牧民养殖是极大的鼓励。

2005年2月21日，新疆维吾尔自治区农村工作会议决定自2005年起全部免征农业税、牧业税，取消除烟叶外的农业特产税。同时，为深化农村税费改革，减轻农牧民负担，新疆维吾尔自治区2005年把乡镇财政转移支付资金的50%转移到村，以确保村级组织正常运转，使村干部工资不低于取消“三提五统”前的水平。由此造成的乡镇经费缺口，南疆三地州和其他地区的国家扶贫开发工作重点县由自治区财政转移支付弥补，其他县市由当地财政弥补。

甘肃省于2004年全部免征了牧区的牧业税，但同时提高了非牧区的牧业税定额标准。2005年3月5日，甘肃省政府决定，从2005年起，全省全面取消牧业税，实现农牧业生产环节“零税赋”。根据测算，全面取消农业税和牧业税后，当年甘肃省可减轻农民负担6.1亿元；与农村税费改革前相比，减负额达到13.2亿元，加上粮食直补1.5亿元，全省农民当年直接得到的实惠将达到14.7亿元，人均72元。对因取消农牧业税而减少的市县财政收入，省政府决定由中央财政和省级财政安排专项转移支付给予全额补助。

2004年，青海省牧业税定额降低了7个百分点，并对“三江源”地区的玉树藏族自治州所属六县，果洛藏族自治州所属六县，黄南藏族自治州的泽库县、河南县，海南藏族自治州的兴海县、同德县和海西蒙古族藏族自治州格尔木市唐古拉山乡的农牧业税全部免征。免征农牧业税后，影响的地方财力缺口，由中央和省两级财政通过转移支付给予全额补助解决。青海省其他地区降低农牧业税税率1个百分点。全省各地扩大减免农牧业税范围的，可根据当地财政状况自行确定。

2005 年在全省范围内取消牧业税。

四川省的牧业税征收范围主要以全省 57 个民族自治县的农牧民为主。由于与四川毗邻的西藏一直未开征农业税与牧业税，四川省自 1979 年以来一直采取牧业税减半征收的政策，全省牧业税平均定额仅为每头羊 2 分钱。2004 年，四川省全部免征 57 个民族自治县的农业税与牧业税，由省财政拨款弥补免征后造成的地方财政减收问题。鉴于四川省属于西部地区，后由中央财政以转移支付的方式承担了四川地方财政因免征农业税、牧业税而造成的减收部分。

2005 年 1 月 30 日，新华社全文播发《中共中央、国务院关于进一步加强农村工作提高农业综合生产能力若干政策的意见》，首次提出在牧区开展取消牧业税试点工作，因取消牧业税而减少的地方财政收入，由中央财政安排专项转移支付给予适当补助。7 月 11 日，国务院发布《关于 2005 年深化农村税费改革试点工作的通知》，要求全面取消牧业税。12 月 29 日，第十届人大常委会第十九次会议通过关于废止《中华人民共和国农业税条例》的议案，决定从 2006 年 1 月 1 日起执行。牧业税随同农业税一起被取消。

在降低农牧业税税率到最后取消过程中，各地都采取了一些具体措施，以保证这一改革的顺利完成。如青海省人民政府 2004 年 8 月 27 日下发了《关于取消农业特产税和降低农牧业税税率的实施意见》，对减免政策、资金来源以及政策界限和工作方法都做出了具体规定。(1) 减免税政策。确定自 2004 年起，首先免征“三江源”地区果洛州六县，玉树州六县，黄南州的泽库县、河南县，海南州的兴海县、同德县，海西州格尔木市唐古拉山乡的农牧业税；其他地区降低农牧业税税率 1 个百分点。各地扩大减免农牧业税范围的，可根据当地财政状况自行确定。(2) 资金来源。2004 年全面执行取消农业特产税政策后，中央财政按 2002 年决算实际征收数的 80% 补助，省财政配套补助 20% 。2004 年起按降低农牧业税税率 1 个百分点的政策执行，中央财政同样按 80% 给予补助，省级配套补助 20% 。扩大免征农牧业税范围减收的部分，由省级财政通过专项资金给予补助。取消农业特产税和降低农牧业税税率，地方 20% 配套补助部分全部由省级财政承担，按有关规定算账到县，资金转移支付到州、地、市，由省财政厅监督执行。各地自行确定扩大减免农牧业税范围的，由各地自筹资金解决。(3) 政策界限和工作方法。为确保减征、免征农牧业税工作做到“政策公开、工作透明、主体合法、程序合规、规范操作”，明确如下政策和方法：一是降低农牧业税税率和减免农牧业税的基本政策。农业税计税要素（土地面积、常年产量、计税价格）以2002年税费改革时确定的数为准，不搞重新丈量或界定。牧业税计税要素（牲畜头数）以2002年税费改革时确定的数为准，不搞重新清点和大面积调整。青海省财政厅依据各县2002年农牧业税收决算报表的数据和降低比率计算对各县的补助数额。各县按照2002年农牧户缴纳农牧业税的实际数额，计算降低比率后，征收2004年农牧业税。各县乡要以村（组）为单位进行张榜公示，公示时间不少于15天，在得到农牧民群众认可后，再将降低农牧业税税率后的农牧业税纳税通知书下达到农牧户。对“三江源”以外地区农牧业税征收实行“先下调、后征收”的操作程序。农牧业税征收必须公开透明，征收农牧业税必须由征收机关的征收人员依法征收，其他人员不得代征。对税费改革后合法合规的生产性水费、电费和社会性的规费收费必须与农牧业税分开，不得混征，农税人员也不得代征。二是农牧业税税率降低1个百分点的计征办法。农业税以2002年税费改革时确定的全省平均农业税税率6.5%为基准，在此基础上降低1个百分点，即农业税税率由6.5%降低到5.5%，降低比率为15.4%。农业税附加随正税同步降低。牧业税按照比率相同原则计算牧业税税率降低1个百分点，牧业税附加随正税同步降低。

农村税费改革以后，牧区省份每年减轻农牧民牧业税近3亿元。2000年，全国牧业税征收额为27856万元，2002年下降到15656万元，2004年又下降到9395万元，2005年大部分省停征了牧业税，当年牧业税只有98万元。

3. 农业特产税的逐步取消

我国开征农业特产税的目的是为了调节粮食作物与经济作物之间的收益水平，避免经济作物占用更多的耕地，以保护粮食生产。经过

20多年的发展，我国经济社会发生了很大变化，特别是农业生产有了长足的发展，粮食的供给出现了历史性的转变，促进高产、优质、高效农业发展成为新时期农业工作的主要方向，而原有的农业特产税政策已经不适应新时期农业发展的需要，不利于调整农业结构、提高农民收入，甚至成为加重农民负担的重要原因。

2000年4月，为了贯彻中共中央、国务院《关于进行农村税费改革试点工作的通知》，财政部、国家税务总局下发了《关于农村税费改革试点地区农业特产税政策的通知》，对农业特产税政策进行了大幅度的调整，合并了生产和收购环节，简并、调整了应税品目，大幅度降低了税率。

2001年6月，根据农村税费改革过程中出现的问题，财政部、国家税务总局又下发了《关于调整农村税费改革试点地区农业特产税若干政策的通知》，要求试点地区除烟叶、牲畜产品在收购环节征收外，一律在生产环节按统一的低限税率征收。

为了贯彻落实《国务院关于全面推进农村税费改革试点工作的意见》的精神，经国务院原则同意，2003年6月，财政部、国家税务总局下发了《关于2003年农村税费改革试点地区农业特产税有关问题的通知》，标志着农业特产税进入逐步取消阶段。通知规定，第一，2003年，以省（自治区、直辖市，下同）为单位实施农村税费改革试点的地区，要按照国务院的统一部署，全面落实农村税费改革中的农业特产税政策。认真扎实地做好合并征收环节、降低税率等工作。第二，2003年，关于取消农业特产税的问题，根据统一政策、分散决策的原则，由各省自主决定。条件成熟的省，可结合本地实际，在自行消化财政减收的前提下，对部分农业特产品（除烟叶外）不再单独征收农业特产税，改为征收农业税。具体品目各地可自行选择，选定品目后，税目的转换、税率的确定、计税依据和征收方式按以下规定执行：(1) 税目的转换。将现行农业特产税应税品目中的水果、干果、药材、果用瓜、花卉、经济林苗木等园艺作物收入，水产品收入，林木产品收入，食用菌收入和省级人民政府确定的其他收入，改为征收农业税；将园艺作物收入中的蚕茧改按桑叶，毛茶改按茶青征收农业税；

将贵重食品中的海参、鲍鱼、干贝、鱼唇、鱼翅并入水产品中征收农业税；对牲畜产品（猪皮、牛皮、羊皮，羊毛、兔毛，羊绒、驼绒），不在土地上生产的农业特产品（如蜂蜜、燕窝等，但不含水产品），零星、分散地块上生产的农业特产品，既不征收农业特产税，同时也不征收农业税。征收牧业税的省份，继续对羊、牛等牲畜产品收入征收牧业税。(2) 税率的确定。水果、干果、茶青、桑叶、药材、果用瓜、花卉、经济林苗木等园艺作物收入，水产品、林木产品、食用菌收入和省级人民政府确定的其他收入的税率，按照省级人民政府在农村税费改革中规定的农业税税率执行。对个别省区的原木、药材、经济林苗木、天然橡胶等品目收入，原农业特产税的税率低于当地农业税税率的，仍按原税率征收农业税。是否随正税征收20%的附加，由省级人民政府确定。但正税附加的总体负担水平应低于原农业特产税（含附加）的负担水平。(3) 计税收入。改征农业税的农业特产品的计税收入由实际收入改为原则上参照粮食作物收入确定。对利用耕地和园地生产的，按照当地同等土地粮食作物的常年产量确定计税收入；利用其他土地生产的，参照当地耕地上粮食作物常年产量确定计税收入。对利用滩涂、海水养殖和捕捞的水产品，按其历史收益情况确定计税收入。计税收入确定以后，原则上保持一定时期的稳定。考虑到农业特产品生产受自然条件影响较大，计税收入应按照从低原则确定。对林农采伐的原木、原竹，按照采伐量从低确定计税收入。对财务制度健全，会计核算准确真实的捕捞水产品、采伐原木原竹的企业和单位，按其销售收入确定计税收入。具体品目的计税收入由省级人民政府确定。(4) 减免税。农业特产品改征农业税后，统一按照农业税减免政策执行。(5) 征收办法。对大多数农业特产品采取与粮食等农产品一样的征收办法。对财务制度健全，会计核算准确真实的捕捞水产品、采伐原木原竹的企业和单位，实行查账征收；对养殖水产品、捕捞水产品的个人和捕捞水产品无账可查的企业单位以及采伐原木原竹的林农，实行核定征收。过去一直由收购者代扣代缴，改为向生产者直接征收确有困难的，仍可沿用原有的代扣代缴办法。农业特产税取消后，农业特产品的税收负担大幅度降低，基本接近粮食作物的税收负担。

为了贯彻落实党的十六届三中全会决定和中央农村工作会议精神，继续推进农村税费改革，进一步减轻农民负担，根据《中共中央、国务院关于促进农民增加收入若干政策的意见》有关规定，经国务院批准，财政部、国家税务总局于2004年6月30日发布了《关于取消除烟叶外的农业特产税有关问题的通知》，标志着农业特产税进入全面取消阶段。通知规定，从2004年起，对烟叶仍征收农业特产税，取消其他农业特产品的农业特产税。其中，对征收农业税的地区，在农业税计税土地上生产的农业特产品，改征农业税，农业特产品的计税收入原则上参照粮食作物的计税收入确定，在非农业税计税土地上生产的农业特产品，不再改征农业税；对已免征农业税的地区，农业特产品不再改征农业税。对通知文到之日前已对非农业税计税土地上生产的农业特产品（烟叶除外，下同）征收的2004年度的农业特产税，退还纳税人；凡对农业税计税土地上生产的农业特产品已经改征农业税的，仍按农业税相关政策执行，如未改征农业税已征收农业特产税的，可抵顶改征的农业税，抵顶后多征的税款，退还纳税人。

2006年2月17日，国务院第459号令废止了《国务院关于对农业特产收入征收农业税的规定》，终结了从1983年开始对农林特产收入单独征收农业税23年的历史。值得指出的是，从法律上废除农业税和农业特产税都是在2006年1月1日同一时间，但是从2003年开始就在农村税费试点的部分地区停征农业特产税，2004年试点地区全部停征该税。而农业税的部分停征是从2004年开始的。从农民负担的角度讲，农业税是大头，农业特产税是小头，为什么从特产税入手呢？主要是因为：第一，农业特产税是农民负担问题的焦点，社会反响较大。在农业特产税征收过程中，一些地方乱摊派，按人头征税，粗暴执法等问题比较突出，群众反映特别大。第二，农业特产税是依附于农业税的，不是一个单独的税种，取消该税名目而改征农业税，对整个农业税制影响相对不大。第三，农业特产品是增加农民收入的重要渠道，取消农业特产税，有利于农民增加收入。

从地方情况看，各省调整和取消农业特产税政策的时间是不一样的。试点地区首先开始调整和取消农业特产税，逐渐扩大到全国，形成大的趋势。浙江省政府决定从 2003 年 1 月 1 日起在全省范围内全面停止征收农业特产税，以切实减轻农民负担，推动效益农业大发展。停止征收农业特产税后，浙江省财政收入每年减少 2.73 亿元，却可以让广大农民轻装上阵，在发展效益农业的舞台上大显身手。安徽省在 2000 年相继下发了《安徽省农业税征收实施办法（试行）》《安徽省农业特产税征收实施办法（试行）》等 11 个配套文件。其中关于农业特产税的改革内容是：农业特产税税率按照略高于农业税税率计征，减少征收环节，取消原一个应税品目在两个环节征税，实行一个应税品目只在一个环节征税的原则，确定全省除烟叶产品、牲畜产品 8 个品目在收购环节征收农业特产税，税率按国家规定执行外，其他 4 大类 27 个品目统一在生产环节征收农业特产税，税率按照品目确定，最高是毛茶、水果、干果 13%，淡水养殖和捕捞、原木、原竹 10%，其他品目的税率均在 5%—8% 之间。对农业税计税土地上生产的农业特产品，其税款的征收按其应缴的农业税或农业特产税确定，以税额大的征收其中一个税，不得重复征收。2001 年，安徽省又制定了《关于进一步加强和规范农业税收征收管理工作的意见》《关于调整农业特产税有关政策的意见》等农村税费改革有关配套文件。文件规定：按照农业税与农业特产税不重复交叉征收的原则，对在农业税计税土地上生产的果用瓜、药材、薄荷、苔干、大棚蔬菜等农业特产品，由征收农业特产税改为征收农业税；对毛茶、水果、干果的税率再次下调 3 个百分点，原木、原竹、水产品、生漆、松脂税率下调 2 个百分点；将原木、原竹改为可委托具有条件的收购单位和个人在收购环节代征。2002 年，安徽省着重解决农业税计税土地不实、“有税无地”“有地无税”和计税常产过高的问题，继续调整和完善农业特产税政策，将毛茶、水果、干果的税率由 10% 调整为 8%，并选择萧县、砀山县进行农业特产税改征农业税试点。根据安徽省农业特产税改征规定，凡在耕地上生产的农业特产品，一律按照当地同类土地的粮食作物的计税收入，只征收农业税；对于利用山坡、水面生产的果、茶和水产品，以 2002 年农业特产税的计税收入为上限，并依据当地农业税的税率征收农业税；对于不占用耕地生产的食用菌和在收购环节征收的畜牧产品，在取消农业特产税的同时，也不再征收农业税；而对于烟叶产品将按收购单位的收购金额，以 20% 税率计征，并不征收农业税附加。2003 年 4 月 1 日，安徽省在全国宣布取消农业特产税，改为征收农业税。1986 年至 1993 年，安徽省农民人均农业特产税负担还比较平稳，1994 年至 1999 年这一负担凸显，由人均 5.6 元上升到人均 16 元左右。2000 年农村税费改革后开始下降到人均 6 元左右，2003 年农业特产税改征农业税后，人均农业特产税负担仅为 0.07 元（参见表 3－6）。

表 3－6　1986—2003 年安徽省农业特产税人均负担情况

年份	农业特产税收入（万元）	人均特产税负担（元/人）
1986	1389.2	0.31
1987	1368	0.30
1988	1547.4	0.34
1989	3885.2	0.84
1990	4837.9	1.00
1991	4657.6	0.96
1992	6984.9	1.43
1993	8392.1	1.71
1994	27574.9	5.60
1995	52363.9	10.57
1996	65365	13.16
1997	82333	16.52
1998	78925.8	15.83
1999	78715.3	15.74
2000	32751.6	6.49
2001	31267	6.17
2002	22958.5	4.52
2003	344.4	0.07

资料来源：《安徽统计年鉴（2003）》及本课题组赴安徽调查收集整理。

在取消农业特产税的同时，国家对烟叶税也进行了规范改革，开征烟叶税取代原来的烟叶特产农业税。2006 年 2 月 17 日，国务院第 459 号令废止了《国务院关于对农业特产收入征收农业税的规定》，对烟叶征收农业特产税失去了法律依据。但是，停止征收烟叶特产农业税，将会产生一些新问题。第一，烟叶农业特产税收入全部划归县乡财政，在地方财政收入中占较大比重，取消该税对地方财政特别是县乡财政收入将产生较大影响。第二，不利于烟叶产区县乡经济的发展。我国的烟叶产区多数集中在西部和边远地区，当地经济的培育和公共事业的发展等基本靠地方政府的投入和推动。停止征收烟叶特产农业税会减少当地财政收入，对推动各项事业的发展不利。考虑到原烟叶农业特产税不是由农民负担的，而是由烟草公司直接负担，所以保留该税不会对农民产生很大影响，为了保持政策的连续性，充分兼顾地方利益和有利于烟叶产区可持续发展，国务院决定制定《中华人民共和国烟叶税暂行条例》，于 2006 年 4 月 28 日发布，开征烟叶税，取代原烟叶特产农业税。

二、农村税费改革的配套措施

农村税费改革试点以后，出现了一些新情况、新问题，主要是乡村两级收入大幅减少，运转困难，农村义务教育等公共服务提供出现难题。为防止农民负担反弹，国家在税费改革的同时，加快了相关配套改革。

（一）大力进行乡镇机构改革，转变政府职能

农村税费改革对乡镇机构改革提出了新的要求，新一轮乡镇机构改革作为农村税费改革试点的配套措施之一，与税费改革同步进行，它也是农村税费改革试点顺利开展的关键。中央对此高度重视，要求不断明确和完善有关乡镇机构改革的政策。2000 年安徽试点初期，中央就明确要求精简乡镇机构和人员，按照政企分开和精简、效能的原则，合理设置乡镇机构，严格核定人员编制，提倡党政干部交叉任职。当年 12 月，《中共中央办公厅、国务院办公厅关于市县乡人员编制精简的意见》正式启动了省以下政府机构改革。2001 年，《国务院关于进一步做好农村税费改革试点工作的通知》提出，精简乡镇机构、压缩财政供养人员、调整支出结构、节减经费开支，要求精简乡镇党政机构和人员编制，清退编外和临时招聘人员，适当撤并小的乡镇等。2004 年，《国务院关于做好 2004 年深化农村税费改革试点工作的通知》从加强机构编制管理等方面，对乡镇机构改革提出了新的要求。

2005 年，中央正式提出开展农村综合改革试点，乡镇机构改革不再是配套改革，而成为农村综合改革的重要内容之一。《国务院关于 2005 年深化农村税费改革试点工作的通知》对 2004 年文件要求进行了细化，并要求各省（自治区、直辖市）结合本地实际，选择至少 1 个有代表性的市（地）或若干代表性强、工作扎实的县（市）进行农村综合改革试点，乡镇机构改革的主要内容从撤乡并村、减人减事减支，逐步转变到科学界定乡镇职能，加强乡镇社会管理和公共服务职能上面，其主要目标定位也从降低乡镇行政成本，巩固农村税费改革成果，逐步转变到消除农业和农村发展的体制性障碍、建立农村基层工作新机制。

按照中央关于乡镇机构改革的有关文件精神，从 2000 年开始，各地在推进农村税费改革的同时，围绕减轻财政负担、降低行政成本、确保农民负担不反弹和乡镇政权正常运转，对乡镇机构改革进行了有益的探索。全国大部分地方按 20% 的比例精简了乡镇行政和事业编制，控制财政支出。到 2003 年，精简乡镇编制工作基本完成，乡镇机构编制膨胀的趋势得到初步遏制。在精简机构编制的同时，各地对乡镇领导的职数也进行了精简，根据乡镇的大小，将领导职数控制在 5 至 9 名。湖北、宁夏等地还实行编制管理“实名制”，将行政编制和事业编制严格区分，落实到人，在网上、报纸上公布，接受群众监督。安徽省将市、县、乡三级党政行政机关、财政供给事业单位的编制审批权一律上收到省。调整区划、撤并乡镇也是机构改革的重点内容。农村税费改革后，各地相继开展了以扩大乡镇区域规模为特征的撤并乡镇工作。2001 年乡镇撤并幅度最大，全国比上年减少乡镇 3795 个。2003 年和 2004 年，全国撤并乡镇分别为 1026 个、1076 个。2005 年全国撤并乡镇 1443 个，到年底全国乡镇总数减少到 35473 个，比 1999 年减少 9028 个。大部分省份乡镇撤并幅度在 10% 至 30%，宁夏、内蒙古、江苏、湖北等地撤并比例都在 40% 以上。2003 年，宁夏将全区原有 237 个乡、76 个镇调整为 95 个乡、93 个镇，共撤减乡镇 125 个，撤减 40%。通过乡镇机构改革和撤并乡镇，全区共精简乡镇工作人员近 5000 人，精简比例达 20%，每年可节约人员、车辆、办公等费用

6500 万元。撤并乡镇的固定资产转为医院、商店、老年公寓等福利、服务设施，可节约资金 2500 万元。内蒙古 2006 年启动乡镇区划调整工作后，将全区乡镇（苏木）由原来的1236 个调整撤并为640 个，精简比例达 48.2%。

（二）推进农村义务教育管理体制改革

农村税费改革前，我国农村义务教育是一种“地方负责，分级管理，以乡为主”的管理体制。从中央与地方财政收入及其教育投入来看，农村义务教育投入过分基层化。1995 年至 1999 年，我国农村义务教育累计投资 3436.31 亿元，其中，财政预算内拨款累计 2144.31 亿元，占总投资的62.4%；农村教育费附加累计665.75 亿元，占总投资的 19.4%；捐款集资累计 396.95 亿元，占总投资的 11.6%。大致是政府投入占 60%，农民投入占 30%。在政府投入中，由于种种原因，实际上形成了以乡镇和村投入为主办学的局面。因此，基层政府和农民承担了农村义务教育的主要责任。

农村税费改革取消了直接面向农民征收的各种税费，使农村义务教育经费来源发生了重大变化，作为税费改革的重要配套措施，农村义务教育经费投入和管理体制也进行了重大变革，主要集中在几个方面：

1. “以县为主”的农村义务教育管理体制逐步形成

鉴于税费改革后乡镇财政的困境，国家将义务教育的管理权由乡镇提升到“县”。2001 年 5 月，国务院颁布了《关于基础教育改革与发展的决定》，提出建立“在国务院领导下，由地方政府负责、分级管理、以县为主”的农村义务教育管理体制，明确了各级政府对农村义务教育的责任，强化了各级政府特别是县级政府对农村义务教育工作管理的责任。2003 年 9 月，国务院颁布《关于进一步加强农村教育工作的决定》，再次强调了落实这一管理体制，县级政府要切实负担起对本地教育发展规划、经费安排使用、校长和教师人事等方面进行统筹管理的责任。在农村义务教育管理权责上收的同时，乡镇基层管理机构也进行了调整和改革。2004 年 7 月，国务院下发《关于做好 2004 年深化农村税费改革试点工作的通知》，明确提出强化县级政府对本地区农村义务教育工作的统筹管理，乡镇人民政府不设专门的教育管理机构，进一步做好学校布局的合理调整，抓紧进行各县（市、区）农村中小学校教职工编制核定工作，统筹配备县域内城乡中小学校教职工。2005 年，全国基本上确立了“以县为主”的农村义务教育管理体制，这为探索建立适合我国国情的义务教育投入管理体制创造了一个良好的开端。

2. 强化政府的义务教育的投入责任，以政府保障为主的农村义务教育投入机制不断完善

农村税费改革中，各地在将义务教育的管理从乡镇上收到县市的同时，也力求将农民承担的农村义务教育责任转到主要由政府承担，实现“农村教育农民办”到“农村教育政府办”的根本性变革。2001 年，国务院《关于进一步做好农村税费改革试点工作的通知》要求必须相应建立和完善农村义务教育经费保障机制，教育经费纳入县级财政，加强县级政府对教师管理和教师工资发放的统筹职能。2003 年，国务院要求围绕“保工资、保运转、保安全”的基本目标，确保改革后的农村义务教育投入不低于改革前的总体水平，并逐步有所增长。2005 年 7 月，国务院《关于 2005 年深化农村税费改革试点工作的通知》明确提出，要坚持以政府投入为主的农村义务教育投入机制，进一步明确各级人民政府对义务教育的保障责任，县级以上各级政府要更多地承担责任。

农村税费改革后，政府对农村义务教育的经费保障水平大大提高了，包括支持农村中小学教职工工资的发放、农村中小学危房改造工程、实施国家贫困地区义务教育工程、实施义务教育西部“两基”攻坚工程、提高农村中小学公用经费等，从而为农村义务教育发展提供了可靠的财力保障。2004 年，全国财政预算内农村义务教育拨款达到了 1326 亿元，比农村税费改革前的 1999 年增加 793 亿元，年均递增 20%，占当年农村义务教育总投入的比重达到 80.6%，比 1999 年提高了 18.8 个百分点。财政性教育经费占国内生产总值（GDP）的比例连年提高。1999 年至 2003 年，全国财政性教育经费占 GDP 的比例分别为 2.79%、2.87%、3.19%、3.41%、3.28%。中央财政对农村义务

教育的支持明显增加，主要体现在工资性转移支付和农村税费改革转移支付。2002年两项转移支付用于农村义务教育的总数达243.47亿元，对于保证中西部地区中小学教师工资发放起到了重要作用。此外，中央财政加大了对农村义务教育的专项支持。2001年至2003年，中央财政共安排专项资金30亿元，实施农村中小学危房改造工程；2003年至2005年，中央财政投入60亿元，实施农村中小学危房改造二期工程。“十五”期间，中央财政安排50亿元专项资金，实施第二期国家贫困地区义务教育工程，主要支持中西部地区尚未普及九年义务教育的522个县实施义务教育。

3. 从“多费制”到“一费制”，规范学校收费行为，减轻农民负担

农村义务教育中政府和学校筹资和收费的多头性、多样性及非规范性一直是农民反映强烈的问题，也是加重农民负担的重要原因。在加大政府对农村义务教育的投入的同时，中央也采取措施进一步规范农村中小学收费管理，治理乱收费、乱集资和乱摊派，切实减轻农民负担。措施之一就是在税费改革中推行“一费制”，即对学杂费、书本费由中央有关部门规定一个最高收费限额，除此之外，不再向学生收取任何其他费用。2002年国家规定的“一费制”收费标准为：每个学生每学年农村小学160元，农村初中260元；各地可根据实际情况适当浮动收费标准，上浮范围不得超过20%。安徽、湖北等省市一些地方还对实行“一费制”的学校，给予专项补助，弥补经费缺口，以保障“一费制”学校的正常运转。“一费制”最初是在一些贫困地区的农村小学和初中试行，并随着税费改革的范围扩大不断扩大。至2003年，税费改革的省市，尤其是国家扶贫开发工作重点县的农村中小学，已普遍推行了“一费制”收费办法。中央规定，从2004年开始，全面推行“一费制”收费办法。河北省2002年在51个扶贫开发工作重点县试行了“一费制”，2003年在全省范围内铺开。按河北省的规定，小学收费标准在国家规定每生每学年160元的基础上上浮最高不超过15%，下浮不限，其中包括教科书费、课堂作业本费、电教教材费、取暖费、原杂费及寄宿制学生住宿费等；初中收费标准在每

生每学年260元的基础上上浮最高不超过20%，下浮不限，含教科书费、课堂作业本费、电教教材费、取暖费、原杂费等，寄宿制学生住宿费另收。湖北省“一费制”试点工作是从2001年秋季开始在原38个国家级和省级贫困县（市）农村中小学试行，2002年“一费制”扩大到全省25个国家扶贫开发工作重点县和4个省级贫困县试行。2003年，从省级财政安排专项资金4500万元，按生均每年20元的标准，对实行“一费制”的学校给予补贴。与此同时，非“一费制”地区的县市，县财政对中小学公用经费的拨款标准，每生年平均不得低于15元。通过增加财政投入并规范学校收费，以减轻农民的教育负担，并维持学校的正常运转。

（三）县乡财政管理体制的探索与实践

农村税费改革后，县乡财政的收入来源发生了重大变化，县域经济发展落后和财力配置与财政支出责任不匹配等导致部分县乡财政较为困难的问题日益显现。进一步缓解县乡财政困难，不断增强县乡财政保障能力，改革县乡财政管理体制，已经成为深化农村税费改革的必要配套措施。

农村税费改革前，农业税及附加是县乡财政重要收入来源，农村税费改革取消专门针对农民的各项行政性收费并逐步减免农业税后，农民负担大幅减轻，但县乡基层也出现了一定财力缺口。为缓解县乡财政困难、巩固农村税费改革成果，2002年《国务院批转财政部关于完善省以下财政管理体制有关问题意见的通知》下发后，各地普遍开展了县乡财政管理体制改革，实施“省直管县”财政体制和“乡财县管”财政管理方式改革试点、加大财政转移支付力度等一系列改革措施，着力调整财政分配关系，积极引导财力向基层倾斜，切实增强了县乡财政保障能力。

1.“省直管县”，即实行省对县财政管理体制，加强了省对县财政调控和管理

省财政在体制补助、税收返还、转移支付、财政结算、专项补助、资金调度等方面直接核定并监管到县，简化了财政管理层级，加强了省对县财政管理。湖北省从2004年1月起改革原来省管市、市管县

（市）的财政管理体制，在全省范围推行省直管县（市）的财政管理体制。对原实行省管的武汉市、襄樊市等17个市级单位继续实行省直接管理（含所辖区），对原实行省管市、市管县财政体制的52个县（市）（不含恩施自治州所辖的8个县市）实行省直管县（市）财政体制；改革涉及预算管理体制，转移支付及专项资金补贴，财政结算，资金报解及调度，债务偿还等6个方面内容。一些省份还积极调整省对县财政分配关系，如山西省重新调整税收划分，将增值税、营业税、资源税、企业所得税、个人所得税“五税”收入分享比例由以前省级分享35%调减为30%，市级分享比例不超过15%，县级分享比例不低于55%，并建立增收返还机制，鼓励县级多收多得。浙江等少数省还扩充县级的经济管理权和财权，将县纳入与市同等的管理级次，由省直接管理，增强县级的经济职能和财力，促进县域经济发展。截止到2005年底，安徽、湖北等11个省份在全省范围内实行省直管县，河北、山西、江西、河南、云南5省在部分地区实行省直管县。

2. 改革县乡财政管理方式，规范了乡镇财政管理

一是广泛开展“乡财县管”管理方式改革。即在保持乡镇预算管理权、资金所有权和使用权、财务审批权不变的前提下，实行“预算共编、账户统设、集中收付、采购统办、票据统管”，县财政部门直接监管乡镇财政收支。截止到2005年底，吉林、安徽、黑龙江在全省范围内推行乡财县管，内蒙古、重庆等13个省份选择部分县实行乡财县管。通过这种管理方式，进一步规范了乡镇收支行为，加强了县级财政调控能力和监管能力。二是少数地区针对乡镇财政收入较多、财力分散的情况，实行相对集中的乡镇预算管理，探索开展乡镇国库集中收付和绩效预算改革试点，提高资金分配的透明度和资金使用的有效性。

3. 建立健全财政激励约束机制，逐步加大了财政转移支付力度

为增加地方财力，中央财政不断加大了对地方的转移支付力度。2005年，中央财政对地方财力性转移支付达到4198亿元（其中一般性转移支付1120亿元），比上年增加1264亿元。同时，为缓解县级财政困难，中央财政出台并完善了“三奖一补”政策，对地方缓解县乡

财政困难工作做得较好、开展乡镇机构改革较好的县以及产粮大县进行补助和奖励。各地根据中央的财政激励政策，结合本地实际，加大了对县乡财政保障力度，积极探索实施激励约束型财政机制。如陕西省出台《省对市县“三奖三管六保障”激励约束考核办法》，对税收收入增长、地方财政收入上台阶的县（区）和产粮大县给予奖励；对财政供养人员增幅低于全省平均水平、债务规模控制好、消化以前年度累计赤字的县（区）给予奖励，反之进行扣罚；将县（区）对农业、义务教育、社会保障、农村公共卫生、乡村组织运转、政法机构等经费保障情况纳入激励约束考核范围。广东省财政分配新增一般性转移支付与各地财政收入“综合增长率”挂钩，充分激发各地发展县域经济积极性。经过几年努力，县乡财政困难问题得到有效缓解。

4. 开展村级公益事业建设“一事一议”财政奖补试点

针对农村税费改革取消村提留、乡统筹和“两工”后，村级公益事业建设通过“一事一议”开展难的问题，一些地方探索实行了促进村级公益事业发展的“一事一议”财政奖补制度。如黑龙江省从2004年开始连续4年共安排奖补资金3.86亿元，对村民筹资筹劳兴办村级公益事业开展以奖代补试点，有力促进了村屯道路、小型水利设施、环境卫生、植树造林等村级公益事业建设。河北省馆陶县、云南省石屏县等地也自筹资金，对村级公益事业“一事一议”建设项目进行补助，改善了村民的生产生活条件。

（四）积极稳妥地化解乡村债务

乡村两级债务是历史形成的、长期以来困扰基层的大问题。据农业部乡村债务问题调查组的抽样调查，截至1998年底，全国乡村两级会计账面的债务总额为4007.8亿元，债权总额为2789亿元，净债务总额为1218.8亿元。但由于债权有1700亿元是无法收回的坏账，加上一批倒闭企业的340亿元经营性债务转嫁给了乡村集体经济组织，乡村两级承担的实际净债务为3259亿元。全国乡级负债面达90%以上，村级负债面为83%。其中，湖北省乡级负债面在95%以上，村级负债面也在90%以上。大量乡村债务形成的原因主要是：盲目兴办企业，增加了集体债务；名目繁多的达标活动，迫使乡村负债；乡镇机构人员臃肿，行政开支过大；缺乏民主监督，财务管理混乱等。农村税费改革后，“三提五统”被全部取消，乡村两级收入大幅减少，过去乡村两级债务主要通过“三提五统”和向农民摊派来偿还，改革后历史沉积下来的债务无法消化，加上其他刚性的支出，从而形成了巨大的收支缺口，严重影响了乡村两级正常运转，也影响了税费改革的顺利完成。农村税费改革期间，随着农民负担的减轻和纯收入的提高，乡村债务却一直增长。全国农村经济收益分配统计资料表明，2004 年全国农村人均纯收入比 1999 年增加了 32.9%，而同期乡村基层债务从 1999 年的 3000 多亿元上升到 6000 亿元。因此，如何妥善解决乡村两级债务问题，成为税费改革能否成功的重要制约因素，化解乡村债务也成为农村税费改革的重要配套措施。

由于乡村债务数额巨大，成因复杂，难以核实，政策性强等原因，国家在农村税费改革过程中对化解乡村债务十分关注，中央不断明确清理化解乡村债务的原则和政策。2005 年全国农村税费改革工作会议上，国务院提出要认真做好历史上形成的乡村债务的清理化解工作，以县为单位抓紧进行登记核实，抓紧研究化解乡村债务的思路和办法，积极开展化解乡村债务试点。2006 年中央一号文件也要求，各地要对乡村债务进行清理核实，2006 年选择部分县（市）开展化解乡村债务试点工作。在中央的积极推进下，各地在清理化解乡村债务方面进行了一些探索和尝试，取得了初步成效。主要的做法如下：

1. 清理核实，明确责任，“挤掉”水分

湖北省制定了化解村级债务的 10 条政策性意见，党政主要领导亲自抓化解乡村债务工作，并按照“清查、公示、核实、锁定”的程序和步骤，全面清理村级债务，清查盘点集体资产，张榜公布核查登记，核实债权人，落实债务人，挤掉水分，基本摸清了村级债务的底数。安徽省合肥市由市纪委牵头，财政、监察、审计、农委等部门参加，按照“摸清情况，分别对待，立足于教育，着眼于防范，自查自纠从宽，被查被纠从严，组织处理从宽，经济处理从严”的要求，在全市开展了乡镇财务清理工作。

2. 建立偿债专项资金和化债激励机制，支持基层化解债务重庆市政府2005年提出化解债务的政策思路：完善乡村消债激励约束机制，建立消债专项资金，用好“三奖一补”政策，在新增财政收入和上级财政转移支付资金中确定一定比例用于消化乡村债务。同时要求各区县将中央补助重庆市的3亿元“三奖一补”资金的80%以上首先用于偿还“普九”债务，其次用于偿还县乡其他债务。2006年，重庆市约16亿元的“普九”债务全部偿清。陕西省农村税费改革领导小组2006年决定，对在化解乡村债务工作中取得突出成绩的永寿、镇巴等10个县（区）予以通报表彰，同时奖励永寿县80万元，其余9个县（区）各50万元，继续用于清偿债务工作。

3. 节约开支和冲转化债

一些地区通过精简机构和人员等措施节约乡村开支，筹措化债资金，同时对三角债、多角债，鼓励债权债务人互相冲转抵债，化解了一部分债务。内蒙古自治区兴安盟共撤并12个苏木乡镇，分流乡镇党政机关干部369人，事业单位干部1051人，每年可减少财政支出494.5万元。该盟突泉县对三角债、多角债采取“个人自愿，各方到场，干部带头，当面转账，完善手续”的办法，经双方履约签字后，互相冲转抵账，化解债务266.4万元。

4. 盘活资产化债

吉林省前郭县通过拍卖资源性资产的使用权偿还债务2000多万元，拍卖生产性资产偿还债务1000多万元。该县长龙乡将村里的机电井、果园等公开拍卖、竞价承包，所得收入143.2万元全部用于偿还债务。

5. 加强管理，从源头和机制上防止新增债务

江苏、浙江等省实施村级财务“联审联批联签”制度，每笔开支需经村党支部书记、村委会主任联合审批，村财务监督小组或理财小组审核后方可入账，规范了村级财务收支，减少了村级债务的发生。陕西省永寿县创新财政管理制度，增强财政制度约束，采取多项措施积极化解乡村债务，严格防止新增债务。如建立财政监察制度，对乡镇收支进行全程监督；撤销乡镇金库，乡镇工商税收入缴入县级金库；取消乡镇招待费科目；实现政府采购和会计集中核算制度，降低行政

运行成本；严格非税收入，坚持“收支两条线”管理；对村级干部实行定岗、定员、定薪，减少不必要的开支。通过上述措施，该县自 2000 年以后基本没有新发生乡村债务。

6. 各级政府加大投入力度，减轻基层举债压力

从 2005 年起，中央财政建立了以“三奖一补”政策为核心的激励约束机制，有效地缓解了县乡财政困难。在中央的示范下，省、市、县级政府也加大了对乡镇一般性财力补助和对农村建设与发展的财政投入，减轻基层财政支出压力。湖北省 2006 年安排 5000 万元资金用于对省定重点贫困村运转补助。海南省三亚市 2006 年通过增加体制补助，使乡镇平均可用财力达到 2400 万元。山西省 2006 年将农村公路补助标准从每公里 3 万元到 4 万元提高到对新农村建设试点村每公里补助 10 万元。

2006 年全国累计农村教育债务为 974 亿元，另外，12 个省份乡村垫交税费等公益性债务为 120 亿元，为积极化解债务，中央和地方政府划拨专项资金，在几年内陆续化解了这些债务。

（五）加大农业投入和推进城乡基本公共服务均等化

1. 加大对种粮农民的四项补贴投入

2004 年以来，各级财政不断调整和优化财政支农支出结构，加大直接补贴力度，促进农民实现直接增收。一是粮食直补。2004 年国家从粮食风险基金中拿出 116 亿元用于 13 个粮食生产区种粮农民的直接补贴，2005 年增至 132 亿元。二是农资综合补贴。2006 年起中央实行了农资综合补贴政策，当年安排 120 亿元补贴资金，通过粮食直补渠道，采取直接补贴的方式发放给种粮农民。三是农机具购置补贴。自 2004 年起启动实施农机购置补贴制度，每年农机购置补贴范围、机具种类等都有不同程度扩大。补贴范围扩大到全国所有农业县（场），补贴农机具增加到 9 大类 18 个小类 50 个品种，主要包括动力机械、耕作机械、种植机械、收获机械等，基本覆盖了农业生产急需的机械种类。四是良种补贴。2002 年启动实施大豆良种补贴以来，先后启动实施了小麦、玉米、棉花、油菜和水稻良种推广补贴项目。小麦、水稻、玉米和棉花良种补贴实现全国全覆盖，大豆良种补贴在东北三省

和内蒙古实行全覆盖，油菜良种补贴在长江中下游和双低油菜产区实现全覆盖。

2. 加大农村义务教育的投入

2003年以来，各级财政部门认真落实中央关于新增教育经费主要用于农村的有关要求，持续增加对教育特别是农村义务教育的投入力度。2000年全国农村义务教育财政预算内拨款为919.98亿元，2005年为2094亿元，增长1.28倍，高于同期全国教育财政支出增幅。在加大投入的同时，创新体制机制，出台了免教科书费、免杂费、补助寄宿生生活费的“两免一补”政策。并实施了农村义务教育经费保障机制改革，建立了保障农村义务教育发展的长效机制。这一改革逐步将农村义务教育纳入公共财政保障范围，标志着农村公共产品供给方式正在发生具有划时代意义的深刻变革。

3. 加大对农村医疗卫生和社会保障的投入

一是支持建立健全农村基本医疗保障体系。2002年，中共中央、国务院下发了《关于进一步加强农村卫生工作的决定》，提出建立以大病统筹为主的新型农村合作医疗制度。试点之初，中央财政对中西部地区除市区以外的参加新型合作医疗的农民每年按人均10元安排合作医疗补助资金，地方财政对参加新型合作医疗的农民补助每年不低于人均10元，具体补助标准由省级人民政府确定。从2006年起，中央财政对中西部地区参加新型农村合作医疗的农民由每人每年补助10元提高到20元，地方财政也相应增加到20元。二是支持建立农村公共卫生体系。为促使卫生资源在城乡和一、二、三级医疗机构之间的合理布局，使广大农民在基层能够享受到方便及时的卫生医疗服务，各级政府大力支持农村公共卫生体系建设，加强农村医疗卫生服务体系建设，制定和实施农村基层卫生人才培养的规划，在一定程度上缓解了公共卫生基础设施不足、农村医疗卫生服务能力差的问题。三是加大农村社会保障的投入。为解决农村贫困问题，保障特困群众基本生活，党的十六大提出有条件的地方探索建立农村最低生活保障制度。此后，各地就建立农村低保制度进行了积极试点。2006年，为适应农村税费改革新形势，保障农村五保供养对象的正常生活，国务院颁布了新修订的《农村五保供养工作条例》，明确了政府、集体和社会三方责任共担机制和五保供养资金筹集渠道，实现了五保供养由农村集体福利事业向公共财政保障为主的转变，切实保障了农村五保供养对象的待遇。

4. 加大转移支付力度，推动城乡基本公共服务均等化进程

为缓解县乡财政困难，在进一步规范省以下转移支付制度的基础上，中央财政积极创新缓解县乡财政困难的体制机制，实施“三奖一补”政策，即：对财政困难的县乡政府增加县乡税收收入，以及省市级政府增加对财政困难县财力性转移支付给予奖励；对县乡政府精简机构和人员给予奖励；对产粮大县给予奖励；对缓解县乡财政困难工作做得好的地区给予补助。这项政策增强了地方政府特别是基层县乡政府为农村提供公共服务的能力，县乡财政运行的主要矛盾已经由“保吃饭，保运转”，转变为促进民生、促进发展、履行公共支出责任方面。2003 年以来，中央财政不断完善转移支付制度，进一步加大了对地方特别是中西部地区的转移支付力度，增强地方政府特别是基层政府提供公共服务的能力，重点加强对农村公共服务建设，进一步减轻农民负担。转移支付资金重点用于教育、医疗卫生、社会保障、支农等公共服务领域，有力地提升了地方政府提供公共服务的能力。

三、农村税费改革的积极成效和经验

农村税费改革不仅减轻了农民负担，规范了农村分配关系，也保证了农村义务教育经费和农村基层政权的正常运转，促进了农村经济的繁荣发展。

（一）切实减轻了长期以来难以削减的农民负担

2006 年全面取消农业税后，与农村税费改革前的 1999 年相比，全国农民每年减轻税费负担约 1250 亿元，人均减负 140 元左右。在农村税费改革的过程中，每年减轻农民负担的情况大致如下：

2000 年，中共中央、国务院选择安徽以全省为单位进行农村税费改革试点。改革后，全省农民总的税费负担 37.61 亿元，比改革前同口径税费负担 49.25 亿元减少 11.64 亿元，减负达 23.6%；加上取消

屠宰税和农村教育集资，全省农民税费负担减少 16.9 亿元，减幅达 31%。

2003 年，各地按照国务院统一部署，全面推进农村税费改革试点工作，取得了积极成效。当年新增全面改革试点的 10 个省份农民减负总额达到 123 亿元，平均减负幅度为 63%，农民人均减负 55 元，亩均减负 50 元。其中，广东、福建减负率高达 84% 和 77%。先行试点省份积极推行取消农业特产税试点、核实调减计税面积、降低过高的农业税计税价格等措施，使农民负担进一步得到减轻。2003 年农村税费改革共为农民减轻负担 137 亿元。

2004 年，农村税费改革进程加快。具体做法包括：一是吉林、黑龙江、上海、西藏、北京、天津、浙江、福建 8 个省、自治区、直辖市全部免征农业税。这 8 个省份共减轻农民负担约 52 亿元，受益人口 1.05 亿人，人均减负 50 元，其中黑龙江省人均减负 142 元，吉林省人均减负 100 元。二是河北、内蒙古、辽宁、江苏等 11 个粮食主产省和广东省、宁夏回族自治区将农业税税率降低 3 个百分点。这部分地区 2004 年减轻农民负担 162.6 亿元，惠及人口 5.7 亿人，人均减负 28.4 元。三是陕西、甘肃等 10 个省份农业税征收税率按照标准降低 1 个百分点。这些地区减轻农民负担 25.3 亿元，惠及农民 2.26 亿人，人均减负 11.2 元。2004 年全国免征农业税和降低税率共计减轻农民负担 240 亿元，再加上取消农业特产税 68 亿元，税费改革减轻农民负担 308 亿元（参见表 3-7）。

表 3-7　部分省份农村税费改革后农民减负情况　单位：元/人

省份	改革前负担	改革后负担	减负率（%）
浙江	92	34	63
陕西	88	50	44
四川	72	45	38
重庆	72	46	37
湖北	123	80	35
河北	92	61	34
江西	92	66	29

续表

省份	改革前负担	改革后负担	减负率（%）
河南	92	66	29
甘肃	60	46	24

资料来源：国务院农村税费改革工作小组2002年调查报告。

据农业部农村经济体制与经营管理司统计，2000年全国总的农业税费为1259.6亿元，人均为141.42元，2001年，全国总的农业税费为1200.9亿元，人均为134.93元，比上年分别减少58.9亿元和6.49元；2002年，全国总的农业税费为1030.5亿元，人均为115.80元，比上年分别减少170.4亿元和19.13元；2003年，全国总的农业税费为869.3亿元，人均为96.60元，比上年分别减少161.2亿元和19.2元；2004年，全国总的农业税费为581.7亿元，人均为64.40元，比上年分别减少287.6亿元和32.2元；2005年全国总的农业税费为324.2亿元，人均35.7元，比上年分别减少257.5亿元和28.7元。

农村税费改革取消了专门面向农民的各项收费，清理整顿了各种达标升级活动，有效遏制了“三乱”现象。2003年全国农村税费改革试点全面铺开，共取消涉及农民社会负担的行政事业性收费3153项，降低标准1113项，减轻农民负担47亿元。同时对各级各部门利用权力发行报刊进行清理，纳入治理的党政部门报刊达1452种，其中停办的有677种，划转的有302种，实行官办分离的有310种，改为免费赠阅的有94种。到2006年，除了“一事一议”外，农民直接承担的税费负担和社会负担全部取消，农民得到了很大的实惠。

从部分地区农民负担的变化来看，农村税费改革也取得了巨大成效。

在农村税费改革前的2001年，四川省农民人均各项税费负担（含农牧业税、农业特产税、屠宰税、乡统筹、村提留及其他收费等）为85.4元，每亩平均负担为107.1元。2002年在全省开始实施农村税费改革后，农民人均税费负担降至76.0元，每亩平均负担降至96.1元。2003年全省农民人均税费负担为56.7元，每亩平均负担为69.7元，与改革前相比，人均减少28.7元，减幅达33.6%，每亩平均减少

37.4 元，减幅达 34.9%。双流县、万源市、安岳县试行农村费改税方案后，农民人均负担分别减少了 63 元、39.9 元、64.6 元，减幅分别为 57%、38%、51%。

2003 年 7 月，广东省开始在全省范围内全面推进农村税费改革。2004 年，珠江三角洲地区进行了自费免征农业税改革试点，粤东、粤西地区及粤北山区的农业税税率由 6% 降低到 3%。当年全省减免农业税 56064 万元，其中珠三角地区为 31097 万元，14 个市为 24967 万元。全省农民人均每年负担由改革前的 106.93 元减少为 6.77 元，人均减负 100.16 元，减负率达 93.67%。2005 年，广东全省全面免征农业税，全省再减免农业税 35684 万元，农民人均每年减轻负担 106.93 元。

农村税费改革前，甘肃省景泰县农民承担的各项税收为 786 万元，其中农业税为 731.37 万元，牧业税为 26.28 万元，农业特产税为 28.35 万元，农民负担的收费为 587 万元，其中乡统筹费为 335 万元，村提留为 128 万元，社会性负担为 124 万元，农民负担税费总额为 1373 万元，农民人均负担税费为 68.75 元，其中人均负担税为 39.37 元，收费为 29.38 元，亩均负担税费为 22.48 元。2003 年税费改革后，农民承担的“三税”为 758.28 万元，其中农业税为 708.25 万元，牧业税为 45 万元，农业特产税为 5.03 万元，“三税”附加为 123.56 万元，农民负担的税收总额为 881.84 万元，人均负担 49.05 元，亩均负担 14.44 元。税费改革前后比较，减负总额为 367.16 万元，人均减负额为 18.37 元，亩均减免额为 60.1 元，减负幅度为 26.74%。2004 年调整农业税收政策，一是农业税税率降低 1 个百分点，减少全县农业税正税收入 105.48 万元，减少农业税附加收入 16.36 万元，共减少 121.84 万元；二是取消除烟叶以外的农业特产税，减少全县收入 5 万元；三是免征牧区农业税、农区牧业税，税改后全县牧业税正税收入 45.01 万元，附加收入 9 万元，正税附加合计 54.01 万元。2005 年全面取消农业税，较税费改革前减轻农民负担 1373 万元，人均减负 73.78 元。

（二）农村税费改革的经验

第一，切实解决与农民切身利益相关的问题，让农民普遍得到实惠，是农村税费改革取得阶段性成效的关键所在。只有保护好农民的利益，解决农民最迫切的问题，才能得到广大人民群众的拥护，才能保证改革顺利地进行下去。推行农村税费改革、取消农业税是农民直接得实惠最多的一项重大改革，这也是改革取得成功的最有力的保障。

第二，由一个跨部门的独立机构负责全面统筹改革工作是税费改革顺利推行的重要组织保障。在中央层面，1998 年 11 月国务院批准成立了由财政部、农业部和中央农村工作领导小组办公室主要负责同志组成的国务院农村税费改革工作小组，负责制定农村税费改革方案。工作小组下设办公室，成员单位除上述三部门外，还有国家税务总局、民政部、教育部、国务院体改办、法制办、中央编办、发改委、纠风办等。随着改革工作的不断深入，改革范围逐步扩大，为确保中央惠农政策的全面落实，2004 年工作小组由改革初期的“三人小组”调增为“七人小组”，由财政部、农业部、中农办、中编办、教育部、国家税务总局的主要负责同志和国务院办公厅分管副秘书长组成。在地方层面，各试点地区基本也都建立起党政主要负责同志亲自抓、负总责的责任制度，地方政府也相应成立了以省委书记或省长为组长的农村税费改革领导机构，从有关部门抽调人员组成省级农村税费改革领导小组办公室。各地（市）、县和乡镇也依照省里模式，成立了相应的工作机构，层层落实领导责任制，保证了农村税费改革措施的落实、到位。

第三，坚持统一政策，分类指导，全局稳妥推进，局部勇于突破，是农村税费改革试点顺利推进的重要条件。2000 年进行试点改革后，在 2001 年中央并没有急于扩大试点，而是进行了一年的观察、调整和完善，为 2002 年的扩大试点奠定了扎实的基础。并且，在改革过程中，中央负责把握改革方向、全局统筹；同时赋予地方充分的自主权，让地方因地制宜地选择分类改革的进度和方式，如取消“两工”的时限、农业税的计税价格、对国有农场和林场的征税税率等问题，都是由省级人民政府根据本地实际情况确定，避免了过去因为全国政策“一刀切”所带来的种种矛盾。

第四，进行相关各项配套改革，是农村税费改革试点顺利开展的关键。随着农村税费改革的不断推进，农村许多深层次的矛盾，如农村基层政权机构、农村义务教育体制、财政管理体制等方面的系列问题也凸显出来，如乡镇机构臃肿、行政效率低下、农村教育经费严重不足、乡镇财政入不敷出、乡村债务沉重等。因此，农村税费改革只有大力精简机构和人员，切实转变政府职能，完善县乡财政管理体制，深化农村教育改革，才能巩固改革成果，确保农民负担不反弹。

第五，完善的财政转移支付制度是农村税费改革顺利推进的保障。在农村税费改革试点过程中，地方因改革出现了财政缺口，很难自我消化，影响了农村基层组织正常运转和农村义务教育投入。2002 年，作为农村税费改革扩大试点的配套措施，财政部出台了《2003 年农村税费改革中央对地方转移支付办法》。在办法中，中央财政统筹考虑各地区提高农业税率增收因素和取消乡镇统筹、降低农业特产税税率、取消屠宰税减收等因素，对地方净减收部分，通过转移支付给予适当补助。2001 年，针对安徽方案实施后新出现的减收因素，把对该省的补助增加到 17 亿元（包括农村教师工资补助），对其他省份 106 个试点县（市）转移支付补助 16 亿元，对全国 21 个省份发放农村教师工资补助 50 亿元（包括安徽省）；2002 年，国务院新增 16 个省份扩大改革试点后，根据农村税费改革转移支付办法，中央财政新增安排 165 亿元用于补助 16 个省份改革，使 2002 年中央财政安排的转移支付总额增加到了 245 亿元（包括 50 亿元的农村教师工资专项补助）。这个数字已超过所有试点地区改革前农业税收入的总和。2004 年，中央提出 5 年内免征农业税，进一步加大了转移支付的力度，当年农村税费改革转移支付补助总额达到 524 亿元。2000 年至 2006 年，中央财政共安排农村税费改革转移支付 2643 亿元，对于推动税费改革的顺利进行起到巨大作用。

四、在非试点地区进一步加强减轻农民负担工作

在农村税费改革试点工作逐步推开的过程中，国家对未进行试点的省份也制定了一系列减轻农民负担的措施。2000 年 4 月，中共中央办公厅、国务院办公厅下发了《关于做好当前农业生产工作的通知》，

要求切实减轻农民负担，维护农村社会稳定，进一步落实提留统筹费一定三年不变的政策，并尽快把农民负担监督卡发放到户。严禁违反国家税收政策向农民乱摊税赋，严禁开展要农民出钱出物出工的达标升级活动，严禁向乡村集体和农户摊派报刊征订任务，严禁强迫村集体和农民贷款上缴各种税费。除农村实施九年义务教育的中小学危房改造外，继续停止审批农村教育集资。坚决纠正在中小学生就学、农民结婚登记、建房和办理计划生育指标等方面的乱收费。同月，国务院办公厅转发农业部等部门《关于巩固大检查成果进一步做好减轻农民负担工作的报告》，要求切实落实中央关于减轻农民税费负担的政策，规范税费征管，禁止平摊农业特产税、屠宰税以及其他任何形式的违规收税，依照有关规定继续做好贫困地区和灾区的税收减免工作，大力推行提留统筹费一定三年不变的政策；进一步落实中央关于治理“三乱”的有关政策，禁止任何形式的乱收费、乱集资、乱摊派。

2000 年 9 月，国务院发布《关于进一步做好退耕还林还草试点工作的若干建议》，要求对应征农业税的退耕地，自退耕之年起，对补助粮达到原收益水平的，国家扣除农业税部分后再将补助粮发放给农民；停止粮食补助时，不再对退耕地征收农业税。进行生态林草建设的，按国家有关税收优惠政策执行。同年 10 月，财政部、国家税务总局下发《关于退耕还林还草试点地区农业税政策的通知》。2001 年 12 月，财政部、国家税务总局、海关总署发布《关于西部大开发税收优惠政策问题的通知》，对为保护生态环境退耕还林（生态林应在 80% 以上）、草产出的农业特产收入自取得收入年份起，十年内免征农业特产税。2002 年 4 月，国务院下发《关于进一步完善退耕还林政策措施的若干意见》，要求凡退耕地属于农业税计税土地，自退耕之年起，对补助粮达到原常年产量的，国家扣除农业税部分后再将补助粮发给农民；补助粮食标准未达到常年产量的，相应调减农业税，合理减少扣除数量。退耕之前的常年产量，按土地退耕前五年的常年产量平均计算。补助给农民的现金不计入补助粮食标准。退耕地原来不是农业税计税土地的，无论原来产量多少，都不得从补助粮食中扣除农业税。退耕地的农业税只能从补助粮食中扣除，不得向农民征收。

2000 年 9 月，中共中央办公厅、国务院办公厅召开全国减轻农民负担工作电视电话会议，部署进一步减轻农民负担工作。国务院领导指出，必须坚持“一项制度”、做到“八个禁止”。“一项制度”是指实行农民合理负担一定三年不变的制度，2000 年农民上缴的提留统筹费不得超过上年人均纯收入的 5%，并且不得超过 1997 年的预算额，凡超过的要坚决减下来并退还农民。“八个禁止”是指：禁止平摊农业特产税、屠宰税；禁止一切要农民出钱出物出工的达标升级活动；禁止一切没有法律、法规依据的行政事业性收费；禁止面向农民的集资；禁止各种摊派行为；禁止强行以资代劳；禁止在村里招待下乡干部，取消村组招待费；禁止用非法手段向农民收款收物。

2000 年 11 月，中共中央办公厅在《关于在农村开展“三个代表”重要思想学习教育活动的意见》中提出，还没有实行农村税费改革的地方，要严格执行国家农业税收政策，严格控制提留统筹费，坚决制止向农民乱收费、乱集资、乱罚款和各种摊派，严格加强对农民义务工的管理，严格控制乡镇、村开支，严禁在粮食收购时代扣代缴各种款项，严禁强迫农民借款、贷款缴纳各种税费，严禁各种形式的达标升级活动，严肃查处加重农民负担的违法违纪行为。

2001 年 4 月，国务院办公厅转发国务院纠风办《关于 2001 年纠风工作的实施意见》，提出没有实施农村税费改革的地方，继续实行农民负担定项限额、“一定三年不变”的政策，进一步落实农民负担监督卡制度，提高监督卡的入户率，规范卡内项目，严禁加项加码。同月，国务院办公厅下发《关于 2001 年农村税费改革试点工作有关问题的通知》，提出除安徽省和其他农村税费改革试点县（市）外，其他地区及县（市）要继续执行国家现行有关农村税费政策和中央关于减轻农民负担的各项规定，继续依法征收农业税、农业特产税、屠宰税，继续按政策收取村提留和乡统筹费，同时继续执行农民上缴的提留统筹费不得超过上年农民人均纯收入的 5%，并且不得超过 1997 年的预算额的规定。农村教育集资要执行中央的规定，除农村实施九年义务教育中的危房改造可严格按照中央精神和规定程序报批外，继续停止审批其他方面的农村教育集资。

2001 年 6 月，教育部、财政部、农业部发布《关于继续做好农村教育费附加征收管理工作的通知》，明确提出，没有实行农村税费改革试点的地区，要根据《中华人民共和国教育法》《中华人民共和国义务教育法》的规定，继续做好农村教育费附加征收和管理工作，认真研究新情况，解决新问题，采取有效措施做好征收工作，保证农村义务教育的投入，防止出现因工作不力影响农村教育费附加的征收，导致农村教育经费大幅度减少的现象。

2001 年 8 月，财政部、国家计委、农业部下发《关于加大治理向农民乱收费力度切实减轻农民负担的通知》，提出坚持稳定农民负担的政策，没有实行农村税费改革试点的地方，要坚持稳定农村税费负担政策，除继续依法征收农业税、农业特产税、屠宰税等税收外，向农民征收的村提留和乡镇统筹费一律不得超过农民上年人均纯收入的 5% 和 1997 年的预算额。

2002 年 3 月，农业部、国务院纠风办、财政部、国家计委、国务院法制办通报了 2001 年农民负担抽查情况，提出 2002 年未进行农村税费改革试点的地区，要严格按照规定程序，认真做好农民负担预算的编制和审核工作。农民上交的提留统筹费一律不得超过农民上年人均纯收入的 5% 和 1997 年的预算额，也不得改变村提留乡统筹费的比例。农民承担的村提留乡统筹费及“两工”，必须通过农民负担监督卡分解落实到户，严禁卡外乱收费。农民负担监督管理部门要会同有关部门对村提留乡统筹费的收取、管理和使用情况开展一次专项审计，对审计出来的问题要依法或按有关规定严肃处理。同月，国务院办公厅下发《关于做好 2002 年扩大农村税费改革试点工作的通知》，要求认真做好未扩大改革试点地区的有关工作。尚未进行全省改革试点的省份，要继续严格执行国家有关农村税费政策和中央关于减轻农民负担的各项规定，进一步稳定并降低农民的现有负担水平，做好农村税费征缴工作；同时要注意做好对试点毗邻地区基层干部和农民的宣传解释工作，切实维护农村社会稳定。

2002 年 4 月，国务院办公厅转发国务院纠风办《关于 2002 年纠风工作的实施意见》，提出未进行农村税费改革试点的地区，要抓好农民负担预决算、监督卡和专项审计制度的落实，对提留统筹费的收取和使用情况开展一次专项审计，对村级财务公开情况进行一次全面检查。

2002年9月，国务院领导在全国减轻农民负担工作电视电话会议上讲话指出，没有进行税费改革试点的地区，要严格执行合理负担一定三年不变的制度，对农民承担的提留统筹费实行严格控制，不得超过农民上年人均纯收入的5%和1997年的预算额；要继续执行“八个禁止”的政策规定。

2003年5月，国务院农村税费改革工作小组下发《关于切实加强“非典”防治期间农民负担监督管理工作的紧急通知》，要求防止借“非典”防治名义向农民乱收费，加重农民负担。对农村集贸市场、学校、卫生院等公共场所、发生疫情的农村居民住宅、牲畜饲养和交易场所、农用机械和车辆等依法进行消毒，费用由当地政府部门或单位负担，不得采取任何形式向农民或农村中小学生摊派。对从疫区返乡农民依法实行体检、医学观察等措施，有关费用均从当地防治“非典”专项经费中解决，不得向当事人收取。向农民发放宣传防治“非典”知识手册、宣传画等，要实行免费提供，严禁借宣传防治“非典”名义向村组、农户摊派有关宣传费用。预防“非典”药品及防护用品应当由农民自愿购买，不得向农民强制收费。不准以防治“非典”的任何名义，擅自向村组和农民乱收费。

2003年6月，农业部、国务院纠风办下发《关于严禁借防治非典型性肺炎名义加重农民负担的紧急通知》，要求把整治借防治“非典”名义加重农民负担问题作为减轻农民负担和纠风工作中的一项重要内容，要严格掌握政策界限，严禁借防治“非典”名义加重农民负担；要加大监督检查力度，严肃处理责任人。

2003年10月，党的十六届三中全会通过了《中共中央关于完善社会主义市场经济体制若干问题的决定》，明确提出了“以人为本，全面、协调、可持续的发展观”，并要求“统筹城乡发展，统筹区域发展，统筹经济社会发展，统筹人与自然和谐发展，统筹国内发展和对外开放”，为推进国民经济协调、健康发展，增加农民收入，减轻农民负担，提供了重要的指导思想和战略构想。

2005 年 10 月，党的十六届五中全会审议通过了《中共中央关于制定国民经济和社会发展第十一个五年规划的建议》，做出了建设社会主义新农村的重大战略决策，明确提出要坚持把解决好“三农”问题作为全党工作的重中之重，实行工业反哺农业、城市支持农村，要按照“生产发展、生活宽裕、乡风文明、村容整洁、管理民主”的要求，推进社会主义新农村建设，统筹城乡经济社会发展，推进现代农业建设，全面深化农村改革，大力发展农村公共事业，千方百计增加农民收入。

第三节 部分地区农村税费改革实践

农村税费改革在全国各省都有试点，虽有中央和专门领导机构的统一部署，但各地具体情况有很大差异，改革方案也不尽相同。从东、中、西部选择不同试点案例，可以看出农村税费改革的总体路径以及各地的不同做法。

一、安徽、河北、山东、内蒙古四省份农村税费改革

（一）安徽省农村税费改革情况

2000 年，按照《中共中央、国务院关于进行农村税费改革试点工作的通知》的要求，经国务院批准，安徽以省为单位全面开展了农村税费改革试点。安徽省政府印发了《关于在全省范围内开展农村税费改革试点工作的通知》，省委办公厅、省政府办公厅下发了《安徽省农业税征收实施办法（试行）》《安徽省农业特产税征收实施办法（试行）》等 11 个配套文件。

1. 农业税政策调整情况

（1）确定农业税计税土地面积，以农民第二轮合同承包、用于农业生产的土地为基础确定。对二轮承包后，经国家土地管理部门批准

征（占）用的计税土地并已缴纳耕地占用税的，不再作为农业税计税土地；对于二轮承包后新开垦的耕地，按规定免税到期的应纳入农业税计税土地。计税土地发生增减变化时，农业税应当同步进行调整。对有纳税任务的其他单位和个人从事农业生产的，计税土地面积为实际用于农业生产的土地。(2) 调整农业税计税常年产量。农业税计税常产以 1998 年前五年间农作物的平均产量为依据确定，并保持长期稳定，未经省人民政府批准，不准调整。(3) 确定农业税税率。考虑到地域条件的差异和农业生产条件的差别，以及农民的承受能力和近几年的农业税税率的执行情况，农业税率仍实行地区差别比例税率。全省农业税税率最高不超过 7%。为了稳定村级收入，简化征收环节，减少基层干群矛盾，对农民负担的村级集体资金实行农业税附加的政策，附加比例不超过正税的 20%，随同农业税一并征收。(4) 国有和集体农场以及有农业收入的机关、部队、企业、学校按其实收产量的 4% 征收，不征农业税附加；无固定收入土地不评定常年产量，按照当年或者当季实收农作物产量的 4% 计征。(5) 社会减免按照当年农业税依率计征税额的 5% 提取资金，实行“先减后征”的办法；灾歉减免按照农业税依率计征税额的 10% 提取资金（其中 2% 的资金上缴省征收机关，用于本省行政区域内重大自然灾害的农业税减免），实行“先征后减”的办法。

2000 年 5 月，安徽省对各市县（区）农村税费改革方案进行审批，在方案实施过程中，又对农业税政策进行了微调，全省农业税计税土地面积为 6020.5 万亩，计税常产 335.4 亿公斤，全省平均税率为 6.96%，依率计征税额 23.3 亿公斤。同时确定农业税计税价格，南片稻谷产区计税价格 1.14 元/公斤，北片小麦产区计税价格 1.22 元/公斤，全省平均计税价格 1.175 元/公斤。当年依率计征金额 27.5 亿元，农业税附加金额 5.6 亿元，农业税正附税合计 33.1 亿元。亩均负担农业税正税 45.6 元，亩均负担附加 9.44 元，亩均负担农业税正附税合计 55.04 元。

2001 年，安徽省对农业税计税常产实行上限控制和均衡税负政策，保证同一农作物产区的亩均计税常产基本一致。2004 年，全面取消农业税附加，并降低农业税税率2.2个百分点，同时，马鞍山、铜陵两市及芜湖、池州等市的部分区和乡镇还全面免征了农业税。2005年，安徽省全面免除了农业税，农民享受到零税赋优惠政策。

2．农业特产税政策调整情况

2000年，按照农业特产税税率略高于农业税税率、减少征收环节、农业税和农业特产税不重复交叉征收的原则，根据国家农业特产税的统一政策，安徽省对农业特产税政策进行了较大幅度的调整。取消原来的一个应税品目两道环节征税的做法，实行一个应税品目只在一道环节征税的原则，确定全省烟叶产品、牲畜产品8个品目在收购环节征收农业特产税，税率按国家规定执行；其他4大类27个品目，统一在生产环节征收农业特产税，税率按照品目确定，最高是毛茶、水果、干果13%，淡水养殖和捕捞、原木、原竹10%，其他品目的税率均在5%和8%之间。对在农业税计税土地上种植应在生产环节纳税的农业特产品，其税款的征收按其应缴的农业税或农业特产税确定，其应纳农业特产税税额小于农业税税额的，不征收农业特产税，只征收农业税；大于农业税税额的，只征收农业特产税，不征收农业税，严禁两税重复征收。对在非农业税计税耕地上从事应税农业特产品生产，继续征收农业特产税。其他农业特产税征收办法和规定，与农村税费改革前大致相同，附加征收和减免与农业税办法相同。2000年，全省农业特产税实施方案数为43643万元，附加率为正税的12.64%，应征附加为5517万元；全省实际落实农业特产税任务30351万元，附加率实际执行10.28%。

2001年，进一步调整和完善农业特产税政策，下调部分农业特产品的税率，缩小农业特产税征收范围。对在农业税计税土地上生产的季节性经济作物，由征收农业特产税改征农业税；对茶叶、竹木等部分应税品目的农业特产税税率，分别下调2—3个百分点，并改进部分应税品目的农业特产税征收办法。2002年，将茶叶和水果等应税农业特产品的税率下调了2个百分点，并在萧县和砀山两县开展将农业特产税改为征收农业税的试点工作。2003年，全面取消了农业特产税，对在农业税计税土地上生产农业特产品的，改为征收农业税。

3. 规范农业税征收管理

为加强农业税征收管理工作，确保贯彻落实农村税费改革各项政策，2000 年，安徽省委办公厅、省政府办公厅下发了《关于认真做好农业税收征收管理工作的通知》，在农业税征管工作中明确了“八到户”“十不准”要求。“八到户”即：税收政策宣传到户，征收任务落实到户，征收清册编制到户，张榜公布到户，纳税通知书下达到户，税票开具到户，征收结算到户，减免落实到户。“十不准”即：不准借改革之机，巧立名目，变相加重农民负担；不准以任何形式组织小分队，更不允许动用公安、司法力量到农民家中扒粮食、牵牲口、搬家具，强行征收农业税及附加、农业特产税及附加；不准收税不开票和收税打白条；不准突破省批准的农业税税率及其附加比例；不准随意扩大农业税征收范围；不准向农民乱集资、乱收费、乱摊派、乱罚款；不准将生产性费用同农业税混征；粮食部门不准以任何理由拒绝代征农业税及附加；不准代征除农业税正税及附加以外的任何款项；不准截留、挪用税款及附加。

2001 年，安徽省委办公厅、省政府办公厅又下发了《关于进一步加强和规范农业税收征收管理工作的意见》，规范了农业税征收管理。一是全面实行农业税纳税登记制度和纳税通知制度。农业税收征收机关对纳税人的纳税信息逐项核实、登记到户，据此编制征收清册，张榜公布，接受群众监督。并根据编制的清册，向纳税人送达农业税收纳税通知书。二是农业税收征收机关按照法制化、规范化的要求，大力推行“定税额、定时间、定地点”的“三定”征收办法，实行集中征收、分户开票的管理模式，建立健全农业税收纳税网点。三是健全委托代征手续。

4. 加强对收费的监督管理

一是大力清理整顿涉农收费。农村税费改革以来，安徽省大力清理整顿涉农收费，缩小收费范围、减少收费项目、降低收费标准、治理乱收费。2000 年，取消涉农收费项目 50 项。2001 年，清理整顿违规涉农收费项目 744 项，其中自立项目 340 项，超标准收费 111 项。2003 年，取消涉农收费项目 11 项。2004 年起，全省免征农机养路费，实行城乡居民生活用电同网同价。税费改革后，先后出台了农村中小学收费、农民建房收费、农村婚姻登记收费、农村计划生育收费、农机管理收费、农村水利工程水费、农村电费等七个方面的收费政策，彻底改变了过去涉农收费政出多门、项目繁多、管理混乱、负担过重的局面，理顺和规范了涉农收费，大大压缩了农村乱收费的空间，从政策上堵住了乱收费的口子。

二是完善农民负担监督制度。对省政府确定的农民应承担的收费项目，实行农民负担监督卡制度，农民持卡缴费。对于地方不发负担卡的或没有列入负担卡的收费项目，农民有权拒缴。对农民负担方面问题较多、农民反映强烈的地区，继续实行农民负担重点监控。同时，认真落实减轻农民负担的“四项制度”。即涉农税收、价格和收费“公示制”；农村义务教育收费“一费制”；乡、村和农村中小学公费订阅报刊“限额制”；涉及农民负担案（事）件“责任追究制”。

三是制定处罚办法，设立查处机构。为加大对违反农村税费改革政策行为的处罚力度，在改革之初，省委、省政府就制定了对违反农村税费改革政策行为的处分办法。2002 年，又结合实际对处分办法进行了修改补充，制定出台了《关于违反农村税费改革政策行为的处分规定》等系列处分办法，进一步增强了处理违规违纪行为的针对性和可操作性。同时，以省纪委和监察厅为主，从省农委、省财政厅和省物价局等部门抽调人员，在省纪委、监察厅设立了安徽省涉农案件查处办公室，专门负责对各地违反农村税费改革政策和增加农民负担的行为进行查处，做到有报必查、查实必处。

安徽省农村税费改革取得了积极的成效。改革前，安徽省农民政策性负担总额为 54.5 亿元，其中，农业税 14.2 亿元，农业特产税 7.8 亿元，乡统筹 18.1 亿元，两项村提留 9.1 亿元，加上屠宰税 1.8 亿元和教育集资 3.5 亿元，农民人均负担 109.4 元。农村税费改革后，农民负担逐步减轻，到 2005 年全面免除农业税及尾欠。农民的政策性负担全部被取消，农民开始享受零税费政策，实现了种田不纳税的目标。2000 年全省农民负担为 37.61 亿元（包括农业税、农业特产税及两税附加），比 1997 年的 49.25 亿元（包括农业税、农业特产税、乡统筹费和村提留中的公积金、公益金、管理费等）减少了11.64亿元，减幅为23.6%；改革后全省农民年人均负担由1997年的98.8元降到75.5元；加上取消屠宰税和农村教育集资，农民总的负担比1997年减少了16.9亿元，减幅达到了31%。

（二）河北省农村税费改革情况

河北省于2000年选择了14个县（市）进行农村税费改革先期试点。在取得初步成效的基础上，2002年，农村税费改革在全省全面推开，全省取消了乡统筹费、教育集资等专门面向农民的行政事业性收费和集资，取消了屠宰税，并根据国家政策测算确定了农业税负担水平。各级农税机构和人员对全省11个市、170多个县（市、区）1994—1998年五年的计税土地面积、播种面积、小麦玉米等主要粮食品种的耕种面积、常年产量、各地适用税率、三提五统、农业特产税不同税目的特产品收入等所涉及的数据进行全面核实，张榜公示。农作物常年产量以1994年至1998年五年间农作物实际平均产量核定，计税土地面积以二轮承包的土地面积为基础，计税价格全省统一按每公斤1.14元计算，农业税最高税率不超过7%，农业税附加为20%。通过农村税费改革，全省农民人均负担由改革前的108元下降到63.7元，平均减负达到41%。河北省在依法征税的同时，也加大了农业税减免工作力度。2000—2003年，共落实农业税灾歉减免资金9.2亿元，其中，中央财政转移支付资金3.8亿元，省级财政安排配套资金1.1亿元。

2004年，河北省确定了“农业税率降低3个百分点，有条件的县、市可根据本地财力状况多降一些或免征农业税，取消除烟叶外的农业特产税”的农业税收政策。2004年全省农业税平均税率为3.75%，比2003年的6.81%降低了3.06个百分点。全省应计征农业税及农业税附加18亿元，减少农业税收入13亿元，减少农业税附加收入2.6亿元，加上取消农业特产税减收的1亿元，全省进一步减轻农民负担16.6亿元。全省农民人均应负担农业税及附加34.5元，比2003年的63.7元减少29.2元。2004年，根据国家要求，县以下农税征管机构和人员，担负了向种粮农民发放粮食直补工作的测算和资金的发放工作，将6.08亿元粮食补贴直接发放到了5300万种粮农民手中，极大地提高了农民的种粮积极性。

2005年，河北省又确定了“40个国家级扶贫开发工作重点县和地处国家级贫困县区域内的国有或集体农场、牧场，免征农业税，其他县（市、区）农业税税率在去年降低3个百分点基础上再降低2个百分点，有条件的县（市、区）可根据本地财力状况自主决定免征农业税”的农业税收政策。2005年河北省从总体上减轻农民农业税及附加负担11.3亿元，其中正税9.4亿元，附加1.9亿元。在2004年有11个县（市、区）自主免征农业税的基础上，2005年又有34个县（市、区）自主决定免征农业税。减免征政策得到了较好的落实。

通过进行农村税费改革并不断深化，河北省农业税平均税率由2002年核定的6.75%降低到了3.75%。全省农民人均负担由改革前的108元下降到34.6元，平均降低68%。2006年，河北省取消了农业税。

（三）山东省农村税费改革的主要措施

2002年，作为国务院确定的20个扩大试点省份之一，山东省全面推行了农村税费改革试点工作。主要工作措施如下：

1. 完善政策，强化措施，及时化解矛盾

一是在改革初期，为妥善解决改革后村级经费困难的矛盾，山东省从农业税正税中拿出1个百分点转化为附加（相当于两年补助村级经费13多亿元），同时开征了农业特产税附加，并从转移支付中安排一定比例用于村级经费补助，有效地缓解了村级收支矛盾。为妥善解决改革后农村水利等基础设施建设和重点事业发展问题，在“两工”管理上，采取分三年逐步取消的办法，同时对“两工”使用范围、审批程序和用工标准做了严格限制，规定在未取消“两工”前，一律不准搞“一事一议”。为妥善解决“两田制”等土地承包方面的历史遗留问题，结合贯彻实施《农村土地承包法》，省委、省政府专门下发了文件，在坚持人人享有土地承包经营权、明确30年不变的政策前提下，积极稳妥地推动“两田制”向“均田制”平稳过渡。二是改革中期，省委办公厅、省政府办公厅下发了《关于正确处理当前农村税费改革中若干问题的意见》，提出了18条具体措施，及时纠正了改革中出现的偏差。在深化改革的2003年，山东省全面暂停征收乡村公益金，切实做到令行禁止，减轻农民负担近6亿元。同时，在农业特产税政策的调整上，采取了“分类指导”的办法。全省统一规定，凡2002年农业特产税收入占地方财政收入比重不足5%的县市，2003年要一步取消农业特产税；凡农业特产税收入占地方财政收入比重超过5%，但不足10%的县市，2003年原则上要一步取消农业特产税；凡农业特产税收入占地方财政收入比重在10%以上，2003年一步取消确有困难的县市，要减少品目、降低税率、缩小范围，2004年全部取消。据统计，2003年当年全省一步取消农业特产税的县市达到了87个，占县级总数的63%。

2. 加快推进各项配套改革

一是加大农村义务教育保障力度。为保证农村义务教育的正常经费，山东省把农村中小学教师工资全部上收到县财政管理，设立教师工资专户，保证了教师工资按时发放，同时，将农村义务教育公用经费、校舍改造经费全额纳入地方财政预算管理，初步建立起了农村义务教育投入保障机制。二是积极进行乡村规模调整和精简分流人员。截至2003年底，全省乡镇（街办）总数由2541个调整为1915个，减少626个，撤并24.6%；乡镇行政编制由9.13万名减少到7.24万名，精简20.7%；乡镇事业编制由77.89万名减少到65.83万名，精简15.5%；全省乡镇机关实有人员5.88万名，空编1.36万名，完成人员分流任务。村两委交叉任职工作取得重要进展，村两委成员交叉任职的比例达61.2%，全省精简村“两委”成员11.7万人，减少23%，每年减少村干部补贴开支2.3亿元。另外，一些地方还有计划、有步骤地进行了合并行政村试点，减少了村干部人数和村级开支。三是农村中小学布局调整和精简优化教师队伍工作取得积极进展。截至2003年底，全省共设农村中小学21041所，其中中学3703所，小学17338所，共调整撤并农村中小学2387所，其中中学135所，小学2252所。农村中小学结构布局基本趋于合理。全省出台了新的中小学编制核定办法，进行了核编定岗工作。照此标准测算，全省将压缩中小学教师

9 万多人。四是清理涉农收费取得明显成效。2002 年，山东省取消了 88 项专门面向农民的收费基金项目和 47 项达标升级活动。2003 年，又以省政府名义，公布取消了 10 项涉农收费。同时，把与农民利益紧密相关的主要收费项目和标准，如农村中小学收费、计划生育、农民建房、婚姻登记、农机监理等，在《大众日报》进行公告，并公布了监督举报电话，接受群众和社会监督。

3. 加大转移支付力度，努力实现“三个确保”

2002 年，省财政安排农村税费改革转移支付配套资金 4 亿元（其中 2 亿元通过工资性转移支付下达），市、县两级财政也安排了配套资金 3.3 亿元。2003 年，省财政继续安排农村税费改革转移支付配套资金 4 亿元，市县两级财政配套 3.44 亿元。山东省明确，转移支付资金中包含了对村级的补助资金，对改革后农业税和农业特产税附加不能满足村级组织正常需要的部分困难村，乡镇财政要给予适当补助。山东省制定下发了《山东省农村税费改革转移支付办法》，对转移支付资金的使用、管理和监督检查进行了明确的规定。

山东省通过深化农村税费改革，取消专门面向农民收取的税费项目，2002 年至 2006 年，累计为全省农民减负 220 多亿元。按照中央一号文件要求，围绕支持新农村建设，2006 年，各级普遍加大了预算安排力度。其中，仅省级预算安排的“三农”发展资金（不含中央补助）就达 46.52 亿元，比 2005 年实际执行数增加 9.42 亿元，高于 2005 年 3.5 亿元的增量；预算内资金用于农村建设的比重为 14.36%，高于 2005 年的 13.45%，其中直接用于改善农村生产生活条件的资金为 22.06 亿元，高于 2005 年的 20.07 亿元。

（四）内蒙古自治区农村税费改革情况

2001 年，根据国家的统一部署，内蒙古自治区在 11 个旗县开展了农村牧区税费改革试点，2002 年全面实施了农村牧区税费改革，2004 年按照国家统一政策，农业税税率降低了 3 个百分点，并在锡林郭勒盟进行了全面取消农业税试点，呼和浩特市等 5 个盟市自行取消了农业税。2005 年，自治区决定全面取消农业税。其间采取的主要措施是：

1. 制定减轻农牧民负担的“四项制度”

2001 年 10 月，自治区政府出台了《内蒙古自治区涉及农牧民价格和收费公示制度实施办法》，全面推行了涉农涉牧价格和收费“公示制”。各地对涉农涉牧收费文件进行了清理，共清理收费文件 101 件，取消收费文件 19 件，修改 23 项收费项目，通过文件清理减轻农牧民负担 2100 万元。各地在清理收费文件的基础上，采取多种形式，普遍建立了涉农涉牧税收、价格和收费公示栏、公示牌或明白卡，并制发了《致全区农牧民朋友的一封信》，公示率达到 100%，公示项目达到 49 项。2005 年，90% 以上的乡镇建立农村价格监督站，并聘请 10000 名农民义务价格监督员，改变农村牧区乱涨价乱收费问题投诉无门、监督不力的状况。在此基础上，各地各部门扩大了“公示制”的内容，公示内容从行政事业性收费拓展到服务性收费。

对报刊征订中存在的乱摊派的现象，2001 年自治区根据中央有关政策，及时推行了报刊征订“限额制”，制定出村订阅报刊费用不超过 1000 元的限额标准。2003 年自治区政府下发文件，将“报刊征订限额制”推广到农村牧区中小学，自治区停办了 8 种地方报，10 种期刊，9 种期刊实行管办分离。2005 年，为了进一步落实好“报刊征订限额制”，自治区建立了村级报刊征订由乡镇统一订购或审批制度。

2001 年，自治区农村牧区贫困地区九年义务教育实行了“一费制”。2002 年 8 月，按照国家三部委发出的通知要求，自治区调整了“一费制”的收费标准，并决定在农村牧区义务教育中小学校全部实行“一费制”。2004 年对贫困农村牧区中小学生实行“两免一补”政策（免课本费、免杂费、补助寄宿生生活费），受益学生 130 多万。2004 年秋季扩大到 75 个旗县区（全区共 101 个旗县区）。2005 年进一步扩大到 81 个旗县区。2006 年，在全区农村牧区义务教育阶段，全面推行“两免一补”政策。

中共中央办公厅、国务院办公厅《关于对涉及农民负担案（事）件实行责任追究的暂行办法》印发后，自治区政府按照中央和自治区的部署，制定了《内蒙古自治区关于对违反农村牧区税费改革政策和加重农牧民负担行为的处理暂行规定》。自治区政府纠风办在全区范围内聘请了 300 名农牧民负担监督员，重点对农牧民负担实行监督。

2. 进行农牧民负担专项治理

2004 年，自治区发改委、财政厅转发国家发改委、财政部《关于降低部分涉及农民负担收费标准的通知》，对农村牧区中小学收费、农村牧区电价和农村牧区低压电网改造、农牧业生产性费用、农牧民建房、农牧民外出务工收费等问题做出了进一步规范，加大了对涉农收费的监管力度。自治区九部门联合下发了《关于进一步清理和取消针对农民跨地区就业和进城务工歧视性规定和不合理收费的通知》，进一步清理对外出务工农牧民的不合理收费，简化农牧民进城务工的各种手续。2005 年，自治区教育厅、纠风办、财政厅等七部门出台了《2005 年全区治理教育乱收费工作实施意见》，联合开展治理教育乱收费工作。通过专项治理减轻农牧民负担 1805.24 万元。

为了防止农用生产资料价格暴涨和挫伤农民种粮的积极性，切实维护农民利益，2005 年 3 月至 5 月底，由自治区发改委牵头，在全区开展农资价格专项检查。

自治区把检查涉农收费贯穿全年工作的始终。重点是中小学教育收费、乡村医疗收费、村委会自立项目、自定标准收取卫生清洁费、治安联防费、赞助费等乱收费行为。在农村牧区公布价格举报电话，做到农民投诉无小事，事事有落实，件件有回音。价格部门对农村牧区乱收费实行全方位、全天候监管。

3. 安排“三项补贴”

2004 年，自治区安排三项补贴和退耕还林补贴 8.1 亿元，2005 年安排三项补贴和退耕还林补贴 9.5 亿元，2006 年安排三项补贴和退耕还林补贴 10.5 亿元。

自治区农村牧区税费改革极大地减轻了农牧民负担，取得了重要的阶段性成果。一是农牧民负担明显减轻。2005 年，全区用于税费改革资金投入 13.97 亿元，5 年内农牧民人均累计减负 620 多元。二是各项综合改革取得积极进展。加大撤乡并镇力度，撤并苏木乡镇 537 个，撤并幅度为 49.6%，撤并嘎查村 1850 个，撤并幅度 13%；全区苏木乡镇内设机构由改革前平均 6 个减少到 3 个，减少财政供养人员 1.3

万人，精简嘎查村组干部人员 2 万多人。合理调整农村牧区教育布局，撤并中小学校 2451 所，教学点 2025 个。

二、聊城、天水、中卫三市农村税费改革

（一）山东省聊城市

1. 认真落实中央、省里的农业税收和对农民的补助政策，切实减轻农民税费负担

一是农业税税率再降低两个百分点，农业税及附加由上年的 1.33 亿元，下降为 4454 万元左右，人均由上年的 28.3 元减少为 9.48 元，减少 67%。为切实加强监管，聊城市制发了农民负担监督卡，发放到村、到户。二是为了防止税费混征及借农业税征收之机搭车收费，聊城市实行农业税与其他费用分征办法。三是加强对农业税附加资金的监督管理。农业税附加实行乡管村用，任何单位和个人不得以任何理由截留、平调和挪用。四是转移支付资金拨付到位。2005 年中央和省拨付 1.63 亿元转移支付资金和 3.12 亿元财政补助资金，全部落实到位。同时市财政配套资金 2482 万元，县（市、区）财政配套资金 1925 万元。乡镇、村因降低农业税税率和取消农业特产税造成的资金缺口都得到了弥补。五是落实粮食直补和良种补贴政策，保护种粮农民的积极性。2005 年全市共核定小麦直补面积 665 万亩，按每亩 13 元的标准，对种粮农民补贴，全市补贴金额达 8645 万元。全市小麦良种补贴 270 万亩，补贴金额 2700 万元。仅此两项政策，使全市农民人均增收 25 元。

2. 实行四项制度

一是全面推行了涉农价格和收费公示制。聊城市把与农民密切相关的 11 类 120 项收费作为全市公示的项目，涉及农机、交通、土管、计生、民政、广播、教育、卫生、电业、公安和畜牧等 11 个系统。2005 年，全市 135 个乡镇、6493 个行政村和市、县两级 1997 个行政事业部门和单位，设立了统一价格和收费公示栏、公示牌，全市 1897 所城乡中、小学全部实行了缴费明白卡和公示制。涉农价格和收费及市、县、乡三级行政事业单位价、费公示制度的公示率已达 100%。

二是全面实行农村中、小学义务教育收费一费制。从2004年秋季入学开始，全市由政府兴办的农村中、小学，全部实行了“一费制”。三是实行农村订阅报刊费用限额制。聊城市委、市政府要求，任何部门和单位都不得利用行政手段和管理权限，向村集体和农民个人摊派和强行征订各种报纸、刊物和书籍。各行政村报刊费实行上限控制。500人以下的村，每年不超过400元；500人至1000人的村，不超过600元；1000人以上的村，不超过800元。四是认真落实涉及农民负担案（事）件的责任追究制度。2005年以来，聊城市、县（市、区）减负部门会同纪检、监察部门查处了涉及农民负担的案（事）件近百余起，有39人受到不同形式的党纪、政纪处分，有效地遏制了涉及农民负担的违规违纪行为。

3．开展农民负担专项治理，制止各种乱收费、乱集资和乱摊派

一是全面开展了涉农收费项目清理和监督检查，先后取消了农药经营许可证工本费、种子检疫证明编号工本费、种畜禽（站）验收费、农机驾驶员定期审验费、脱粒机检验费、农机作业证工本费、农机操作证工本费、农机修配厂（点）牌证工本费等不合理收费；降低了涉农部门收取的畜禽及畜禽产品检疫费标准、拖拉机号牌费标准；对涉及生猪饲养、屠宰、销售环节的各种收费进行了重点清理整顿，切实减轻了农民负担。2005年3月至4月，全市抽调120人组成30多个检查组，对农村中小学、卫生医疗、计划生育、婚姻登记、农村殡葬、农民建房、农民外出外来务工、农业作业、农机维修、农业科技推广、牲畜防疫收费，以及面向乡镇企业、农民流通组织、个体经营者的收费等进行了专项检查。共检查市县两级580个单位，查处收费违法案件108件，查出违法所得193万元，并依法进行了严肃处理。二是治理整顿了农村教育乱收费。对教育收费实行公示制度，严格规范学生用书，任何学校不得举办以收费为目的的特长班、辅导班，假期内不得补课，更不得收取费用。三是开展化肥、柴油为主的农资价格专项检查，打击了农资乱涨价行为。2005年5月，聊城市、县（市、区）物价部门组织54人分为18个检查组，对9处农资主管公司和67个加油站、点进行了检查，共查处违价金额210万元。四是严禁

在村村通公路工程中向农民乱集资、乱收费。市委、市政府要求，村村通公路不得违背农民的意愿，搞强迫命令，严禁向农民集资或变相集资。从 2003 年起，连续三年，市财政局、交通局和公路局每年各安排 1000 万元资金用于村村通公路建设，保证了这项工作的顺利进行。

4. 推进农村综合配套改革

一是推进乡镇机构改革。调整乡镇行政区划，共撤并了 42 个小规模乡镇。全市乡镇行政编制原有的 6010 人精简为 4682 人，精简比例为 22.1%。乡镇财政拨款事业单位人员编制精简至平均 35 人，其中：中心镇、8 万人口以上的核定 40 人左右，5 万人口以下的核定 30 人左右，其他乡镇核定 35 人左右。二是调整农村中小学布局，精简优化教师队伍。一个乡镇设 1 所初中，设 3 所至 4 所小学和若干低年级教学点。师生比例为小学 1:27，中学 1:23。2005 年农村中小学和教学点 134 所，改造各类中小学危房 12 万平方米，安排 87 个农村中心中小学建设项目，总投入资金 8941 万元。同时农村中、小学教师工资上收县级财政统一发放；将农村义务教育经费支出纳入县、乡财政预算管理。三是精简农村干部职数，实行村“两委”交叉任职和村组干部兼职，严格控制领取固定工资的村干部，减少领取误工补贴的人数。聊城市规定，规模较大的村“两委”干部职数不超过 5 人，小村不超过 3 人，其他享受误工补贴的人员，不超过村总人口的 2‰。通过连续三届的换届选举，到 2006 年全市村党支部书记与村委主任“一人兼”的比例达到 92.2%，村“两委”成员交叉兼职率达到了 88%。大多数村“两委”成员按规定程序兼任了村民小组长、群团组织负责人等职，使全市村干部总数比 1998 年以前减少了 23600 多人，村民小组长、群团组织负责人等干部减少 18000 多人，仅村干部报酬一项每年可节约 1500 多万元。2005 年初以来，聊城市结合第八届村民委员会换届选举，在全市试行了“联村自治”，2006 年，全市已组建联村 741 个，覆盖行政村 1838 个，占全市行政村总数的 28.3%。

（二）甘肃省天水市

1. 农业税实行定亩、定产、定税

在“定亩”工作上，严格以二轮承包用于农业生产的土地面积为基础，坚持“三个基本不变”的原则，即：2000年年报耕地总面积基本不变；承包到户的土地面积基本不变；土地等级基本不变，实事求是地予以核定面积。同时，按照大稳定小调整的原则，坚持做到了如实定亩，特别是在计税面积的核减上，对于因水毁、坍塌等自然因素减少的土地、公用事业征用土地、政府批准的宅基地、实行退耕还林（草）的农业计税土地等，实事求是地予以核减，对于未纳入二轮承包的耕地、新开垦可耕种的荒地、集体机动地、部分干部报酬田等予以核增，对于农业税计税土地发生流转的，根据流转的具体形式，按照政策规定，划清经营主体，确定纳税人，办理了流转手续，完善了土地承包合同，通过这些措施，从根本上解决了实际面积与年报面积不符、计税面积核减不实、土地撂荒以及因历史原因造成的多划多占、有税无地、有地无税等一系列问题。以1994年至2000年统计年报粮食作物的平均产量为基础，区别不同类别土地和耕种水平以及田亩负担，分类合理确定。对清水、张川等一些地方田亩多、负担重的从低确定；对河谷川道地区田亩少、负担轻的按中等偏高水平确定。同时，特别注意处理好邻近县、乡、村之间的平衡和衔接。在定税过程中，综合考虑改革前人均负担情况、经济状况、减负程度等各种因素，合理确定税负水平。

2. 实行农村综合配套改革

第一，完善各项配套措施。一是制定下发了《天水市农村税费改革转移支付资金管理办法》，按照规范、公开、合理、透明的原则，将中央和省的转移支付资金及时下达到县乡和具体项目，并加大了对转移支付资金的监管力度。二是坚持事权与财权相统一的原则，按照“财力向基层转移，缺口留给县区”的要求，重新核定了乡镇收支基数，完善了县乡财政体制。三是在全市乡镇行政事业单位推行了“零户统管”财务管理办法，实行统一管理账户，统一设置会计岗位，统一会计核算，统一资金结算，统一管理票据，统一管理会计档案。实行“零户统管”后，全市减少财会人员1600多人。四是制定下发了《天水市县以下中小学教师工资实行财政统一发放的试行办法》，将教师工资全部上划到县，由县区统一发放管理。五是实行农民负担“一票否决制”，建立健全农民负担的监督机制。市税改办下发了《关于清理涉及农民负担不合理收费项目的通知》，向社会公布取消专门面向农民的各种行政事业性收费、政府性基金和涉及农民的集资项目50多项。重点治理了农村中小学的乱收费、农村用电乱加价、报刊硬性摊派以及各种要求农民出钱出物的达标升级活动。建立健全了农民负担监测、信访、举报、监督检查、案件查处等各项制度。六是出台了《关于确保村级组织正常运转有关问题的实施意见》，认真实行村民自治，推行村务公开，建立健全了“一事一议”制度，有效地防止了“无事乱议”加重农民负担和“有事难议”影响集体公益事业发展的现象。村内集体生产、公益事业实行民主议事，民主决策，建立了村级组织最低保障线制度，保证了村级组织的正常运转。七是制定了《天水市农村税费改革试点工作进展情况量化考核办法》，有力地促进和保证了农村税费各项工作的顺利进行。

第二，推进乡镇机构改革和精简村干部。根据农村税费改革的要求，本着“精简、效能、统一”的原则，按10%至20%的比例减少乡镇数量，扩大乡镇规模，合理设置乡镇内部机构，坚决清退超编和临时聘用人员。乡镇内设机构一般设置“四室一部”，即党政综合办公室、经济发展办公室、社会事业办公室、计划生育办公室、乡武装部。截至2005年底，全市共撤销36个乡镇、1个街道办事处，乡镇总数由149个减少到113个，减幅24.16%。通过撤并调整，形成了113个乡镇（46个镇、67个乡）和10个街道办事处的区划格局，城镇化率达到了40.71%。全市乡镇平均面积从89平方公里扩大到117平方公里，平均人口从21450人增加到27902人；4万人以上的大乡镇增加到17个，其中新增7万人以上的大镇5个，人口最多的甘谷县新兴镇人口超过了10万人。同时，因自然条件差异，万人以下的乡由撤并前的18个减少到4个。二是合并村组，精简村组干部。全市减少村组干部6687名，平均减幅达到30%。武山县规定，1000人以下的村设三职，1500人以下设四职，2000人以下设五职，2000人以上设六职，全县共核定村干部职数1453名，精简1727名，减幅为54.2%。在精减人员的基础上，确定村干部报酬，提高待遇，支部书记年报酬提高到

1200 元，村主任和文书 1000 元，其他干部 800 元。同时，实行绩效工资制，确定最低保障线为 1096 元，村干部报酬的 60% 为固定工资，40% 为绩效工资。

第三，调整农村中小学布局。天水市的教育布局调整从 2001 年 5 月份开始，截至 2005 年底，全市共撤并规模小、布局不合理的小学 373 所（其中教学点 259 所），新建小学 30 所；撤并初中 15 所，改建初中 32 所，新建初中 9 所；改扩建高中 6 所。农村教育布局调整后，全市有高中 17 所，完全中学 28 所，初中 208 所，小学 2697 所（其中教学点 502 所），中小学校总数比调整前减少 336 所。按照市政府《关于加快基础教育改革与发展的意见》要求，坚持“分级办学，分级管理”的原则，做到了“一增三保”，确保农村义务教育投入在改革后有所增加，保工资、保运转、保安全。

农村税费改革前，天水市农民人均负担为 50 元，亩均负担 26.21 元。2002 年税费改革后，人均负担减为 27.43 元，而亩均负担减为 14.38 元，减负幅度达到 39.6%。2004 年随着农业税收政策调整的落实，全市农民人均又减负 8.32 元，亩均减负 4.36 元，两次减负共减轻农民负担 7620.46 万元，总减幅达到 69.9%。2006 年农业税全面取消后，再次减轻农民负担 6295 万元，三次减负总额达到了 14496 万元，农民实现了农业生产环节的零税赋和 100% 的减负，从根本上减轻了农民负担，保护了农民利益。

（三）宁夏回族自治区中卫市

1. 降低农业税税率

2004 年，按照自治区农村税费改革领导小组办公室《关于做好 2004 年降低农业税税率有关问题的通知》，中卫市进行了农村税费改革。为了认真做好 2004 年农业税税率降低数据的测算工作，中卫各镇（乡）根据有关政策以户为单位进行测算后，对城区各镇（乡）税率作了调整。山区香山乡计税价格为 0.9 元/公斤，税率由原来的 4% 调整为 3%，农业税附加为正税的 20%；川区文冒镇、滨河镇、迎水镇、东园镇、柔远镇、镇罗镇、宣和镇、永康镇、常乐镇计税价格为 1.05 元/公斤，税率由原来的 5% 调整为 4%，农业税附加为正税的 20%。

农业税计税常年产量维持自治区批复（原中卫县）2002 年农村税费改革试点实施方案中核定的数量。经测算，2004 年中卫城区镇（乡）应征农业税及附加金额为 5158124 元，其中：农业税正税 4298437 元，农业税附加 859687 元，农业税平均税率降为 4.43%，比 2002 年下降 1.2 个百分点；农民负担比 2002 年下降 22%，比税改前下降 76%。人均负担农业税 19.45 元，比 2002 年减少 14.56 元，亩均负担 18.02 元，比 2002 年减少 11.43 元。

2．及时拨付转移支付资金

2001 年至 2002 年，先后拨付 17 个镇（乡）和 149 个行政村转移支付资金 1959 万元，到位率达 100%。2003 年至 2004 年拨付 10 个镇（乡）和 149 个行政村转移支付资金 2812 万元，到位率达到 100%。村级转移支付资金和农业税附加重点保证村干部工资、办公经费和五保户供养经费的实际需要，支持了镇（乡）、村正常工作的运转。

3．调整农村中小学教育布局

截至 2004 年，中卫共撤并村完全小学 23 所，教学点 33 个，办寄宿制学校 7 所，学校已减少到 117 所。同时，对农村中小学收费设立了收费价格公示栏，接受群众监督，实现了中小学收费有据可查，并对教职工工资全部实行统一发放，确保了教师队伍稳定和教育事业的发展。

4．撤乡并镇，精简机构，加强乡村级财务管理

中卫市城区由原来的 17 个镇（乡）撤并为 9 镇 1 乡，村级干部人数和报酬分别减少 328 人和 45.24 万元，村级专职财会人员由改革前的 128 人减少至 55 人。全面实行村财镇（乡）管和村级办公用品“集中采购，申报领用，量力而行，上限控制”的办法。每年可节约村级办公用品开支 20 万余元。

第四节　其他涉农税收对农民负担的影响

农村税费改革时期，除了直接造成农民负担的农牧业税和相关收

费外，一些涉农税收也有新的调整改革，对农民负担产生了一定的影响。

一、屠宰税的取消

2000年，国家开始在税费改革的试点地区取消屠宰税，这是农村税费改革的一个重要举措，对于减轻农民负担意义重大。

20世纪90年代后期，各地加大了屠宰税的征收力度，同时，许多地方在征收过程中，出现了不规范的做法，由向屠宰者征收改为牲畜饲养者代扣代缴，征税对象逐步由屠宰者转为生产者，最终转嫁到了牲畜饲养者身上，其实际效果是加重了生产者负担。更为严重的是，一些地区将屠宰税改为按人头征税，出现了即使农民不饲养牲畜，不屠宰牲畜也要缴纳屠宰税的问题。一些地区为了征收上的便利，将屠宰税连同农业税及农村各项收费按人头分摊，引起当地农民的不满情绪，致使农民与基层干部之间的关系恶化，甚至在某些地方出现农民自寻短见或暴力抵抗的事件。随着建设社会主义新农村的形势发展，屠宰税筹集资金和税收调节的作用都越来越小，已经没有存在的必要。

2000年3月2日，中共中央、国务院发出《关于进行农村税费改革试点工作的通知》，要求农村税费改革试点地区取消屠宰税。5月15日，财政部、国家税务总局发出《关于农村税费改革试点地区取消屠宰税的通知》。同年，作为全国农村税费改革试点的安徽省首先在全省范围内停止征收屠宰税。2001年，江苏省成为第二个试点省份，并自费进行改革，在改革中取消屠宰税。

2002年，农村税费改革试点工作从前两年的安徽、江苏两省扩大到20个省（自治区、直辖市），包括上海、浙江、江西、福建、海南、贵州、重庆、陕西、四川、青海、宁夏、湖南、湖北、河南、河北、内蒙古、吉林、黑龙江，这些省相继都取消了屠宰税，2003年，随着农村税费改革扩大到全国，屠宰税实际上已经全部停征了。2006年2月17日，中华人民共和国国务院令第459号废止了1950年12月19日政务院发布的《屠宰税暂行条例》。屠宰税从此正式宣告废除。

在取消向农民每家每户征收屠宰税后，为配合农村税费改革，各地进一步规范了定点屠宰环节的收费。2002 年，江苏省政府办公厅转发省物价局《关于配合农村税费改革规范生猪定点屠宰收费行为的意见》，主要内容有：一是调整生猪定点屠宰收费结构。1997 年省政府规定生猪定点屠宰收费共 5 项，取消生猪屠宰税后，减为四项，即：生猪技术改进费、工商管理费、生猪检验费、综合服务费。除继续保留生猪技术改进费和生猪检验费以外，决定对工商管理费和综合服务费进行调整。工商管理费改为生猪定点屠宰管理费，综合服务费改为生猪屠宰加工费（含机械化屠宰加工费、代宰加工费），其涵盖的内容不变，仍包括屠宰点管理人员工资、水电费、加工费等。二是降低生猪定点屠宰收费标准。（1）生猪技术改进费。国有大中型肉类企业自宰自销（不含代宰加工）的仍执行每头 1 元的优惠政策；基层食品公司（食品站）与其他渠道一起统一执行每头 2 元的政策。（2）生猪检验费。生猪检验费统一调整为每头 4 元。低于 4 元的地区，仍按原标准执行，不得上调。对符合国家规定实行自检的国有肉类企业仍按原规定执行。（3）生猪定点屠宰管理费。收费标准统一调整为每头 2 元，国有大中型肉类企业自宰自销（不含代宰加工）的继续免收。（4）生猪屠宰加工费。手工屠宰每头调整为 8 元；机械化屠宰每头调整为最高不超过 15 元；农民进场（点）代宰加工自食的，每头 4 元。而且，在生猪定点屠宰环节收取的各项费用，征收对象为生猪定点屠宰经营户，各地不得以任何形式转嫁给生猪饲养户。生猪定点屠宰收费（屠宰场）征收的有关费用，实行“一票制”，即收费时统一使用省财政部门印制的专用定额收费票据。

2003 年 1 月，湖南省针对各地生猪定点屠宰收费不规范的情况，规范生猪定点屠宰税费，将与生猪定点屠宰有关的所有税费规范为五个项目，即：增值税、城市维护建设税、教育费附加及个人所得税、工商管理费、检疫检测费和屠宰场（厂）加工服务费。其税费标准，除增值税、城市维护建设税、教育附加及个人所得税外，其他所有收费，按固定金额每头猪全省不得超过 21 元。同时，为了促进湖南猪肉检疫检测工作的开展，使人民群众吃上安全放心猪肉，对列为全国实施“无公害食品行动计划”和开展“瘦肉精”检测的城市，即长沙、株洲、湘潭等地市，其收费标准不得超过23元。

2004年6月30日，国家发展改革委、财政部发布了《关于全面清理整顿涉及生猪饲养、屠宰、销售环节收费的通知》，决定对生猪饲养、屠宰、销售环节收费进行全面清理整顿。《通知》规定，各地区在法律、法规规定之外或未经国务院和省、自治区、直辖市人民政府及所属财政、价格主管部门批准，设立的涉及生猪饲养、屠宰、销售环节的行政事业性收费项目，均属于乱收费，一律取消。符合上述规定权限设立的行政事业性收费，也要重新审核，属于重复设置或不合理的，要进行归并或取消。《通知》要求各地坚决取消在生猪饲养、屠宰和销售过程中收取的“防五”（防治五号病）劳务费、技术监督管理费、商业定点屠宰办管理费、商业监督管理费、动物防疫耳标费、治安管理费、生猪风险基金、生猪生产稳定基金、生猪生产保护金、生猪疫病风险基金、生猪进场交易服务费、生猪代批手续费、联合执法费等收费项目，其他涉及生猪饲养、屠宰、销售的不合法、不合理收费项目也要一并取消。《通知》规定，为养猪户、经营户提供屠宰加工、仓储、运输，以及圈舍消毒、销售摊位消毒、定点屠宰场代宰等服务收取的经营服务性收费，必须符合“自愿委托、有偿服务”的原则，坚决纠正强行服务、强制收费的行为。同年，江西省决定取消定点屠宰场（点）工商市场管理费、价格管理费、技术监督管理费和商业定点屠宰办公室管理费等收费项目。同时，肉品检验（疫）收费范围为每头猪2元至4元，具体标准由设区市价格、财政主管部门确定。

屠宰税取消后，农民的税收负担确实得到了减轻，屠宰税尤其是那些以屠宰税的名义附加在农民身上的负担得以取消，深得民心。从2000年起，随着农村税费改革试点的逐步推开，各地相继取消屠宰税，屠宰税收入及其占全国税收总额的比重迅速大幅度下降。2001年，屠宰税收入为24.65亿元，比上年下降了22.3%，占全国税收总额的比重为1.6‰。2002年，屠宰税收入为9.85亿元，比上年下降了59.9%，占全国税收总额的比重为0.6‰。2003年，屠宰税收入为2.29亿元，比上年下降了76.8%，占全国税收总额的比重为0.1‰。

2004 年、2005 年的屠宰税收入微乎其微，分别为 264 万元和 47 万元，主要是追缴以往年度的欠税。

二、其他涉农工商税优惠政策

2000 年以后，我国积极稳妥地对税制进行了完善和改革。2001 年 3 月 15 日，第九届全国人大第四次会议批准了《中华人民共和国国民经济和社会发展第十个五年计划纲要》。纲要提出，健全税收制度，改革生产型增值税税制，完善消费税和营业税，逐步统一内外资企业所得税，建立综合与分类相结合的个人所得税制度，适时开征社会保障税和遗产税，完善地方税税制。2003 年 10 月 14 日，党的十六届三中全会公布了《中共中央关于完善社会主义市场经济体制若干问题的决定》，提出：分步实施税收制度改革；统一各类企业税收制度；增值税由生产型改为消费型，将设备投资纳入增值税抵扣范围；改进个人所得税，实行综合和分类相结合的个人所得税制。2004 年，以东北老工业基地增值税转型试点为标志，新一轮工商税制改革的序幕渐渐拉开。2006 年 3 月 14 日，第十届全国人大第四次会议批准了《中华人民共和国国民经济和社会发展第十一个五年规划纲要》，进一步提出工商税制改革的要求：在全国范围内实现增值税由生产型转为消费型。统一各类企业税收制度；实行综合和分类相结合的个人所得税制度；改革资源税制度，适时开征燃油税，稳步推行物业税。新一轮工商税制改革与国际上许多国家的税制改革方向一致，符合经济社会发展对税制改革的要求。

在这轮新税制改革中，为了保护农村税费改革的积极成果，扶持农业的发展，切实减轻农民负担，防止农民负担反弹，国家在工商税收方面制定了许多“三农”税收优惠政策。

2002 年 1 月 9 日，财政部、国家税务总局印发《关于提高农产品进项税抵扣率的通知》，规定从 2002 年 1 月 1 日起，增值税一般纳税人购进农业生产者销售的免税农业产品的进项税额扣除率由 10% 提高到 13%。2002 年 7 月 10 日，财政部、国家税务总局印发《关于增值税一般纳税人向小规模纳税人购进农产品进项税抵扣率问题的通知》，规定增值税一般纳税人向小规模纳税人购买农产品，按照13%的抵扣率抵扣进项税额。

为了降低农业生产成本，2001年7月20日，财政部、国家税务总局发布《关于农业生产资料征免增值税政策的通知》，规定最主要的农业生产资料免征增值税，包括农膜、部分肥料、部分农药以及批发和零售的种子、种苗、化肥、农药、农机等。自2001年8月1日起，单一大宗饲料、混合饲料、配合饲料、复合预混料和浓缩饲料等各种饲料产品免征增值税。对农膜、化肥、农药、种子、种苗、农机等主要农业生产资料的生产销售和批发零售基本上免征增值税，自2004年12月1日起，对化肥生产企业生产销售的钾肥，由免征增值税改为实行先征后返。

为了贯彻落实中共中央、国务院发出的《关于促进农民增加收入若干政策的意见》，2004年1月20日，国家税务总局发布公告，明确农民的有关税收事宜：农民从事种植业、养殖业、饲养业、捕捞业取得的所得，已经缴纳农业税、牧业税的，不缴纳个人所得税；取消农业特产税，减征、免征农业税、牧业税以后，农民取得的农业特产所得，从事种植业、养殖业、饲养业、捕捞业取得的所得，销售自产农产品的所得，暂不缴纳个人所得税。农民销售水产品、畜牧产品、蔬菜、果品、粮食和其他农产品，月销售额不到5000元或者每次（日）销售额不到200元的，不缴纳增值税。如果农民在销售上述农产品的同时销售其他非农产品，其中农产品销售额占全部销售额一半以上的，月销售额不到5000元或者每次（日）销售额不到200元的，也不缴纳增值税。无固定生产、经营场所的流动性农村小商小贩，不必办理税务登记。同年9月7日，为了促进农业生产，减轻农民负担，经国务院批准，财政部、国家税务总局又发出《关于农用三轮车免征车辆购置税的通知》，从当年10月1日起执行。

2005年4月4日，为了落实中共中央、国务院有关文件中发展农产品连锁经营的要求，商务部、财政部、国家税务总局发出《关于开展农产品连锁经营试点的通知》，规定试点企业建设的冷藏和低温仓储、运输为主的农产品冷链系统，可以实行加速折旧。5月23日，为了支持农业发展，经国务院批准，财政部、国家税务总局发布《关于暂免征收尿素产品增值税的通知》，规定从当年7月1日起，对国内企业生产销售的尿素产品增值税由先征后返50%调整为暂免征收增值税。

为支持农业信贷，减轻农村信用社负担，扶持农业生产的发展，从2003年1月1日起，对吉林、江苏等8个改革试点地区的农村信用社按3%的税率征收营业税。从2003年1月1日起至2005年12月31日止，对重庆、贵州、陕西、吉林、江西改革试点地区的农村信用社免征企业所得税；对江苏、浙江、山东改革试点地区的农村信用社减半征收企业所得税。

地方为了支持农业和农村的发展，增加农牧民的收入，在中央制定的税收优惠政策的基础上，细化了各项税收政策。如青海省地方税务局和青海省财政厅共同制定了《支持社会主义新农村建设若干税收优惠政策》，规定了多项农民工可享受的税收优惠政策，这将切实减轻农牧民负担，增加农牧民收入，促进农村牧区经济发展。第一，农牧民进城务工人员个人提供劳务取得的一次性收入，在3000元以下的，免征营业税、城建税和教育费附加。第二，农牧业科技企事业单位和农牧民个人从事技术转让、技术开发和与之相关的技术咨询、技术服务、技术培训业务取得的收入，免征营业税、城建税和教育费附加，其中，企事业单位的所得，年净收入在30万元以下的，暂免征收企业所得税，超过30万元的部分可减半计征企业所得税。拖拉机、三吨以下农用车辆和农牧民自用的摩托车免征车船使用税。第三，为农牧业生产服务的机耕、排灌、植保等服务业的劳务收入，免征营业税、城建税和教育费附加，所得免征企业所得税，对其拥有的房屋、土地免征房产税和土地使用税，拥有的车辆免征车船使用税。第四，农牧民将土地使用权转让给农牧业生产者从事农牧业生产的，免征营业税、城建税、教育费附加。县城以外建制镇的农民从事生产经营和对外出租房屋、土地的，免征房产税和土地使用税。第五，在农村牧区，农牧民利用自有住宅、庭院开办“农家乐”形式的餐饮业，营业税起征点提高到5000元。从事农畜产品生产、加工的，从生产经营之日起，免征企业所得税10年；农民购置收割、播种机械从事农牧业生产作业取得的收入，免征营业税、城建税和教育费附加；从事农牧业生产以及农畜产品生产、加工等用房用地免征房产税和土地使用税。第六，在农村牧区从事种植业、养殖业和农林牧产品初级加工的企业，免征企业所得税，个人从事种植业、养殖业取得的收入，免征个人所得税。第七，“三江源”地区禁牧搬迁移民，凭生态移民证5年内享受现行下岗失业人员再就业优惠政策。农牧民在农村牧区从事个体经营的，免收税务登记证工本费和发票工本费。为农畜产品流通提供中介服务所得免征所得税。

第五节　农产品流通体制改革与农民负担

这一时期的农产品流通体制改革主要包括粮食、棉花经营流通渠道改革和价格管理体制改革。农产品购销制度与价格是互相影响的，购销制度改革必然引起农产品价格波动，而农产品价格波动又会对农民负担产生一定的影响。

一、农产品流通体制改革

（一）粮食流通体制改革

1995年以后的几年，粮食连年丰收，粮食供给出现了供大于求的现象。党中央、国务院提出了以“三项政策、一项改革”为重点的一系列深化粮食流通体制改革的措施，取得了明显的成效。但粮食生产和流通领域仍存在一些问题：按保护价敞开收购农民余粮的政策没有全面落实；粮食的品种结构仍待调整；粮价持续下降，粮食购销企业顺价销售困难较大；部分地区粮食风险基金落实难度大；国有粮食购销企业改革滞后，经营管理状况亟待改善。针对以上情况，国务院办公厅于2000年2月发布了《关于部分粮食品种退出保护价收购范围有关问题的通知》，要求黑龙江、吉林、辽宁三省，内蒙古自治区东部、河北省北部、山西省北部的春小麦和南方早籼稻、江南小麦以及长江流域及其以南地区的玉米，从2000年新粮上市起退出保护价收购范围。对退出保护价收购范围的粮食，允许用粮企业和粮食经营企业直接收购、经营。6月，国务院又发布《关于进一步完善粮食生产和流通有关政策措施的通知》，要求：一是大力推进农业和粮食生产结构的战略调整，优化粮食品种；二是认真落实按保护价敞开收购农民余粮政策；三是增加粮食风险基金规模80亿元；四是扩大国家粮库建设规模，增加有效仓容；五是进一步拓宽粮食购销渠道，搞活粮食流通。2000年全年共批复国家粮库项目393个，仓容109.5亿公斤。在粮食企业改革方面，基本上实现了国有粮食企业主辅业务分离；上半年粮食购销企业分流富余人员85.9万人，占总人数的50%；2000年国有粮食购销企业比上年减亏20%左右。

2001年7月，国务院发布了《关于进一步深化粮食流通体制改革的意见》，主要内容为：一是加快推进粮食主销区粮食购销市场化改革；二是健全中央储备粮垂直管理体系；三是完善粮食风险基金包干办法，真正实行省长负责制；四是粮食主产区要坚持按保护价敞开收购农民余粮的政策；五是积极培育粮食市场体系；六是加快国有粮食购销企业改革。概括为“放开销区、保护产区、省长负责、加强调控”，第三次粮改由此启动。当年，粮食主销区的省市逐步充实了地方储备粮规模。浙江、上海、福建、广东、海南、江苏、北京、天津等经济较发达的粮食主销区，彻底放开了粮食购销。同时，中央储备粮垂直管理体系初步形成，中储粮总公司的直属库达194个，仓容2090万吨。截至2002年底，粮食主销区的8个省、市和产销平衡区的4个省（自治区、直辖市）完全放开了粮食收购市场；全国国有粮食企业总数比1998年减少了18%；于1998年、2000年和2001年分三批开工建设的国家储备粮库已分别完成验收和预验收。

2003年，《中共中央、国务院关于做好农业和农村工作的意见》指出，已经放开粮食购销的地方，要重点培育和规范粮食市场；粮食主产区要继续坚持保护价收购制度；结合粮食流通体制改革和农村税费改革，统筹考虑对农业和农民的补贴方式的改革问题，并尽快试点。当年，除主销区8省市外，全面放开粮食收购市场的产销平衡地区增加到5个（广西、云南、重庆、青海、贵州）。粮食主产区的安徽省在全省范围内实行对种粮农民直接补贴改革，湖北和湖南两省及内蒙古、新疆两个自治区对部分地区实行保护性收购或直接补贴，同时基本放开粮食收购市场。

2004年5月，国务院发布《关于进一步深化粮食流通体制改革的意见》，决定全面放开粮食收购市场，提出“放开购销市场、直接补贴粮农，转换企业机制，维护市场秩序，加强宏观调控”的基本思路，初步建立了新的粮食流通体制基本框架。同月，国务院公布了《粮食流通管理条例》，明确规定了从事粮食购销、储存、运输、加工、进出口等经营活动的资质条件，鼓励多种所有制市场主体从事粮食经营活动。该条例从保护农民利益、减轻农民负担的层面着眼，明确提出：国家采取储备粮吞吐、委托收购、粮食进出口等多种经济手段和价格干预等必要的行政手段，加强对粮食市场的调控，保持全国粮食供求总量基本平衡和价格基本稳定。国务院和地方人民政府建立健全粮食风险基金制度，粮食风险基金主要用于对种粮农民直接补贴、支持粮食储备、稳定粮食市场等。当粮食供求关系发生重大变化时，为保障市场供应、保护种粮农民利益，必要时可由国务院决定对短缺的重点粮食品种在粮食主产区实行最低收购价格。当年，全国31个省、自治区、直辖市全面放开了粮食购销市场。同时，粮食主产省从粮食风险基金中安排40%的资金用于落实对农民的直接补贴。全国24个省（直辖市、自治区）共安排直接补贴资金116亿元，其中13个粮食主产省安排直接补贴资金103亿元。

（二）棉花流通体制改革

这一时期，棉花流通体制改革也在进一步走向深入。针对当时棉花流通中供销社棉花企业市场主体功能弱化、经营与储备未能分开、棉花市场秩序混乱、缺乏有效的市场监管、棉花品质得不到保证、多渠道有序竞争的市场格局尚未形成等问题，国务院先后出台了一系列的措施。

2001年7月，国务院发出《关于进一步深化棉花流通体制改革的意见》，要求放开棉花收购，鼓励公平有序竞争；实行社企分开，加大供销社棉花企业改革力度；实行棉花储备与经营分开；加强棉花市场管理；大力推进棉花产业化经营。据农业部统计，截至 2002 年底，全国非供销社棉花加工收购企业已近万家，收购量占全社会收购量的三分之一，棉花市场流通秩序明显好转。市场棉花质量大大提高，等级相符率达到63%，比上年提高 8%。9 月，国务院又下发了数个文件，要求加紧对棉花流通和市场的管理和调控。

2004 年，中央政府重点加强了对棉花市场流通秩序的治理和棉花质量管理的治理力度。2005 年，按照国务院确定的“一放、二分、三加强，走产业化经营路子”的精神，各地积极推进棉花流通体制改革，棉花质量检验体制改革进展顺利，国内棉花市场流通秩序较好。2005 年中央财政一次性安排竞卖棉花亏损补贴 272 亿元，卸掉了棉花企业的历史包袱。

二、农产品流通体制改革对农民负担的影响

随着农产品流通体制的改革，我国农产品价格出现了较大的变化，总体趋势表现为：农产品价格强劲回升；粮食价格接近历史最高位；棉花价格大幅波动；油料和渔业产品价格先抑后扬；畜产品价格平稳回升①。2000 年至 2005 年，因农产品流通体制改革特别是粮食购销市场化程度的加大，农产品产量的波动对农产品价格的影响较以前更为明显。②

“九五”时期，我国粮食生产连年丰收，1998 年达到历史最高点 51229. 5 万吨。2000 年至 2005 年，我国粮食生产出现较大波动。受粮食政策和市场价格影响，粮食播种面积大幅度调减，粮食产量连续下降，到 2003 年下降到 43070 万吨，降到了 1990 年以来的最低点。2000 年至 2003 年粮食连续 4 年产不足需。2004 年粮食生产形势出现重要转机，粮食总产量增加 3877 万吨，是新中国成立以来增产最多的一年，单产也创下历史新高。2005 年粮食总产量达到 48402 万吨，增产 1455 万吨（参见图 3 - 1）。

① 国家统计局：《中国农产品价格调查年鉴 2006》，中国统计出版社 2006 年版。

② 陈之举、贾鸿：《我国农民收入增长缓慢的原因及对策》，《经济师》2003 年第 4 期。

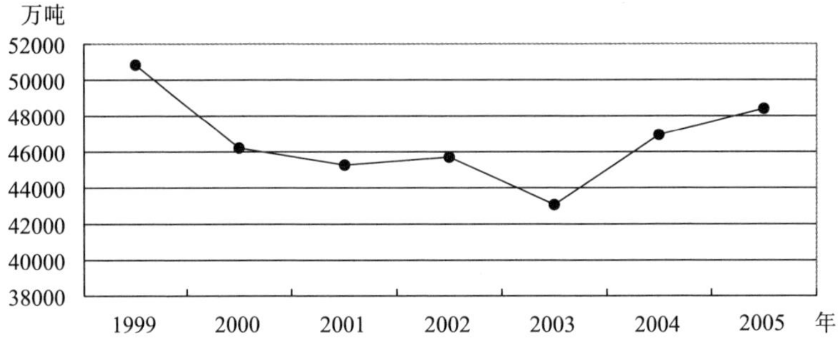

图 3-1 1999—2005 年粮食总产量

资料来源：《中国农村统计年鉴》（2000—2006 年）。

“十五”时期，国内纺织业生产对棉花需求旺盛，市场价格提高，农民种棉积极性提高，棉花种植面积连续扩大，棉花产量继续提高。2004 年，棉花产量达到 632 万吨，创历史最高。“十五”时期累计棉花产量为 2713 万吨，比“九五”时期增长 558 万吨，增长 25.9%（参见图 3-2）。

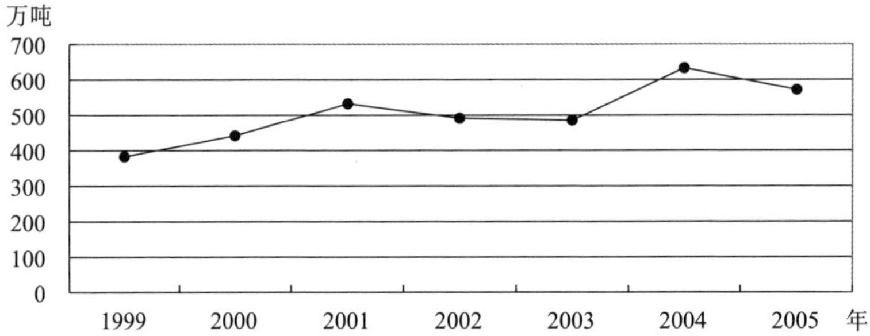

图 3-2 1999—2005 年棉花总产量

资料来源：《中国农村统计年鉴》（2000—2006 年）。

2000 年至 2005 年间，农村居民年人均纯收入总体呈上升态势。与 2000 年相比，2005 年农村居民年人均纯收入增加 1001.51 元，增幅为 44.4%，其中来自第一产业的纯收入增加 378.93 元，增幅为 34.7%。值得注意的是，从 2000 年开始，农民年人均纯收入中来自第一产业的比例历史性地开始低于 50%，并逐年下降。尽管如此，第一产业尤其是种植业收入仍是农民纯收入最重要的组成部分（参见表 3-8）。

表 3－8　　2000—2005 年农村居民年人均纯收入构成情况　　单位：元

年份	农村居民年人均纯收入		来自第一产业的收入		来自第一产业的收入占纯收入的比例（%）
	总额	较上年增长（%）	总额	较上年增长（%）	
2000	2253.42	1.95	1090.67	－7.57	48.40
2001	2366.40	5.01	1165.17	6.83	49.24
2002	2475.63	4.62	1134.99	－2.59	45.85
2003	2622.24	5.92	1195.58	5.34	45.59
2004	2936.40	11.98	1398.05	16.93	47.61
2005	3254.93	10.85	1469.60	5.12	45.15

资料来源：根据《中国统计年鉴》及《中国农村统计年鉴》数据整理。

这一时期，农产品生产价格指数变动率与农民年人均纯收入变动率的相关系数为 0.97，存在强相关性。农民因农产品生产价格上涨而增加了收入，尤其是中低收入农户，受益更为明显。中低收入农户的收入来源集中于农业特别是种植业收入。2004 年在农产品生产价格上涨 13.1% 的带动下，低收入户和中低收入户农民人均纯收入分别增长 16.3% 和 14.7%；中等收入农户增长 13.4%；中高收入户和高收入户分别增收 12.5% 和 9.2%。这反映出低收入户和中低收入户收入对农产品价格波动的反应更为灵敏。

农村税费改革前，由于工农产品“剪刀差”比较突出，农民在负担各种农业税费的同时，还不得不承受“剪刀差”带来的负担。2000 年农村税费改革期间，这一状况得到了明显改变。为保护农民利益、保障粮食市场供应，从 2004 年起，国家在实施农产品流通体制改革的同时，对短缺的重点粮食品种在粮食主产区实行最低收购价格。当市场粮价低于国家确定的最低收购价时，国家委托符合一定资质条件的粮食企业，按国家确定的最低收购价收购农民的粮食。国家也越来越多地用市场手段来进行必要的调控，农产品价格逐步走向市场化。与此同时，工业品价格也逐渐市场化，而且受到政府宏观调控的约束，这也有利于工农产品“剪刀差”的缩小。

从农村主要物价指数（农产品生产价格指数、农业生产资料价格指数、农村居民消费价格指数)[①] 的变动上来看，三项指标的波动都较为显著，尤以农产品生产价格指数为甚。随着整个农村商品流通市场化程度的提高，农村主要物价对于农产品供求关系的反应趋于灵敏，表现为各个物价指数的波动更为频繁。2000 年至 2002 年间，农业生产价格指数增长较快，而其他两项指标的上升相对较为平稳。2002 年至 2004 年，农产品生产价格在 2003 年一度下滑后又迅速攀升，而在 2005 年再度回落，农村居民消费价格指数及农业生产资料价格指数的波动与此类似（参见表 3－9、图 3－3）。

表 3－9　　2000—2005 年农村主要物价指数（上年＝100）

年份	农村居民消费价格指数	农业生产资料价格指数	农产品生产价格指数
2000	99.9	99.1	96.4
2001	100.8	99.1	103.1
2002	99.6	100.5	99.7
2003	101.6	101.4	104.4
2004	104.8	110.6	113.1
2005	102.2	108.3	101.4

资料来源：《中国农村统计年鉴》。

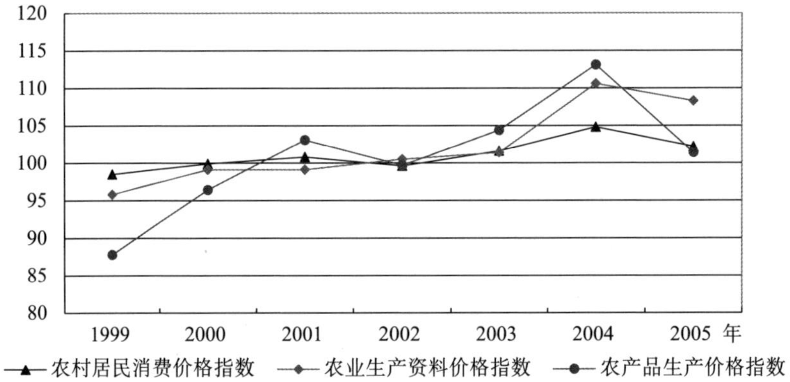

图 3－3　1999—2005 年农村主要物价指数（上年＝100）

资料来源：《中国农村统计年鉴》（2000—2006 年）。

---

① 从 2000 年起，农村主要物价指数中以“农产品生产价格指数”替代了之前的“农产品收购价格指数”。

1999年至2005年，农产品价格指数增长速度要快于农业生产资料价格指数及农村居民消费价格指数。尽管这一阶段仍存在工农产品“剪刀差”，但性质已经与以往有了巨大转变，它是市场造成的，不是政府以政策导向人为造成的。这是我国农民负担史上一个重大的转变。

第六节　2000年至2006年农民负担的分析

农村税费改革前后六年时间，党中央、国务院明确减轻农民负担的目标，最终取消了农业税，农民负担呈逐渐大幅下降的趋势，出现了前所未有的历史性转折，减轻农民负担工作进入了新纪元。

一、农民负担的变化与走势

2000年至2005年，农民负担呈逐年下降趋势。根据《中国农业年鉴》以及财税部门决算数据计算的这个时期农民负担总额，2000年为1355.12亿元，2001年为1257.66亿元，2002年为1046.92亿元，2003年为704.87亿元，2004年为454.04亿元，2005年为206.26亿元，2005年比2000年减少了1148.86亿元，下降了85%。农民人均税费，2000年为147.97元，2001年为137.40元，2002年为114.39元，2003年为78.70元，2004年为51.84元，2005年为32.32元，2005年比2000年减少了115.65元，下降了78%。人均“两工”及“一事一议”筹劳，2000年为16.3个，2001年为16.2个，2002年为10.5个，2003年为8.3个，2004年为2.1个，2005年为1.3个，2005年比2000年下降了92%。与上一时期相比，农民税费负担有了大幅度减少，这一时期每年平均税费负担837.47亿元，比上一时期的1227.92亿元减少了390.33亿元，下降了32%。农业部的统计数据虽然与上述数据略有差异，但总的趋势基本是一致的。这个时期农民负担的税费总额年平均下降27.05%，比上一个时期大幅度降低（参见表3-10、表3-11）。

表3－10　　2000—2005年农民负担情况　　单位：亿元

年份	合计	农（牧）业税	其他税收	提留统筹费	社会负担	"两工"的以资代劳部分
2000	1355.1	335.24	34.36	620.4	308.9	56.2
2001	1257.7	326.56	27.34	551.7	312.0	40.1
2002	1046.9	493.70	12.10	292.8	210.9	37.4
2003	704.9	506.57	4.83		171.9	21.6
2004	454.0	280.03	2.37		159.0	12.6
2005	206.2	65.82	2.78		128.0	9.6

资料来源：农（牧）业税收、其他税收来自财政部、国家税务总局决算，《中国税务年鉴》。提留统筹来自《中国农业统计年鉴》。社会负担、"两工"的以资代劳部分来自农业部统计资料。

表3－11　　2000—2005年农民人均负担情况　　单位：元

年份	合计	人均农（牧）业税	人均其他税收	人均提留统筹费	人均社会负担	人均"两工"的以资代劳部分	人均税费占当年纯收入比例%
2000	147.97	36.40	3.77	67.86	33.79	6.15	6.57
2001	137.40	35.35	2.99	60.47	34.20	4.39	5.81
2002	114.39	53.13	1.34	32.42	23.36	4.14	4.62
2003	78.70	56.67	0.53		19.10	2.40	3.00
2004	51.84	32.58	0.26		17.60	1.40	1.77
2005	32.32	16.87	0.30		14.09	1.06	0.99

资料来源：农（牧）业税收、其他税收来自财政部、国家税务总局决算，《中国税务年鉴》。提留统筹、农业人口数来自《中国农业年鉴》农业人口数。社会负担、"两工"的以资代劳部分来自农业部统计资料。

免征和取消农业税，使农民的负担大为减轻。从2004年开始，国家开始逐步减免农业税。2004年免征农业税的8省共减轻农民负担约52亿元，受益人口1.05亿人，人均减负50元，其中试点的黑龙江省人均减负142元，吉林省人均减负100元。在农业税税率降3个点的13个省份中，有92个县免征农业税，共减轻农民负担约162.6亿元，惠及人口5.7亿人，人均减负28.4元。在农业税税率降低1个百分点的10省中，也有42个县免征了农业税，共减轻农民负担25.3亿元，惠及农民 2.26 亿人，人均减负 11.2 元。

免征牧业税也大大减轻了牧区牧民的负担。2005 年新疆免征牧业税后，牧民减负达到 5000 万—6000 万元，惠及牧民人数大约在 100 万左右。内蒙古自 2002 年开展农村税费改革后，免除了农牧民在草场承受限度内放牧牲畜所应缴纳的牧业税，仅对属于"超载过牧"范围的牲畜及机关、企事业单位和团体饲养的牲畜征收牧业税。这一政策实施后，2003 年内蒙古全区的牧业税收入减少至 1819 万元，较 2000 年 1.4 亿元的牧业税收入下降了 85%。其他征收牧业税的省份，牧业税收入虽然不多，但牧业税的废除对具体的牧民个人负担的减轻都是实实在在的。

农业特产税的取消对减轻农民负担也有积极意义。2002 年全国农业特产税收入为 107.7 亿元，比 2000 年的 143.2 亿元减少了 35.5 亿元，下降了 24.8%。2003 年为 96.3 亿元，2004 年继续下降到 46.3 亿元。农民人均农业特产税负担由 2000 年的最高点 15.66 元下降到 2002 年的 11.93 元，2004 年再下降到 5.13 元。农民人均农业特产税负担占农民纯收入的比重也由 2000 年的 0.70% 下降到 2004 年的 0.17%。从地方情况看，安徽省 2002 年征收的农业特产税为 2.30 亿元，改征农业税后，这部分税收减少到 0.8 亿元，农民减负达到 65%，对于提高农民进行农业结构调整的积极性和农业特产品的市场竞争能力也起到推动作用。

农村各项收费大幅度的降低直至取消，极大减轻了农民负担。2005 年农民负担的收费人均为 15.15 元，比 2000 年的 107.8 元减少了 92.65 元，下降了 85.95%。其中 2003 年以后乡统筹村提留基本取消了，2005 年社会负担人均为 14.09 元，比 2000 年的 33.79 元减少了 19.7 元，下降了 58.3%。2005 年以资代劳人均 1.06 元，比 2000 年的 6.15 元减少了 5.09 元，下降了 82.76%。"两工"负担取消后，基本废除了农民的劳役负担。虽然在农村公益事业建设中，还保留了"一事一议"的资金筹集办法，但采取的是群众自愿、权利义务一致的原则，不再固定强制向农民收取。

随着农村税费改革的深入，特别是农业税的最终取消，涉及农民负担的案件也明显减少。2005 年，全国首次既没有发生因农民负担引发伤亡的恶性案件，也没有发生严重群体性事件和造成重大影响的其他案（事）件，扭转了过去涉及农民负担恶性案（事）件年年发生的被动局面。同时，涉及农民负担的信访也明显减少。2005 年农业部受理的农民负担来信来访 238 件次，比 2000 年下降了 89.4%，农村社会进一步稳定。

这一时期，随着流通体制改革市场化改革的基本完成，国家收购价和市场价已经基本趋同，在农产品市场价下跌时，国家往往以高于市场价的保护价进行收购，尽管还存在剪刀差，但这种剪刀差是市场造成的，不属于政府分配行为带来的农民负担。

总之，这一时期由于党中央、国务院做出了加快解决农民负担的重大决策，彻底废除了农业税等涉及农民的税费制度，农民负担不仅是 1985 年以来降幅最快的，也是中国历史上最低的。

二、农民负担的特点

（一）试点地区农民负担较轻，非试点地区负担较重

农村税费改革采取先试点后向全国推行的办法，试点地区的税费逐渐降低，农民负担随之减轻，而尚未试点地区相对负担较重。试点地区普遍减轻农民负担 25% 至 60%，远远低于非试点地区农民负担水平。并且虽然中央一再强调在非试点地区要坚持“一项制度”和“八个禁止”，但部分地区执行不到位，导致农民负担没有得到有效的控制。有的地方没有实行农民合理负担“一定三年不变”的制度，农民承担的村提留、乡统筹费年年都在增加。一些省的部分县（市）2000 年提留统筹费超过了 1997 年的预算额。“八个禁止”在一些地方没有完全做到，乱收费、乱集资和乱摊派仍比较普遍。有的县违规向中、小学学生收取报刊费、电影费、保险费；有的在为外出务工农民办理劳务输出证时搭车收费；有的供电部门在农网改造时违规向农民集资；有的平摊农业特产税；还有的强行要农民征订报纸、杂志等。据农业部对 100 个县的监测调查统计，2000 年农民上交的各种行政事业性收费、集资和摊派比上年增长 21%，涉及农民负担的恶性案件在一些地

方仍时有发生。

（二）税费负担结构出现“税重费轻”的变化

由于农村税费改革方案是按照“费改税”的原则，将提留统筹费取消而改征农业税，因此出现了农业税及附加大幅增加，而提留统筹和“两工”则大幅下降的现象。安徽省农业税及附加 1999 年为 12.5 亿元，2000 年为 29.7 亿元，增长 1.4 倍；江苏 2000 年为 12.4 亿元，2001 年为 29.6 亿元，增长 1.4 倍。同时，乡统筹村提留及“两工”大幅度下降，以 2001 年及以后开始以省为单位实施农村税费改革的吉林、河北、陕西、四川、江苏和福建六省为例，下降最明显的是乡统筹村提留，绝对水平下降了 85%；“两工”金额降低了 25%。

（三）大幅减轻农民负担形成了势不可挡的趋势

20 世纪 90 年代后期，农民负担问题成为全社会关注的焦点，减轻农民负担逐渐成了全社会共识。2000 年党中央、国务院决定在安徽启动农村税费改革试点，中央本想以谨慎的态度，先在安徽取得试点成效后再逐步推开，但各地反应强烈，当年就有河北、内蒙古等 9 个省份 34 个县主动参加试点。2001 年江苏省自费参加试点，又有 27 个省份的 102 个县试点，2002 年迅速扩大到 19 个省份，2003 年就在全国全面推开试点。全面停征农业税，彻底减轻农民负担的呼声不断加强。2004 年国务院提出逐步降低农业税税率，5 年内取消农业税，当年就有 8 个省率先自行免征农业税。到 2005 年底，除 3 个省外，其他省份均已免征了农牧业税和农业特产税。全面取消农业税费已成大势所趋。2005 年 3 月，国务院提前宣布将在 2006 年全面免征农业税。2005 年 12 月 29 日全国人大常委会通过，2006 年 1 月 1 日废止农业税条例。

三、减轻农民负担工作迈入新纪元

经过六年的努力，农村税费改革取得历史性成效，进一步理顺了农村分配关系，扭转了长期以来农民负担过重的局面，迈出了统筹城乡发展的新步伐。

第一，农村税费改革拉开了新时期农村改革的序幕。党的十一届三中全会以后，我国的改革始于农村。以家庭联产承包经营为核心的农村经营体制改革，极大地解放和发展了农村生产力。21 世纪伊始，中央实施农村税费改革，全面取消农业税、“三提五统”和农村教育集资等各项税费，清理整顿了各种摊派和达标升级活动，大幅度减轻农民负担，理顺农村分配关系；随之进行的农村综合改革，以促进农村上层建筑变革为核心，着力解决基层行政管理体制不适应农村生产力和农村公共产品供给体制、不适应公共服务保障等问题，基本解决了长期困扰“三农”发展的体制机制性矛盾。

第二，农村税费改革建立了农民减负增收的长效机制。从改革试点起步，到全面取消农业税，通过配套推进乡镇机构、农村义务教育管理体制和县乡财政管理体制改革，从根本上消除农村负担反弹的隐患，使广大农民得到了越来越多的实惠。农业税费取消后，每年减轻农民负担 1300 多亿元，农民人均减负 140 元，农民负担重的状况得到了根本性扭转，为构建和谐社会奠定了坚实的基础。在少取或不取的同时，国家加大对农民多予的力度，实行对种粮农民的直接补贴、良种补贴、农机具购置补贴、农资综合补贴等强农惠农政策，改善农业生产条件，降低农业生产成本，极大调动了广大农民的生产积极性，促进农民增产增收。

第三，农村税费改革开启了统筹城乡发展的大门。从治理农村“三乱”、农业税少取或不取，到农民全方位的多予，打破了长期以来农村事情农民办的传统理念和制度安排，带来了农村义务教育、医疗卫生、社会保障等社会事业和公共服务供给机制的重大变革，极大地触动了城乡二元体制，推动了城乡公共基本服务均等化。农村税费改革和农村综合改革，对加快形成城乡经济社会发展一体化新格局起到了先导性和推动性作用。

第四章

中国农民负担的总结与分析

中国自古就是一个农业大国，农业是社会经济的基础，农民占国家人口的多数，农民负担问题是国家与农民关系的核心。中国农民负担具有数千年的历史，虽然经历了不同的社会形态，但其发展变化却存在着相同或类似之处。全面分析各历史时期中国农民负担的发展变化及其原因，总结经验教训，探索发展规律，对解决农业、农民、农村问题，建设社会主义新农村和构建和谐社会都具有借鉴意义。

第一节 中国封建社会农民负担回顾与分析

从公元前221年秦朝建立至公元1840年为止，中国封建社会有着两千多年的历史。在这一时期，随着国家的统一和中央集权的强化，农民负担不仅开始制度化，而且时间长、内容丰富、变化频繁，对这一时期农民负担进行回顾和分析，是总结中国农民负担经验教训的首要一环。

一、中国封建社会农民负担的发展变化

公元前221年，秦始皇灭六国，建立了中国历史上第一个统一的、中央集权的封建专制王朝。在这个封建王朝统治时期，赋役制度主要包括三个方面：一是田租（即土地税），按亩计征；二是口赋（即人头税），按人口计征；三是徭役，按劳动力征派。秦朝农民的负担是十分沉重的，比周代增加了几十倍。汉人董仲舒云："古者税民不过什一，其求易供，使民不过三日，其力易足。"至秦则不然，"力役三十倍于古；田租、口赋、盐铁之利，二十倍于古。或耕豪民之田，见税什五。故贫民常衣牛马之衣，而食犬彘之食。"[①] 董仲舒所言秦赋税二十倍于古，并不是单指田赋的税率，而是田赋、口赋和盐铁剥削量的总和，即使不包括盐铁之利，秦时赋税比周代10%的税率要高得多。再加上三十倍于古的力役，农民负担的沉重应是不可置疑的事实。

秦王朝崩溃后，刘邦建立了西汉王朝。西汉政权鉴于秦朝的教训，迫于战后社会经济的衰败，农民穷困流离的处境，从多方面减轻农民的负担。首先，减轻田赋税率。《汉书·食货志》记载是"什五而税一"，即十五分之一，汉文帝即位后，田租的税率又降低到"三十税一"，即三十分之一。这是中国封建社会田赋税率最低的时期，一直到汉景帝之后长期不变。西汉田租以此税率，按亩征收，每亩大约征收3.3升[②]。总之，从汉高祖即位（公元前202年）到汉景帝后元三年（公元前141年），前后62年间，西汉王朝实行的是中国古代堪称典范的轻徭薄赋政策。再加上长时期、大范围的赋税蠲免，如从文帝前元十三年（公元前167年）起，连续免除全国田赋长达11年，所以这期间农民的负担更加轻。

汉武帝即位后，开始反击匈奴的侵扰，大小战争打了30多年。虽然耗费了大量的人力、财力和物力，但并没有过多地加重农民的负担。这是因为西汉经过长期的休养生息，社会经济繁荣，国家财政充盈，具备了足够的经济实力。不足的部分主要通过实施盐铁专卖和酒专卖，

---

① 《汉书》卷24《食货志下》。

② 《中国农民负担史》第一卷，中国财政经济出版社1991年版，第49页。

推行均输、平准，不断增加国家的财政收入，解决了军事费用，农民却很少增赋加税。因此，史书记载汉武帝时“兵行三十余年，百姓犹不加赋，而军用给”。公元前 87 年，汉武帝死，昭帝即位，一方面继续执行田租“三十税一”的定制，另一方面豁免田赋、民欠和应征马口钱，减免口赋钱、漕粮，进一步减轻农民负担。昭帝之后，汉宣帝执政 25 年间，免收田赋五次；减边郡戍卒十分之二；减天下盐价，以利民众生活；创建常平仓制度，调节物价，解决谷贱伤农问题。公元前 55 年，“减天下口钱”。公元前 52 年，算赋税额由 120 钱减为 90 钱。因此，这一时期，农民负担也不重。至此，汉代已走过了 157 年，如此长的时期能保持较轻的农民负担，实属难能可贵，在中国封建社会是少有的。

西汉灭亡后，刘秀建立了东汉王朝。刘秀在位之初，田赋采用“什一之税”，公元 30 年之后，采用“三十税一”制度，成为东汉田赋的定制，徭役也随之减轻。从光武帝至章帝（公元 25—88 年），农民的负担也是比较轻的。但是，这种情况只保持了 63 年，东汉从和帝到灵帝（公元 89—189 年）100 余年间，统治者修治宫室，贪得无厌。外戚和宦官擅权，互相倾轧；地方上豪强割据，彼此吞并，民众陷入水深火热之中，农民负担大大加重。

东汉末年的军阀割据，造成了三国两晋十六国南北朝分裂局面。在这一时期，由于战争的摧残、统治者竭泽而渔的剥削和自然灾害的泛滥，农民的负担是很重的。三国中吴国的农民负担最重。西晋实行租调制：一是田租，按亩征税，一夫规定 50 亩课田，收租 4 斛，田赋的征收额是每亩 8 升，比曹魏时的田租每亩增加了 4 升。二是户调，按人征收，绢 3 匹，绵 3 斤，都比曹魏时有所增加。

从公元 304 年刘渊建立汉国起，进入了长达 136 年的东晋十六国时期[①]。期间战争频繁，社会动荡，经济衰敝，人民灾难深重。北方割据的少数民族政权且不说，即使东晋时期的农民负担也是特别繁重

① 十六国从刘渊永兴元年（公元 304 年）建立汉国开始，下限一般认为在刘裕建立的宋朝公元 420 年。但从当时来看，北方还有几个少数民族政权存在，北凉到公元 439 年才灭于北魏，实际上十六国时期于此年结束更合理。按此计算，十六国共 136 年。

的，每丁田租额高达 7 石。公元 377 年，孝武帝废田租之制，改为按丁税米，规定“王公以下口税三斛。八年，又增税米，口五石”[①]。按照当时的规定每丁种田 15 亩计，亩收 3 石，田赋负担率高达九分之一。除租米外还有 2 石禄米，是用于郡县官秩禄的。加上田赋正税 5 石，每丁租米达 7 石，田赋负担率高达 15.6%，赋额比前增加了 1 倍多。田赋之外，还有户调、徭役和“送故钱”“修城钱”等各种杂派。总之，东晋对农民的剥削是极重的，近乎竭泽而渔、杀鸡取卵的程度。

南北朝时期，北魏在均田制实施以前，计口授田，田租户调也很重。租调规定：每户“帛二匹，絮二斤，丝一斤，粟二十石；又入帛一匹二丈，委之州库，以供调外之费。至是户增帛三匹，粟二石九斗，以为官司之禄。后增调外帛满二匹”[②]。一户缴纳租调如此之多在东汉之后是没有过的。正项租调以外，还有军马之赋，临时加派的田赋，经常性的杂调等。临时加派的田赋也很重，如公元 418 年，北魏明元帝“诏诸州调民租，户五十石”。另外，这一时期征收户调的尺度也比以前加大加长，北魏前期农民交纳的调布，实际上比规定的数额大约超过二成左右。到冯太后时，开始实行俸禄制，又增加了租调数额。实行俸禄制前每户纳米 40 石，实行俸禄制后每户纳米 45.8 石。大致正调帛增加了 1.5 倍，田赋增加了 14.5%，调外帛增加了 1/3。虽然公元 485 年颁布的租调制使农民负担有所减轻，但以后又逐渐增加。至北周时，田租一夫一妇纳粟五斛。总的来说，东晋十六国南北朝时期的农民负担比汉代重得多。

隋唐时期，我国封建社会进入了鼎盛阶段，由于国家统一，社会安定，经济发展，人口增加，农民负担比三国两晋南北朝时期大为减轻。隋文帝执政的 20 余年，实行的是租庸调制，多次进行大幅度、大范围、长时期的减免赋税，这在历史上也是少有的。另外，又弛山泽之禁，除入市之税，罢酒坊，开放盐池盐井等一系列轻宽的经济政策，农民负担是比较轻的。但隋炀帝即位以后的 14 年间，由于骄奢淫暴，穷兵黩武，滥用民财，滥征人力，广大农民苦不堪言。

---

① 《晋书》卷 26《食货志》。

② 《魏书》卷 111《食货志》。

唐太宗至唐玄宗138年间，农民负担也是比较轻的。与隋代租庸调相比，唐代田租减了一石。而且，每丁正役与其他役合计不过50天，规定加役15日则免调，加役30日租调俱免，这些规定也是前代没有的。除此，唐代前期还有地税和户税，但都是比较轻的，而且富有者交得多，下等户占多数的农民交得少。根据当时农民受田、亩产量和租庸调及地税户税额推测，租庸调交纳额仅占农民收入的8%。唐高宗和武则天在统治的54年间，坚持唐太宗时的治国方略，没有加重农民负担。唐玄宗统治的43年间，唐代进入了黄金时代，农民生活水平又有提高。根据《通典》卷6《赋税下》记载测算，天宝年间全国每丁平均负担率近9%，比贞观年间8%稍高一些，但是这一时期生产力得到提高，对农民生产和生活影响不大，开元、天宝时期农民负担仍然是比较轻的。但从唐代中后期开始，农民的负担持续加重。白居易的《重赋诗》把农民的疾苦反映得淋漓尽致："织绢未成匹，缫丝未成斤，里胥迫我纳，不许暂逡巡。岁暮天地闭，阴风生破村，夜深烟火尽，霰雪白纷纷。幼者形不弊，老者体无温。"[①] 唐懿宗时，刘允章上奏指出民有"九破八苦"。"九破"中讲到长吏残暴、赋役不等、食禄人多、输税人少。"八苦"中讲到官吏苛刻、赋税繁多、替逃人差科、冻无衣饥无食、病不得医、死不得葬[②]，都与农民密切相关，由此不难看出农村的残破和农民生活的困苦。

唐代灭亡后，又出现了五代十国的分裂局面。50余年间南北分裂，战争频繁，社会经济遭到破坏，统治者为了筹集财政收入，在唐代的赋税基础上又不断增加新名目。农民"重赋厚敛，以至伤害而死"。由此可见，五代十国的农民负担是很重的。

北宋前期的太祖、太宗、真宗、仁宗四朝的103年间，赋的种类有五：一是公田之赋，农民租种官田缴纳地租；二是民田之赋，农民种私有土地缴纳的赋税；三是城郭之赋，即住宅税和地税；四是丁口之赋，百姓按口计税；五是杂变之赋，即杂税，如牛革、蚕盐之类，

① 《白氏长庆集》卷2。

② 《旧唐书》卷153《刘允章传》。

“随其所出而纳税”[①]。其中，民田所缴纳的赋是两税，两税负担的轻重，可用当时国家财政总收入、全国土地额来推测。至道三年（公元997年），两税总收入共计18971860贯，两税负担率约为4.8%。天禧五年（公元1021年），两税收入总计21321108贯，两税负担率为5.4%。由此可知，农民的田赋负担不能不说是轻的。但这只是就全国有田农民的田赋平均负担而言，有田农民户数并不占多数，只能占到30%左右，代表不了全体农民的负担情况。北宋时，由于土地兼并激烈，客户（即佃户）在宋太宗时占总户数的42%，有的地方达到60%左右。这些人租种地主官僚的土地，田租负担达到50%—60%，占总户数一半的客户田赋负担是很重的。北宋前期的农民除田赋负担外，还要负担城郭之赋、丁口之赋、杂变之赋等，如果把这些考虑进去，综合平衡，北宋前期农民的负担虽然比五代时明显减轻，但比起汉、唐显然要重。

南宋的152年间，农民负担十分沉重。建炎三年（公元1129年），林勋上《本政书》中曾说：“本朝二税之数，视唐增至7倍。”[②] 可知农民负担增加之巨。光宗时，秘书监杨万里痛陈农民负担苛重：“今之财赋有地基、劳课之征，有商贾关市之征，有鼓铸、榷酤之入，有鬻爵、度僧之入，犹曰非取于农民也，而取于农民者，其目亦不少矣”。“彼其初也，吾民之赋止于粟之若干斛，帛之若干匹而已。今既一倍其粟，数倍其帛矣；粟帛之外，又数倍其钱之名矣；而又有月桩之钱，又有板账之钱，不知几倍于祖宗之旧？又几倍于汉、唐之制乎！”[③] 由上可知，五代十国到南宋，赋税像滚雪球一样越滚越大，竟然比唐时增加了7倍，南宋时农民负担的沉重不言而喻。

与宋朝长期对峙的北方少数民族政权有辽、金、元，最后由元代统一全国。辽代人口组成复杂，契丹人占20%，汉人占63%以上。辽兴宗时为了收取汉民人心，“敛于民者十减其四五”[④]，辽国的农民负

① 《宋史》卷174《食货志》。

② 《宋史》173《食货志上·一》。

③ 杨万里：《诚斋集》卷69。

④ 陆游：《老学庵笔记》卷7，中华书局版，第91—92页。

担（主要指汉人居住地区）比北宋要轻。金代一般民田纳税，“夏税亩取三合，租税亩取五升”[①]。女真族的负担轻，汉族负担极重。世宗时女真族虽然占用大量土地，但每年交纳田赋只占田赋总额的1.3%，汉族农民却要负担田赋总额的90%以上[②]。金代后期，汉族农民的负担更重，宣宗时“加赋数倍，预借数年”。《金史·食货志》记载，贞祐年间“民既罄其所有而不足，遂使奔走傍求于他境，力竭财殚，相踵散亡，禁之不能止”。可知，负担之重把农民已逼上了绝路。

元代从元世祖忽必烈开始，统治了近百年。元代的田赋，北方有丁税和地税，江南有夏税和秋税。丁税，太宗时“每户课粟二石，后以兵食不足，增为四石”。元代除田赋外，还制定有科差制度，相当于唐代的户调，名目包括丝料、包银、俸钞、江南户钞，按户等课征。元代农民除了负担以上徭赋外，还负担着统治集团沉重的朝会赏赐、特赐和岁赐等费用，这在其他的朝代是没有的。因此，元代农民负担一直都很重。

明代从太祖洪武年间至宣宗宣德67年中，农民负担是比较轻的。按《明史·食货志》记载的全国土地、产量、赋税总额等数据计算，这一时期田赋负担率约为3.45%，平均每户负担米2.75石，每人负担米0.484石，每亩负担米0.035石；赋役负担率约为5.94%，平均每户负担米4.75石，每人负担米0.84石，每亩负担米0.06石[③]。从英宗正统九年开始，明王朝走入下坡路，政治日益败坏，农民负担不断加重。神宗时，开始田赋加派，至崇祯时，田赋加派变本加厉，辽饷、剿饷和练饷合计每年“达二千万两”，致使“民不聊生”。

清代自顺治元年至康熙二十二年的40年间，民族压迫政策给汉族人民造成深重的灾难。自康熙二十二年到乾隆三十一年的83年间，随着国家统一大业的完成，清朝走入了和平发展时期，农民的负担开始逐渐减轻。乾隆中期，田赋负担率约5%；平均每人负担2钱3分，约合米2斗；平均每亩负担6分，合米5升，农民负担是很轻的。乾隆

---

① 《金史》卷47《食货志二》。

② 《中国农民负担史》第一卷，中国财政经济出版社1991年版，第475页。

③ 《中国农民负担史》第一卷，中国财政经济出版社1991年版，第652—655页。

后期，政治渐坏，贪污成风，农民负担日甚一日，大小民变陆续发生，从嘉庆时就开始出现了大规模的农民起义。

二、中国封建社会农民负担变化的特点

纵观中国封建社会的农民负担，总的来说，西汉和东汉，隋、唐、宋、明前期、清中期是比较轻的。比较而言，西汉时期的农民负担最轻，这在中国封建社会是非常突出的。东汉前期和隋、唐前期次之，明朝和清朝黄金时期又次之。而秦代、东晋、南北朝、南宋、元代的农民负担是比较重的，其中秦代、北魏、东晋、元代较重，南宋次之。

中国封建社会农民负担的升降变化主要有如下特点：

第一，农民负担呈波浪态势。秦代农民负担极重，西汉前期和东汉前期农民负担大为减轻，南北朝时期农民负担又开始加重，隋代前期、唐代前期农民负担又开始下降，元代农民负担再次加重，明代前期农民负担又呈现较轻的态势，后期日趋加重，清代中期农民负担再次出现减轻的局面。

第二，农民负担在每个朝代前期轻后期重。比较典型的如隋文帝开皇时期，农民负担是比较轻的，但在后期隋炀帝统治时期日趋加重。唐代前期在贞观之治和开元天宝盛世，农民负担较轻，安史之乱后的唐代中后期农民负担日益加重。明代在英宗正统九年以前农民负担较轻，之后农民负担加重。这一特点是非常普遍的，不仅表现在大的朝代，而且也反映在许多小的朝代，可以说成为一个发展规律。

第三，在少数民族建立的朝代中，农民负担的变化与汉族建立的朝代有一个明显的不同，就是前期农民负担重，中期农民负担轻，后期农民负担又开始加重。如北魏前期农民负担重，至中期孝文帝改革后有所减轻，到后期又出现苛重。清代自顺治元年至康熙二十二年农民负担沉重，康熙二十二年之后至乾隆四十一年的93年间农民负担轻，之后农民负担逐渐加重。出现这一特点，与少数民族政权的民族政策有密切关系，政权建立初实行民族压迫和民族歧视政策，之后实行汉化政策，农民负担随之而改变。

第四，正税一般都比较轻，农民负担重在正税之外的各种税费和

加派上。中国封建社会各朝的正税（主要指田赋）轻重不一，但尽管如此，这些税收不论按亩还是按户征收，相对来说还是比较规范的。即使田赋较重的朝代，也不能随意增加。但是，正税之外的税费和加派却是随时随地随事来增加的。特别是每个朝代的后期，苛捐杂税多不胜举，往往超过了正赋的数额。所以，税费和加派是加重农民负担的重要原因。

第五，徭役负担一般比田赋负担重。徭役是封建社会农民负担的重要组成部分，与田赋相比给农民造成的负担要重。因为田赋交纳实物，农民只要按规定缴纳就行了。但力役、兵役、差役要农民亲自去服役，牵涉到家庭、生产、生活、糗粮、兵器、工具、运输等方面。如兵役，有的朝代一充役就十几年回不来，有的兄回弟继，轮番不断；有的甚至老死疆场，魂游他乡，给本人和家人带来极大的痛苦。由于成年劳动力长期充役，给农民的生产造成很大的影响，“纵有健妇把锄犁，禾生陇亩无东西”，常常因交不起赋税卖儿鬻女。由于长期充役在外，老不能赡，幼不能养，病不能医，死不能葬，家庭四分五裂，不成其家。有些时期兵器等由士兵自备，使不少农民背上了债务，家人为了逃债东藏西躲，流离失所。又如力役中的运输、漕运、驿站、工程等项目，也要使农民付出很大的代价。再如差役也是农民很重的一项负担，宋代的衙前役就是一个很好的例证。

三、中国封建社会农民负担分析

从中国封建社会农民负担的升降变化及其特点，可以总结出以下方面的经验教训。

（一）农民负担决定封建王朝的兴衰

纵观中国封建社会，朝代更替十分频繁，大小朝代多达几十个，长的几百年，短的十余年，甚至几年。朝代的变更有着各方面原因，但最根本的原因是农民负担的繁重，大部分的朝代是因农民起义而灭亡的。历史证明，农民负担轻，社会就安定，政权就长久；农民负担重，社会矛盾就加剧，最终爆发农民起义，使封建政权土崩瓦解。

公元前 221 年，秦始皇灭六国，建立了中国历史上第一个统一的、中央集权型的封建专制王朝。他凭借政权的力量，对农民进行残酷的剥削和压迫，由于农民负担沉重，终于爆发了陈胜、吴广领导的农民大起义，把刚刚建立十几年的秦王朝推翻在地。西汉末年，由于农民负担加重，农民和封建政府的矛盾日益激化，“人与之为怨，家与之为雠”①。王莽篡权改制后，并未解决这一矛盾，引起了绿林、赤眉农民大起义，最终刘秀建立东汉，替代西汉王朝。东汉末年，随着农民负担的加重，小型农民起义斗争从未间断，到公元184年汉灵帝执政时，爆发了以张角为首的大规模的黄巾军农民起义。北魏后期，农民起义暴动不止，青州高阳的封辨、平陵的司马小君，沃野和统万的敕勒族，洛阳的贾伯奴，怀州的伊祁苟等先后起兵反抗。隋代末年，在横征暴敛下，爆发了李密和窦建德领导的农民起义。唐代末年，苛重的赋役剥削，激发了黄巢为首的全国性大规模的农民起义。北宋末年，爆发了宋江、方腊领导的农民起义。元代由于赋役苛重，阶级矛盾激化，从元世祖时就不断发生小规模的农民暴动，之后形成了刘福通领导的全国性的红巾军农民大起义。明末农民起义，从天启年间陕西澄县农民抗赋斗争开始，最后形成李自成为首的农民大起义。清代后期，大小民变陆续发生，至嘉庆朝爆发了大规模的农民起义，咸丰时爆发了洪秀全领导的太平天国运动。中国封建社会无数次农民起义，都是因为负担苛重而发生的，小型的农民起义使封建政权四分五裂，大型的农民起义使封建政权彻底毁灭。由此可见，农民负担决定封建王朝的兴衰存亡。

农民起义主要是由于农民负担的加重。农民负担加重，一是来自沉重的赋税。如秦代，通过田租、口赋、盐铁之利等渠道，农民负担比以前加重了20倍。又如东晋时，由于赋税沉重，民自残其身，或削发为僧，甚至“生儿不复举养，鳏寡不敢妻娶”。南朝孝武帝，实行“尽民命以自养”的政策，“桑长一尺，围以为价；田进一亩，度以为钱；屋不得瓦，皆责资实。民以此，树不敢种，土畏妄垦，栋焚榱露，不敢加泥。”② 二是来自繁重的徭役。如秦始皇统治时期，力役征发比

① 《汉书》卷51，《贾山传》。

② 《宋书》卷6，《孝武帝纪》。

以前加重了 30 倍。北筑长城，南戍五岭，兴骊山、阿房之役，合计 240 万人左右，占总人口的 15% 左右，实非民力所能胜任。从役之人饥寒病死，尸如山积。三是来自苛捐杂税。在中国封建社会，苛捐杂税皆层出不穷。如东晋时，正项之外的杂派无穷无尽，商人怨声载道，农民叫苦连天。北魏高宗时，常赋之外杂调十五，颇为繁重，“百姓愁怨，不复聊生”。北宋末年和南宋，开征经制钱、总制钱、月桩钱、板帐钱、免役钱、助役钱、和买绢与折帛钱、丁身钱等，多不胜数。元代除众多的正赋之外，还有 32 种额外课。与正税相比，这些苛捐杂税更是加重农民负担的主要原因。因为提高正税虽然也是加重农民负担的一个途径，但毕竟是有规定的，而苛捐杂税却是个无底洞，由统治者随时设立，任意搜刮，农民难以承受。封建政权是建立在小农经济基础之上的，农民负担的加重必然引起农民起义，农民起义之时就是封建王朝的衰落之日。所以，要稳固政权必须解决好农民负担问题。

（二）政治是否清明和社会是否安定影响封建社会农民负担的变化

中国封建社会数千年中，农民负担一直呈现着起伏变化的态势，政治是否清明和社会是否安定是影响农民负担水平变化的主要因素。

一是政治清明与否。按照马克思的经济学理论，一个社会或者一个朝代，政治对经济产生着重要的影响。政治清明时农民负担就较轻，反之，农民负担就会加重。如西汉从高祖到文景时期六十余年，统治者为了医治战争创伤，恢复经济，坚持以人为本，厉行节俭，轻徭薄赋，励精图治。从汉高祖刘邦开始，就“约法省禁，轻田租”[①]。文帝时一改秦“急政（征）暴敛，赋敛不时”的苛政，力求“薄赋敛”，务农桑，广蓄积，备水旱[②]。所以，西汉初期，赋税越来越轻。东汉初年，光武帝为了安定天下，继续实行与民休养生息的政策，至明帝时，依然是“天下安平，人无徭役”。隋代文帝在位期间，大力推行

① 《汉书》卷 24，《食货志上》。

② 《汉书》卷 24，《食货志上》。

轻徭薄赋政策，“务从轻典”，“薄赋于人”[①]。唐太宗李世民也是轻徭薄赋的推行者，即位之初就确立“去奢省费，轻徭薄赋，选用廉吏，使民衣食有余”的施政方针[②]。唐代的轻徭薄赋政策，一直维持到唐玄宗执政时期，开元年间“赋役务从减少，差科之间，务使公允”[③]。明太祖立国后，把与民休息作为其治国的政治纲领，强调对民众“要在安养生息之”[④]。清代前期，随着统一大业的完成，开始转向与民休息的政策。康熙颁布“滋生人丁永不加赋”的诏令，使民众得以安家乐业，雍正继续推行这一政策。由于这些时期政治清明，所以赋税就轻，农民负担就较轻。与此相反，政治黑暗，统治者残暴，农民负担就会加重。如秦始皇统治的秦朝、南北朝时期、隋炀帝当政时期，都是这样的，农民负担沉重与政治清明时期的农民负担形成了鲜明的对比。

二是政权稳定与否。政权稳定与否和农民负担的关系包括两个方面：一方面在政权稳定时期，统治者能够关注到政权的长治久安，制度与政策的制定会考虑到长远的效益，而不是只顾短期和眼前。统治者在维护自身利益的同时，还会考虑到被剥削阶层的利益，使其不仅能够维持生存，而且可以继续生产和扩大再生产，为统治阶层提供更多的财富。这样一来，农民负担就会变轻。另一方面，在政权不稳定的时期，统治阶层为了眼前的利益和暂时的成败，常常不顾民众的死活，无限制地加重赋税徭役，甚至采取急征暴敛，竭泽而渔，杀鸡取卵的手段，使农民负担出现上升。如两汉“文景之治”时期、隋“开皇之治”时期、唐“贞观之治”时期、清“康乾盛世”时期，由于政权稳固，社会安定，农民负担就相对减轻，虽然这些时期农民负担的轻重不一，但比起政权不稳定的时期还是比较轻的。与此相反，政权处在风雨飘摇之中，统治者为了使政权得到暂时的稳定，对农民盘剥就重。如东晋十六国时期、南北朝时期、五代十国时期、南宋时期，

---

① 《隋书》卷24，《食货志》。

② 《资治通鉴》卷192，武德九年条。

③ 《唐大诏令集》卷103，《处分朝集使八道》。

④ 《明太祖实录》卷130。

由于政权不稳固，农民负担都很重。

三是战争频繁与否。战争需要耗费巨额的财力、物力和人力。封建社会战争的供给者主要是民众，农民是其中的主要承担者，战争频繁必然带来农民负担加重，反之，农民负担就会减轻。汉武帝时期，对匈奴和南越发动了大规模的战争，费用以亿计，国库为之一空。为了解决财政危机，采取了盐铁专卖、均输、平准等措施筹集资金，同时也新增人头税、缗钱税、车船税、马口钱、关税等，算赋从汉文帝时的40钱增加到120钱。隋朝后期，隋炀帝穷兵黩武，发丁筑长城，少者“数十万人”，多者“百余万”；击琉球，亲征吐谷浑，三伐高丽，大幅度增加了农民的徭役负担。两宋时期，由于与辽、夏、金、蒙古战争不断，统治者为了筹集军费，增加了经制钱、总制钱、板帐钱。明代末年，为了战事的需要，增加了辽饷、剿饷和练饷。在这些时期，农民负担往往超过和平时期好多倍。

农民负担变化的原因是多方面的。除以上主要因素外，还有经济发展的程度、财政供养人口的多少、土地制度的变化等其他因素，但政治清明和社会安定是最主要的原因。

（三）封建社会农民负担呈现逐步加重的发展趋势

在几千年的中国封建社会中，农民负担呈现升降变化的曲线态势，有的朝代轻，有的朝代重；有的时期轻，有的时期重。但总的来看，农民负担是不断上升的趋势。中国封建社会各朝代征收的赋税科目多少不一，征收的对象不一，度量衡的标准不一，造成农民负担的来源也不尽相同，很难用准确的数据来反映，只能根据主要的税赋、田赋附加、苛捐杂税等方面总体加以判断。

一是田赋的加重。从征收比例上来看，西汉大部分时间的税率为“三十税一”，部分时间为“什五税一”。西汉灭亡以后至清朝各个时期的田赋比例都比西汉高。隋、唐低于“什一之税”，但高于西汉。南北朝时期、宋辽金元时期远远高于“什一之税”。如北宋神宗所说，“古者什一而税，今取财百端”。从征收的绝对量来看，西汉在“什五税一”制度下，赋役平均每亩负担35.8钱，平均每人负担716钱。在“三十税一”下，赋役平均每亩负担16.5钱，平均每人负担386钱。

从两汉之后，历代田赋开始不同程度地加重。三国曹魏时期，田租每亩四升。西晋时田赋的征收额每亩8升。东晋时规定“口征米三斛”，后增加到每口税米五石（每石为十斗）。南朝梁、陈时规定亩税“租米五石、禄米二石”，合计七石米。北魏实行均田制后，一夫一妇授田60亩，粟2石。隋代“丁男授露田80亩，租粟三石”。唐代一丁交纳租粟2石。南宋时，林幼上书言，“二税之数，视唐增至七倍”，秘书监杨万里上书言，“民之负担，几倍于汉唐之朝”。元代世祖时，每丁增至粟三石，地税每亩增至粟三升。明代官田亩税五升三合，民田三升三合，重租田八升五合。这是明代前期全国的平均水平，但江南苏、杭、嘉、湖等地区却畸重，亩税有二三石者。清初沿用明制，“摊丁入亩”后，田赋有所增加。总的来看，中国封建社会，西汉时期农民负担是最轻的，东汉、唐朝、明王朝和清王朝次之，比不上西汉，因而是逐渐增加的趋势。

二是田赋加派。如明代的田赋，在正额之外多有加派，最重的有辽饷、剿饷、练饷。辽饷是用于军费的，嘉靖时增银150万两，万历每年加派三次，一次派银200多万两，一次加派200万两，一次加派520万两。崇祯时加派165万两，合计达680万两，以后增至900万两。剿饷是用于镇压农民起义的，先后增赋330万两。练饷用于地方练兵的，共增730万两。以上“三饷”合计2000万两，致使“农怨于野，商叹于途”。

三是苛捐杂税新旧并存。在中国封建社会，大凡农民负担重的时期苛捐杂税必多。如唐代安史之乱以后，新旧赋税并存，“科敛之名凡数百，废者不削，重者不去，新旧仍积，不知其涯”。百姓受命而供之，沥膏血，鬻亲爱，致使“天下残瘁，荡为浮人，乡居地著者百不四五”①。两宋时期更加严重，北宋是在统一五代时期分裂割据的基础上建立起来的新王朝，五代时期苛捐杂税多如牛毛，著名的有丁口钱、牛租、买宴钱、犒赏钱、拔丁钱、渠伊钱、捋须钱，有名称的杂税是桑栽税、牛皮税、过桥税、油税、小绿豆税、农器税、地税、入

① 《旧唐书》卷118，《杨炎传》。

城税、军税、公用民钱、两税外米、地皮税、场税、资产税、猪税等，至于无名的杂税就更多了。北宋建立后，全盘继承了五代的苛捐杂税，所以朱熹指出：“古者刻剥之法，本朝具备。”但同时又开征新的杂税，如契税、互市息税、经总制钱、月桩钱、板帐钱、市例钱、力胜钱、折帛钱、免行钱、河度钱、和买、和籴等，这些新旧苛捐杂税有些是直接取之于农民的，有些是间接取之于农民的，必然加重了农民负担。南宋偏安一隅，疆域虽然缩小，但财政支出却不减北宋，因而不仅继承了北宋已有的苛捐杂税，而且新的苛捐杂税又名目百出，农民负担可想而知。

四是度量衡的变化，封建社会后期的度量衡比前期不断加大。如北魏相州刺史奚康生征民岁调，每匹皆七八十尺，各地征收租调，大都用长尺、大斗、重称，民不胜其苦。据王国维考证，古代“尺度之制，由短而长，殆为定例。其增率之速，莫剧于西晋后魏之间。三百年间，几增十分之三。求其原因，实由魏晋以后，以绢、布为调。官吏惧其短耗，又欲多取于民，故代有增益”。

五是由费变税的结果，即将各种苛捐杂税变成正税。由于税和度量衡是法律定的，统治者虽然也在赋税上做文章，但扩大的空间总是有限，而各种苛捐杂税却是无限的，前朝的苛捐杂税可以变成新建朝代的正税，一个朝代的苛捐杂税也可以变成正税，旧的苛捐杂税变成正税后，新的苛捐杂税又应运而生，农民负担也会越来越重。北宋开国时将五代时期的苛捐杂税全盘接收，统一为杂变之赋。这种现象明代也有，黄宗羲在其《明夷待访录·田制三》中讲到，明代把唐、宋以来的赋税以及苛杂都合并到“一条鞭”中，这样也会增加农民的负担，形成“积累莫返之害”。

六是封建社会后期还有借征、预征等名目，也是造成农民负担不断加重的原因。南宋绍兴六年，朝廷预借江浙来年夏税绢的一半，以后逐渐成为惯例。南宋监察御史陈求鲁上奏说，各地预借两税，有的是一年，有的是两年，有的甚至达到五六年，“以百亩之家计之，罄其永业，岂足支数年之借乎”。清咸丰三年十月诏：“所有山西、陕西、四川三省咸丰四年钱粮即行借征一年，……其咸丰五年钱粮，即于明年秋季接征，按年递推。”

第二节　中国近代农民负担回顾与分析

从1840年鸦片战争开始，随着西方列强的入侵，中国近代由封建社会走向半殖民地半封建社会。这一时期，中国人民在政治和经济上深受封建主义、帝国主义和官僚资本主义三座大山的压迫和剥削，而且长期的军阀割据、频繁的政权更迭、数不清的兼并战争，更增加了广大农民的痛苦。在各种势力的宰割下，中国近代农民负担是极其沉重的，唯有中国共产党领导的革命根据地是另一番天地。

一、中国近代农民负担的发展变化

中国近代按时间包括三个时期，即清朝末年、北洋军阀时期和国民党政府统治时期，到新中国成立为止，前后百余年时间。期间中国农民的负担来自多个途径，与封建社会的相对单一性比较变得更加复杂和沉重。在革命根据地之外，农民负担的发展轨迹是直线上升的。但革命根据地的农民负担比起国民党政府统治的区域要轻得多，这是新中国减轻农民负担的先河，与国民党统治区形成了鲜明的对比。

（一）晚清、北洋时期农民负担的变化

1840年以后，帝国主义通过一系列不平等条约，攫取了大批在华政治、经济特权，中国主权几乎丧失殆尽，清政府沦为帝国主义统治和压迫中国人民的工具。农民负担比清朝前期大为加重。从田赋来看，严中平先生在其主编的《中国近代经济史》中测算，“道光朝的后十年（1841—1850年）和前二十年（1821—1840年）相比，田赋征收总量增加了2倍，与嘉庆年间（1796—1820年）相比，增加了3倍”。1851—1870年间，清政府明令增加田赋附加，江西南昌县，田赋标准未加派前每亩1两，加派后每亩1.8两，增加80%。河南每亩增加159%，特别是新乡县每亩增加300%，江苏上海县每亩增加438%，

四川各小县每亩增加 400%—500%，大县增加 900%[①]。由于赋税不断加重，农民的生活日益穷困。道光三十年（1850 年），大学士卓秉恬上奏："民间终岁勤动，仅足供上下忙之费（夏秋两次交税）而无余。是以蚕值屡丰，不免冻馁，遇水潦，相继流亡。国课之所以岁逋，民生之所以日蹙，胥由此也。"[②]据统计，光绪年间，安徽贵池县有粮户四万五千余家，其中"穷窘不能自存者，不下三万家"[③]。所以，清末的广大农民常年过着风雨飘摇的日子，即使丰收年景，靠农田收入也维持不了全家生活，若遇天灾人祸，难免倾家荡产。

1911 年，辛亥革命推翻了清王朝封建政权，但胜利果实却被袁世凯窃取，中国进入北洋军阀统治时期。在帝国主义支持下，各派新旧军阀长期割据并进行频繁战争，巨额的军费和战费及粮食等物资供养，都来自广大农民，农民的田赋负担比晚清有增无减。无锡田赋正额，从 1923 年至 1928 年，每亩从 0.626 元提高到 0.962 元。田赋正税的公开税率（不包括丁漕附税），直隶昌黎县 1928 年比 1912 年增长了 53.3%，山东莱州增长了 47.2%。陈瀚笙在其《中国农民负担的赋税》中对北洋时期与晚清作了一个比较：光绪二十八年（1902 年），河南田赋每亩 0.32 元，到 1925 年每亩达到 3.00 元；奉天每亩 5 分现洋增加到 3.7 元现洋。"如此则四十年内田赋约增十倍余，奉天且增至七十四倍。"[④] 北洋政府有关部门对 19 省 115 个县调查显示，1912—1927 年农民每公顷土地向县政府所纳税额的增长指数，以 1926 年为 100，1927 年冬麦小米区增长指数为 99，冬麦高粱区为 112，扬子水稻小麦区为 109，水稻茶区为 126，四川水稻区为 123[⑤]。同时，田赋附加名目繁多，而且田赋附加税负担往往超过正税。如直隶定县 1926 年正税税率指数为 163.42，附加税税率指数却为 459.29[⑥]。另外，还实行田赋预征，有的一次预征三四年的田赋，农民如遭盗窃。佃农的负

---

① 《中国农民负担史》第二卷，中国财政经济出版社 1994 年版，第 57 页表 2－7。
② 户部档案抄件，中国社会科学院经济研究所藏。
③ 王源翰：《贵池清赋刍言》卷下，第 6 页。
④ 从光绪十四年（1888 年）至 1925 年，为 37 年，还不到 40 年。
⑤ 卜凯：《中国土地利用》，成都成城出版社 1941 年版，第 453—454 页。
⑥ 冯华德等：《河北省定县之田赋》，《政治经济学报》第 4 卷第 3 期。

担还要重于一般农民。所以，北洋军阀统治时期农民的负担比晚清还重。

（二）国民党政府时期农民负担的变化

1927 年，南京国民政府成立。在国民党统治中国的 22 年期间（1927—1949 年），战争不止，经济萧条，土地兼并，军费倍涨，农民负担与北洋军阀时期相比有过之而无不及。

首先，农民的田赋持续加重。从税的绝对数额增长来看，如广东番禺，1928 年以前，每亩所纳税捐平均为 0.5 元，1934 年增加到 1.5 元，“五年间税率涨高了三倍”。广州东郊从 1926 年到 1933 年七年间，每亩所纳的税由 3 毫半增加到 1 元 4 毫，增长了 4 倍[①]。而且，田赋附加税额超过正赋。1934 年，田赋附加与正税的比率，正税为 100，附加税的比率江苏省最低是 119.7，最高为 2603.5；浙江省最低为 134.2，最高为 384.9；湖北最低为 9.2，最高为 8600.0[②]。附加税超过正税的比率惊人。从正附税的增长数额看，每亩田赋正附税总额的指数，有的地方从 1931 年的 100 增长到 1934 年的 110。再加上浮收、中饱等额外榨取，农民负担更是雪上加霜。如无锡东南乡某户农民有地 7.3 亩，每亩正税 1.082 元、附加 1.732 元，正附税合计 2.814 元，浮收额为 5.826 元，相当于正附税的 207%[③]。再从田赋占收获量比例来看，富庶地方的农民仅能维持生存而已，如江苏江南，一亩纳税 1.4 元，正税外复有漕折特征，每石征 2 元，过时后又加滞纳金，每亩合计负担 1.78 元左右。良田大约一亩所入，支付成本、利息及贩运耗损等项约占 45%，而偿付赋税竟占 50%，“所余者不过收入百分之五而已”[④]。富庶县份农民负担竟如此之重，贫瘠地区可想而知。如山西水地每亩全年负担现洋 8 元，旱地 4 元，山坡地约 2 元至 3 元，其他临时摊派的苛捐犹不在内。若谷物跌价，“倾人民之全部收入，不足供官府之剥削”[⑤]。总之，各地田赋正附税之重大大超过农民的负担

① 陈瀚笙：《广东农村生产关系与生产力》，1934 年，第 43—45 页。

② 孙晓林：《苛捐杂税报告》，《农村复兴委员会会报》12 号，1934 年，第 6 页。

③ 俞庆棠：《农村生活议谈》，1937 年，第 190—191 页。

④ 马乘风：《最近中国农村经济诸实相之暴露》，《中国经济》1933 年 4 月，第 1 卷 1 期。

⑤ 《述山西省之农工业》，《商业日报》1937 年 1 月，第 17 卷 1 号。

能力。

其次，田赋实行“三征”。抗日战争时期，国民党政府就陆续对田赋实行“三征”（征实、征购、征借）。1946年至1949年，国民党政府为了进行内战，加重了农民的赋税、兵役负担。特别是在国民党政府垮台之前，田赋“三征”数额不断扩大，民众不堪重负。1945年田赋征实为5900余万担，1946年增加到11756万担。从地方来看，甘肃战前每年实征12万担，1946年增加到200万担①。湖北1946年田赋征实302.9万石，征借139.8万石，带征公粮93.2万石，带征积谷34.9万石，共计580余万石②。青海“三征”，从1945年的89591市担增加到1948年的143130市担③，增长60%。因此，农民的赋税负担程度比1927年至1936年间明显加重。江西中农六口之家，全年收入6200市斤，捐费合计27石左右，加上田赋正税负担，农民负担捐税总额为3708市斤，该户负担占其正产总收入的59.8%强。这一时期总的来看，农民的各种负担已达到其收获量的60%—80%。沉重的赋役负担使本来就已贫穷不堪的农民迅速破产，农民背井离乡、四处逃亡在这一时期最为严重。

再次，巧立名目，苛捐杂税层出不穷。北洋军阀时期，1926年《广东省第二次农民代表大会重要决议案》中反映出来的捐多达几十种④。如广东汕头市郊有猪只捐、女子出阁捐、牛只捐、鹅母捐、番薯捐、青菜捐等，中山市甚至还有蒜头捐、蒜串捐，“诸如此类，多不胜举”。国民党政府时期，河北有27种，河南有30种，山西有16种⑤，江苏有330多种⑥。1934年国民党政府第二次全国财政会议，决定废除的苛杂数目有1000种，税额达1000万元。其中，浙江省废除苛杂多至457种，江苏省废除苛杂130多种⑦。如此众多的苛捐杂税虽

① 中国人民大学：《中国近代经济史》下册，第191页。
② 《文汇报》1946年10月24日。
③ 《财政年鉴》第2编。
④ 章有义：《中国近代农业史资料》第2辑，三联书店1957年版，第585页。
⑤ 穆岩：《华北农村经济问题》，《政治月刊》1934年7月，第1卷4期。
⑥ 《旧中国的农村经济》，农业出版社1980年版，第80页。
⑦ 《旧中国的农村经济》，农业出版社1980年版，第80页。

然并不是完全针对农民的，但加给农民的负担是不可低估的。

最后，佃农的地租负担进一步加重。1927 年至 1936 年之前，全国平均地租率的情况是旱田为 44.6%，水田为 46.2%[①]，但实际上地租剥削率大多数超过产量的 50%[②]。国民党政府统治的后期（1945—1949 年），地租剥削进一步加重。实物地租剥削率一般在正产物的 50% 以上，多者如江苏高淳、江西遂川、甘肃皋兰达到 60% 左右，江苏无锡、湖北竹溪达到 76% 左右，福建沙县达到 96%[③]。最甚者福建省福安租额竟占常年产量的 148%，一般占常年产量的 102%[④]。在这样高的租额剥削下，佃农“一年辛苦，结果毫无所获，甚至每亩亏蚀数元者，比比皆是”。国统区的农民求无生路，从 1946 年开始反抗斗争日益激烈。

国民党统治时期的通货膨胀不断高涨，给农民生活造成了沉重负担。1940 年至 1945 年，物价上涨指数超过法币增发指数。法币发行额从 1940 年的 78.7 亿元增加到 1945 年的 10319.0 亿元，增发指数从 1940 年的 5.58 增加到 1945 年的 731.62[⑤]，物价上涨间接地加重了农民的负担。

另外，国民党政府统治时期，伪“满洲国”和汪伪政权统治下的农民负担更为沉重。

1932 年，日本侵略者以清废帝溥仪为傀儡成立伪“满洲国”作为统治东北的工具，给东北农民造成极大的痛苦和沉重的负担。田赋由 1937 年的 2.45 亿元增加到 7.57 亿元，六年增加两倍；苛捐杂税和对雇农佃农的地租大幅度增加；通过农产品和劳役的“统制”政策，对广大农民进行疯狂的掠夺和奴役。

1940 年，在日本的操纵下汪伪政权成立，其统治的华中、华北和华南地区，农村经济萧条，农民负担沉重，生活困苦，流离失所。1941 年至 1942 年，田赋税率比抗战前提高一倍，田赋附加往往超过

① 参阅《东方杂志》第 32 卷 1 号（农），1935 年，第 82 页。
② 严中平：《中国近代经济史统计资料选辑》，第 303 页。
③ 严中平：《中国近代经济史统计资料选辑》，第 306 页。
④ 《福建日报》1950 年 12 月 13 日。
⑤ 中国财政史编写组：《中国财政史》，中国财政经济出版社 1991 年版，第 586 页。

田赋正税的好多倍，特别是江苏省1928年以后，田赋附加超过正税十余倍至二十倍；苛捐杂税名目繁多，数额巨大，有的近于敲诈勒索；征工征物，按户摊派，诛求不已，广大农民生活在水深火热之中。

（三）革命根据地农民负担的变化

1927年，国共合作分裂，共产党开始进行武装斗争，建立革命根据地。与北洋军阀时期和国民党政府统治区的情况完全相反，革命根据地的农民负担显著减轻。

土地革命战争时期，苏维埃政府的财税政策是建立在阶级与革命的原则之上的，主要的税收负担放在富农身上，对地主和汉奸则采取没收或征发的政策。另外，苏区政府财政收入的一个重要来源是取之于敌。所以，1927年至1929年土地革命尚未深入前，根据地的农民不纳税，三年中没有负担。从1930年开始，由于农民在分到的土地上经过几年经营，经济情况有了好转，具备了征税条件；同时根据地的扩大和红军人数的增加，特别是反对国民党“围剿”战争的需要，苏区才较普遍地开始向农民征收土地税。但征收的数目很少，也没有税收任务，农民负担仍然很轻。到1931年，中央根据地颁布了《中华苏维埃共和国暂行税则》，规定农民的负担只有农业税一种，税率采取全额累进税率。农产品平均每家每人收获量3担者，贫农和中农免征，富农收获量1担免征，2担征1%，3担征2%。收获量4担者贫农、中农征1%，至15担征16.5%，富农至15担征18.5%[①]。中央根据地农民负担占分田产量的比例一般在8%和9%之间。1933年公布了《农业税暂行税则》，规定贫农中农税率基本没变，15担以上者征18.2%，富农税率有所提高，15担以上税率为27.8%。在1934年第五次反“围剿”中，农民平均负担占农业产量的15.7%，具体到各阶级，贫农和部分中农要低于这个税率，富农实际负担比例一般在30%以上。川陕根据地1933年公粮条例规定，农民成年人负担比例最低为5.0%—9.0%，富农负担比例为8.3%—12.5%。闽浙赣根据地，1932年农民负担占实际产量的比例为5.9%，1933年实际负担比例超不过

① 《中国农民负担史》第三卷，中国财政经济出版社1994年版，第77页。

10%。这一时期，虽然中央苏维埃政府颁布了统一的税收政策，但各根据地按照实际情况因地制宜来执行，税率虽略有不同，但农民负担总体看是比较轻的。

抗日战争时期，为了民族的利益，国共两党第二次合作，建立了共同抗日的民族统一战线。中共中央对土地政策进行了调整，停止没收地主的土地，对富农实行奖励生产的政策。虽然根据地的土地政策、经济政策和税收政策有所调整，但减轻农民负担，与民休息的方针政策没有变。抗日根据地初期，农民负担从总体来看，是不断下降的趋势。这是因为根据地普遍开展了减租减息运动，农民受地主的剥削大为减轻。如晋察冀边区一般减少三分之一以上，晋东、晋中、冀西等地，减租后最高的租率为37.5%，最低为30%，平均只有33.3%，比抗战前减少了27%。华中根据地津浦路东地区，原来是主七佃三分租，减租后变为佃七主三分租[①]。由于减租减息，佃农的负担明显减轻。另外，抗日根据地初期，废除了以前的苛捐杂税，新税制来不及建立，财政收入主要靠没收、罚款、捐募和向国民党政府索取军饷来筹集，这些收入占根据地财政收入的80%左右，农民交税很少，负担很轻。1939年开始建立新税制，各根据地的公粮征收总额大体不超过农业总产量的10%。1940年，由于根据地人员迅速增加，中央提出农民负担最多不得超过其收入的30%（负担最高的是地主和富农）。从1941年开始，国共两党摩擦加剧，由于国民党政府断绝了根据地的军饷，同时实行大规模的经济封锁，抗日根据地财政极度困难，农民负担又有提高。如陕甘宁边区，农民每人正式负担的财粮占其总收入的15.31%，非正式财粮负担占其总收入的23.14%，合计为38.45%。为了使农民能承受得了，中央提出公粮征收总额控制在农业总收入的20%以内，即使地主负担最高也不能超过其所得收入的35%。晋绥边区规定公粮比例以户为单位，最高不得超过30%，总征收量不超过总产量的20%。根据地大生产运动促进了经济发展，增加了财政收入，从1944年开始农民的负担开始下降。晋察冀边区，1941年统一累进

① 《解放日报导报》1943年7月6日。

税占总收入的比例为15%，1945年降为9%。晋绥边区1941年公粮负担占总收入的比例为24.6%，1942年为17.4%，1943年为19.6%，1944年为19.4%。总之，这一时期农民负担比土地革命时期明显提高。

在解放战争时期，农民负担主要受战争形势的影响，有一个起伏变化。1946年，农民负担总的来说比抗日战争中期有所减轻，大部分解放区农民平均每人负担公粮为2市斗至4市斗，占每人农业收入的比例在9%—16%之间，但东北和热河两个地方达到20%。华北财经会议估计，当时农民的负担能力最高达到15%—20%，农民负担并不算重。1947年至1948年，解放战争大规模展开，为了解放战争的需要，不得不普遍增加农民负担。这两年，公粮田赋征收额占农民收入的比例，一般在15%和25%之间。在战争激烈的地区比例还要高，如1947年山东解放区粮赋负担比例为20%，陕甘宁边区为27.33%，东北解放区平均为23.98%，均超过华北财经会议提出的负担控制标准。另外，村款负担比公粮负担还要重。如晋冀鲁豫、晋察冀、山东等地，村财政负担在中心区或老解放区约占公粮的50%，在边沿区或新解放区约占公粮的1倍以上，甚至2倍至3倍。1949年，解放战争获得基本胜利，老解放区农民负担得到适当减轻，农民的粮赋负担比例大体在16%和18%之间，比1947年明显下降。

总的来看，土地革命战争时期和抗日战争前期，根据地农民的负担是比较轻的。抗日战争中期至解放战争时期，根据地农民的负担与以前相比有所增加。革命根据地的农民负担在各个时期轻重不一，但整体上是轻的，比北洋军阀和国民党政府统治下的农民负担要轻得多。

二、中国近代农民负担变化的特点

从中国近代农民负担的发展变化，可以看出具有以下几个明显的特点：

第一，从晚清经北洋军阀时期到国民党政府统治时期，农民负担呈直线上升的态势。就农民负担的国家田赋来看，道光后期比前期田赋总量增加2倍，比嘉庆年间增加3倍。同治后期，农民交纳的田赋占总产量的50%左右[①]。北洋军阀时期，田赋正税税率大幅度增长，最高的地方税率增长到53%左右。田赋正额有的地方增至十余倍，最高的地方增至74倍。国民党政府前期，农民田赋负担占其总收获量的40%—50%，如果加上摊入田亩上的杂派和兵差，每亩负担竟占收获量的60%。1945年至1949年，国民党政府实行"三征"，田赋负担更重于前，田赋正税负担占农民总收获的60%左右，加上各种捐税，竟占到总收入的70%—80%。总之，在中国近代（不包括革命根据地），农民负担是不断加重、直线上升的。这与中国封建社会农民负担呈曲线变化的态势大不相同，说明在中国近代，农民根本没有休养生息的机会，承受着高强度的经济剥削。

第二，国民党政府统治区域与革命根据地的农民负担呈现出鲜明的对比。革命根据地的农民负担远远低于国民党政府统治区域，田赋只占农民收获总量的7%—12%，个别特殊时期也只有20%—30%，地主和富农最高税率也不超过35%。革命根据地田赋的最高税负也不到国民党政府统治区域负担的一半，即使将农民负担的战勤计算在内，革命根据地的农民负担也比国统区大为减轻。这主要是由于政权的性质不同，革命根据地政权代表的是无产阶级和广大劳动人民的利益，这样的政权会最大限度地减轻农民的负担，即使在不得不加重农民负担的情况下，也会尽力保护农民的利益，考虑到农民的承受力，不使农民受到伤害。只有革命根据地才能做到这一点，国民党政府绝不会这样做，因而出现了两种截然不同的现象。

第三，革命根据地农民负担呈曲线变化状态。土地革命时期，从1931年起，不仅废除了国民党政府的苛捐杂税，而且田赋负担也大为减轻，一般只占到总收入的8%—9%。五次反"围剿"中，农民负担比以前有所提高，田赋负担占其收获量一般为10%—15%。抗日战争初期，农民负担的公粮大体上不超过总产量的10%。在1940年至1942年财政最困难时期，农民负担开始提高，但最多不超过其收入的

---

① 强汝询：《求益斋文集》卷4《农家类序》载：同治后期，八口之家，耕10亩上好土地，若丰收年景，每亩收麦1石，稻3石，共收40石。麦每石卖1200文，稻每石卖800文，共得10400文。赋税每亩500文，交纳5000文，占总收入的48%。

20%—30%。抗日战争后期，农民负担开始下降，田赋占总收入的比例在10%和20%之间，贫农一般为7%，中农一般为15%，富农也不超过25%。解放战争初期，大部分解放区农民人均负担占农业收入的9%—16%。1947年至1948年，由于解放战争的全面开展，公粮征收额占农民总收入的15%—25%。革命根据地农民负担，虽然也呈波浪式曲线变化，但是除1941年和1948年特殊情况下有短暂提高外，其余时期都是比较轻的。

第四，近代农民负担的形成原因呈现多元化。中国近代与古代相比，农民负担有一个明显的变化，即中国封建社会的农民负担相对单一，农民除受地主官僚、高利贷的剥削外，主要是受封建政府的剥削。近代社会沦为半殖民地半封建性质后，农民负担除来自封建政府、地主官僚和高利贷的剥削外，还来自其他方面。一是帝国主义的经济侵害；二是西方商业资本的掠夺；三是地方军阀的勒索；四是民族资本的剥削；五是官僚资本的盘剥；六是各种各样的间接负担，如财政性通货膨胀，币制紊乱与不同货币比价的波动等，都会给农民造成诸多间接的负担。这些方面的负担在封建社会是少有的，或者说是不重要的，而在中国近代却是重要的、普遍的。虽然农民来自这些方面的负担难以量化，但却对农民负担的加重起着不可低估的作用。

第五，农民负担地方化。从北洋政府到国民党政府时期，不同时期的政权、不同的割据势力，在其统治区域自定制度，自行征收，造成各地农民负担自成体系、差别甚大。在中国封建社会，虽然也有这种情况存在，如明代江南田赋重于其他地方，这是由于江南官田多，而且是国家制定的，也不是普遍的现象。而近代各地赋税不统一的现象非常普遍，农民负担已经形成了地方化的显著特点。导致这种倾向的原因，一是地方割据势力的发展，二是财政管理体制的变化，三是地方吏治的腐败。

中国近代农民负担变化和特点的形成，主要是社会性质的变化所决定的，社会性质的不同，致使农民负担不同，从而形成不同的特点。

三、中国近代农民负担变化的原因

中国近代社会，大体说来，在晚清政府、北洋政府和国民党政府统治地域农民负担加重，在革命抗日根据地农民负担则轻，其原因是不同的。

（一）近代农民负担加重的原因

1. 统治阶级竭泽而渔的重税政策

从晚清政府到北洋军阀及国民党政府，虽然政权几经更替，但是压迫和剥削人民的性质却没发生根本性的变化。统治阶级为了筹集庞大军费，填补巨额赤字，养活臃肿的官僚机构，无不对农民实行竭泽而渔的重税政策。

重税政策首先体现在田赋正税上。北洋政府成立后，中央将清代丁漕正额之外的平余、火耗等名目一律并入正税，各省又自定办法，别图弥补，旧费没有革除，新费增加尤甚，有的地方借整顿田赋之名数倍于原额征收，如广西各县遵照原有旧粮款数加倍或数倍征收。

这一时期的重税政策还体现在田赋附加上，如山东莱阳县，1927年田赋每征一两所征收的附加税名目就多达12项，附加税每亩合计5.569元。国民党政府统治时期，田赋附加种类更加繁多，据有关统计，1934年30个省的田赋附加种类就多达673种，其中江苏省多达147种。

另外，重税政策还体现在田赋预征上。晚清就有田赋预征，北洋政府时期预征更为普遍，有的地方从1920年预征12年的田赋，有的省甚至预征31年的田赋，形成农民负担透支。

除此，重税政策还体现在国民党政府实行的征实、征购和征借政策上。1941年7月，国民党政府接管田赋后，开始实行征实制度，在当时粮价飞涨的情况下，政府由征货币改为征实，征购实行按户摊派，而且价格远远低于市场价格，农民利益损失极大。征购不付现金，一律发放粮食库券，由于难以兑现，农民的粮食变成有借无还。由此可见，重税政策是加重农民负担的一个重要原因。

2. 地方财权膨胀

中国近代，财政体制发生了很大变化：一是财权外移，即财权被帝国主义左右。二是财权下移，清末朝廷因财力短绌，要求各省自行筹饷。北洋政府时期，开始实行分税制财政体制，进一步加强了地方的财权和财力。国民党政府时期，虽然对分税制财政体制进行了整顿和改革，但地方政府在财权和财力上仍然保持相当的地位。

财政体制本身的改革和演变是进步的，但在政治分裂和战争割据的时代，却弱化了中央财政，强化了地方财政，从而使近代地方政府和地方军阀的势力强大起来。地方政府表面上属于中央领导，但实际上控制着所辖地域的政治、军事、经济和财政，可以根据自己的需要来增加赋税，改变税率和增加新税。各地的税率往往高于中央规定的标准，一些新的税目、名目繁多的附加税和各种苛捐杂税，都是首先在地方出现的，最后得到中央政府的认可。在军阀割据、战乱不止的情况下，地方财权的扩大在体制上为地方政府加重农民负担创造了条件。

晚清以来，传统的高度集权的税收管理制度逐步失效，中央政府无力对地方税收征缴实行有效监管，特别是在军阀割据地区，中央政令完全无法贯彻执行，使许多制度成为一纸空文，税收管理失控。中央政府由于财政长期吃紧，地方支出多由地方自行筹集，中央也不得不对地方实行一定程度的放权。由于税收管理失控，各级地方政府层层加派、加征，想方设法搜刮民脂民膏。

3．战争持续不断

频繁的战争极大加重了广大农民的徭役负担，从晚清到民国的一百年间是中国历史上战争最频繁，最动荡的时期，兵役、兵差给农民造成了巨大的负担。清末农民起义风起云涌，统治者为了镇压农民起义，大量征发农民充军。太平天国起义前，八旗绿营军总数不超过 90 万人，镇压太平天国起义后发展到 110 万人以上。从 1852 年开始，清政府又动员地方大办团练，各省的团丁每户出一人，年龄在 25—50 岁之间，全国 18 直省约 1500 个县，总计团丁达 2000 万人左右[①]。北洋军阀自袁世凯之后分化为直系、皖系、奉系和若干小派系，他们为争取中央政权相互厮杀，战争不息，不仅兵差大为增加，而且兵差所及的区域不断扩大。兵差征调的物品范围也不断扩大，数量不断增多，

① 严中平主编：《中国近代经济史》，人民出版社 1987 年版，第 621 页。

不仅有人夫，还有车辆、牲口、船只，甚至柴薪之物也要摊派到农民的头上。国民党政府时期，兵差物品无所不有，所征实物的种类遍及衣、食、住、行等各个方面。如河北通县1934年曾被摊派“大车二千多辆，共值洋六十万元，柴草共一百五十万斤，约值万元”。兵差摊派的钱款更加繁重，如山东1928年7月至1929年6月，兵差总额“平均竟占到地丁正税的百分之二七四以上”[①]。河南南阳一带，人民因兵差而卖地破产的不计其数。1931年据有关统计，黄河流域负担兵差的县份竟达87.12%，给广大农民的生计带来极大的危害。抗日战争时期，国民党政府的兵差更加沉重，湖北宜昌由于兵差负担太重，出现了“十室九空”的现象。在四川南川地区，1945年兵差达到了“借无可借，征无可征”[②] 的地步。可见，战争加重农民负担的程度比税赋更加严重。

4. 官吏腐败严重

各级官吏为满足个人私欲，横征暴敛，巧取豪夺，这种情况在封建社会就已存在，中国近代更加突出。晚清时期，山东浮收之数，比正税增至数倍。直隶浮增折价，每银一两竟加至制钱四千七八百文，增加了1倍。州县官吏为了升官发财，专以催征赋役为能事，一到催粮，“吏役四出，昼夜追比，鞭扑满堂，血肉狼藉”。国民党政府时期，对农民的勒索尤为严重。例如，在浮收中，一是利用税粮折算浮收现款，二是利用农民不识字多收或不找零，三是通过在派款数额前后增加数字的“穿靴”“戴帽”方法多收多取。“浮收往往超过正额，使原数成倍陡增”。征收中中饱私囊的现象比比皆是，一般采取瞒上欺下，上级允予减免则依然征派；税户逃亡则将逃户粮款“飞洒”到未逃户，所收尽入私囊。至于勒索，更令人瞠目。吏役一到民间，“便似虎似狼，向人民勒索，视若固然，往往政府征款一元，而人民须纳三元，勒索款项竟多至正项二倍。”[③] 西北各省，政府要老百姓负担一元钱，但老百姓要出二十元钱才能完事，其余十九元钱一层层被

---

① 王寅生等：《中国北部的兵差与农民》，南京中央研究院社会科学研究所1931年版。

② 《新华日报》1945年6月4日。

③ 孙晓村：《中国田赋征收》，载《中国农村》创刊号，1934年10月，第24页。

“中饱”到私囊。每个老百姓所负担的中饱费，总在正当负担3倍以上。由此可见，官吏的腐败同样也会加重农民的负担。

（二）革命根据地农民负担下降的原因

与晚清、北洋军阀和国民党政府时期相比，革命根据地农民负担要轻得多，主要原因有以下几个方面。

1. 革命根据地政权代表着农民的利益

革命根据地的政权是中国共产党领导的红色革命政权，是无产阶级性质的政权，代表着无产阶级和广大被压迫被剥削的劳动人民的根本利益。所以，革命根据地政权处处为农民着想，通过一切办法尽量减轻农民的负担，实行与民休息的政策。土地革命初期，长达三年农民不纳税。抗日战争初期，实施“休养民力”的政策，在财力、物力上尽量减轻农民负担，让农民休养生息。毛泽东在《抗日战争时期的经济问题和财政问题》中明确指出：“不顾人民困难，只顾政府和军队的需要，竭泽而渔，诛求无已，这是国民党的思想，我们决不能承袭。”又强调：“虽在困难时期，我们仍要注意赋税的限度，使负担虽重而民不伤。而一经有了办法，就要减轻人民负担，借以休养民力。”[①] 解放战争时期与民休息的政策仍未改变，如晋冀鲁豫边区于1946年把与民休养、巩固和平、发展经济、减轻人民负担作为边区的基本任务。这是中国近代史上其他政权都无法做到的。

2. 革命根据地建立了新的税制

在革命根据地的各个时期，相继建立起一系列保护农民利益的新的税收制度。土地革命战争时期，中央苏区废除旧税制的一切苛捐杂税，颁布了《中华苏维埃共和国暂行税则》《农业税暂行税则》等一系列的税收条例，极大减轻了农民负担。抗日战争时期，革命根据地又一次全面废除苛捐杂税，而且反对滥捐滥募的行为，甚至取消了原来的旧税。如晋察冀边区废除了军阀、官僚、地主强加在人民头上的三十余种苛捐杂税，还取消了原来的田赋、烟酒税、烟酒牌照税、印花税、营业税等。虽然有些税种在根据地税制建立后又重新恢复，但

① 《毛泽东选集》第三卷，人民出版社1991年版，第895页。

新建立的税制废除反动统治阶级的各种苛捐杂税和各种摊派，不再给农民造成沉重负担。解放战争时期，对于原有税制进行了调整、规范和统一。在推行土地改革的过程中，建立了新老解放区的农业税制度。农民不仅获得了土地，而且农业税负相对国民党政府统治时期大为减轻。

3. 农业税实行合理负担政策

革命根据地农民的负担主要是农业税，农业税是建立在阶级原则之上的。土地革命战争时期，农业税负担的重点在地主富农阶层，对广大贫苦农民实行轻税政策。1927 年到 1929 年基本上不向分到土地的农民征税，到 1930 年对农民才开始普遍征收土地税，但税率很轻。1934 年以后虽然税率有所提高，但贫农中农税依然很轻。抗日战争时期，农业税实行了合理负担政策。合理负担体现在三个方面：一是阶级阶层之间的合理负担，即“有力出力，有钱出钱”，按收入多少规定纳税额，收入多者多负担，收入少者少负担，穷苦者不负担。即使对富农的负担也进行了限制，不再像土地革命战争时期那样，把负担完全放在富有者身上，除赤贫外一切阶级的人民都要纳税，不得畸轻畸重。二是地区间的负担合理，不论是根据地巩固区，还是游击区、边缘区的农民负担大体平衡。三是农商之间的负担合理。合理负担不仅深入人心，而且使农民负担大为减轻，富农的税率虽然高一些，但从其收入来说也不为重。从 1941 年开始，抗日根据地实行了统一累进税，这种税制扩大了征税面，有科学的计算办法，不仅坚持了合理负担的精神，而且纳税额比以前还有所降低。所以，革命根据地合理负担的农业税政策，为减轻农民负担提供了保障。

4. 贯彻多渠道筹措财政收入的方针

革命根据地的财政方针，在收入来源上不是专取于人民，而是采取“取之于民，取之于自，取之于敌”的多渠道筹措收入的方针。从土地革命战争时期，苏区就制定了“取之于民”和“取之于敌”的方针，一方面向农民征收一部分税收，同时靠战争缴获一部分[①]。抗日战争时期，这一财政方针进一步得到发展完善，不仅取之于敌，取之

① 毛泽东在中华苏维埃共和国中央执行委员会与人民委员会对第二次全国苏维埃代表大会的报告，载《红色中华》第 3 期，1934 年 1 月 26 日。

于民，又增加了取之于己、取之于友。取之于己，就是政府组织的公营经济收入和部队、机关、学校的生产自给收入；取之于友，包括各界爱国人士、国际友人和海外华侨的捐款。中共中央爱惜民力，要求各地在筹粮筹款时，尽量减少取之于民的部分，增加其他三部分收入。在取之于己方面，抗日根据地的大生产运动发挥了重要作用。1941 年至 1945 年，陕甘宁边区大生产运动取得了显著效果，1942 年粮食全部靠政府供应，1943 年自给部分达 20.35%，1944 年达到 34.96%。1944 年中直系统自给部分占 65.6%，军队自给部分达到 71.8%。取之于己、取之于友、取之于敌的财政方针，使农民负担大为减轻。

5. 实行精兵简政的政策

为了减轻根据地农民的负担，根据地政府对军政等脱离生产的人员采取控制的政策。抗日战争时期，由于财政紧张，实行了大规模的精兵简政运动。陕甘宁边区，1941 年第一次精兵简政，各级政府人员减少了 24%；1942 年第二次精兵简政，紧缩边区级的机关人员，抽调充实基层干部的约 200 人。晋冀鲁豫边区，进行了三次大精简，共裁减 151 个单位，20047 人，比整编前减少单位 35.9%，减少人员 25%；师直单位由 29 个减少到 12 个，人员由 2627 人减少到 1163 人，分别减少 58.6% 和 55.7%。在简政方面，裁汰骈枝机关，克服头重脚轻，达到短小精干。调整行政区划，合并县或实行联合县制，太行区县减少了 15%，太岳区减少 26%。晋察冀边区经过精兵简政，军政人员占农村人口的比例迅速下降，1941 年全边区脱离生产的人员占农村总人口的比例为 5.9%，1945 年下降到 1.5%，下降 4.4 个百分点。精兵简政，使党、政、军机关人员大为减少，使脱离生产的人员与农村总人口的比例趋于合理，从而节省了开支，农民负担大为减轻。

四、中国近代农民负担的分析

回顾中国近代农民负担轻重变化及原因，可以总结出减轻农民负担的以下几条经验。

（一）政权性质是决定农民负担轻重的根本

从晚清、北洋军阀、国民党政府与革命根据地时期农民负担的比较研究可知，政权性质是决定农民负担轻重的根本所在。由于清末、北洋时期和国民党政府时期的政权性质是代表帝国主义、封建主义和官僚资本主义的利益，是压迫和剥削劳动人民的工具，因而对农民的生死存亡毫不顾惜。他们为了巩固自己的统治，达到自己的政治目的，必然对广大农民进行重税政策，最大限度地进行剥削和榨取。相反，革命根据地是由中国共产党领导的红色政权，是无产阶级性质的政权，代表着中国广大的无产阶级和人民大众的利益，因此对农民格外重视和关心，通过各种办法减轻农民的负担。即使在五次反“围剿”时期和 1940 年至 1942 年革命根据地处于困难时期，仍然要求对农业税取之有度，不能损害农民的基本生活和生产活动。实践证明，政权的性质不同，对农民的关心程度就不同，对农民实行的税收政策也截然不同。只有在代表广大人民利益的政府下，农民的负担才会真正减轻。

（二）合理的税收制度和正确的财政方针是减轻农民负担的重要保障

在制定税制的指导思想上，革命根据地是以民为本，晚清、北洋政府和国民党政府制定税制是以维持政权统治为本。革命根据地坚持在税收上取之有度的方针，提出了发展经济、保证供给、公私兼顾、休养民力等主张，保证人民负担合理公平。即使在最艰苦的时期，也不把负担压在农民头上，而是与农民共同克服困难，始终注意保障贫苦农民的休养生息，始终强调既要保障战争供给的需要，也要保障人民生活和发展生产的需要。相反，晚清、北洋政府和国民党政府在税收上主要是为增加政府财政收入，不顾农民的死活，想方设法地对农民进行掠夺。毛泽东在 1934 年第二次全国苏维埃代表大会上指出，与国统区比较，由于革命根据地采取了合理的税收制度和正确的财政方针，农民的生活比较国统区至少改良了一倍，有些竟好了两倍[①]。农民虽然承担了一定负担，但在生产发展的基础上，农民生活仍有了很大改善。

在税制的设计上，革命根据地采取相对简单的税制，充分考虑到

① 毛泽东在中华苏维埃共和国中央执行委员会与人民委员会对第二次全国苏维埃代表大会的报告，载《红色中华》第 3 期，1934 年 1 月 26 日。

各个阶级阶层的负担能力，注意多方面地开辟财源，增加政府财政收入，以减轻农民负担。晚清、北洋政府和国民党政府的税收主要来自贫苦农民，地主、官僚占有大规模的土地，但却把赋税转嫁到贫苦农民头上，这是从封建社会到近代的普遍现象；在具体税制设计中，重复征税、旧税合并又开新税等现象十分普遍，农业税附加一个时期比一个时期多。毛泽东指出，“苏维埃采取统一的累进税法，乃是世界上最优良税法，是一切资本主义国家所不敢采用或者不敢彻底采用的。至于国民党的税收，则是一篇绝大的糊涂账。其税收原则是主要取之农民及其他小有产阶级。正税之外，有无数的附加税。”①

不同的税收制度和财政方针产生不同的效果，合理税收制度和正确财政方针是减轻农民负担的重要保障。

（三）废除一切摊派和苛捐杂税是减轻农民负担的关键

从中国封建社会到近代社会，苛捐杂税是各个时期农民负担加重的共同因素，而且是一个长期无法解决的弊病。北洋时期和国民党政府时期的苛捐杂税最多，农民负担比以往就更重。而在革命根据地，废除了一切摊派和旧制度保留下来的苛捐杂税。中国共产党一建立就明确提出了废除一切苛捐杂税的主张。中国共产党在第三次全国代表大会上提出“废除厘金等一切额外税制”。1931 年《关于颁布暂行税则的决议》指出，“废除国民党军阀政府的一切田赋、丁粮、苛捐杂税”。革命根据地的农民负担十分明确，一是农业税，二是战勤服务，三是军烈属土地的代耕。战勤服务不同于封建社会、北洋时期和国民党政府时期的兵差，战勤服务是制度化的、有节制的、有偿的。至于代耕更是少数现象。正反两方面的事实充分证明，只有废除一切苛捐杂税，农民负担才会大大减轻。

（四）杜绝腐败是减轻农民负担的重要措施

中国封建社会和近代，吏治腐败是普遍的现象，也是非常严重的问题，是农民负担重上加重的一个重要原因，中国近代有许多恶税都是在官吏作祟下而产生的。旧中国的官吏为了实现政治上的需求和私

① 毛泽东在中华苏维埃共和国中央执行委员会与人民委员会对第二次全国苏维埃代表大会的报告，载《红色中华》第 3 期，1934 年 1 月 26 日。

利，开征苛捐杂税，运用浮收、耗损、“穿靴”“戴帽”、预征、借征等各种不正当的手段，对农民敲诈勒索。革命根据地却完全相反，政府机关的干部和人员都是为人民服务的，而且遵纪守法，廉洁奉公，决不会做损害农民的事情。革命根据地从井冈山时期就重视廉政建设，提倡勤俭节约，杜绝贪污腐败。1932 年《中华苏维埃共和国中央执行委员会训令》中指出：“对苏维埃中贪污腐化的分子，各级政府一经查出，必须给以严厉的纪律上的制裁。”1938 年《中共陕甘宁边区党委、陕甘宁边区政府关于征收救国公粮的决定》中指出要“防止以多报少或贪污等现象”。虽然也有个别腐败分子产生，但由于革命根据地吏治严明，腐败分子没有滋生和泛滥的土壤，这就使革命根据地政府减轻农民负担的政策真正得到了落实。

第三节　中国当代农民负担回顾与分析

1949 年，中华人民共和国成立以后，中国农民进入了一个当家做主的崭新时代。农民彻底摆脱了帝国主义、封建主义和官僚资本主义的压迫，摆脱了封建地租、高利贷、商业资本和形形色色的苛捐杂税的剥削以及通货膨胀的危害。从此，中国农民成了国家的主人，政治地位和经济地位不断提高，在祖国的土地上为自己劳动，并获得了国家的支持和关怀。因此，中国农民负担发生了根本性的转变。

一、中国当代农民负担的变化及特点

新中国成立以来，我国农民负担随着不同的历史时期发生着变化，并呈现不同的特点。综合农民负担的农业税和其他负担来看，大致可分为三个阶段：1949 年至 1976 年，是农民负担相对稳定期；1976 年至 2000 年，是农民负担凸显加重期；2000 年至 2006 年，是农民负担下降期。

（一）1949 年至 1976 年农民负担相对稳定

新中国成立初期，国家面临着严峻的形势，经济上贫穷落后、百

废待举。为了巩固人民政权，农民仍需在人力、物力和财力上承担一定的负担。1949 年，老解放区农民按照 17% 的全国平均税率交纳公粮，全国实征总额 248 亿多斤，占常年产量的 13.8%，占当年实际产量的 13.5%①。这年的公粮负担不论从绝对数还是从负担率来看，都比 1948 年有所减轻，东北减轻 10%，内蒙古减轻 28.2%，山东减轻 23.33%，华北减轻 15%②。新解放区由于还没有完成土地改革，还存在地租和高利贷剥削等情况，农民负担总体上比老解放区还是偏重。其中，地主和富农重一些，一般农民负担都比较轻。

1950 年建立了统一的新税制，规定公粮征收额贫农最高不得超过其收入的 10%，中农为 15%，富农为 25%，地主为 50%。1950 年农业税全国平均税率确定为 13%③，比 1949 年的 17% 减少 4 个百分点，实际降低 24.5%。但从农民的承受能力来看仍然是较重的，这时农村经济仍很落后脆弱，农民收入非常低。据农业部统计，1950 年全国农业人口平均收入为 77 元，1951 年为 88 元，1952 年为 104 元，增长幅度虽大但基数很低。而且，农民杂项负担也比较多，1951 年除了国家农业税和土地证照费以外，还要承担乡教育粮、抗美援朝捐、给军烈属代耕、兴修水利用工、乡村干部补贴和公务费、文娱活动费（庙会、唱戏等）等。1951 年农民杂项负担折粮共 197.5 万斤，相当于农业税的 24%。综合两方面来看，农民负担比 1949 年又有所下降。

从 1953 年进入第一个五年计划后，农村实现了合作化，农民从个体劳动走上集体生产的道路。农业税负担率占计税产量的比例在 14.6% 至 16.7% 之间，占实产量的比例在 10.8% 至 12.2% 之间。五年平均农业税实际负担率为 11.67%，比 1952 年降低 0.53 个百分点④。随着农业合作化的发展，农民承担的工商税和契税及土地证照费越来越少，农村工商税从 1953 年的 5 亿元减少到 1957 年的 3.31 亿元。牧业税、工商税、契税、土地证照费合计，1953 年为 6.53 亿元，1957

① 《中国农民负担史》第四卷，中国财政经济出版社 1994 年版，第 32 页。

② 《人民日报》1949 年 6 月 21 日。

③ 《新中国农业税史料丛编》第五册，中国财政经济出版社 1986 年版，第 50 页。

④ 《中国农民负担史》第四卷，中国财政经济出版社 1994 年版，第 181 页。

年下降为3.58亿元，减少45.2%，土地证照费1955年取消，契税1957年取消。而且，原来对农民摊派的杂项负担由于合作社的兴办，一部分转从集体开支，并逐年减少，从1953年的8318万元减少到1957年的1500万元，减少82%。这一时期的农民负担，是新中国成立后比较轻的时期。

"大跃进"期间，按照1958年颁布的《中华人民共和国农业税条例》的规定，全国农业税平均税率为15.5%。各省还可以制定地区差别税率，最高税率不能超过常年产量的25%。农业税地方附加，规定一般不超过纳税人应纳农业税税额的15%，种植经济作物、园艺作物比较集中而获利又超过种植粮食作物较多的地区可以高于15%，但最高不超过30%。这一时期"浮夸风"、高指标、高征收对农民的实际负担造成很大影响。如1958年，农业税计划征收362亿斤，加上地方附加共412亿斤，实际征收又达到445.7亿斤。但1958年产量并没有估计的那么高，使农业税的实际负担率达到了12.5%。1959年农业税负担继续上升，此年农业实际产量比1958年减少13.3%，而农业税实征额仅减少0.8%，使这年的农业税实际负担率上升到14.3%，比1958年实际负担率提高1.8个百分点，成为新中国成立以来农业税实际负担率最高的一年[①]。1960年由于自然灾害，农业产量仅是1958年的70%，全国农业税实征额虽然降至347亿斤，但农业税的实际负担率仍然高达13.8%。从1958年至1960年，农业税实际负担率平均为13.5%。另外，这一时期的"一平二调"也加重了农民负担，特别是无偿抽调农民外出劳动，劳务负担大大超过了任何时期。总的来看，这一时期农民负担最重，超过新中国成立以来的以往任何时期。

国民经济调整时期，农民负担明显下降。这是由于全国粮食征购任务减少，农业税减轻幅度很大。1965年全国农业税实征额（包括附加）为255亿斤细粮，比1958年减少43%。农业税实际负担为7%[②]，比1960年的13.8%下降6.8个百分点，比1959年的14.3%下降7.3个百分点，比1958年的12.5%下降5.5个百分点，比1957年的

① 《中国农民负担史》第四卷，中国财政经济出版社1994年版，第230页。

② 《中国农民负担史》第四卷，中国财政经济出版社1994年版，第242页。

11.6%下降4.6个百分点，比1952年的13.3%下降6.3个百分点。这一时期，除农业税减免和工商税调整外，还对平调进行了退赔。而且，农业生产条件得到改善，农业产量不断提高，农民的收入增加。据农业部统计，全国农民人均纯收入由1957年的73元增加到1965年的107元，农户存款由1957年的7.3亿元增加到1965年的12.9亿元，农民人均消费水平由1957年的79元提高到1965年的100元。农民每年收入除交税、生活等以外，尚有结余，是新中国成立后农民负担最轻的时期。

"文化大革命"时期，农业税实际负担率在国民经济调整时期7%的基础上继续呈下降趋势。1966年至1970年农业税实际负担率在6.1%和6.7%之间，年均为6.4%；1971年至1974年农业税实际负担率在5.1%—5.9%之间，年均为5.5%；1975年农业税实际负担率为4.9%[①]。十年中除1968年和1969年以外，其余各年的全国农业税负担在逐年减轻，每年减轻的幅度在4%和7%之间，全国农业税负担减轻的幅度为30%。各类地区农业税负担也基本平衡，平原产粮区和水区产粮区大致为6%左右，丘陵粮区和棉区为5%左右，革命老区为4%左右。同时，农村工商税负担率也有所下降，而且大部分是由社队企业负担的，与农民负担关系不大。但是，"文化大革命"时期由于社会秩序混乱，生产上瞎指挥，农民负担的杂项比较多。据黑龙江省肇东县太平公社调查，1973年各种社会用工有11项，全年用工9959个劳动日，占6个生产队用工总数的6.2%，折款15323元，人均负担6.7元，相当于人均农业税（14.7元）的45.5%。杂项负担以1970年为100，那么1971年为283.67，1972年为184.26，1973年为195.03。通过对18省（市）192个公社17526个生产队的调查，人均杂项负担额，最高地区达20元至30元，最少地区为2元，多数为3元至10元。相当于农业税负担比例，最低在20%左右，一般在50%至1倍之间，最高达几十倍；占总收入的比例，最低不到1%，最高竟达到18%，一般在3%至6%之间。以人均负担3元计，每年农村杂

① 《中国农民负担史》第四卷，中国财政经济出版社1994年版，第304页表格。

项负担也要超过 20 亿元，一般相当于农业税负担的 60% 至 80%。如果把这些杂项负担考虑进去，这一时期农民负担不亚于“大跃进”时期。

由上可知，从新中国成立初至改革开放以前，我国农民的农业税实际负担率从总的发展趋势看是逐渐下降的，1949 年至 1960 年在 10.8% 和 14.3% 之间，1961 年至 1976 年在 4.9% 和 9.3% 之间，27 年中年均 9.14%。但却不是直线下降的，各个时期有涨有落，新中国成立初期由于国家经济实力弱而恢复生产经济的任务重，农业税负担较重。第一个五年计划时期农业税实际税负开始下降，成为我国改革开放以前比较平缓的时期。从“大跃进”开始农业税负担明显上升，不仅税率制定得高，实际执行中又超过了规定的税率，成为这一时期农业税负担最重的时期。国民经济调整时期，全国粮食征购任务减少，农业税大幅度减轻，这一时期农业税负担明显减轻。

当然，以上是就农业税负担的变化情况而言，与农民负担关系密切的还有社会负担、工农业产品“剪刀差”等因素。从社会负担看，新中国成立初期比较多一些，第一个五年计划时期比较少，“大跃进”时期农民的社会负担最重，国民经济调整时期农民的社会负担明显下降，比“一五”时期还要少，“文化大革命”时期又一次加重，不亚于“大跃进”时期。由于这些因素的存在和影响，致使这一时期农民负担的最大特点是“明轻暗重”。表面上农业税不算太重，并且农民不直接承担，由社队集体缴纳，但社会负担、“剪刀差”、各种劳务等给农民造成的负担较重。综合各种因素来看，这一时期，虽然个别时期农业负担也有所提高，但幅度不大，相对比较平稳。“一五”时期和国民经济调整时期农民负担比较轻，经济调整时期最轻；国民经济恢复时期、“大跃进”时期、“文化大革命”时期农民负担较重。

（二）1976 年至 2000 年农民负担凸显并不断加重

从 1976 年至 2000 年的 24 年间，农民负担开始凸显并不断加重。1976 年至 1980 年农民负担凸显，1981 年至 1993 年农民负担不断加重，1994 年至 2000 年农民负担成为新中国成立以来的高峰。

1. 1976 年至 1980 年农民负担的凸显

1978 年党的十一届三中全会以后，我国进入了改革开放的历史新时期，国家为了恢复“文化大革命”中长期遭受破坏的农业经济，实行了一系列减轻贫困地区农民税收负担，支持农业发展的重要措施。因此，改革开放初期，农业税负担进一步下降。1975 年至 1978 年，农业税实际负担率在 4.4% 至 4.9% 之间，特别是 1979 年和 1980 年分别下降为 3.5% 至 3.3%。以 1975 年作基期（1975 年农业税实际负担率为 100），农业税实际负担率 1976 年和 1977 年均为 100，1978 年为 89.80，1979 年为 71.43，1980 年为 67.35[①]。从农业税来看，农民的负担比计划经济时期有了显著的下降。

但是，这一时期农村普遍实行了家庭承包责任制，农民成为直接纳税人，生产所得先要交够国家的，留足集体的，剩下的才是自己的。在这种分配原则下，农民所承担的国家和集体的税费都由自己支付，直接感受到了税费负担的压力。农民不仅要交纳国家的农业税、地方的村提留乡统筹，更难以承受的是杂项负担不断加重。如湖南省湘乡县不合理的杂项负担有 9 大类，合计 1559 万元，人均负担 22.5 元，相当于国家税收的 4 倍多。山东昌邑县不合理的负担有 13 项之多，1975 年至 1977 年合计 1900 万元，人均负担 32 元。高密县因承担挖河工程，全县 27 万劳动力占用了 15 万人，增加社员负担 1002 万元，户均负担 70 元。虽然这一时期从农业税来看是轻的，但农民的不合理负担明显增多，农民负担总体上在不断加重，而且一步步凸显。

2. 1981 年至 1993 年农民负担的加重

这一时期，农业税负担继续减轻，1980 年至 1983 年，农民农业税负担占纯收入的比例在 3.71% 至 3.92% 之间，1984 年至 1985 年在 4.12% 至 4.94% 之间，六年内年均为 4.01%。农民的农业税占农业产量的比重，1981 年为 3.19%，1982 年为 2.96%，1983 年为 3.04%，1984 年为 2.93%，1985 年为 2.73%，五年内年均为 2.96%[②]。但是，农民的其他负担却大幅度加重。如山东省 1984 年对 99 个乡调查出农

① 《中国农民负担史》第四卷，中国财政经济出版社 1994 年版，第 361—362 页。

② 据 1980—1986 年《中国农村统计年鉴》《中国统计年鉴》《农业经济资料》等有关数据计算。

民其他负担11类96项；江苏南通市有98项18194万元；宁夏青铜峡市邵西村多达36项98214元；吉林东辽县宴平乡有24项72312元。据有关部门统计，1983年全国农民其他负担约210亿元，相当于当年农业税47.4亿元的4.4倍，其中乱收费占总负担的19.05%，有的地方远远高于这一比例。从90年代开始，“三提五统”和其他收费还在持续增加，1990年“三提五统”为333.3亿元，1993年为379.9亿元，比1990年增长了14%。另据国务院发展研究中心调查研究报告统计，1990年“三提五统”和其他收费为381亿元，1992年为484亿元①，比1990年增长了27%。这一时期，农民负担已经到了十分沉重的程度。

3. 1994年至1999年农民负担达到高峰

1994年分税制以后，由于体制、机制等种种原因，一些地区县乡财政出现困难，乡镇财政支出压力较大，造成地方上“三乱”问题更加严重，农民负担急剧上升。农村税费负担不仅名目繁多，而且负担数额巨大。

这一时期，农民的税费负担持续增长。从税费总额来看，1994年为800.6亿元，1995年为1007.1亿元，1996年为1281亿元，1997年为1429.7亿元，1998年为1479.8亿元，1999年为1368.7亿元。1999年比1994年增加了568.1亿元，增长了70.96%。从农民人均承担的税费额来看，1994年为88.91元，1999年为149.78元，比1994年增加60.87元，增长了68.46%。这一时期是改革开放以后农民负担最重的时期，税费都在大幅度增长，再加上农民承担的积累工和义务工负担更加沉重，引起了党中央和社会的高度关注。

（三）2000年至2006年农民负担逐步下降

为了制止农民负担的过快增长，党中央和国务院决定从2000年实行农村税费改革，农民的税费负担开始逐步下降。

2000年至2005年，反映农民负担的各项重要指标均呈下降趋势。全国农民负担总额，至2005年降为206.26亿元，比2000年的

① 国务院发展研究中心：《调查研究报告》2006年第26期。

1355.12亿元减少1148.86亿元，下降了84.8%。农民人均税费负担，2005年为32.32元，比2000年的147.97元减少115.65元，降低了78.16%。人均“两工”及“一事一议”筹劳，2005年为1.3个，比2000年少了16.3个[①]，降低92%。这一时期不仅清理和废除了乱收费，而且陆续取消了农业特产税、牧业税、屠宰税和牲畜交易税，2006年农业税废除后，延续了几千年的农业税从此终结，农民负担极大地减轻了。这一阶段，农民负担是新中国历史上最轻的时期，也是中国历史上最轻的时期。

二、中国当代农民负担分析

中国当代农民负担从新中国成立初期到2006年发生了很大的变化，一度出现了上升，但大部分时期是下降的，这些发展变化的原因是值得分析的。

（一）农民负担减轻是党和政府重视的结果

新中国成立后，党和政府始终关心农民负担问题。新中国成立初期，党和国家就提出调整税收、酌量减轻民负的原则，并把农民的战争勤务负担减至最小限度。政务院在《关于1953年农业税工作的指示》中指出：农业税坚决实行“依率计征，依法减免，增产不增税”的政策，并实行稳定负担政策。从1953年开始，将农业税征收任务稳定在1952年的388亿斤细粮的水平上，一定五年不变，四年国家少征农业税195.7亿斤。1961年农业税征收任务降至240亿斤细粮，约占当年产量2620亿斤的9.14%。从1962年至1999年，农业税征收任务基本保持在222亿斤细粮不变。随着农业实际产量的大幅度提高，农业税实际负担率逐年下降，从1952年的17.2%下降至2000年的3%以下。与此同时，为了减轻农民负担，农业税还对特殊的困难群体和受灾农户给予社会减免和灾情减免。对其他的各项收费造成的农民负担问题，党中央和国务院也始终高度关注，多次发文明令要求废除不合理的收费项目，成立中央层级的农民负担监督管理领导小组，多次

① 国务院发展研究中心：《调查研究报告》2006年第27期。

组织联合检查，并从法律层面制定《农民承担费用和劳务管理条例》，要求切实减轻农民负担。从2000年开始，党中央、国务院决定进行农村税费改革，加快了减轻农民负担的步伐，到2006年农业税全面取消，农民承担的各种税费彻底没有了。纵观新中国几十年的发展历程，虽然农民负担出现过几次波动，但党和政府减轻农民负担的方针政策是始终不变的。

（二）受客观形势的影响农民负担出现反复

新中国的农民负担从总趋势上看是持续下降的，但是受当时客观条件的影响，也曾出现反复。新中国成立初期，国家面临严峻的政治经济形势，首先要保证解放战争取得全面胜利；其次要医治战争创伤，尽快恢复几乎处于崩溃状态的国民经济，平抑物价、稳定市场；特别是还要支持抗美援朝战争，巩固新生政权；而当时工商税制还未完全建立起来，财政收入满足不了支出增长的需要，不得不适当提高农业税负担。“大跃进”和“文化大革命”时期，由于“浮夸风”和“共产风”的影响，国家积累过高，农民负担有所增加。我国改革开放以后，由计划经济走向了社会主义市场经济，从此中国经济进入转轨期。体制转轨对农民负担的影响是不容忽视的。一是经济体制转轨对农民负担产生了影响。自1978年农村实行了联产承包责任制以后，原来由集体承担的农业税、公积金、公益金和管理费等转由农民直接承担。并且，在农村经济管理体制向市场经济转轨时，大量新增的农村公共事务、公益事业和公共基础设施，本应该由国家来提供，但仍按原有的计划体制由村集体承担，从而加重了农民负担。二是财政体制变化对农民负担也产生了影响。改革开放后，财政体制由原来的统收统支改为分灶吃饭和大包干体制、分税制，调动地方增加财政收入的积极性。中央各部门和地方设立收费项目、提高收费标准、扩大收费范围，一些地方甚至出现了乱收费、乱摊派、乱集资。三是税制改革和征管制度改革也对农民负担造成了一定影响。为了构建适合转型时期的税收体系，国家陆续开征和恢复了一些税种。开征农林（业）特产税的初衷是为了保护粮食生产，但是总体上大幅增加了农民负担，并且在实际执行过程中，由于征管不规范，出现了随意加码和摊派，进一步增加了农民负担。屠宰税的征管改革，由屠宰者转为生产者，将负担转嫁到养殖农户身上，甚至有些地方按人头摊派。开征的农村集市贸易税、耕地占用税、牲畜交易税、产品税，牧业税征收标准的提高等，都在一定程度上增加了农民的负担。总之，由于这些特定的历史原因，造成了农民负担的短期加重，这是为了巩固新生政权、促进经济发展和改革的需要，国家不得不采取一些的应时政策。

（三）在探索减轻农民负担的过程中走了一些弯路

党和政府尽管一直对农民负担问题高度关注，但在思想认识上出现了几次偏差。1958 年，在“左”的错误思想指导之下，全国掀起了“大跃进”的高潮，过高地估计了农业增长速度和农民收入增幅，虚报农业产量，使农民负担加重。1961 年，中共中央在批转财政部党组《关于调整农业税负担的报告》中提到，在农业税负担上存在着官僚主义，调查研究作得少了，农民的呼声听得少了，方法也就不对头了。在家庭联产承包责任制改革后，过高估计了农民得到的好处，出现了“向农民伸手”的倾向，提出农民的事情农民办。于是农村教育、计划生育、交通、优抚、民兵训练等都要农民出资兴办，使农民负担开始加重。

改革开放后，尽管党中央、国务院不断采取措施减轻农民负担，进行了多种尝试，但还是走了许多弯路。从 20 世纪 70 年代末期开始，针对农民相对困难，农民负担有所增加，国家治理农民负担的重点是治乱；从 20 世纪 90 年代开始，针对各种收费名目繁多，重点是规范；从 20 世纪 90 年代中期开始，针对农村乱收费、乱罚款和集资摊派愈演愈烈，农民负担日渐加重、恶性案件时有发生的情况，重点是治重和减负，并对农村费改税进行探索。这些措施在一定程度上减轻了农民的负担，但是农民负担较重的局面没有得到根本改变。为探索减轻农民负担的治本之策，党中央、国务院决定将工作重心由治乱减负转向农村综合改革，从体制上、制度上、外部环境上彻底解决农民负担问题。

（四）“剪刀差”在一定阶段加重了农民的负担

新中国工农业产品价格也是影响农民负担发展变化的原因之一。

计划经济时期，工农业产品之间的“剪刀差”比较大，由此加重了农民负担。从新中国成立初期开始，为了实现工业化建设目标和保障城镇居民的生活，长期实行农产品统派购制度，收购的品种、数量都由国家确定，而且收购的价格很低。另一方面，由于工业化水平低，特别是没有处理好重工业与轻工业之间的关系，工业品的价格远远高于农产品的价格，由此形成了“剪刀差”，也构成了农民负担。改革开放以后，随着我国工业经济的发展，国家综合实力不断提高，从 1979 年开始对农产品统派购制度进行改革，提高了 18 种农产品的价格，并减少统购派购的农产品品种。1985 年以后，取消统派购制度，农产品实行多渠道流通，形成了合同定购与市场收购相结合的农产品流通“双轨制”，仍然在一定程度上存在“剪刀差”。随着我国社会主义市场经济体制的建立与完善，农产品价格市场化，“剪刀差”由原来政府定价形成转为由市场决定，这一时期的“剪刀差”与政府定价下的“剪刀差”有本质的区别，已不再是影响农民负担的因素了。

（五）经济实力的不足制约了减轻农民负担的力度

从我国农民负担的发展变化来看，农民负担的升降与国家的经济发展程度、财政实力有着密切的关系。比较而言，国家富强、财力充足，就可以采取“多予少取”的政策，加大对农业和农村的投入，对农民实行减税免税等优惠政策；反之，国家困难、财力拮据，减轻农民负担就会受到制约。

1950 年，新中国经济刚刚得到恢复，人民政府为休养民力，一度减轻了农业税负担，然而，在抗美援朝期间，为了保证战争的需要，由于财力有限，人民政府不得不再度增加农业税。1953 年，随着国民经济的全面好转，中央决定减轻农民负担。当时有两种可供选择的方法，一种是农业税征收额的绝对减少；另一种是在一定时期内，维持农业税征收的总额不变，“增产不增税”，把农业生产增长的部分全数留给农民。在当时的财力下，采取第一种方法是很难办到的，只能采取稳定负担政策，将农业税的征收总额保持在 1952 年的实际水平。进入 21 世纪以后，经过 20 多年的改革开放，我国经济出现了突飞猛进的发展，经济实力有了比较雄厚的积累，为彻底减轻农民负担创造了条件。从经济总量看，2005 年国内生产总值达到了 183217 亿元，超过英国位居世界各国经济总量的第四位。从财政实力看，2005 年财政收入达到 31649 亿元，比改革开放初期增长了约 27 倍。财力的增强具备了彻底减轻农民负担的条件，2006 年，国家彻底取消了农民负担的农业税及其他一切税费。由此可见，真正解决农民负担问题必须有强大的经济实力做基础。发展经济和增加财政收入不仅是消除农民负担的前提条件，而且是防止农民负担反弹的根本保障。

总结新中国成立以来农民负担发展变化的历史和国家减轻农民负担的历程，我们可以得出以下结论：只有始终坚持中国共产党的宗旨，时刻把农民的切身利益放在心上，把实现好、维护好、发展好农民的利益作为处理政府与农民关系的出发点、落脚点，才能从根本上解决农民负担问题；只有通过基层政府机构和职能、财政体制、农村教育、社会保障、医疗卫生等一系列的农村综合改革，建立一套完整的制度和机制，才能从根本上保证农民负担减轻，防止农民负担反弹；只有深化改革，发展经济，增强国力，才能有决心有条件有能力有气魄实现彻底减轻农民负担的目标。

附录

中国农民负担史大事记

前 2070 年

夏朝建立。史称“自虞、夏时，贡赋备矣”。《史记·夏本纪》：“禹乃行相地宜所有以贡。”《尚书·禹贡》：“禹别九州，随山浚川，任土作贡。”西周中期《遂公盨》铭文：“天命禹敷土，随山浚川，乃差地设征。”

前 1600 年

商朝建立。商代甲骨文中有“王大令众人曰协田”等记载。《诗经》记载国王在“王畿千里”的耕地上有“千斯仓”“万斯仓”的收入。

前 1046 年

周朝建立。周武王置三监，分封诸侯。诸侯对天子有缴纳贡物的义务。《孟子·滕文公》载：“周人百亩而彻”；《诗经》记载周族先民曾经“度其隰原，彻田为粮”。

前 827 年（周宣王元年）

周宣王即位，不籍千亩。

前 789 年（周宣王三十九年）

周宣王料民太原，即对人口、土地进行调查登记，作为对农民征税和力役的根据。

前 685 年（周庄王十二年）

齐桓公即位，以管仲为相，定士、农、工、商四民之居，行国、野之制。管仲提出“相地而衰征”的主张，即按照土地好坏征收差额赋税，以便均衡负担。

前 681 年（周僖王元年，齐桓公三年）

齐桓公始盟诸侯。此后曾“九合诸侯”，在第三次会合诸侯时提出：“田租百取五”（出自《管子》）。

前 667 年（周惠王十年，齐桓公十九年）

齐桓公赋禄以粟，案田而税。二年一征，按照年成好坏，上年什取三，中年什取二，下年什取一；荒年不征，等荒年过后再征税（出自《管子》）。

前 594 年（周定王十三年，鲁宣公十五年）

鲁国“初税亩”，一般认为是后世按照耕地面积大小征收农业税的开始。

前 590 年（周定王十七年，鲁成年）

鲁国“作丘甲”，即确定一丘出一定数量的军赋。

前 548 年（周灵王二十四年，楚康王十二年）

楚国“书土田”，“量入修赋”，即根据收入多少征集军赋。

前 538 年（周景王七年，郑简公二十八年）

郑国“作丘赋”，即按田亩征发军赋，丘出马 1 匹、牛 3 头。

前 483 年（周敬王三十七年，鲁哀公十二年）

鲁国“用田赋”，即以田亩数量为依据来加重赋税。

前 445 年（周定王二十四年，魏文侯元年）

魏文侯即位。其在位期间任用李悝变法。提出“尽地力之教”，大力发展农业生产；实行“平籴法”，由国家控制市场，防止粮价受价格波动影响。

前 408 年（周威烈王十八年，秦简公七年）

秦国“初租禾”，开始承认私田的合法性，并一律征收租税。

前 375 年（周烈王元年，秦献公十年）

秦进行户籍登记，编成什伍组织，十家为什，五家为伍，什有什长，伍有伍长。

前 356 年（周显王十三年，秦孝公六年）

秦用商鞅第一次变法。推行编制民户，鼓励小农生产（一说前 359 年）。

前 350 年（周显王十九年，秦孝公十二年）

秦徙都咸阳，商鞅第二次变法。废井田制，铲除田界封疆，建立新的田制，由国家将土地授予个体农民耕种，统一征收赋税。

前 348 年（周显王二十一年，秦孝公十四年）

秦初为赋，即按户按丁征收军赋。

前 309 年（周赧王六年，秦武王二年）

秦武王命左丞相甘茂等更修田律。

前 221 年（秦始皇二十六年）

秦统一中国。秦王嬴政称“始皇帝”。以治粟内史掌管财政，征收农业税。

前 220 年（秦始皇二十七年）

秦始皇广兴徭役，筑驰道，东通燕齐，南达吴楚，路宽五十步，三丈而树。

前 216 年（秦始皇三十一年）

使黔首自实田，即令百姓自己申报土地。

前 214 年（秦始皇三十三年）

开凿灵渠，沟通湘江和漓江。筑长城，起临洮（今甘肃岷县），顺黄河北至河套，傍阴山东至辽东。世称万里长城。

前 212 年（秦始皇三十五年）

征召 70 万人，造阿房宫和骊山陵。

前 210 年（秦始皇三十七年）

胡亥即位，为二世。二世时以度用不足，令农民增交菽粟刍藁。

前 206 年（汉王元年）

刘邦入关灭秦，封秦重宝财物府库，并得到秦律令图籍。

前 203 年（汉王四年）

汉初定算赋，民年 15 以上至 56 岁出赋钱，每人每年 120 钱。

前 202 年（汉高帝五年）

刘邦即皇帝位。约法省禁，轻田租，什五而税一。诏入关灭秦的关东人愿意留在关中为民的免徭役12年，回关东的免徭役6年。从军吏卒按照功劳大小规定不同免赋役特权。

前200年（汉高帝七年）

因人户稀少而鼓励生育，规定对增添丁口者给予免服徭役2年的优待。

征发徭役，筑未央宫，极壮丽[①]。

前195年（汉高帝十二年）

规定郡各以其口数率，每人年纳63钱，以给献费。

前194年（汉惠帝元年）

减田租，复什五税一。

前192年（汉惠帝三年）

征发长安周围600里内男女146000人筑长安城，30日罢。又征发诸侯王、列侯的徒隶2万人筑长安城。

前190年（汉惠帝五年）

正月，复发长安600里内男女145000人筑长安城，30日罢。

前183年（汉高后五年）

初令戍卒服役一年后轮换。

前180年（汉高后八年）

文帝即位。文帝、景帝统治时期，轻徭薄赋，与民休息，社会经济逐渐发展，史称“文景之治”。

---

① 《资治通鉴》事在七年，《史记》事在八年。

前 178 年（汉文帝前二年）

贾谊言“公私畜积”不多，主张“驱民而归之农”。
文帝耕“籍田”劝农，免除当年田租之半，三十税一。

前 169 年（汉文帝前十一年）

晁错上书，建议募民充实塞下，且耕且战，以御匈奴。文帝从之，塞下渐见充实。

前 168 年（汉文帝前十二年）

采用晁错的建议，实行贵粟政策。准许富人以粟输边，按所输多少授予爵位。等边境积粟可支五年，可令入粟者输入郡县，以备灾荒。免去当年田租之半。

前 167 年（汉文帝前十三年）

六月，免田租，此后 12 年未收田租。

前 156 年（汉景帝前元年）

五月，恢复田租，三十税一，此后成为定制。

前 155 年（汉景帝前二年）

十二月，令男子二十始傅（开始登入名籍服役，秦制十七始傅）。

前 129 年（汉武帝元光六年）

开凿漕渠，由水工徐伯主持，发卒数万人，三年完工。西起长安，东通黄河，运程三百余里，漕运时间减少了一半，还可灌溉田地万余顷。此后汉武帝广兴徭役，大行水利，大渠有龙首、白渠等，小渠不可胜数。

前 89 年（汉武帝征和四年）

八月，以赵过为搜粟都尉，赵过推广“代田法”，又改善农具。

前 85 年（汉昭帝始元二年）

遣使者赈贷贫民无种食者，并因连年多灾，免当年田租。

前 79 年（汉昭帝元凤二年）

六月，令郡国免收今年马口钱，三辅（武帝时将京师地区分为右扶风、京兆尹、左冯翊，合称三辅）、太常郡（太常所辖各陵园）得以菽粟当赋。

前 78 年（汉元凤三年）

以百姓遭水灾，缺粮，停征下一年漕。

前 77 年（汉元凤四年）

昭帝加冠，免今明两年口赋及上年以前欠缴的更赋。

前 73 年（汉宣帝本始元年）

免收是年田租赋。

前 67 年（汉宣帝地节三年）

诏于“假公田”外，加赐鳏寡孤独高年者帛。
诏流民还乡者，假公田，贷种子、粮食，免算赋及徭役。

前 64 年（汉宣帝元康二年）

诏郡国受灾严重的，免收今年租赋。

前 54 年（汉宣帝五凤四年）

正月，以边塞无事，减卒十分之二。
大司农中丞耿寿昌建议置常平仓，谷贱则籴，贵则粜。

前 52 年（汉宣帝甘露二年）

正月，减算钱，每算减 30。

前 48 年（汉元帝初元元年）

三月，以三辅、太常、郡、国公田及可省的苑地给贫民耕种；资不满千钱的，贷给种、食。

六月，关中十一郡、国大水，渤海水大溢，饥荒，有的地方人相食。令运钱、谷救济。

前 46 年（汉初元三年）

用长信少府贡禹言，罢甘泉、建章宫卫，以减轻徭役。

前 31 年（汉成帝建始二年）

减赋钱，每算减四十。

前 16 年（汉成帝永始元年）

刘向上书，指成帝修昌陵，“增卑为高，积土成山”，功费浩大，卒徒工庸以巨万数。群臣多言不便，乃停止进行。

2 年（汉平帝元始二年）

三月，郡国大旱，蝗，青州更甚，人民流亡。王莽献钱百万、田 30 顷，付大司农助给贫民。公卿效之献田宅者 230 人。天下人民家产不满 2 万，及受灾之郡不满 10 万者免交租税。给疾疫者医药。罢安定郡呼池苑为安民县，募贫民迁居，给田宅、什器，借给犁、牛、种、食。

9 年（新始建国元年）

改天下田为“王田”，奴婢为“私属”，不准买卖。男丁八口以下之家占田不得过一井（九百亩），过限者分余田与宗族乡邻；本无田者按制度（一夫百亩）受田。

30 年（东汉光武帝建武六年）

十二月，减田租，三十税一。

39 年（东汉建武十五年）

六月，诏州郡检核垦田与户口实数。刺史、太守多以度田为名，聚民田中，把房屋、里落，都作为田地丈量。

84 年（东汉章帝建初九年，汉章帝元和元年）

二月，令郡国募人无田者徙它地给公田以耕，贳与田器，勿收租五岁，除算三年。

85 年（东汉元和二年）

正月，诏民有产子者免除徭役，免征算赋三年。赐民胎养谷人三斛，免除其夫徭役，免征算赋一年。

165 年（东汉桓帝延熹八年）

八月，初令郡国有田者亩敛税钱。计亩敛钱始于此。

184 年（东汉灵帝中平元年）

张角领导黄巾大起义。东汉末年，统治集团趋于腐朽，豪强势力日益扩张，农民负担日益加重，加上频繁的天灾，广大农民走投无路，纷纷聚集暴动。

185 年（东汉灵帝中平二年）

中常侍张让、赵忠说灵帝敛天下田，每亩十钱，用以修宫室，铸铜人。

196 年（东汉献帝建安元年）

曹操推行屯田制，屯田客按照四六分（用官牛者）或对分（不用官牛者）向国家交纳地租。

204 年（东汉建安九年）

曹操下令改革东汉的田租和口赋、算赋、更赋，确立了户调制度。

226 年（吴王黄武五年）

吴陆逊以军粮不足，请令诸将扩大耕地，吴始屯田。

232 年（吴大帝嘉禾元年）

1996 年，长沙走马楼出土一批孙吴纪年简牍。内容基本为孙吴嘉禾年间的佃田租税券书。反映当时赋税主要征收钱、布、米、豆、皮。钱有税（户赀）钱、口算钱、僦钱、䊀钱、具钱、荩钱、寿钱、枪钱、行钱、杂钱、杂米钱、财用钱、地僦钱、䊀贾钱、皮贾钱、入贾钱、贾具钱、市具钱、柚租钱、米租钱、酒租钱、市租钱、市禀钱、何黑钱、陶租钱、财用算赀钱。布有调布、税布、赐布、终肠布。米依税种分有租米、税米、限米，依品质分有粢租米、税徭米、税帛米、税中白米、税连年米、杂限米，依产地分有火种田租米、复田税米、张复田税米、余力田租米。还有旧米、孰米、临米、渍米、盐米、贾米、杂米、擿米、种贾米、池贾米、禾准米、临呙米、临居米、酱贯米、酱贾米、加臧米、赜贤米、折咸米、收指米、通价米、粢迊米、新咸米、陈张米等名目米。豆有豆租大豆。皮有调鹿皮、调麂皮、调羊皮、调水牛皮，还有作为一般租税收缴的鹿皮、麂皮、羊皮、水牛皮。

259 年（吴景帝永安二年）

吴景帝孙休下诏：“广开田业，较其赋税，差科强羸，课其田亩。”即田赋根据地力肥瘠程度征收差额税。

280 年（晋武帝太康元年）

西晋统一全国，颁布户调式。户调式包括占田制、户调制和品官占田荫客制。

282 年（晋武帝太康三年）

十二月，诏四方水旱甚者无出田租。

314 年（晋愍帝建兴二年，成汉太宗玉衡四年）

石勒命州郡查明户口，规定每户出帛 2 匹、谷 2 斛。

成汉太宗李雄建立税制：男丁每年赋谷 3 斛，女丁减半，疾病又减半；户调不过绢数丈、绵数两。事少役轻，连年丰收。

330 年（晋成帝咸和五年）

六月，晋始度百姓田，取十分之一，亩率 3 升。

345 年（晋穆帝永和元年，后赵武帝建武十一年）

正月，后赵武帝石虎发 16 万人治长安宫，26 万人修洛阳宫。征百姓牛 2 万头配牧官。

燕王慕容皝借牛给贫民，使在苑中佃耕，税其什之八，不用官牛的税什之七。并罢苑囿，把土地发给无地的贫民，借官牛的照魏晋旧例，税什之六。

347 年（晋永和三年，后赵建武十三年）

后赵武帝石虎发男女 16 万人筑华林园，死者数万人。

362 年（晋哀帝隆和元年）

正月，晋诏减田税，亩收 2 升。

376 年（晋孝武帝太元元年，前秦建元十二年）

八月，晋诏废除度田收租之制，王公以下，每口税米 3 斛，在役者免。

383 年（晋太元八年）

十二月，晋开酒禁，增加税米，每口 5 石。

389 年（晋太元十四年）

晋中书侍郎范宁上疏，极言百姓困苦，请求将全丁年龄由 16 岁提高到20岁，半丁年龄由13岁提高到16岁；又请行土断，即将新移民编入当地户籍，与土著一体纳税。孝武帝多所采纳。

398年（晋安帝隆安二年，北魏道武帝天兴元年）

二月，北魏道武帝诏给内徙新民耕牛，计口受田。

421年（南朝宋武帝永初二年，北魏明元帝泰常六年）

北魏调民每20户输马、牛各1头；六部民凡养羊满百口者输马1匹。

425年（宋文帝元嘉二年，北魏太武帝始光二年）

五月，北魏诏全国10家发1牛，运粟塞上。

434年（宋元嘉十一年，北魏太武帝延和三年）

二月，北魏诏免除下贫者租税3年。

435年（宋元嘉十二年，北魏太武帝太延元年）

十二月，北魏诏若有发调，县宰集乡邑三老计赀定课，裒多益寡，九品混通。

454年（宋孝武帝孝建元年，北魏兴安三年、文成帝兴光元年）

是年，宋始课南徐州侨民租。

461年（宋孝武帝大明五年，北魏文成帝和平二年）

十二月，宋规定民户每年输布4匹。

北魏每有发调，刺史常逼民借贷，富商借此营利，旬日之间，增益10倍，官商分润。是年特下诏禁止，犯者10匹以上皆处死。

468年（宋明帝泰始四年，北魏献文帝皇兴二年）

四月，宋减郡县田租之半。

469 年（宋泰始五年，北魏皇兴三年）

二月，北魏定贫富三等输租之法。每等分三品，上三品输平城，中三品输他州要仓，下三品输本州；又取消杂调。

473 年（宋后废帝元徽元年，北魏孝文帝延兴三年）

七月，北魏诏河南六州（青、徐、兖、豫、齐、东徐）民，每户收绢 1 匹、绵 1 斤、租 30 石。

十月，北魏诏州郡民十丁取一，户收租 50 石充军粮。

484 年（南朝齐武帝永明二年，北魏孝文帝太和八年）

六月，北魏始颁俸禄。班禄后，每户增调帛 3 匹、谷 3 斛 9 斗，以供百官之禄；另增调外帛 2 匹。

485 年（齐永明三年，北魏太和九年）

北魏孝文帝改革，颁行均田制，实施定额租税制：按户授田，男子 15 以上受露田 40 亩，桑田 20 亩，妇人受露田 20 亩。一夫一妇出帛 1 匹，粟 2 石。

488 年（齐永明六年，北魏太和十二年）

北魏别立农官，取州郡户十分之一，以为屯民。一夫之田，岁责 60 斛，甄其正课并征戍杂役。

525 年（南朝梁武帝普通六年，北魏孝明帝正光六年，孝昌元年）

九月，北魏诏减租调之半。

526 年（梁普通七年，北魏孝昌二年）

北魏以水旱，国用不足，预折天下六年租调而征之。

541 年（梁武帝大同六年，西魏文帝大统六年，东魏孝静帝兴和二年）

东魏定调绢以 40 尺为匹。

564 年（南朝陈世祖天嘉五年，北周武帝保定四年，北齐武成帝河清三年）

三月，北齐定制，使民 18 岁受田输租调，60 岁免力役，66 岁还田，免租调。一夫受露田 80 亩，妇人 40 亩。一夫一妇调绢 1 匹，绵 8 两，垦租 2 石，义租 5 斗。

581 年（隋文帝开皇元年，陈宣帝太建十三年）

二月，杨坚称帝，国号隋。颁新令定丁男受田及租调制。

583 年（隋开皇三年，陈后主至德元年）

隋定制：以 21 岁为丁，每年役 20 日，调绢以 2 丈为 1 匹。

585 年（隋开皇五年，陈至德三年）

隋为防止农民隐漏户口，逃避赋税，实施大索貌阅和输籍法。大索貌阅即按照户籍簿上登记的年龄，和本人体貌进行核对。输籍法即按中央制定的“输籍定样”统一确定户等，编写户籍资料。隋开皇五年，始设义仓。

586 年（隋开皇六年，陈至德四年）

二月，隋发丁 15 万人在朔方以东，沿边险要之处，增筑数十城。

八月，隋因旱免关内七州赋税。

590 年（隋开皇十年）

六月，令 50 岁以上之民免役，收庸（纳绢或布以代徭役）。

604 年（隋文帝仁寿四年）

十月，免除妇人、奴婢、部曲之课，男子改以 22 岁为成丁。

605 年（隋炀帝大业元年）

隋炀帝即位后，滥用民力，大兴土木，筑西苑、营洛阳、缮离宫、修长城、开运河、征高丽，常年征发大量民夫，大的经年常役一二百万人，小的也要征发一二十万人，极大加重了农民负担。

610 年（隋大业六年）

大运河全部完成。
农民起义开始频繁爆发。

619 年（唐高祖武德二年）

唐定租庸调法，每丁租 2 石、绢 2 匹、绵 3 两，役 20 日，不役者每日折绢 3 尺。

624 年（唐武德七年）

定均田租庸调法，16 岁为中，20 岁为丁，60 岁为老；丁、中给田一顷，十分之二为世业，八为口分。

628 年（唐太宗贞观二年）

四月，诏州县设义仓。

642 年（唐贞观十六年）

七月，令今后有自残肢体以避赋役者，依法治罪，仍不免赋役。

651 年（唐高宗永徽二年）

闰九月，诏义仓改令率户出粟。

654 年（唐永徽五年）

三月，命阎立德领丁夫 4 万筑长安外郭。

688 年（唐睿宗垂拱四年）

武则天命薛怀义督修明堂，役用工力数万人。落成后，又命薛作一夹紵大像，又造天堂贮之，日役万人，所费以万亿计。

691 年（周武则天天授二年）

令诸州人有因饥岁流亡等原因隐漏户口者，限百日内自首。

696 年（周武则天万岁登封元年，万岁通天元年）

腊月，武则天封禅嵩山，免除天下百姓该年租税。

698 年（周武则天圣历元年）

规定民户每 150 户出马 1 匹。

721 年（唐玄宗开元九年）

二月，以宇文融为劝农使，括逃移户口及籍外田，限百日自首，得 80 余万户以及大量田地。

724 年（唐开元十二年）

六月，命逃户自首，辟所在闲田，随宜收税，毋得差科征役，租庸一皆豁免。以宇文融为劝农使，巡行州县，与吏民议定赋役。

737 年（唐开元二十五年）

七月，以是年丰收，谷贱伤农，乃于关中行和籴法，以比时价高二三成之价收买都畿、京畿粟各数百万斛。
是岁，令租庸调、租资课，皆以土物输京都。

744 年（唐玄宗天宝三载）

十二月，令百姓 18 岁为中，23 岁成丁。

753 年（唐天宝十二载）

十月，和雇京城丁户 13000 人，筑兴庆宫墙，起楼观。

762 年（唐代宗宝应元年）

正月，租庸调使元载命追征天宝十三年以来江淮欠缴或逃避的租庸。官吏不问欠赋与否，见民有粟帛，即迫取其半，甚者取什八九，称“白著”。

764 年（唐代宗广德二年）

七月，税地头钱（每亩 25 文）、青苗钱（每亩 15 文），以给官俸。

始征酒税。

765 年（唐代宗永泰元年）

五月，畿内丰收，京兆尹第五琦请税百姓田，十亩收其一，曰：“古之什一之法也。”

766 年（唐永泰二年，唐代宗大历元年）

五月，征青苗钱（田赋附加税），苗一亩，税钱 15，于苗青时征收，故曰青苗钱。

769 年（唐大历四年）

正月，定户税征钱，以资力定等第，分九等，上上户每年 4000 文，下下户 500 文。

十二月，令京兆府税分两等，上等田每亩 1 斗，下等 6 升，荒地 2 升。

770 年（唐大历五年）

五月，增地头钱，每亩 20 文，青苗钱 15 文，合计征收 35 文，随夏税征收。

780 年（唐德宗建中元年）

根据杨炎建议进行税制改革，废除租庸调，实行两税法。不分主客户一律就地征收，按亩纳谷，分夏秋两次缴纳。

796 年（唐德宗贞元十二年）

虢州刺史崔衍奏称，虢州税重，青苗钱亩征高达收成的十分之七，德宗下诏减少虢州青苗钱。

849 年（唐宣宗大中三年）

八月，诏募百姓垦辟三州、七关土地，5 年不租税。

860 年（唐大中十四年，唐懿宗咸通元年）

五月，令州县税外毋得科率。

918 年（后梁末帝贞明四年，契丹太祖神册三年）

吴徐知诰免天祐十三年（吴用唐天祐年号，时为天祐十五年）欠税，除丁口钱，赋税均收谷帛。

928 年（后唐明宗天成三年，契丹太祖天显三年）

后唐开征曲税，规定夏秋田亩上，每亩增征曲钱 5 文。

930 年（后唐天成五年，契丹天显五年）

后唐减曲钱为 3 文。

931 年（后唐明宗长兴二年，契丹天显六年）

五月，后唐废曲税。
六月，后唐均田税。

932 年（后唐长兴三年，契丹天显七年）

吴越诏除民田荒绝者租税。

937 年（后晋高祖天福二年，契丹天显十二年，闽康宗通文二年）

闽主王昶肆行聚敛，果菜鸡豚皆征重税。

938 年（后晋天福三年，契丹太宗会同元年）

六月，后晋规定民垦田五顷以上免除三年徭役。

941 年（后晋天福六年，契丹会同四年，南唐烈祖昪元元年）

南唐主命按土地肥瘠定税钱，民称公平。

943 年（后晋齐王天福八年，契丹会同六年）

是年后晋大灾，饿死及流亡者不计其数。恒、定饥荒最甚，朝廷规定不括民谷，杜重威在恒州仍括百万斛，再“借”百万斛。

949 年（后汉隐帝乾祐二年，辽世宗天禄二年）

吴越钱弘俶奖励垦荒，免收其税，有请检遗漏丁口以增税收者，被钱弘俶杖责。

950 年（后汉乾祐三年，辽天禄四年）

后汉王章为三司使，始令田税输纳“省耗”，又令纳“省陌”。田税每斛原加“雀鼠耗”2 升，王章另加“省耗”2 斗。

951 年（后周太祖广顺元年，辽天禄五年，穆宗应历元年）

后周郭威即帝位，改国号周。禁收“斗余”、“秤耗”。

952 年（后周广顺二年，辽应历二年）

正月，后周规定逃户荒田许人承租供纳租税之法。
十一月，后周诏每年民间输牛皮三分减二。

953 年（后周广顺三年，辽应历三年）

后周罢营田务，以民隶州县，田、庐、牛、农器均给佃户为永业，除租牛课（朱温掠淮南牛，给淮北民，使每年纳租，已数十年，牛死而租不除）。

956 年（后周太祖显德三年，辽应历六年）

十月，后周立两税征限，不得早征。

958 年（后周显德五年，辽应历八年）

十月，后周以元稹《均田图》赐诸道。遣人分行诸州，均定田租。

961 年（宋太祖建隆二年，辽应历十一年）

宋遣官往诸州度民田。定民籍为五等。

962 年（宋建隆三年，辽应历十二年）

宋因河北、陕西、京东旱蝗，蠲其租。

966 年（宋太祖乾德四年，辽应历十六年）

二月，宋免西川今年夏税及诸征之半，田不得耕者尽除之。
三月，宋罢义仓。
四月，宋张全操请严加止绝法外加耗。
闰八月，宋诏民能种植桑枣，开垦荒田者，不加征，令佐能劝来者受赏。

970 年（宋太祖开宝三年，辽景宗保宁二年）

四月，宋诏诸路两税折科物，非土地所宜者不得抑配。

975 年（宋开宝八年，辽保宁七年）

宋灭南唐。免江南赋税 1 年，兵戈所经之地 2 年。

980 年（宋太宗太平兴国五年，辽景宗乾亨二年）

宋定役法，上四等户量轻重给役，下五等户免除。

984年［宋太平兴国九年，太宗雍熙元年，契丹（辽）圣宗统和二年］

十一月，宋江南两浙、湖南、岭南人户有身丁钱，今后并以20成丁，60为老。

986年［宋太宗雍熙三年，契丹（辽）统和四年］

契丹南院大王留宁言免除南院部民今年租赋。

990年［宋太宗淳化元年，契丹（辽）统和八年］

宋令江南、两浙召游民耕种，准免租税徭役5年。

991年［宋淳化二年，契丹（辽）统和九年］

宋诏陕西诸州长吏设法招诱流亡，复业者计口贷粟，免除赋役二年。

契丹诏免三京诸道租赋，罢括田。

992年［宋淳化三年，契丹（辽）统和十年］

宋置常平仓，以备荒年。

995年［宋太宗至道元年，契丹（辽）统和十三年］

六月，宋诏重造州县两税版籍。诏许民请佃诸州旷土，便为永业，免租三年，三年后收三分之一。

十月，契丹令诸道置义仓。

1000年［宋真宗咸平三年，契丹（辽）统和十八年］

四月，宋免湖南地税。

十一月，宋罢京畿均田税。

契丹诏北地节候颇晚，宜从后唐旧制，大小麦、豌豆，六月十日起征，至九月纳足。正税、匹帛钱、鞋、地、榷麹钱等，六月二十日起征，十月纳足。

1006 年［宋真宗景德三年，契丹（辽）统和二十四年］

宋诏缘边归民给复三年。

1013 年［宋真宗大中祥符六年，契丹（辽）圣宗开泰二年］

宋诏诸路勿税农器。

1025 年［宋仁宗天圣三年，契丹（辽）圣宗太平五年］

八月，宋免万州民纳谷税钱。

1030 年［宋天圣八年，契丹（辽）太平十年］

三月，宋诏河北被水州县勿税牛。

1043 年［宋仁宗庆历三年，契丹（辽）兴宗重熙十二年］

宋范仲淹改革，推行均公田、厚农桑、减徭役等十策。

1049 年［宋仁宗皇祐元年，契丹（辽）重熙十八年］

宋购买 20 万缗谷种分给河北贫民。

1059 年［宋仁宗嘉祐四年，契丹（辽）道宗清宁五年］

宋遣官赴各路“均田”（清查逃税土地，均匀赋税负担），旋即中辍。

1067 年（宋英宗治平四年，辽道宗咸雍三年）

九月，宋减诸路逃田税额。

1069 年（宋神宗熙宁二年，辽咸雍五年）

二月，宋以王安石为参知政事，准备变法。

四月，宋遣使考察各路农田、水利、赋役。

九月，宋行青苗法，以钱贷民，利息 2 分。

十一月，宋颁农田水利条约。

1071 年（宋熙宁四年，辽咸雍七年）

宋推行募役法，使民出免役钱，本不服役者出助役钱，雇人服役。

1072 年（宋熙宁五年，辽咸雍八年）

宋颁方田均税法，以东西南北各千步为一方，丈量后分等定税。

1073 年（宋熙宁六年，辽咸雍九年）

宋颁劝课栽桑之法，不准因民户多种桑树而升其户等。

1074 年（宋熙宁七年，辽咸雍十年）

宋罢方田。吕惠卿行手实法，设五等丁、产簿，令民申报财产，据以纳税。

1075 年（宋熙宁八年，辽道宗太康元年）

十月，宋罢手实法。

1086 年（宋哲宗元祐元年，辽道宗大安二年）

宋罢免役法、青苗法。

1094 年（宋元祐九年，辽大安十年）

宋逐渐恢复熙宁新法。恢复义仓。恢复免役法。

1095 年（宋哲宗绍圣二年，辽道宗寿昌元年）

宋恢复青苗法。

1099 年（宋哲宗元符二年，辽寿昌五年，夏崇宗永安二年）

十一月，诏河北黄河退滩地听民耕垦，免租税三年。

1107年（宋徽宗大观元年，辽天祚帝乾统七年）

宋复行方田法，括天下漏丁。

1114年（宋徽宗政和四年，辽天祚帝天庆四年）

女真定制以300户为谋克，10谋克为猛安。

1143年（宋高宗绍兴十三年，金熙宗皇统三年）

宋颁“经界法”，“按图核实”，以纠正有田不纳税、无田反纳税之弊。

1157年（宋绍兴二十七年，金海陵王正隆二年）

三月，宋废除耕牛税。

1176年（宋孝宗淳熙三年，金世宗大定十六年）

四月，宋两浙运判吴渊请征秋苗加耗不得超过3分，时有原额1石加耗2石者。

1177年（宋淳熙四年，金大定十七年）

二月，宋令禁止两税浮收及预催夏税，并禁官吏苛征。
三月，金免河北七路租税。

1178年（宋淳熙五年，金大定十八年）

宋戒州县向民“预借”赋税。

1181年（宋淳熙八年，金大定二十一年）

金以猛安谋克人惰农酗酒，或租田给汉人，预借二三年田租，或荒芜不种，下令戒饬。

1182年（宋淳熙九年，金大定二十二年）

宋诏江、浙、两淮旱伤州县贷民稻种，计度不足者贷以桩积钱。

1189 年（宋淳熙十六年，金大定二十九年）

金减民地税十之一，河东南北路十之三，下田十之三。

1190 年（宋光宗绍熙元年，金章宗明昌元年）

八月，金始设常平仓。

1191 年（宋绍熙二年，金明昌二年）

正月，宋命两淮行义仓法。

1201 年（宋宁宗嘉泰元年，金章宗泰和元年）

六月，金猛安谋克户每田 40 亩树桑 1 亩，减牛头税三之一。

1204 年（宋宁宗嘉泰四年，金泰和四年）

九月，金定屯田户自种及租佃法。

1219 年（宋嘉定十二年，金宣宗兴定三年）

正月，金税民种地亩。免单丁民户月输军需钱。

1227 年（宋理宗宝庆二年，金哀宗正大四年）

三月，金征夏税 2 倍。

1234 年（宋理宗端平元年，金哀宗天兴三年，蒙古太宗六年）

七月，蒙古定天下地税。

1236 年（宋端平三年，蒙古太宗八年）

正月，蒙古行科差丝料之法。

1240 年（宋理宗嘉熙四年，蒙古太宗十二年）

宋令流民于边江分田以耕，田在官者免其租，在民者以所收十之一二归其主。

1243 年（宋理宗淳祐三年，蒙古乃马真后二年）

八月，宋禁州县社仓科配于民。

1245 年（宋淳祐五年，蒙古乃马真后四年）

宋诏申严预借重催取赢抑配之禁。

1248 年（宋淳祐八年，蒙古定宗三年）

八月，宋诏户部严革诸路州县增收多量苗米之弊。

1251 年（宋淳祐十一年，蒙古宪宗元年）

蒙古始征包银。

1255 年（宋理宗宝祐三年，蒙古宪宗五年）

蒙古定科差包银之法。

1261 年（宋理宗景定二年，蒙古世祖中统二年）

宋行公田法。

1262 年（宋景定三年，蒙古中统三年）

七月，宋诏申严诸路郡县苛取苗米之禁。

1269 年（宋度宗咸淳五年，蒙古世祖至元六年）

蒙古始立常平、义仓法。

1271 年（宋咸淳七年，元世祖至元八年）

忽必烈定国号“大元”。
规定军站户地 4 顷以上，依例输租。

1279 年（元至元十六年）

五月，命畏吾界内计亩输税。

1294 年（元至元三十一年）

减秋粮十分之三，并令田主照此数减佃户租。

1296 年（元成宗元贞二年）

诏征民间马牛羊，百取其一。

1302 年（元成宗大德六年）

在湖南、湖北征发丁夫 20 余万，运粮供应刘国杰军。

1304 年（元大德八年）

诏诸路有马者十取其一，牧羊及百至三十者，官取其一。
诏江南私租十分之二，永为定制。

1305 年（元大德九年）

二月，免江淮以南租税及佃种官田者十分之二。

1351 年（元顺帝至正十一年）

四月，以工部尚书贾鲁为总治河防使，征发民工 15 万、军队 2 万人，采取塞北河、疏浚南河之方针，合于故道。

1362 年（元至正二十二年）

元顺帝征发大量民工，修上都宫殿。

1363 年（元至正二十三年）

闰三月，吴国公朱元璋改税法，二十取一。

1368 年（明太祖洪武元年，元顺帝至正二十八年）

明定田赋额，浙西每亩税额有高至二三石者，苏松尤重。编定役法。

1370 年（明洪武三年）

迁苏、松、杭、嘉、湖无田之民四千余户至临濠垦田。又移江南民十四万户于凤阳。

1371 年（明洪武四年）

建立粮长制度。

1374 年（明洪武七年）

减苏、松、嘉、湖极重田租之半。

1380 年（明洪武十三年）

减苏、松、嘉、湖田赋额，原每亩 7 斗 5 升到 4 斗 4 升者，减十分之二，较他省仍为极重。

1381 年（明洪武十四年）

定赋役籍，编里甲，造“黄册”（户、丁赋、役清册），10 年一定。10 户为甲，110 户为里。

1387 年（明洪武二十年）

编绘鱼鳞图册（田块图），与黄册并行。

1400 年（明惠帝建文二年）

正月，诏减苏、松、嘉、湖重赋，每亩不得过 1 斗。成祖时尽复其旧。

1403 年（明成祖永乐元年）

七月，免山东、北平、河南被兵州县徭役 3 年，免凤阳、淮安、徐、滁、扬租 1 年，免天下州县田租之半。

1406 年（明永乐四年）

开始兴建北京紫禁城，历时 14 年，征发民夫不可胜数，所费巨大。翰林院侍讲邹缉言营建北京之役，农民负担苛重。

1413 年（明永乐十一年）

令北京民户计丁养马，后在山东、河南推行，农民负担甚重。

1414 年（明永乐十二年）

免苏、松、杭、嘉、湖五府水灾田租 479000 余石。

1424 年（明永乐二十二年）

分畿内民所养官马给各卫所，以减轻农民负担。

1430 年（明宣宗宣德五年）

敕免灾区田赋，宽民间追赔畜马，免积欠薪刍，酌减官田租额，汰工役。

1423 年（明宣德七年）

大学士杨士奇奏称，宣德五年令减官田租额十分之三后，户部并不执行。宣宗乃重下宽恤之诏。

1436 年（明英宗正统元年）

苏、松、浙江等处官田，改照民田起科，粮额最高者每亩 3 斗。

推广“折色”之法，米麦 1 石折银 2 钱 5 分，南方各省共折银百余万两。以后除漕运外，多收折色。

1440年（明正统五年）

三月，修缮北京紫禁城，共役使工匠官军70000余人。

1456年（明代宗景泰七年）

以水旱免各地税粮240余万石。

1471年（明宪宗成化七年）

定漕粮长运法，命运军到江南交兑，民间只付渡江费用，不再自运。

1472年（明成化八年）

二月，兵部尚书白圭以发大军征套寇，责令河南、山西解饷，不足即预征明年田赋。山西预征草豆，每夫科银20两，岁旱民饥，人多逃亡。

1474年（明成化十年）

罢湖广宝庆等地采金之役，时每年役使民夫55万人，死者不计其数，仅得金30余两。

1492年（明孝宗弘治五年）

兵部尚书马文升言赋役之重，谓从南方运漕米到通州，每石运费达三四石；每年役夫不下百万人，诸王之国役夫亦40万，此外尚有供应军需等负担。

1509年（明武宗正德四年）

派官清理屯田，所至虚增田数，加重农民负担。

1564年（明世宗嘉靖四十三年）

顺天府尹刘畿上书，因额外加编（采办、加泊、劝借之类）重于两税，宛平、大兴二县民户多逃，有全里无一丁者，有仅存二三户者。

1568 年（明穆宗隆庆二年）

张居正改革，清丈田亩，推行“一条鞭法”，将原来的按户、丁派役的办法，改为按丁、粮派役，将部分力役分摊于田亩；一切赋、役、杂税合并为一条，一律折银交纳，差役则由政府用银雇人充当。

1581 年（明神宗万历九年）

全面推行“一条鞭法”。

1602 年（明万历三十年）

各地不断发生反税民变。

1613 年（明万历四十一年）

以闽浙沿海有倭寇出没，敕沿海加强戒严，并加淮、扬田赋以供经费。

1615 年（明万历四十三年）

努尔哈赤建立八旗制度，令各佐领屯田积谷。

1618 年（明万历四十六年，后金天命三年）

明因辽饷缺乏，加田赋，每亩 3 厘 5 毫。

1619 年（明万历四十七年，后金天命四年）

明再加天下田赋，每亩 3 厘 5 毫。

1620 年（明万历四十八年，后金天命五年）

明再加田赋 2 厘，三次共加 9 厘，惟畿内、贵州不加。

1630 年（明思宗崇祯三年，后金天聪四年）

明加田赋，除已加 9 厘外，再加 3 厘，连前共加 680 余万两。

1637年（明崇祯十年，清太宗崇德二年）

明加征“剿饷”，每亩6合，照每石折银8钱计算，连其他项目共加280万两。

1639年（明崇祯十二年，清崇德四年）

明命各地练兵，加征练饷730万两，合辽、剿、练三饷，共加田赋1670万两。

1644年（明思宗崇祯十七年，大顺永昌七年，清世祖顺治元年）

二月，李自成传檄“贵贱均田”，进取北京。
七月，清宣布取消正额外一切加派（三饷）。
十月，清世祖即皇帝位，宣布以明“万历会计录”原额征钱粮。重申废除明末加派赋税。

1647年（清顺治四年）

在近京府、州、县内大规模圈地，共达993707垧。

1657年（清顺治十四年）

以明万历年间的赋役额为准，废除明末三饷和杂派，编定《赋役全书》，颁行天下，作为赋役征收的依据。

1661年（清顺治十八年）

苏、松、常、镇欠赋之文武绅衿共13517人被指“抗粮”，全部褫革，发本处枷责。

1669年（清圣祖康熙八年）

诏永停圈地，当年已圈者给还。

1670年（清康熙九年）

旧明宗藩佃户原向清政府缴纳田租、赋税。至是，除田租，只纳赋税。

1707 年（清康熙四十六年）

十二月，江南大旱，免次年人丁银、地丁、钱粮。

1709 年（清康熙四十八年）

圆明园始建，历康熙、雍正、乾隆、嘉庆、道光五朝，耗费巨大。

1712 年（清康熙五十一年）

宣布以康熙五十年（1711 年）的人丁数作为征收丁银的固定丁数，以后“滋生人丁，永不加赋”。

1723 年（清世宗雍正元年）

开始推行“摊丁入亩”，逐步将各地丁银全部摊入田亩，与田赋一体征收，称“地丁银”。

1724 年（清雍正二年）

实施火耗归公，又称耗羡归公。因“地丁钱粮”征收银两，在上缴过程中要统一熔铸，熔铸过程会有损耗，于是在征收正税时会加收 1% 左右的火耗附加。各地不断加征，从 5% 至 80% 不等，成为地方官的主要收入。火耗归公，虽是防止地方官任意加征，但也将火耗附加合法化，成为农民的合法负担。

1790 年（清高宗乾隆五十五年）

五月，免西藏属三十九部钱粮。

六月，免湖南苗区杂粮。

1842 年（清宣宗道光二十二年）

豁免鸦片战争期间江浙沿海州县受损地区当年钱粮、漕米。

1853年（清文宗咸丰三年）

太平天国颁布《天朝田亩制度》。

清政府开始在扬州试行厘金，此法很快风行全国，各省、州县乃至镇乡到处设置关卡，给农民增加了极大负担。

1854年（清文宗咸丰四年）

江苏扬州、通州两府举办“亩捐”，作为地方团练经费，照地丁银数加抽，大致每亩20至80文不等。其后江南各州仿行，有的称“田捐”。

1864年（清穆宗同治三年）

3月23日[①]，清廷停山东亩捐。

1865年（清同治四年）

11月26日，清廷减杭、嘉、湖三府浮收米共486700余石，折色钱247000余串，并勒石永禁浮收及一切陋规。

12月22日，江苏苏州等五府减免漕粮米豆共542126石。

1866年（清同治五年）

2月11日，以江苏苏、松、常等府额赋太重，嗣后江苏各州县开征漕米漕折不准复立大小户名目，其仓漕、索规等弊一并永远禁革。

1878年（清德宗光绪四年）

1月23日，蠲免河南、山西成灾州县正杂钱粮。

11月22日，御史梁俊奏，晋豫被灾各州县官，每借善后筹办社仓义仓等名目，预征来年钱粮。

① 大事记自1840年后，采用公历记载日期。

1889 年（清光绪十五年）

3 月，台湾核定田粮年额征数，共计银 674468 两。

4 月 15 日，豁免各省光绪十三年以前民欠及因灾缓征钱粮。

1892 年（清光绪十八年）

4 月 25 日，以租地亩数册档残缺，命礼部派员将现存荒熟田亩查丈确数，造册奏明立案，作为定额。

1912 年（民国元年）

中华民国成立，田赋征收仍沿袭清代原定科则。

1914 年（民国 3 年）

通令田赋一律改征银元，规定纳银一两，折合银元一元五角。

1916 年（民国 5 年）

6 月 6 日，袁世凯令停缓地方苛细杂捐。

12 月，财政部修正公布《屠宰税简章》，将原订征收对象猪、牛、羊三项，改订为猪、羊两项。

1917 年（民国 6 年）

2 月 13 日，黎元洪批准京兆、直隶、黑龙江三省屠宰税照旧章征收，其他各省可报财政部核准办理。

1919 年（民国 8 年）

5 月 13 日，财政部通令各省整顿屠宰税。

1924 年（民国 13 年）

财政部通令各省，明定征收钱粮正额之外，准收相当正额百分之十的款项作为征收费。

1927 年（民国 16 年）

4 月 18 日，南京国民政府成立。

5 月，国民党政府颁布《佃农保护法》。

1928 年（民国 17 年）

3 月 10 日，中国共产党发布中央通告第 37 号，提出“土地使用人须向县苏维埃缴纳农产品百分之十至十五国税”。当时各根据地实际采用的税率有所不同，陆丰 10%，琼崖 10%—15%，井冈山宁冈 20%。

12 月 26 日，国民党政府立法院提出《土地法》原则 11 项，指出征收土地税以地值为根据，税率应等于地赁或相称之数，地值税须与增益税同时推进，征税应有利于促进土地使用。

12 月，中共井冈山根据地颁布《井冈山土地法》，实行比例税率。

1929 年（民国 18 年）

11 月 5 日，中共闽西特委规定分两个等级征收竹麻的山林税。

1930 年（民国 19 年）

4 月，中共闽西工农民主政府颁布《暂行税则》，要求农民领种田地，应照所领田地面积，向政府缴纳田地税。

5 月，全国苏维埃区域代表大会通过《土地暂行法》，规定“分有土地的农民，应缴相当的公益费，其数目由当地苏维埃政府按照累进税的原则规定之”。

6 月，国民党政府颁布《土地法》，包括土地行政、土地使用、土地税和土地征收等内容。

8 月，中共赣南根据地颁布《中国革命军事委员会土地法》和《赣西南苏维埃土地法》。

9 月，中共湘鄂西工农民主政府颁布《湘鄂西苏维埃政府征收公益费条例》，规定农民缴纳公益费以收入为标准，按土地的肥瘦，分上田、下田两等征收。

1931 年（民国 20 年）

1 月 9 日，中共湘赣省委发布《重新彻底平均分配土地条例》。

4 月，国民党政府行政院转发国民党政府令：所有鱼税、渔业税一律豁免。嗣后无论任何机关概不得另立名目征收此项捐税。

11 月 28 日，中华苏维埃共和国临时中央政府执行委员会发布《关于颁布暂行税则的决议》和《中华苏维埃共和国暂行税则》。此后，江西省政府根据《决议》和《暂行税则》的精神，制定颁布《农业税征收办法》，经中央批准后转发各地参考。

是年，国民党政府开始大建交通，征集大量力役，极大加重了广大农民的负担。

1932 年（民国 21 年）

3 月，日本扶植清废帝溥仪，建立伪“满洲国”，作为其统治中国东北的工具，开始了公开的、有计划的、大规模的对我国东北地区的掠夺活动，极大加重了东北地区农民的负担。

3 月，中共湘赣省工农民主政府发布《湘赣苏区土地税和商业累进税暂行征收条例》。

7 月 13 日，中华苏维埃共和国临时中央政府执行委员会发布《土地税征收细则》。

10 月，中共江西省工农民主政府颁布《山林税征收细则》，决定对木梓、竹麻、茶叶、果子四种产品征收山林税。

1933 年（民国 22 年）

8 月，中共川陕省工农民主政府颁布《川陕省苏维埃政府公粮条例》。

10 月，国民党政府财政部通令各省财政厅，严禁抽收粮食税捐。

10 月，中华苏维埃共和国临时中央政府颁布《山林税征收细则》，决定对竹麻、茶籽、茶叶、果子四种产品征收山林税。山林税只收现款，不收实物，按实物最高市价折算为临时中央发行的“苏维埃国币”征收。

1934 年（民国 23 年）

1 月 20 日至 25 日，中国国民党召开四届四中全会，会议通过“整理田赋先举行土地陈报以除积弊而裕税源案”等。该案要求在全国城乡实行土地呈报，用以整理田赋和增加城市土地税收入。

5 月 21 日，国民党政府第二次全国财政会议在南京举行，提出减轻田赋附加、废除苛捐杂税及其抵补问题等。

5 月，国民党政府行政院第 163 次会议通过《废除苛捐杂税进行办法》。

6 月 25 日，国民党政府发布废除苛杂令。

12 月 25 日，国民党政府财政部公布《废除苛捐杂税抵补办法》三项。

1936 年（民国 25 年）

2 月 22 日，国民党政府公布《土地法》及《土地法施行法》，均自 3 月 1 日起施行。

9 月 13 日，中共中央西北局及红军总政治部发出《在甘肃境内征收抗日正粮的决定》，规定按每人收获数量累进征税。

1937 年（民国 26 年）

8 月 1 日，中共陕甘宁边区党委做出《关于征收救国公粮的决定》。

8 月 31 日，国民党政府行政院公布《各省市土地税征收规则》。

3 月 29 日至 4 月 1 日，国民党召开临时全国代表大会。会议通过《中国国民党抗战建国纲领》，提出全力发展农村经济等八项财经方针。

10 月，陕甘宁边区政府公布《救国公粮征收条例》及其附则。

1938年（民国27年）

2月9日，晋察冀边区政府公布《晋察冀边区减租减息单行条例》。

5月，毛泽东发表《抗日游击战争的战略问题》，提出在抗日根据地实行“合理负担”原则。

9月，晋察冀边区政府制定公布《征收救国公粮条例》。

10月12日，毛泽东发表《论新阶段》，提出“在有钱出钱的原则下，改订各种旧税为统一的累进税，取消苛杂和摊派制度，以舒民力而利税收”。

11月，伪满政权公布《米谷管理法》及《满洲粮谷股份公司法》，将粮食购销由严格“统制”变为强制购销，即所谓“粮谷出荷”政策。

12月21日，伪满设立“满洲粮谷株式会社”，实行粮谷收购、配给、价格统制。

1939年（民国28年）

11月2日，伪满公布《主要粮谷统制法》，对高粱、玉米、粟类实行统制。

1940年（民国29年）

1月22日，国民党政府行政院准重庆市政府呈，将田赋及其附加划归市收入，由市政府将田赋改征地价税。

2月26日，晋绥边区政府公布《山西省政府第二游击区行署征收抗日公粮条例》。

3月，汪精卫在日本操纵下，组建伪国民党政府。在汪伪统治区，农民负担极为沉重。

5月12日，伪满制定《战时粮食报国运动施行要纲》。

8月29日，伪满公布《农产品交易市场法》。

8月30日，中共晋察冀边委颁布《晋察冀边区目前施政纲领》，提出“实行有免征点和累进最高率的统一累进税（以粮、秣、钱三种形式交纳），整理出入口税，停征田赋，废除其他一切捐税；非经边区参议会通过，政府不得增加任何捐税”。

8 月 30 日，伪满公布《粮谷管理法》。

12 月，晋察冀边区政府颁布《征收救国公粮暂行办法》。

1941 年（民国 30 年）

本年起，伪满政权在东北实施“国民皆劳”政策，加大对广大东北人民的劳役剥削。当年征用一般劳工 192 万人。

5 月，汪伪政权公布《清乡委员会临时组织大纲》，成立伪清乡委员会，加强了对农村和农民的经济掠夺和剥削。

6 月 16 日，第三次全国财政会议在重庆举行，提出战时各省田赋暂归中央接管、改征实物。

7 月 21 日，伪满将“满洲粮谷株式会社”“满洲特产专管公社”“满洲谷粉管理株式会社”合并为“满洲农产公社”，加强对粮食的掠夺。

7 月 23 日，国民党政府行政院通过《战时各省田赋征收实物暂行通则》。

8 月 30 日，国民党政府行政院公布《屠宰税征收通则》。

9 月 1 日，国民党政府发行粮食库券，采取“三七搭成”的支付办法，即收购一市石粮食，付给三成的现金，七成的“粮食库券”。

11 月 2 日，陕甘宁边区政府公布《陕甘宁边区政府一九四一年救国公粮条例》。

12 月 22 日，中国国民党五届九中全会通过《土地政策战时实施纲要》。

1942 年（民国 31 年）

3 月 20 日，晋察冀边区政府公布《晋察冀边区减租减息单行条例施行细则》。

5 月 2 日，中共华中局发布《关于减租问题的指示》。

7 月，伪满颁布《地税税法》。

10 月 26 日，伪满颁布《国民勤劳奉公法》，设立“国民勤劳奉公局”，大规模征集劳工，对农村劳力造成巨大破坏，加重了农民负担。

是年，国民党政府粮食部决定本年度征购粮，采用随赋带征原则。

1943 年（民国 32 年）

1 月 20 日，国民党政府财政部公布《财政部棉纱麦粉统税改征实物暂行办法》及《棉纱麦粉征实处理分配机关解交价款办法》。

2 月 4 日，晋察冀边区政府公布《晋察冀边区租佃债息条例》及《晋察冀边区租佃债息条例施行条例》。

2 月 17 日，国民党政府财政部公布《竹木皮毛瓷陶纸箔统税征收暂行章程》。

1944 年（民国 33 年）

3 月 28 日，国民党政府公布修正的《战时征收土地税条例》。

1945 年（民国 34 年）

4 月 5 日，国民党政府财政部、地政署联合颁发《土地税征收规则（草案）》，供各省拟订土地税征收规则的参考。

9 月 1 日，中共冀热辽边特委发布《关于进行减租运动的决定》。

9 月 3 日，国民党政府发布命令，豁免收复区“本年度田赋一年”。

10 月 22 日，国民党政府财政部宣布自是年 11 月 1 日起，废止《棉纱麦粉统税改征实物暂行办法》。

1946 年（民国 35 年）

5 月 4 日，中共中央发出指示，要求各地坚决支持广大农民群众从反奸、清算、减租、减息、退税、退息等斗争中，从地主手中获得土地，直接实行土地改革。

9 月 26 日，中共东北政联行政委员会第五次会议通过征收公粮的议案。

11月2日，国民党政府财政部公布《麦粉税稽征规则》等六个稽征规则。

11月28日，中共华东解放区山东省政府公布《山东省实行常备民夫制及使用民夫办法》，规定20岁以上、45岁以下的男子，均需要常备民夫。18岁至19岁和46岁至55岁的男子，均出短夫。

1947年（民国36年）

1月10日，中共胶东行政公署颁布《战时人民劳役办法》。

1月20日，国民党政府行政院颁发《禁止摊派补充规定》。

3月22日，国民党政府财政部、地政署会衔公布《土地改良物税征收规则》。

4月2日，中共东北行政委员会制定公布《东北解放区人民爱国自卫战争勤务暂行条例》。

9月11日，国民党政府财政部、粮食部联合下发《田赋推收与契税业务联系注意事项》。

9月13日，中共中央召开全国土地会议，制定《中国土地法大纲》。

1948年（民国37年）

2月22日，中共中央下达《关于在老区半老区进行土地改革工作与整党工作的指示》。

7月3日，国民党政府与美国政府在南京签订“中美双边协定”，美国政府对华提供2.75亿美元的经济援助，其中10%用于农村复兴计划。

12月25日，华北人民政府颁布《华北区农业税暂行税则》。

1949年

2月13日，中原临时人民政府颁布《中原区1949年公粮合理负担暂行办法》。

6月17日，陕甘宁边区政府公布《陕甘宁边区新区征收公粮暂行办法》。

10月13日，东北人民政府颁布《东北区公粮征收暂行条例》。

12月，财政部在北京召开“第一次全国粮食工作会议”，提出了统一全国农业税法、税率的问题。

1950年

2月24日，中央人民政府政务院第21次政务会议通过《政务院关于新解放区土地改革及征收公粮的指示》，统一规定新解放区公粮征收额为农业总收入的17%，地方附加公粮为正粮的15%。

3月24日，政务院发布《关于统一国家公粮收支、保管、调度的决定》，决定把征收国家公粮的税则和税率，统由中央人民政府规定。

3月31日，政务院第26次会议通过《契税暂行条例》。

4月16日，财政部召开“全国农业税税法会议”。

5月30日，政务院发布《关于1950年新解放区夏征公粮的决定》，把农业税率由上年的17%降为13%，并缩小了征税范围。

6月6日，中国共产党七届三中全会提出“调整税收，酌量减轻民负”原则。

8月12日，内蒙古自治区公布《内蒙古自治区暂行征畜条例》。

9月5日，中央人民政府委员会第九次会议通过并发布《新解放区农业税暂行条例》。9月8日，政务院第四十九次会议通过《关于新解放区征收农业税的指示》。此后，财政部相继制定发布《关于农业税土地面积及常年应产量订定标准的规定》《农业税灾歉减免办法(草案)》《农业税查田定产工作实施纲要》《受灾农户农业税减免办法》等配套措施。

12月15日，政务院第六十三次政务会议通过，同年12月19日政务院发布《屠宰税暂行条例》。

是年，内蒙古、新疆、青海等部分地区开征牧业税。

1951年

3月7日，政务院财政经济委员会公布棉花的最低保护价格，规定了粮棉的合理比价。

3 月 30 日，政务院发布《关于土地房产所有证收费的决定》，规定完成土地改革后，颁发的土地房产所有证，征收土地证费。

6 月 23 日，政务院发出《关于 1951 年农业税工作的指示》，提出在不同地区实行不同税制。

7 月 8 日，政务院发出《关于追加农业税征收概算的指示》，决定当年农业税照原概算增收十分之一。

8 月 31 日，中共中央发布《关于农业税必须贯彻查田定产依率计征的指示》。

1952 年

3 月 12 日，政务院财政经济委员会提出新的棉田负担办法，平衡棉田农业税负担。

6 月 16 日，政务院下发《关于 1952 年农业税收工作的指示》，同时附《东北、华北区的税率》和《晚解放区已经完成土地改革地区的税率》，提出农业税工作的总方针是“查田定产，依率计征，依法减免”。

1953 年

10 月 16 日，中共中央通过《关于实行粮食的计划收购与计划供应的决议》。

1954 年

4 月，西部地区召开第一次牧业税工作会议，对西北五省的牧业税工作提出改进意见。

1955 年

8 月 15 日，财政部召开“第五次全国农业税工作会议”，提出稳定农业税负担，改进农业税征收办法的意见。

1956 年

7 月 18 日，国务院批转财政部《关于 1956 年农业税征收工作中几个问题的请示》。

12 月 17 日，财政部发布《关于农林工商税收的暂行规定》。

1957 年

3 月 1 日，国务院发出《关于各地提高生猪、猪肉购销价格的指示》。

3 月 22 日，国务院发出《关于提高菜油、芝麻油、茶油、桐油、木油、柏油和东北、内蒙豆油销售价格的指示》。

1958 年

6 月 3 日，一届全国人大常务委员会第九十六次会议通过《中华人民共和国农业税条例》。

1959 年

5 月 18 日，财政部召开全国税务局长会议，决定对农村人民公社恢复征税，停办税利合一试点工作。

5 月 26 日，国务院下发《关于改进农村人民公社工商税征税办法的意见》。

6 月 25 日，财政部、农业部发出《关于农村人民公社财务由农业部统一管理的联合通知》。

10 月 10 日，国务院决定，即日起提高大豆、花生、甘蔗、甜菜、菜牛的收购价格。

1960 年

7 月 4 日，中共中央发出《关于加强农村人民公社财务工作的指示》。

9 月 7 日，中共中央发出关于压低农村和城市口粮标准的指示，以解决全国各地粮食供应困难的问题。

1961 年

6 月 19 日，中共中央发布《关于坚决纠正平调错误彻底退赔的规定》。

6 月 23 日，中共中央批转财政部《关于调整农业税负担的报告》。

1962 年

1 月 5 日，中共中央同意财政部、农业部的报告，把农村人民公社的财务工作，由财政部门划归农业部门管理。

4 月 10 日，财政部下发《关于加强农业税业务工作的通知》，要求健全土地产量清册，建立变动登记制度。

4 月 16 日，国务院批转财政部《集市交易税试行规定》。

8 月 28 日，中共中央和国务院发出《关于农业生产资金问题的通知》，决定增加一部分农业贷款。

10 月 11 日，中共中央、国务院批准国家计委、财政部《关于在今年增加和预付一部分财政支出，用于农业、水利建设和轻工增产措施的报告》，决定增加和预付财政支出 11.6 亿元。

10 月 17 日，内蒙古自治区人民委员会颁发《内蒙古自治区农业税征收办法》。

1963 年

3 月 19 日，中共中央、国务院决定提高粮食的销售价格和棉花的收购价格，减少国家财政补贴。

9 月 20 日，中共西藏工作委员会和西藏自治区筹备委员会发布《关于试征爱国牧业税的联合指示》。

1964 年

1 月 4 日，国务院批转财政部《关于改进农村人民公社、生产大队、生产队工商税征收办法的规定》。

2月17日，中共中央和国务院转发财政部等九个部门联合制定的《关于清理农村社队欠国家的赊销款、预付款和预购订金的办法》。

7月7日，西藏自治区筹备委员会发布《西藏自治区征收爱国牧业税试行办法》。

1965年

3月25日，中共中央、国务院发出《关于处理1961年以前农村四项欠款问题的通知》。

10月27日，全国物价会议确定从1966年起将6种主要粮食的全国平均收购价格提高13.6%，停止超购价办法；降低生产资料、西药、卷烟等价格；调整部分地区的工业品地区差价。

1973年

7月24日，国务院决定提高大麻、淡水鱼、海味等商品收购价格，调整部分工业品销售价格。

1974年

3月28日，农林部、轻工部、财政部、一机部、商业部联合发布《关于农机产品价格补贴的暂行规定》。

1978年

2月13日，财政部发布通知，对农村社、队办的小铁矿、小煤窑、小电站、小水泥厂的销售收入和利润从1978年1月1日起至1980年12月31日止，免征工商税和所得税3年。

6月23日，中共中央批转湖南湘乡县委关于整顿农民不合理负担的调查报告，指示各地清理整顿农民不合理负担。

12月2日，国务院批转财政部《关于减轻农村税收负担问题的报告》，规定在粮食产区，凡是低产缺粮的生产队，每人平均口粮在起征点以下的，免征农业税。

1979 年

2 月 23 日，国务院批转财政部、国家农垦总局《关于农垦企业实行财务包干的暂行规定的通知》，决定从 1979 年到 1985 年，对农垦企业试行财务包干办法。

3 月 1 日，国务院决定提高粮食、棉花、油料、生猪等 18 种主要农副产品的收购价格。

6 月 4 日，财政部下发《关于执行农业税起征点若干具体问题的规定》。

1980 年

8 月 26 日，国务院批转财政部《关于执行农业税起征点办法的情况报告》。

1981 年

1 月 30 日，国务院发布《关于调整农村社队企业工商税收负担的若干规定》。

5 月 20 日，粮食部、财政部、国家物价总局联合发出《关于提高大豆收购价格，取消大豆超购加价的通知》。

7 月 13 日，国务院下发《关于新扩大的自留地、饲料地照征农业税的通知》。

9 月 2 日，财政部下发《关于加强农业税征收工作的通知》。

1982 年

1 月 1 日，中共中央批转 1981 年 12 月的《全国农村工作会议纪要》（即第 1 个 1 号文件），提出要减轻农村集体经济的不合理负担；要精简基层干部人员，减轻群众负担。

3 月 18 日，国务院发布《关于调整农村社队企业工商税收负担的补充规定》。

12 月 13 日，国务院发布《牲畜交易税暂行条例》。

1983 年

1月2日，中共中央印发《当前农村经济政策的若干问题》（即第2个1号文件），提出不论办什么事情，凡需动用民力的，都必须坚持量力而行的原则。必须十分注意精简人员，节约开支，杜绝浪费，减轻农民负担。

2月21日，内蒙古自治区人民政府颁布《内蒙古自治区牧业税征收办法》。

3月23日，财政部下发《关于农业税征收管理若干问题的通知》。

8月18日，财政部下发《关于停止执行农业税起征点办法的通知》。

11月12日，国务院发布《关于对农林特产收入征收农业税的若干规定》。

1984 年

1月1日，中共中央发布《关于1984年农村工作的通知》（即第3个1号文件），提出要制止对农民的不合理摊派，减轻农民额外负担，保证农村合理的公共事业经费。

9月18日，国务院发布《中华人民共和国产品税条例（草案）》。

9月28日，财政部下发《中华人民共和国产品税条例（草案）实施细则》。

9月29日，中共中央、国务院发布《关于帮助贫困地区尽快改变面貌的通知》。

是年，宁夏回族自治区人民政府发布《宁夏回族自治区牧业税征收暂行办法》。

1985 年

1月1日，中共中央、国务院发布《关于进一步活跃农村经济的十项政策》（即第4个1号文件）。

1月25日，财政部发出《关于对农村乡镇企业和农民个人征免产品税、增值税和营业税的通知》。

2月28日，财政部发布《关于贫困地区减免农业税问题的意见》。

3月13日，国务院发布《关于下达调整生猪和农村粮油价格方案的通知》。

5月17日，国务院批转财政部《关于农业税改为按粮食“倒三七”比例价折征代金问题的请示》，通知指出：为了适应农产品收购制度的改革，农业税由以征粮食为主改为折征代金。

8月24日，财政部发布《关于改进屠宰税征税办法的若干规定》。

10月31日，中共中央、国务院发布《关于制止向农民乱派款、乱收费的通知》。

是年，北京市、辽宁省、吉林省、湖南省、广东省、广西壮族自治区开征农林特产税。

是年，新疆维吾尔自治区人民政府发布《新疆维吾尔自治区牧业税暂行办法》。

1986年

1月1日，中共中央、国务院发出《关于1986年农村工作的部署》(即第5个1号文件)。

4月16日，财政部、商业部下发《关于农业税征收工作中有关问题的联合通知》。

6月30日，财政部发布《关于农业税征收减免若干问题的通知》。

7月21日，中共中央、国务院决定，在“七五”期间，每年从乡镇企业增长的税收中，由中央和地方财政共同安排10亿元，作为发展粮食生产的专项资金，并制定了《关于加强发展粮食生产专项资金管理的若干规定》。

是年，山西省、内蒙古自治区、山东省、湖北省、云南省开征农林特产税。

1987年

1月22日，中共中央政治局通过《把农村改革引向深入》，提出有计划地建立改革实验区。

4月1日，国务院发布《中华人民共和国耕地占用税暂行条例》。

4月16日，国务院发布《关于扩大征集国家能源交通重点建设基金的规定》。本规定自1987年5月1日起施行。

6月25日，国务院发出《关于坚决落实粮食合同定购“三挂钩”政策的紧急通知》。

8月13日，国务院批转了《全国牧区工作会议纪要》。

12月31日，到是年底，中国农业银行已发放由中央财政贴息的扶贫专项贷款14亿元，共扶持贫困户482万多户，其中约有180万户解决了温饱问题。

是年，河北省、江苏省、青岛市、四川省、重庆市、宁夏回族自治区开征农林特产税。

1988年

5月14日，国家物价局发布《关于价格违法行为的处罚规定》。

7月29日，财政部发出《关于抓紧耕地占用税征收入库工作的通知》。

9月27日，国务院公布施行《中华人民共和国城镇土地使用税暂行条例》，明确规定直接用于农、林、牧、渔业的生产用地免缴土地使用税。

10月28日，新疆维吾尔自治区政府发布《新疆维吾尔自治区牧业税暂行办法》。

是年，大连市、浙江省、新疆维吾尔自治区等地开征农林特产税。

1989年

1月10日，财政部发出《关于农业税征收人员统一着装的通知》。

2月21日，国务院发布《关于切实做好耕地占用税征收工作的通知》。

2月28日，国务院发出《关于提高棉花价格和实行棉花调出调入包干办法的通知》。

3月1日，宁夏回族自治区政府发布《宁夏回族自治区牧业税征收办法》，恢复征收牧业税，宁夏回族自治区1985年至1988年停征牧业税。

3月13日，国务院发出《关于进一步做好农林特产农业税征收工作的通知》。

3月31日，财政部下发《关于农林特产税若干具体问题的通知》。

4月27日，农业部、财政部、中国农业银行发出《关于一九八九年支持粮棉生产贴息贷款有关问题的通知》。

9月29日，内蒙古自治区人民政府颁布《内蒙古自治区牧业税征收办法》。

1990年

2月3日，国务院下发了《关于切实减轻农民负担的通知》。

3月31日，新疆维吾尔自治区人民政府发布《新疆维吾尔自治区牧业税征收办法》。

5月18日，财政部发布《关于对贫困地区、国营华侨农场、劳改劳教单位征收农业税问题的通知》。

9月16日，中共中央、国务院下发《关于坚决制止乱收费、乱罚款和各种摊派的决定》。

7月25日，甘肃省人民政府发布《甘肃省牧业税征收暂行办法》。

1991年

1月12日，国务院发出《关于调整粮食购销政策有关问题的通知》。

11月29日，中国共产党第十三届中央委员会第八次全体会议通过《中共中央关于进一步加强农业和农村工作的决定》。

12月7日，国务院发布《农民承担费用和劳务管理条例》，第一次用行政法规的形式界定农民负担的村提留、乡统筹费、劳务的标准和使用范围。

1992 年

8 月至 10 月，国务院委托农业部、监察部、国务院法制局组成检查组，对 19 个省（区）的 50 个县、96 个乡、199 个村和 2000 多农户进行了农民负担的第一次全国性执法检查。

9 月 4 日，第七届全国人民代表大会常务委员会第二十七次会议通过《中华人民共和国税收征收管理法》。

9 月 22 日，《国务院批转〈国家体改委关于改革棉花流通体制意见〉的通知》。

11 月 10 日，财政部印发《农业税收征收经费管理规定》。

1993 年

2 月 15 日，国务院发布《关于加快粮食流通体制改革的通知》。

2 月 20 日，国务院发布了《关于调整农林特产税税率的通知》，适当降低农林特产税税率。

3 月 19 日，中共中央办公厅、国务院办公厅发出《关于切实减轻农民负担的紧急通知》。

6 月 20 日，国务院召开全国减轻农民负担工作电话会议，取消了 37 项中央国家机关涉及农民负担的集资、基金和收费项目，纠正了有强制摊派和搭车收费行为 14 项。

7 月 22 日，中共中央办公厅、国务院办公厅下发《关于涉及农民负担项目审核处理意见的通知》，明令取消了中央和国家机关 37 项涉及农民负担的收费、集资和基金项目，43 项达标升级活动，并要求各地纠正 10 种错误的收费方法。

9 月 18 日，国务院发布《关于近期开展反腐败斗争的实施意见》，提出将减轻农民负担作为反腐败的重要内容来抓。

9 月 29 日，财政部发布《关于做好 1993 年农业税征收粮食实物（公粮）工作的通知》。

11 月 16 日，安徽省政府办公厅正式批复《太和县农业税费改革试点实施方案》。

是年，河北正定县实行“公粮制”的费改税试点工作。

1994 年

1 月 1 日，国务院取消牲畜交易税。

1 月 23 日，国务院下发《关于取消集市交易税、牲畜交易税、烧油特别税、奖金税、工资调节税和将屠宰税、筵席税下放给地方管理的通知》。

1 月 30 日，国务院发布《关于对农业特产收入征收农业税的规定》。

3 月 24 日，财政部下发《关于农业特产税征收具体事项的通知》。

6 月 10 日，新疆维吾尔自治区人民政府发布《新疆维吾尔自治区牧业税征收办法》。

6 月 23 日，中共中央办公厅、国务院办公厅转发农业部、监察部、财政部、国家计委、国务院法制局《关于 1993 年农民负担检查情况的报告》。

8 月 12 日，国务院下发《关于改革化肥等农业生产资料流通体制的通知》。

1995 年

5 月 19 日，青海省人民政府发布了新的《青海省牧业税征收管理办法》，改变过去一直采取以实物为主的征收方式转为定额征收。

8 月 13 日，财政部、国家税务总局下发《关于长江三峡库区移民开发税收政策的通知》，给予库区移民开荒免征 3 年至 5 年农业税的优惠政策。

10 月 31 日，甘肃省人民政府发布《甘肃省牧业税征收办法》。

12 月 11 日，国务院办公厅下发《关于严禁在农副产品收购中代扣代缴各种款项向农民乱摊派的通知》。

是年，湖南武冈实行“费改税”试点工作。

1996 年

3 月 6 日，财政部、国家税务总局发出《关于调整国有良种示范繁殖农场农业税征免政策的通知》。

3月9日，中共中央办公厅、国务院办公厅转发农业部、监察部、财政部、国家计委、国务院法制局《关于当前减轻农民负担的情况和今后工作的意见》的通知。

8月5日，内蒙古自治区人民政府发布了新的《内蒙古自治区牧业税征收办法》。

8月9日，国家税务总局下发《关于加强农村税收征管工作的通知》。

12月30日，中共中央、国务院下发《关于切实做好减轻农民负担工作的决定》，提出“三稳定”“五严禁”“三减”“两加强”等措施。

1997年

4月10日，国家税务总局发布《关于继续贯彻稳定农业税负担政策的通知》《关于做好贫困农户农业税减免工作的通知》。

8月6日，国务院下发《关于按保护价敞开收购议购粮的通知》。

1998年

5月10日，国务院发布《关于进一步深化粮食流通体制改革的决定》。

7月21日，中共中央办公厅、国务院办公厅下发《关于切实做好当前减轻农民负担工作的通知》，明确提出要实行农村“三乱”专项治理部门责任制。

8月18日，国家税务总局发布《关于做好农业税、农业特产税、屠宰税征收工作的通知》。

9月30日，中央农村工作领导小组第三次会议决定由财政部、农业部和中央农村工作领导小组办公室三个部门主要负责同志组成的国务院农村税费改革工作小组，集中精力，抓紧研究农村税费改革问题。

10月12日，国务院农村税费改革工作小组召开第一次会议，学习和领会中央关于开展农村税费改革的精神，研究下一步工作。

10 月 14 日，中国共产党第十五届中央委员会第三次全体会议通过《关于农业和农村工作若干重大问题的决定》。

10 月 27 日，国务院农村税费改革工作小组向国务院领导书面汇报有关农村税费改革工作计划，国务院领导作了重要指示。

11 月 20 日，国务院办公厅发布《关于制定农村税费改革方案有关问题的通知》，要求国务院各有关部门要站在全局的高度，充分认识做好制定农村税费改革方案工作的重大意义，按牵头部门的要求，积极参加有关调研活动和论证工作，提供必要的材料，全力支持配合做好有关工作。

11 月 28 日，国务院发布《关于深化棉花流通体制改革的决定》。

12 月 25 日，国务院农村税费改革工作小组召开第二次会议，听取和讨论了国务院农村税费改革工作小组办公室《关于农村税费改革问题的汇报提纲》，部署下一步调研工作。

1999 年

1 月 11 日，中共中央、国务院下发《关于做好 1999 年农业和农村工作的意见》，要求抓紧研究和实施农村税费制度改革方案，把农村税费管理纳入法制化、规范化轨道，从根本上杜绝农民的不合理负担。

3 月 15 日至 16 日，国务院农村税费改革工作小组在北京召开安徽、湖南等部分省、市参加的农村税费改革座谈会，听取有关方面的意见和建议。

4 月 6 日，云南省人民政府发布《关于开征牧业税试点的通知》。

4 月 28 日，国务院办公厅将国务院农村税费改革工作小组《关于农村税费改革有关重大政策问题的调研报告》印发各省、自治区、直辖市人民政府及国务院各部委、各直属机构主要负责同志研究、参阅，并提出意见反馈财政部。

5 月中旬，国务院办公厅将国务院农村税费改革工作小组派出调研组赴云南对农业特产品集中产区的税费改革政策进行调研。

5 月中下旬，国务院办公厅将国务院农村税费改革工作小组派出调研组赴内蒙古自治区调查农牧民税费负担情况。

6 月 14 日至 15 日，国务院农村税费改革工作小组办公室组织召开了黑龙江、山西、甘肃、江苏、安徽、河南、湖北等省及国务院有关部门参加的座谈会，进一步了解分析当前农村税费负担状况，研究改革和完善现行农业税收制度问题。

7 月 22 日，国务院办公厅转发农业部等部门《关于做好当前减轻农民负担工作意见的通知》，对项目清理、教育集资、电网改造提出明确要求。

7 月 29 日，农业部、新闻出版署、国务院纠风办印发《关于坚决制止向农村和农民摊派报刊征订任务的通知》。

7 月 29 日，国务院办公厅转发农业部《关于当前调整农业生产结构若干意见》。

10 月 1 日，国务院办公厅印发《关于开展全国减轻农民负担工作大检查的通知》，要求各地开展一次以县为单位、涉及所有乡村的减轻农民负担大检查工作。

10 月 13 日，国务院第五十次总理办公会听取国务院农村税费改革工作小组关于农村税费改革若干重大政策问题的汇报，议定了农村税费改革有关重大政策问题。

12 月 6 日，国家税务总局发布《关于三峡工程库区农村移民外迁有关税收问题的通知》，对三峡工程库区农村外迁移民开垦荒地所取得的收入免征农业税、农业特产税 3 年到 5 年。

12 月 6 日至 7 日，经国务院批准，财政部、农业部、中央农村工作领导小组办公室在北京召开全国农村税费改革问题座谈会，听取各省、自治区、直辖市人民政府对《关于农村税费改革的意见》的意见。

12 月 18 日，国务院第五十五次总理办公会听取国务院农村税费改革工作小组关于农村税费改革问题的汇报，议定了农村税费改革有关重大政策问题。

12 月 29 日，经国务院同意，国务院农村税费改革工作小组在财政部召开江苏、浙江、安徽、河南、陕西、甘肃六省负责同志参加的农村税费改革试点报名动员会议。

2000 年

1 月 11 日，国务院第五十七次总理办公会再次听取国务院农村税费改革工作小组关于农村税费改革试点工作若干问题的汇报，议定了农业税税率 7%、附加比例 20% 上限规定。

2 月 2 日，国务院办公厅发布《关于部分粮食品种退出保护价收购范围有关问题的通知》。

2 月 3 日，中央政治局常委会听取了关于农村税费改革试点工作的汇报，会议原则同意《中共中央、国务院关于进行农村税费改革试点工作的通知（代拟稿）》及说明，建议作进一步修改后提交中央政治局会议讨论。

2 月 18 日，中央政治局会议讨论通过《中共中央、国务院关于进行农村税费改革试点工作的通知（代拟稿）》。

3 月 2 日，中共中央、国务院以中发〔2000〕7 号文件下发了《关于进行农村税费改革试点工作的通知》，全国农村税费改革试点工作正式启动。

4 月 11 日，中共中央、国务院发出通知，决定在安徽全省和由其他省、自治区、直辖市选择少数县（市）进行农村税费改革试点。

4 月 23 日，国务院以国函〔2000〕35 号文件正式批复原则同意安徽省的试点方案。

4 月 26 日，国务院办公厅转发农业部等部门《关于巩固大检查成果进一步做好减轻农民负担工作的报告》。

5 月 15 日，财政部、国家税务总局发出《关于农村税费改革试点地区取消屠宰税的通知》。

6 月 10 日，国务院发布《关于进一步完善粮食生产和流通有关政策措施的通知》。

7 月 31 日，财政部、国家税务总局下发《关于农村税费改革试点工作中农业税若干问题的意见》。

9 月 28 日，《中共中央、国务院关于转发〈国家发展计划委员会关于当前农村经济发展中几个主要问题和对策措施的意见〉的通知》要求：总结试点经验，加快推进农村税费改革；采取有效措施减轻农民教育负担；重申除农村实施九年义务教育中的危房改造外，继续停止审批农村教育集资。

9月28日，中央办公厅、国务院办公厅召开全国减轻农民负担工作电视电话会议，部署进一步减轻农民负担工作，要求必须坚持“一项制度”、做到“八个禁止”。

10月8日，国务院第八十一次总理办公会议专题讨论农村税费改革问题。会议原则同意国务院农村税费改革工作小组关于对安徽省转移支付数额及农村税费改革全面推开后中央对地方转移支付办法，同意国务院农村税费改革工作小组于2000年11月初召开全国农村税费改革试点工作座谈会及2001年初以国务院名义在安徽召开全国农村税费改革试点工作会议。

11月3日至4日，经国务院同意，国务院农村税费改革工作小组在北京召开全国农村税费改革试点工作座谈会。

11月30日，中共中央办公厅下发《关于在农村开展“三个代表”重要思想学习教育活动的意见》，提出在还没有实行农村税费改革的地方，要严格执行国家农业税收政策，严格控制农民负担。

是年，河北、内蒙古、吉林、黑龙江、河南、湖南、甘肃、陕西、山西等9个省份选择了34个县（市）进行了局部试点。

2001年

1月11日，中共中央、国务院下发《关于做好2001年农业和农村工作的意见》，强调要加快农村税费改革，从根本上减轻农民负担。各地要按照国务院统一部署，积极推进这项工作。党政主要负责同志要亲自抓，负起全面责任。要以农村税费改革为契机，积极稳妥地推进乡镇机构改革。

2月17日至19日，国务院在安徽省合肥市召开“全国农村税费改革试点工作会议”。中央有关部门负责人和各省、自治区、直辖市主要负责人参加会议，并实地考察了安徽省农村税费改革试点工作。

3月24日，国务院发布《关于进一步做好农村税费改革试点工作的通知》，进一步完善了农村税费改革的有关政策，对进一步改革试点工作作出部署。

4月6日，国务院办公厅转发国务院纠风办《关于2001年纠风工作的实施意见》，提出没有实施农村税费改革的地方，继续实行农民负担定项限额、“一定三年不变”的政策，进一步落实农民负担监督卡制度，提高监督卡的入户率，规范卡内项目，严禁加项加码。

4月25日，国务院办公厅发布《关于2001年农村税费改革试点工作有关问题的通知》，对农村税费改革试点工作部署进行了适当调整。明确规定，2001年试点工作重点是继续做好安徽全省的试点，已经选择部分县（市）实行改革试点的省份，要继续抓紧抓好试点工作，不再扩大范围；没有进行局部试点的省份，可以选择个别县市试点。未进行改革试点的地区，要继续做好改革试点的有关准备工作。

5月下旬和6月下旬，国务院农村税费改革工作小组先后派出调查组，对全国11个省、自治区调整农村税费改革试点工作部署后的试点工作情况进行了督查调研。

6月1日，财政部、国家税务总局下发《关于调整农村税费改革试点地区农业特产税若干政策的通知》，要求试点地区除烟叶、牲畜产品在收购环节征收外，一律在生产环节按统一的低限税率征收。

6月9日，教育部、财政部、农业部发布《关于继续做好农村教育费附加征收管理工作的通知》，明确提出在没有实行农村税费改革试点的地区，要继续做好农村教育费附加征收和管理工作，保障农村义务教育的投入。

7月31日，国务院发布《关于进一步深化粮食流通体制改革的意见》《关于进一步深化棉花流通体制改革的意见》。

7月20日，财政部、国家税务总局发布《关于农业生产资料征免增值税政策的通知》，规定最主要的农业生产资料免征增值税，包括农膜、部分肥料、部分农药以及批发和零售的种子、种苗、化肥、农药、农机等。

8月17日，财政部、国家计委、农业部下发《关于加大治理向农民乱收费力度切实减轻农民负担的通知》，提出在没有实行农村税费改革试点的地方，要坚持稳定农村税费负担的政策，继续依法征收农业税、农业特产税、屠宰税等税收，村提留和乡镇统筹费一律不得超过农民上年人均纯收入的5%和1997年的预算额。

12月8日至9日，经国务院同意，国务院农村税费改革工作小组在江苏省无锡市召开“全国农村税费改革试点工作座谈会”，会议的主要内容是总结交流近两年来改革试点经验，研究2002年扩大改革试点问题和需要进一步完善的有关政策措施。

12月28日，国务院农村税费改革工作小组向国务院上报《关于全国农村税费改革试点工作座谈会情况及2002年扩大试点范围的请示》，提出2002年以省为单位扩大改革试点的省份，以及中央财政新增150亿元用于扩大改革试点工作。

是年，江苏省自主决定在全省范围实施了农村税费改革试点，此外还有除上海、西藏外的27个省份选择了102个县（市）进行了局部改革试点。

2002年

3月13日，国务院第一百二十五次总理办公会听取了国务院农村税费改革工作小组关于扩大农村税费改革试点范围有关问题的汇报。

3月27日，国务院办公厅发布《关于做好2002年扩大农村税费改革试点工作的通知》，决定2002年进一步扩大农村税费改革试点范围。确定河北、内蒙古、黑龙江、吉林、江西、山东、河南、湖北、湖南、重庆、四川、贵州、陕西、甘肃、青海、宁夏等16个省（自治区、直辖市）为2002年扩大农村税费改革试点省份。上海、浙江、广东等沿海经济发达省（直辖市）可自主扩大试点范围。

4月9日，国务院办公厅转发国务院纠风办《关于2002年纠风工作的实施意见》，提出未进行农村税费改革试点的地区，要抓好农民负担预决算、监督卡和专项审计制度的落实。

5月28日，国务院农村税费改革工作小组向国务院上报《关于报请批复河北、吉林等16个省份及上海市、浙江省农村税费改革试点方案的请示》。

6月8日，经国务院同意，国务院办公厅逐一批复了河北、吉林、上海、浙江等18个省份的改革试点方案。

7月下旬至8月初，国务院农村税费改革工作小组组织对河北等8省的农村税费改革进展情况分别进行了明察暗访，并向国务院上报了《关于河北、河南、陕西、甘肃、四川、重庆、湖北、江西八省农村税费改革进展情况的调查报告》。

10月24日至25日，经国务院同意，国务院农村税费改革工作小组在河南省郑州市召开了“全国农村税费改革试点工作座谈会”。

11月8日，中国共产党十六大报告中指出：“继续推进农村税费改革，减轻农民负担，保护农民利益。”

12月中下旬，国务院农村税费改革工作小组开展了全国农村税费改革试点工作专项检查，对全面试点的20各省份进行了抽样检查，并将检查情况报告国务院。

是年，农村税费改革试点工作在河北、内蒙古、黑龙江等20个省份全面展开，其他省份继续在部分县（市）进行试点。

2003年

1月，中共中央、国务院发布《关于做好农业和农村工作的意见》。

2月26日，国务院第一百五十一次总理办公会听取并原则同意了国务院农村税费改革工作小组关于2003年全面推进农村税费改革试点工作有关问题的汇报。

3月18日，十届全国人大一次会议通过的《政府工作报告》指出：“农村税费改革是我国农村继实行家庭承包经营之后的又一场伟大变革，对保障农民减负增收、促进农业发展、维护农村稳定，已经并将继续发挥重大作用，得到亿万农民的衷心拥护。今年要继续深化农村各项改革。农村税费改革试点在总结经验、完善政策的基础上，在全国范围内推开。”

3月27日，国务院下发《关于全面推进农村税费改革试点工作的意见》，决定全面推进农村税费改革试点工作，要求切实做到确保改革后农民负担明显减轻不反弹，确保乡镇机构和村级组织正常运转，确保农村义务教育经费正常需要。

4 月 3 日，国务院在北京召开“全国农村税费改革试点工作电视电话会议”，提出全面推开农村税费改革试点工作，彻底减轻农民负担、促进农民增收，理顺国家、集体和农民的分配关系，推动农村上层建筑的变革，建立与社会主义市场经济要求相适应的农业管理体制和运行机制，进一步解放和发展农村生产力。

4 月 29 日，为保障农民和城镇困难群众中“非典”患者及时就医，财政部与卫生部联合下发《关于农民和城镇困难群众非典型肺炎患者救治有关问题的紧急通知》，明确规定对这部分人员中的“非典”患者实行免费医疗救治，所发生的救治费用由政府负担。

5 月 7 日，国务院农村税费改革工作小组下发《关于切实加强“非典”防治期间农民负担监督管理工作的紧急通知》，要求防止借“非典”防治名义向农民乱收费，加重农民负担。

5 月中旬，国务院农村税费改革工作小组上报国务院《关于北京、山西等 9 个省份农村税费改革试点方案审核情况的请示》，经国务院领导同意，于 6 月 20 日批复有关省。

6 月 3 日，财政部、国家税务总局下发《关于 2003 年农村税费改革试点地区农业特产税有关问题的通知》，提出取消农业特产税实行统一政策、分散决策原则，由各省自主决定。

6 月 30 日，农业部、国务院纠风办下发《关于严禁借防治非典型性肺炎名义加重农民负担的紧急通知》。

7 月 11 日，财政部与国家税务总局联合发出《关于农村税费改革试点地区个人取得农业特产所得征免个人所得税问题的通知》。

7 月下旬，国务院农村税费改革工作小组派出 5 个督查组对 11 个新增试点省份进行明察暗访，并起草《关于对 11 个农村税费改革新增全面试点省份明察暗访有关情况及下一步工作安排意见的请示》上报国务院。

9 月 12 日至 13 日，国务院在北京召开新增试点省份农村税费改革座谈会。

9 月 22 日，新疆维吾尔自治区人民政府发布《新疆维吾尔自治区牧业税征收暂行办法》。

9 月 30 日，国务院办公厅下发《关于进一步加强农村税费改革试点工作的通知》，要求各地适当加快工作进度，加大工作力度，确保改革试点工作健康进行。

10 月 14 日，中国共产党十六届三中全会通过《中共中央关于完善社会主义市场经济体制若干问题的决定》，提出“创造条件逐步实现城乡税制统一”。

12 月 31 日，中共中央、国务院发布《关于促进农民增加收入若干政策的意见》，提出要巩固和发展税费改革的成果，进一步减轻农民的税费负担，为最终实现城乡税制的统一创造条件；逐步降低农业税税率，2004 年农业税税率总体上降低 1 个百分点，同时取消除烟叶以外的农业特产税。

12 月 31 日，《中共中央、国务院关于促进农民增加收入若干政策的意见》（即第 6 个 1 号文件），提出要巩固和发展税费改革的成果，进一步减轻农民的税费负担。

是年，农村税费改革试点工作在全国全面铺开。

2004 年

1 月 5 日至 18 日，国务院农村税费改革工作小组组织开展了全国农村税费改革试点工作专项检查。

1 月 20 日，国家税务总局发布公告，明确农民的有关税收事宜：农民从事种植业、养殖业、饲养业、捕捞业取得的所得，已经缴纳农业税、牧业税的，不缴纳个人所得税；取消农业特产税，减征、免征农业税、牧业税以后，农民取得的农业特产所得，从事种植业、养殖业、饲养业、捕捞业取得的所得，销售自产农产品的所得，暂不缴纳个人所得税。

2 月 2 日，国务院农村税费改革工作小组召开会议听取了工作小组办公室关于 2004 年农村税费改革试点工作有关问题的汇报，并对取消农业特产税，降低农业税税率等问题进行了认真研究。

3 月 14 日，第十届全国人民代表大会第二次会议通过的《政府工作报告》提出逐步降低农业税税率，5 年内取消农业税。

4 月 6 日，财政部、农业部、国家税务总局下发《关于 2004 年降低农业税税率和在部分粮食主产区进行免征农业税改革试点有关问题的通知》，提出吉林、黑龙江两省先行免征农业税改革试点，河北、内蒙古、辽宁、江苏、安徽、江西、山东、河南、湖北、湖南、四川等11 个粮食主产省（自治区）的农业税税率降低3 个百分点，其余省份的农业税税率降低 1 个百分点，农业税附加随正税同步降低或者取消。征收牧业税的地区，要按照本省（区）减免农业税的步骤和要求同步减免牧业税。

4 月 23 日，国务院农村税费改革工作小组召开会议研究减免农业税改革试点和推进配套改革有关政策问题，讨论修改《关于做好 2004 年全国农村税费改革试点工作的通知（征求意见稿）》。

5 月 19 日，国务院第五十次常务会议听取并原则通过了国务院农村税费改革工作小组关于深化农村税费改革工作有关问题的汇报。会议指出，逐步降低农业税率，五年内取消农业税，是农村改革的一项重要任务，对减轻农民负担、保护农民利益、调动农民生产积极性、促进农业和农村发展具有重大意义。各地区、各有关部门要按照国务院的统一部署，进一步加强对改革工作的领导，认真组织试点，积极推进配套改革，搞好分类指导，及时总结经验，保证改革健康发展。

5 月 23 日，国务院发布《关于进一步深化粮食流通体制改革的意见》，决定全面放开粮食收购市场。

6 月 15 日，经国务院同意，国务院农村税费改革工作小组在北京召开部分省份 2004 年深化农村税费改革试点工作座谈会。

6 月 30 日，国家发展改革委、财政部发布《关于全面清理整顿涉及生猪饲养、屠宰、销售环节收费的通知》，决定对生猪饲养、屠宰、销售环节收费进行全面清理整顿。

7 月 5 日至 6 日，国务院在北京召开 2004 年全国农村税费改革试点工作会议。会议总结了几年来农村税费改革工作取得的成效和经验，分析了存在的突出问题，阐明了深化农村税费改革试点工作的重大意义、目标要求，研究逐步取消农业税，加快推进乡镇机构、农村义务教育管理体制等综合配套改革，以及妥善化解乡村债务等重大政策问题，部署下一步深化改革的各项工作。

6月30日，财政部、国家税务总局颁布《关于取消除烟叶外的农业特产税有关问题的通知》，规定从2004年起，对烟叶仍征收农业特产税，取消其他农业特产品的农业特产税。

7月21日，国务院发布《关于做好2004年深化农村税费改革试点工作的通知》，明确了下一步深化农村税费改革工作部署和安排。

8月25日，国务院农村税费改革工作小组召开扩大会议，研究成立乡镇机构改革、农村义务教育管理体制改革、县乡财政管理体制改革等10个农村税费改革专题小组有关事项。

9月，国务院农村税费改革工作小组组织对河北、山东、黑龙江、吉林、湖北、湖南、四川、重庆、甘肃、新疆10个省份进行了明察暗访，对发现的问题提出整改措施，起草了《关于对10个省份2004年深化农村税费改革试点工作督查情况的报告》，上报国务院。

9月30日，国务院办公厅下发《关于成立深化农村税费改革试点工作指导性文件起草小组和专题小组的通知》，成立了农村税费改革10个专题小组，由相关职能部门牵头研究农村税费改革有关问题。

10月1日，财政部、国家税务总局下发通知，决定自本日起对农用三轮车免征车辆购置税。

12月31日，《中共中央、国务院关于进一步加强农村工作提高农业综合生产能力若干政策的意见》（即第7个1号文件），提出进一步扩大农业税免征范围，加大农业税减征力度，在牧区开展取消牧业税试点工作。

是年，北京、天津自主决定免征农业税，浙江省自主决定对种粮种油农民免征农业税，福建省决定对种粮耕地免征农业税。

2005年

1月20日，国务院农村税费改革工作小组召开会议，研究2005年农村税费改革试点工作。

3 月 14 日，第十届全国人民代表大会第三次会议通过的《政府工作报告》提出加快减免农业税步伐，在全国大范围、大幅度减免农业税，592 个国家扶贫开发工作重点县免征农业税，全部免征牧业税。并提出 2006 年在全国全部免征农业税。

5 月 23 日，财政部、国家税务总局发布《关于暂免征收尿素产品增值税的通知》。

6 月 1 日，国务院第九十二次常务会议听取并原则同意了国务院农村税费改革工作小组的汇报，对 2005 年减免农业税和以农村税费改革为主要内容的农村综合改革试点工作作出具体部署。

6 月 6 日至 7 日，国务院在北京召开全国农村税费改革试点工作会议。会议充分肯定了 2004 年农村税费改革试点工作取得的成绩，总结和交流改革试点经验，全面分析农村税费改革面临的形势和任务，进一步统一思想认识，重点部署 2005 年减免农业税试点、开展以乡镇机构、农村义务教育体制和县乡财政管理体制改革为主要内容的综合改革试点等各项工作，对 2005 年深化农村税费改革试点工作提出具体要求。

6 月 23 日，中央农村工作领导小组第七次会议听取了国务院农村税费改革工作小组《关于以农村税费改革为主的农村综合改革问题的汇报》。

7 月 11 日，国务院下发《关于 2005 年深化农村税费改革试点工作的通知》，提出要进一步扩大农业税免征范围，加大农业税减征力度。

7 月 12 日，国务院办公厅下发《关于坚决制止发生新的乡村债务有关问题的通知》，对制止乡村新发生新债作了明确规定。

7 月下旬至 8 月中旬，国务院农村税费改革工作小组组织 8 个调研组分赴黑龙江、吉林、安徽、山东、河南、湖南、广西、重庆、甘肃等省份就农村综合改革试点有关问题进行蹲点调研，并起草了《关于农村综合改革问题蹲点调研情况的报告》，上报国务院。

11 月 21 日至 12 月 5 日，国务院农村税费改革工作小组组织 6 个检查组分赴河北、安徽等12个省份开展农村税费改革专项检查，并起草了《关于对12个省份2005年深化农村税费改革试点工作专项检查的报告》，上报国务院。

12月29日，第十届全国人民代表大会常务委员会第十九次会议通过关于废止《中华人民共和国农业税条例》的决定，自2006年1月1日起废止《中华人民共和国农业税条例》。

12月31日，《中共中央、国务院关于推进社会主义新农村建设的若干意见》（即第8个1号文件）提出推进新农村建设总的要求，指出了需要把握的原则，明确要求防止在新农村建设中加重农民负担。并要求加快发展农村义务教育，加大力度监管和规范农村学校收费，进一步减轻农民的教育负担。

2006年

2月17日，国务院第459号令废止《国务院关于对农业特产收入征收农业税的规定》，终结了从1983年开始对农林特产收入单独征收农业税的历史。废止1950年12月19日政务院发布的《屠宰税暂行条例》。

2月22日，国家邮政局发行《全面取消农业税》纪念邮票一套一枚，面值80分。

3月2日，财政部、国家税务总局联合举行“纪念废止农业税条例暨全面取消农业税座谈会”。

3月31日，国务院办公厅下发《关于深化国有农场税费改革的意见》，明确进一步减轻国有农场农业职工负担，推进国有农场税费改革的政策意见。

3月，为调动广大农民种粮积极性，财政部向各地预拨了47.1亿元支持春耕生产。其中良种补贴36.7亿元、农机购置补贴5.4亿元、测土配方施肥补助资金5亿元，用于对农民购买良种和农机具进行补贴，并免费为农民提供测土配方服务。

4月28日，国务院发布《中华人民共和国烟叶税暂行条例》，开征烟叶税取代原烟叶特产农业税。

6 月 30 日，国务院第一百四十一次常务会议，听取并通过国务院农村税费改革工作小组关于深化农村税费改革推进农村综合改革的指导性文件。为加强对农村综合改革工作的领导，将国务院农村税费改革工作小组更名为国务院农村综合改革工作小组。

8 月 24 日，国务院正式批复同意国务院农村税费改革工作小组更名为国务院农村综合改革工作小组，国务院农村税费改革工作小组办公室更名为国务院农村综合改革工作小组办公室，作为工作小组的办事机构，继续挂靠在财政部。

9 月 1 日至 2 日，国务院在北京召开全国农村综合改革工作会议，会议总结了农村税费改革取得的历史性成效，深刻分析研究了改革面临的新情况新问题，巩固发展农村税费改革成果，全面深化农村综合改革，扎实推进社会主义新农村建设，确保农村各项工作健康有序推进。

10 月 8 日，国务院发布《关于做好农村综合改革工作有关问题的通知》，对农村综合改革工作作出部署和安排。

10 月 18 日，国务院办公厅发布《关于做好清理化解乡村债务工作的意见》，提出要全面清理核实乡村债务，坚决制止发生新债，开展试点逐步化解债务。

参考文献

1. 匡远配：《贫困地区县乡财政体制对农村公共产品供给影响的研究》，中国农业科学院博士论文，2006 年。

2. 周治国：《改革粮价购销倒挂的设想》，《江苏商论》，1986 年 Z1 期。

3. 陈苏厚：《怎样切实保护农民利益?》，《农村合作经济经营管理》1995 年第 4 期。

4. 韩鹏云、刘祖云：《农村公共品供给制度：变迁、博弈及路径创新——基于利益相关者理论的分析范式》，《上海行政学院学报》2012 年第 3 期。

5. 王志：《把“尚方宝剑”掌握在自己手中》，《农村发展论丛》1998 年第 1 期。

6. 于静波：《农村税费改革及配套体系研究》，华中农业大学博士论文，2003 年。

7. 梁钊：《论农村市场》，《学术研究》1984 年第 5 期。

8. 蔡萍：《农产品价格和流通体制改革的进展及效果分析》，《经济研究参考》1994 年第 48 期。

9. 万典武：《20 年的商品流通体制改革》，《商业经济研究》1998 年第 9 期。

10. 周勤、朱有为：《中国制造业和商业关系演化：总量分析》，《中国工业经济》2005 年第 8 期。

11. 范小建、李显刚：《切实加强农民负担的法制化管理》，《乡镇论坛》1993 年第 11 期。

12. 魏文慧：《农村税费改革研究》，《内蒙古科技与经济》2013年第8期。

13. 《当前农民负担状况的估价和分析》，《中国农业会计》1990年第8期。

14. 《2001年：中国市场经济测度结论及其国内外比较》，http://www.china.com。

15. 宋安民：《“十二五”时期农业面临的新挑战》，《科技资讯》2011年第7期。

16. 宋洪远：《中国农村改革三十年历程和主要成就》，《中国经济时报》2008年4月24日。

17. 王克群：《党的农业政策60年》，《当代社科视野》，2009年第4期。

18. 陈之举、贾鸿：《我国农民收入增长缓慢的原因及对策》，《经济师》2003年第4期。

19. 潘盛洲：《农民收入问题：现状、原因及对策研究》，《经济研究参考》2003年第6期。

20. 王华新：《“费改税”是规范农村收费的治本之策》，《财政研究》1998年第7期。

21. 冯周安：《管理·开拓·创新》，《农村经营管理》2003年第4期。

22. 李孝林、王晶：《话百岁高龄的屠宰税》，《会计之友》2001年第6期。

23. 张健平：《农民负担面面观》，《价格月刊》1996年第2期。

24. 李世顺：《说说我们农民负担的现状及原因》，《支部生活》2001年第2期。

25. 《财政收入规模与构成分析》，http：//www.doc88.com。

26. 《中国经济发展和体制改革报告：中国改革开放三十年》，社会科学文献出版社2008年版。

27. 陈丽芬：《我国农村流通体制改革30年回顾与展望》，载王晋卿等编：《中国商业改革开放30年回顾与展望》，经济管理出版社

2009 年版。

28. 王亚平：《1998 年国民经济发展与经济体制改革大事辑要》，《经济研究参考》1999 年第 48 期。

29. 郭才：《深化我国石油流通体制改革的政策取向分析》，《经济研究参考》1997 年第 A3 期。

30. 颜波、陈玉中：《粮食流通体制改革 30 年》，《中国粮食经济》2009 年第 3 期。

31. 吴硕：《中国粮食购销政策的演变及评价》，《中国农村观察》1995 年第 6 期。

32. 孙梅君：《农民负担的现状及其过重的根源》，《中国农村经济》1998 年第 4 期。

33. 刘书明、李淑娟：《关于减轻农民负担问题的几个重大判断》，《财政研究》2001 年第 10 期。

34. 方付建：《乡镇"七站八所"改革路向的实践重构》，《阅江学刊》2011 年第 5 期。

35. 俞丽虹：《企业信用，不再由政府评断》，《新华每日电讯》2002 年 12 月 30 日。

36. 梅迪：《统筹城乡发展的财税政策研究》，东北财经大学博士论文，2006 年。

37. 郑有贵：《"三农"新政》，《古今农业》2004 年第 4 期。

38. 刘佐：《中国城乡税制格局的演变》，《财贸经济》2006 年第 9 期。

39. 范永立：《我国农产品市场营销及其问题研究》，福建农林大学硕士论文，2002 年。

40. 王志清：《上蔡县减轻农民负担监督管理问题的研究》，西北农林科技大学硕士论文，2012 年。

41. 《税费改革背景下的农村义务教育（续一）》，www. chinaelections. com。

42. 张立承：《农村税费改革的成效与政策选择》，《中国税务报》2005 年 12 月 28 日。

43. 蒋和胜、刘浩：《论我国农村税费改革试点的成效、问题及对策》，《农村经济》2002 年第 2 期。

44. 张勇：《巩固农村税费改革成果，有效防止农民负担反弹》，《农村经营管理》2006 年第 9 期。

45. 《不断加大工作力度，切实减轻农民负担——2000 年减轻农民负担工作综述》，《乡镇经济》2001 年第 4 期。

后　记

2006 年取消农业税是中国人民政治经济生活中的一件大事。为了纪念这一重要历史事件，财政部筹备召开了纪念农业税取消座谈会，并组织编写了《中国农民负担史》第五卷。

本卷的编写历时十多年。2006 年 4 月，财政部税政司成立课题组，与中国财政科学研究院共同负责具体的编写工作。2006 年 5 月，税政司和中国财政科学研究院在北京组织召开了第一次编写工作会议，对编写大纲进行了讨论。2006 年 6 月，在河北省秦皇岛市召开了第二次会议，统一了基本思路，确定了编写大纲，开始进行专题研究。2007 年 3 月，在山东省济南市召开了第三次会议，整理综合了前期专题研究的成果，进入正式写作阶段。2008 年 6 月，在黑龙江省牡丹江市召开了第四次会议，对全书进行了统稿，并提出进一步修改意见。2010 年 11 月，在江苏省无锡市召开第五次会议，对初稿进行了讨论修改。2011 年 8 月，在内蒙古自治区锡林郭勒盟召开第六次会议，对修改稿进行修改。2014 年形成征求意见稿，在财政部内部征求了办公厅、综合司、农业司等司局意见。2016 年征求意见稿经修改后又征求了中央农村工作领导小组办公室、国务院扶贫开发领导小组办公室、国家发展和改革委员会、农业部、国家税务总局、国家统计局、国务院法制办、中国社会科学院、国务院发展研究中心等九个部门的意见，经进一步修改后形成了送审稿。

《中国农民负担史》第五卷由财政部税政司牵头组织编写，中国财政科学研究院王朝才同志全面负责课题组工作。柳国钦、叶振鹏、林永泽、赵云旗、申学锋、史卫同志负责大纲的拟定、统稿和全文修改工作，赵云旗、史卫、吴晓娟、冷永生、申学锋、吴仲斌、邹治平、徐博、王采民同志分别负责农民负担涉及的“税、费、工、价”的专题研究，并承担了具体编写工作。吴建武、韩连贵、汪雁题、朱丽珍、胡忠勇、沈宏等同志参与了大纲和文稿的讨论和修改。条法司原司长许大华同志、中国财政经济出版社编审洪钢同志，对书稿进行了全面审改。特别需要指出的是，柳国钦和叶振鹏两位同志不顾年事已高，对大纲、观点和文字进行反复修改，从始至终兢兢业业、一丝不苟，体现了老一代财政工作者的敬业精神和学者风范，让我们深感敬佩。

在本书的编写过程中，北京市财政局、河北省财政厅、内蒙古自治区财政厅、辽宁省财政厅、江苏省财政厅、安徽省财政厅、山东省财政厅、甘肃省财政厅、宁夏回族自治区财政厅，秦皇岛市财政局、邯郸市财政局、临漳县财政局、巴彦淖尔市乌拉特中旗财政局、锦州市财政局、牡丹江市财政局、无锡市财政局、泰州市财政局、阜阳市财政局、太和县财政局、聊城市财政局、临清县财政局、枣庄市财政局、白银市财政局、景泰县财政局、天水市财政局、中卫市财政局、中宁县财政局等给予了大力支持和协助。在此，谨向他们表示衷心的感谢。

国务院扶贫办原主任范小建同志、黑龙江省人大常委会副主任李显刚同志对本书提出了宝贵的修改意见，在此一并表示诚挚的谢意。

本卷编写中难免出现错误，诚恳希望广大读者批评指正。

《中国农民负担史》第五卷编写组

2019 年 11 月